国家出版基金项目

国家重大出版工程项目

"十二五"国家重点图书

中国古建筑丛书

◎杨新平 等编著

浙江古建筑

中国建筑工业出版社

地图审核号：浙S（2015）204号

图书在版编目（CIP）数据

浙江古建筑/杨新平等编著. —北京：中国建筑工业出版社，2015.12
（中国古建筑丛书）
ISBN 978-7-112-18826-0

Ⅰ.①浙… Ⅱ.①杨… Ⅲ.①古建筑-介绍-浙江省 Ⅳ.①K928.71

中国版本图书馆CIP数据核字（2015）第297698号

责任编辑：唐　旭　李东禧　杨　晓　吴　绫
责任校对：李欣慰　关　健

中国古建筑丛书

浙江古建筑

杨新平　等编著

*

中国建筑工业出版社出版、发行（北京西郊百万庄）
各地新华书店、建筑书店经销
北京锋尚制版有限公司制版
北京顺诚彩色印刷有限公司印刷

*

开本：880×1230毫米　1/16　印张：21　字数：554千字
2015年12月第一版　　2015年12月第一次印刷
定价：348.00元
ISBN 978-7-112-18826-0
（25812）

版权所有　翻印必究
如有印装质量问题，可寄本社退换
（邮政编码100037）

《中国古建筑丛书》总编委会

总顾问委员会：

罗哲文　张锦秋　傅熹年　单霁翔　郑时龄

总编辑委员会：

主　任： 吴良镛　周干峙
副主任： 沈元勤　陆元鼎
总主编： 陆　琦　戴志坚
委　员（按姓氏笔画排序）：

丁　垚　王　军　王　南　王金平　王海松　左满常　朱永春
刘　甦　李　群　李东禧　李晓峰　李乾朗　杨大禹　杨新平
吴　昊　张玉坤　张兴国　张鹏举　陆　琦　陈　琦　陈　颖
陈　蔚　陈伯超　陈顺祥　范霄鹏　罗德启　柳　肃　胡永旭
姚　赯　徐　强　徐宗威　翁　萌　高宜生　唐　旭　黄　浩
谢小英　雍振华　蔡　晴　谭刚毅　燕宁娜　戴志坚

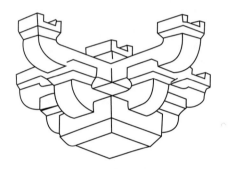

《浙江古建筑》

主　编：杨新平
副主编：宣建华　张书恒　宋　恒
审稿人：陆　琦

总 序

中国历史悠久，地大物博，人口众多，是一个多民族的国家，文化遗产极为丰富。中国古建筑是世界建筑史上的四大体系之一，五千年来，光辉灿烂，独特发展，一脉相传，自成体系。在建筑历史发展过程中，从来都没有中断过，因而，积累了大量的极为丰富的优秀建筑文化遗产。中国古代建筑的实践经验、创作理论、工艺技术和艺术精华值得总结、传承和发扬。

中国古代建筑具有强大的生命力，首先是独特的地理环境。中国位于亚洲东方，北部有长白山、乌苏里江高山河流阻挡，西有天山、喀喇昆仑山脉和沙漠横贯，西南有喜马拉雅山脉，东南则沿海，形成封闭与外界隔绝的地域，加上地处热带、温带和寒带，宽阔的地理和悬殊的气候，促进建筑与环境的巧妙和谐结合。

其次，独特的民族性格。中国是以汉族为主的多民族所组成。以中原文化为主的汉族人民团结、凝聚着居住和生活在各地的少数民族。由于各民族的历史、文化、宗教信仰、生活习俗与审美爱好的不同，以及他们所处地区的自然条件和地理环境的差异，长期的劳动实践，形成了各民族独特的性格和绚丽灿烂的建筑风貌。

其三，文化的独特体系。中国文化是以黄河流域中原文化为中心，周围有燕赵文化、晋文化、齐鲁文化、吴越文化、楚文化、秦文化和巴蜀文化所烘托，具有历史渊源长久、人类智慧集中、思想资源丰富的特点。中国传统文化思想的集中表现是以儒学、道学为代表，其后，佛教的传入与中国传统文化的结合，形成以儒学为主的儒、道、释三者合一的中国传统文化思想。归纳起来，就是天人合一的宇宙观念，以人为本、和为贵的人文思想，整体直觉的思维方式，真善美相结合的美学观念。

封闭而独特的地理环境，团结凝聚而又富于创造的民族性格，以儒学为主的文化独特体系，创造了中华民族的雄伟壮丽的建筑工程。长期的经验积累，独树一帜，虽经战争的炮火，民族之间的斗争与融合，外来文化之传入及本土化，但中华民族建筑始终一脉相传，傲然生存下来，顽强发展，独树一帜而不倒，在世界建筑史发展中是罕见的、独有的。

中国古代建筑发展经历了原始社会、奴隶社会和封建社会三个历史阶段。

旧石器时代，原始人群利用天然崖洞作为居住场所。南方湿热多雨，虫害兽多，出现巢居。1973年，在浙江余姚河姆渡村发现大约建于6000~7000多年前的、长约23米、进深约8米的木构架建筑遗址，推测是一座长方形、体量相当大的干阑式建筑，这是我国最早采用榫卯技术构筑房屋的一个实例。

原始社会晚期，黄河流域有广阔而丰厚的黄土层，土质均匀，含有石灰质。黄河中游的氏族部落，在利用黄土层作为壁体的土穴上，用木架和草泥建造简单的穴居，逐步发展到浅穴居，再到地面上的房屋，形成聚落。

奴隶社会，夯土技术逐步成熟，宫室建于高大的夯土台上，木构建筑逐步成为中国古代建筑的主要结构方式。等级制度出现。工程管理有了专职的"司空"，以后各朝代沿袭发展成为中国特有的工官制度。

封建社会初期，高台建筑盛行，修建了长城、驰道和水利工程。东汉时代，建筑中已大量使用成组的斗栱，木构楼阁增多，城市和建筑类型扩充，中国古代独特的木构建筑体系基本形成。

两晋南北朝是我国历史上充满着民族斗争和民族融合的时期，佛教的传入，宗教建筑大量兴建，高大的寺庙、壮丽的塔幢，石窟中精美的雕塑和壁画，这是我国古建筑吸收外来文化使之本土化的创造时期。

隋、唐统一全国，开凿贯通南北的大运河，促进了我国南北物资和文化的交流和发展。唐代的长安、洛阳成为世界上最大的城市。木构建筑的宫殿、楼阁和石窟、塔、桥，无论布局或造型都具有较高艺术和技术水平，唐代建筑已发展到成熟的阶段。

宋、辽、金时期，南方在经济和文化方面居于先进地位。由于手工业分工更加细致，国内商业和国际贸易活跃，城市逐渐开放，改变了汉以来历代都城采用的封闭式里坊制度，形成沿街设店的方式。建筑的设计和施工达到一定程度的规格化、制度化，公元12世纪初在总结经验的基础上编写了《营造法式》这一部重要文献。

元代大都建立，喇嘛教和伊斯兰教建筑影响到各地。明、清时期官式建筑已经达到完全程式化、定型化阶段。明代后期出现资本主义萌芽，清代在城市规划上、建筑群体布局和建筑艺术形象上有所发展，例如北京城、故宫、天坛等。民居、园林和民族建筑遍布各地，呈现一片繁荣景象。

中国古建筑有明显的特征。在城市规划上，严谨规整、对称宏伟，表现出庄重威武的中华民族性格。单体建筑中，雄伟的飞檐屋宇、大红的排列柱廊、高大的汉白玉台基，呈现出崇高壮丽又稳定的形象。黄河流域盛产的木材资源，形成了中国古建筑木构架体系的特色。室外装饰的富丽堂皇、金碧辉煌，室内陈设装修的华丽多样、细腻雕饰，体现了中国古建筑绚丽多彩的民族风格。

聚居建筑方面，包含民居、祠堂、家庙、书院等遍布全国各地，它们与人民生活息息相关。各地各族人民根据自己的生活习俗、生产需要、经济能力、民族爱好和审美观念，结合本地的自然条件和材料，因地制宜、因材致用地进行设计与营造。他们既是设计者，又是营建者、使用者，可以说设计、施工、使用三位一体，因而，这种建造方式所形成的民宅民间建筑，既实用简朴，又经久美观，并富有民族风格和地方特色。

中国古园林的特征。以自然山水即中国山水画为蓝本，并以景区、景物和建筑、山水、花木为构件，由景生情，产生意境联想，达到艺术感受。皇家园林因其规模大、范围广，其园林布局自秦、汉时期的一池三岛，到唐、宋以山水画为蓝本，明、清仍沿袭池中置岛古制，但采用人工造山置水的方法。

明、清私家园林因属民间，士大夫文人常在宅后设园休闲宴客，吟诗享乐，其特点是以最小的场所造成无限的景色为目的。因其规模小，常以叠石或池水为主，峰峦洞壑、峭壁危径或曲径通幽取胜。在情景中则采用巧于因借、精在体宜的手法。

我国是一个人口众多的多民族国家。相传秦汉以前，中华大地上主要生存着华夏、东夷、苗蛮三大文化集团，经过连年不断的战争，最终华夏集团取得了胜利，上古三大文化集团基本融为一体，历史上称为华夏族。春秋、战国时期，东南地区古老的部族称为"越"，逐渐为华夏族所兼并而融入华夏族之中。秦统一各国后，到汉代都用汉人、汉民这个称呼，直到隋、唐，汉族这个名称才固定下来。

由于各民族的历史文化、宗教信仰、生活生产、习俗性格的不同，又由于各族人民所处地区的自然条件和环境的不同，导致他们各自产生了富有特色的建筑和民宅，如宏伟壮丽的藏族布达拉宫，遍布各族聚居地的寺院庙宇、寨堡围村、楼阁宅居，反映了绮丽多彩的民族风貌。

中国传统文化渗透了中国古建筑，中国古建筑深刻地体现了中国文化。

新中国成立后，作为全国性有领导有组织地编写中国古代建筑史，第一次是1959年，由原建筑科学研究院组织"编写三史"开始。当时集中了全国高等院校、科研部门分工编写，1962年由中国工业出版社出版《中国建筑简史》第一册（古代部分）。随后，又组织有关院校、文化、历史、考古等单位对古代建筑史有研究的人员，经多次修改，由刘敦桢教授执笔主编的《中国古代建筑史》，于1966年完成。由于"文化大革命"，未能出版，1980年才由中国建筑工业出版社正式出版。作为高等院校的中国建筑史教材则由全国高校教师编写，参考了上述专著，由中国建筑工业出版社1982年出版。

作为系统的、全面的、编写中国古建筑丛书是从1984年开始，当时作为《中国美术全集》中的一个门类——建筑艺术，称为《中国美术全集·建筑艺术编》，共6辑，包含宫殿、坛庙、陵墓、宗教建筑、民居、园林，1988年完成出版。

第二次编写从1992年开始，编写的原因是《中国美术全集·建筑艺术编》6辑出版后，各界反映良好，但感到篇幅不够，它与我国极为丰富的建筑文化遗产大国不相适应。于是，再次组织编写《中国建筑艺术全集》丛书30辑，其中古建筑24辑，近现代建筑6辑。古建筑部分仍按类型编写。该丛书中的24辑于1999年5月出版。

由于这两次丛书都是全国性编写，按类型写，又着重在艺术，因此，一些地方特色和民族特色的、中型的优秀古建筑就难于入选。为了弘扬和传承优秀传统建筑文化体系，总结经验和规律，保护我国优秀传统建筑文化遗产，因此，全面地、系统地、按省（区）来编写古建筑丛书是非常必要的、合时宜的。

本丛书编写的主要特点是：其一，强调本省（区）古建筑的民族特色和地方特色；其二，编写不限于建筑艺术，而是对本省（区）古建筑的全面叙述，着重在成就、价值、特色、技术和经验、规律等各个方面，这是我国民族和地区的资料比较全面和丰富的传统建筑文化丛书。

陆元鼎
2015年1月10日

前 言

浙江是一个地域面积小省，却是历史文化及古建筑大省。在距今约一万年前的新石器时代早期，浙中一带的上山文化时期，浙江先民已有建筑活动；之后，浙东河姆渡文化遗址中，考古发现并发掘了大量木构建筑遗迹，其中包括带榫卯的干阑式建筑等；到了新石器时代晚期的良渚文化，出现了面积达8平方公里的大型城市聚落良渚古城，其布局清晰、结构完整、规划合理，是国内甚至世界上同时期规模最大的古城遗址之一。

春秋战国时期绍兴为越国都城，五代吴越国和南宋先后建都杭州。深厚的地域传统文化，孕育了浙江丰富多样的古代建筑，其类型涵盖了各个方面，包括城市、村镇、宗教建筑、祠堂庙宇、文教建筑、住宅建筑、园林、牌坊、桥梁、水工建筑、会馆、戏台等。浙江自唐代以来，均有古建筑实物遗存，如唐代安国寺经幢、它山堰、五代功臣塔、闸口白塔、梵天寺经幢，宋代保国寺、六和塔、古月桥、八字桥，元代延福寺、凤凰寺、普陀多宝塔、光相桥，明代桃渚城、吕府、金昭牌坊、如龙桥，清代国清寺、斯宅古建筑群、文澜阁、鞍山书院、绮园、玉山古茶场、庆安会馆、双林三桥。

目前，浙江省共有131处古建筑列入全国重点文物保护单位名单中，占全省国保总数的56.7%；省级文物保护单位中有古建筑322处，占省保总数的51.6%。此外，浙江拥有8座国家历史文化名城，10座省级历史文化名城，124个省级历史文化村镇、街区；以及建设部和国家文物局公布的中国历史文化名镇20个、名村28个；住建部、文化部、国家文物局、财政部公布的中国传统村落，浙江有141个进入该名录。

20世纪初，日本古建筑学家常盘大定和关野贞曾数次到中国（包括浙江）进行古建筑调查，包括浙江省杭州、绍兴、宁波、天台等地古建筑。30年代，中国营造学社梁思成先生等对杭州、金华等地的古建筑进行调查。新中国建立之初，中国建筑研究室开始重点调查了浙江、安徽等地的传统民居，期间意外发现宁波保国寺等重要古建筑，其后出版了《浙江民居》等重要成果。这期间浙江省文物管理委员会邀请同济大学陈从周教授对浙江古建筑进行调查。80年代以来，相关部门、研究机构、大专院校及研究者做了大量古建筑调查、研究工作，出版、发表了许多专项研究著述和研究论文，诸如清华大学的陈志华教授领导的乡土建筑研究组开展了一系列古村落调研，出版了楠溪江、诸葛村、新叶村等著作；清华大学郭黛姮教授、东南大学的张十庆教授则对保国寺进行了深入的研究，分别出版了《东来第一山——保国寺》和《宁波保国寺大殿：勘测分析与基础研究》等专著。还有许多调查、研究工作侧重传统聚落及民居。此外，在一些学者的指导和支持下，宁波保国寺博物馆从2007年起每年编辑出版一辑《东方建筑遗产》论文集，推动了浙江古建筑的研究。在2007～2011年开展的第三次全国文物普查中，浙江全省新发现不可移动文物总数61728处，其中古建筑39267处，浙江省文物局组织出版了《浙江省第三次全国文物普查新发现丛书》，包括《古城镇》、《民居》、《宗祠》、《宗教祭祀建筑》、《桥梁》、《水利设施》、《大运河遗产》等，对普查新发现的重要古建筑作了较为详细介绍。

《浙江古建筑》是列入中国建筑工业出版社"十二五"国家重大出版工程《中国古建筑丛书》的分册。这也是首次较为全面、系统地梳理浙江古建筑的一次尝试。丛书统一体例，分册可视各省的实际情况作一些章节的调整。浙江分册共设十章，除绪论和建筑营造与装饰两章以外，根据浙江古建筑特点、保存状况，设置了城镇与村落、寺观庙宇、宗祠府第园林、古塔经幢、藏书楼书院、古桥梁、海防建筑、古戏台牌坊等八章，可以说基本涵盖了浙江古建筑的主要方面，并希望能够较为全面地总结、记录浙江古代建筑的发展，各类型建筑的分布以及特点。书中所收的案例，大多数为全国重点文物保护单位、省级文物保护单位和国家历史文化名城、省级历史文化名城，中国历史文化名镇、村，省级历史文化村镇、街区。限于篇幅，还有许多重要古建筑未能选取，一些重要案例的撰写未能展开，此外，尚有一些有待进一步调查研究和补充。所有这些都是我们下一步研究工作应当努力的方面。

杨新平
2015年12月3日

目 录

总　序

前　言

第一章　绪　论
第一节　自然环境状况 / 〇〇二
　一、地理 / 〇〇二
　二、气候 / 〇〇二
第二节　历史与文化 / 〇〇三
　一、历史沿革 / 〇〇三
　二、文化特征 / 〇〇三
第三节　建筑发展与特征 / 〇一〇
　一、建筑演变 / 〇一〇
　二、建筑类型 / 〇二四
　三、建筑特点 / 〇二八

第二章　城镇与村落
　一、城市 / 〇三三
　二、市镇 / 〇三八
　三、村落 / 〇四二
第一节　古城 / 〇四七
　一、古城遗址 / 〇四七
　二、历史古城 / 〇四九

第二节　古镇 / 〇五四
　一、南浔 / 〇五四
　二、西塘 / 〇五五
　三、前童 / 〇五六
　四、东浦 / 〇五六
　五、诸葛 / 〇五七
　六、廿八都 / 〇五七
第三节　古村落 / 〇五九
　一、俞源 / 〇五九
　二、芙蓉 / 〇六〇
　三、新叶 / 〇六一
　四、嵩溪 / 〇六一
　五、河阳 / 〇六二
　六、蟠滩 / 〇六三
　七、长乐 / 〇六四

第三章　寺观、庙宇
　一、佛教寺院 / 〇六九
　二、道教建筑 / 〇七一
　三、伊斯兰教建筑 / 〇七四
　四、民间信仰建筑 / 〇七五
第一节　佛教寺院 / 〇七八

一、阿育王寺 / 〇七八
二、天童寺 / 〇七九
三、保国寺 / 〇八一
四、法雨寺 / 〇八三
五、国清寺 / 〇八五
六、延福寺 / 〇八六
第二节　道教、伊斯兰教建筑 / 〇八七
一、纯阳宫 / 〇八七
二、圣井山石殿 / 〇八八
三、凤凰寺 / 〇八九
四、嘉兴清真寺 / 〇九一
五、宁波清真寺 / 〇九二
第三节　庙宇建筑 / 〇九三
一、海神庙 / 〇九三
二、大禹庙 / 〇九六
三、刘基庙 / 〇九八
四、萧王庙 / 〇九八
五、舜王庙 / 〇九九
六、周宣灵王庙 / 一〇〇
七、孔氏南宗家庙 / 一〇一
八、慈城孔庙 / 一〇四

第四章　祠堂、住宅、园林
一、祠堂 / 一〇九
二、住宅 / 一一五
三、园林 / 一一九
第一节　宗祠建筑 / 一二一
一、诸葛丞相祠堂 / 一二一
二、长乐嘉会堂 / 一二三
三、衢江吴氏宗祠 / 一二三
四、志棠三槐堂 / 一二四
五、庆元吴文简祠 / 一二五
六、玉岩包氏宗祠 / 一二六
七、徐震二公祠 / 一二六
八、玉山公祠 / 一二六
第二节　府第住宅建筑 / 一二六
一、东阳卢宅 / 一二六
二、吕府 / 一二八
三、黄山八面厅 / 一二八
四、莫氏庄园 / 一二九
五、林宅 / 一二九
六、顺溪陈宅 / 一三一
七、九进厅 / 一三一

八、爱吾庐 / 一三三
第三节　园林建筑 / 一三三
一、小莲庄 / 一三三
二、绮园 / 一三四
三、兰亭 / 一三五
四、郭庄 / 一三六

第五章　古塔、经幢
一、塔、幢的发展及分布 / 一四一
二、塔、幢的类型 / 一四六
三、主要特色 / 一五〇
第一节　古塔 / 一五一
一、天宁寺塔 / 一五一
二、功臣塔 / 一五一
三、闸口白塔 / 一五三
四、松阳延庆寺塔 / 一五三
五、六和塔 / 一五四
六、飞英塔 / 一五四
七、普陀多宝塔 / 一五七
八、仙居安洲山塔 / 一五七
九、平湖报本塔 / 一五八

第二节　经幢 / 一五八
一、安国寺经幢 / 一五八
二、法隆寺经幢 / 一五九
三、惠力寺经幢 / 一六一
四、龙兴寺经幢 / 一六一
五、梵天寺经幢 / 一六二
六、灵隐寺经幢 / 一六二

第六章　藏书楼、书院
一、藏书楼 / 一六九
二、书院 / 一七〇
第一节　藏书楼 / 一七二
一、天一阁 / 一七二
二、曝书亭 / 一七三
三、文澜阁 / 一七四
四、五桂楼 / 一七五
五、玉海楼 / 一七七
六、嘉业藏书楼 / 一七九
第二节　书院 / 一八一
一、独峰书院 / 一八一
二、鹿门书院 / 一八二

三、鼓山书院 / 一八三
四、戴蒙书院 / 一八四
五、仁山书院 / 一八六
六、鞍山书院 / 一八七
七、甬上证人书院 / 一八九

第七章　古桥梁
一、宋元桥梁的发展及特点 / 一九五
二、明清桥梁的发展及类型 / 一九八
三、桥梁文化 / 二〇三
第一节　石梁桥 / 二〇四
一、护法寺桥 / 二〇四
二、八字桥 / 二〇五
三、八卦桥 / 二〇六
四、德清社桥 / 二〇七
五、新河闸桥 / 二〇七
六、古纤道 / 二〇九
第二节　石拱桥 / 二一一
一、古月桥 / 二一一
二、寿昌桥 / 二一一

三、惠德桥 / 二一二
四、光相桥 / 二一三
五、广宁桥 / 二一四
六、恩波桥 / 二一四
七、广济长桥 / 二一五
八、拱宸桥 / 二一六
九、长虹桥 / 二一七
十、金清大桥 / 二一九
十一、双林三桥 / 二二〇
第三节　廊桥 / 二二一
一、广济桥 / 二二一
二、如龙桥 / 二二二
三、普济桥 / 二二四
四、北涧桥 / 二二五
五、永和桥 / 二二六
六、通洲桥 / 二二七
七、永康西津桥 / 二二七

第八章　海防建筑
一、海防建筑的发展及分布 / 二三三

二、海防建筑的类型、特点 / 二三六
第一节　卫所建筑 / 二四〇
　一、昌国卫城 / 二四〇
　二、金乡卫城 / 二四〇
　三、蒲壮所城 / 二四一
　四、桃渚所城 / 二四三
　五、健跳千户所城址 / 二四四
第二节　寨堡建筑 / 二四四
　一、永昌堡 / 二四四
　二、山皇堡 / 二四四
　三、白湾堡 / 二四五
　四、游仙寨 / 二四五
　五、威远城 / 二四六
第三节　台堠建筑 / 二四七
　一、三塔山瞭望台 / 二四七
　二、公屿烽堠 / 二四七
　三、金鸡山炮台 / 二四七
　四、镇海口炮台 / 二四七
　五、乍浦炮台 / 二四八
第四节　缘海巡检司城 / 二四九
　一、石墩巡检司城 / 二四九
　二、苔山巡检司城 / 二四九
　三、太平岙巡检司城 / 二五〇
　四、龟峰巡检司城 / 二五〇

第九章　戏台、牌坊

　一、戏台 / 二五五
　二、牌坊 / 二六一
第一节　戏台 / 二六五
　一、宁海戏台 / 二六五
　二、嵊州戏台 / 二六八
　三、庆安会馆戏台 / 二七〇
　四、舜王庙戏台 / 二七〇
　五、永嘉塔湖庙戏台 / 二七一
　六、平阳忠训庙戏台 / 二七一
　七、兰溪嘉会堂戏台 / 二七一
　八、永康梁十公祠戏台 / 二七三
第二节　牌坊 / 二七三
　一、东钱湖庙沟后牌坊 / 二七三
　二、横省牌坊 / 二七四
　三、永嘉金昭牌坊 / 二七四
　四、松阳詹宝兄弟进士牌坊 / 二七五

五、秋官里进士牌坊 / 二七六
六、上虞上浦世科—绣衣牌坊 / 二七六
七、遂昌独山牌坊 / 二七七
八、南阁牌坊群 / 二七八
九、兰溪郭氏节孝坊 / 二七九
十、苍南张家堡双牌坊 / 二八〇
十一、兰溪社峰毕氏牌坊 / 二八〇

第十章　建筑营造与装饰
一、木结构 / 二八四
二、砖石结构 / 二八六
三、建筑装饰 / 二八九
第一节　木结构 / 二九一
一、梁架 / 二九一
二、斗栱 / 二九三
三、装修 / 二九五

第二节　砖石结构 / 二九八
一、砖石砌筑技术 / 二九八
二、砖石建筑构件 / 二九九
三、砖石建筑 / 三〇一
第三节　建筑装饰 / 三〇三
一、石雕 / 三〇三
二、木雕 / 三〇五
三、砖雕 / 三〇七

浙江古建筑地点及年代索引 / 三一〇

参考文献 / 三一六

后记 / 三一七

主编简介 / 三一八

浙江古建筑

第一节　自然环境状况

一、地理

浙江位于我国东南沿海，地势西南山高岭峻，谷地幽深，中部丘陵盆地，低矮破碎，东北部地势低平，水网密布，是著名的鱼米之乡。素有"七山一水二分田"之称。地形复杂多变，小气候多样，生物资源丰富，水能资源充足，为农林生产发展提供了有利的条件。浙江海域广阔，海岸线曲折，沿海岛屿有2100多个，星罗棋布，是我国岛屿最多的省。

浙江的平原包括沿海平原和河谷平原两大类。沿海平原自北而南分布着杭嘉湖、宁绍、椒黄、温瑞等平原，海拔都在7米以下，地面平坦，水网纵横。其中以杭嘉湖平原最大，面积达7620平方公里；宁绍平原面积有4800多平方公里，是浙江第二大堆积平原。河谷平原分布在浙江八大水系中下游，或宽或窄，大多海拔都在50米以下；盆地遍布浙江各地，大、小有30多处，其中分布最密集、面积最大的是浙江中部的金衢盆，东西长逾200公里，面积达4000平方公里；浙江的山地主要包括天目山脉、龙门山脉、会稽山脉、四明山脉、天台山脉、大盘山脉、千里岗山脉、白际山脉、括苍山脉、雁荡山脉、洞宫山脉、仙霞岭山脉等。其中位于龙泉市洞宫山脉的黄茅尖海拔达1929米，是浙江的最高峰，位于庆元县的百山祖海拔1856.7米，为省内第二高峰。浙江东临东海，沿海半岛和岛屿在地貌形态和成因上具有一些特点，即在地质构造、岩性和地貌形态上都是大陆的直接延伸部分。在地质历史上属第四纪的全新世，距今约7000年左右，为地质历史最年轻的时期。几乎全是基岩岛屿。海岸以淤泥质为主，并逐年向大海延伸，其次是基岩海岸。以基岩丘陵为主，海湾内有堆积小平原。

河流纵横是浙江水文的重要特征，钱塘江、甬江、灵江、瓯江、飞云江、鳌江东流入海；苕溪自南而北汇入太湖。浙北杭嘉湖平原、宁绍平原以京杭大运河和浙东运河为主干，河湖相连，水网密布。浙江省河流的源头和上游河段大多在海拔1000米以上的山区，而下游河口为滨海平原，河床比降大，源短流急。钱塘江是浙江第一大江，全长524千米，流域面积48887平方公里。省内湖泊主要分布在杭嘉湖和宁绍平原，历史上湖泊分布稠密，现已大为减少。较知名的湖泊有杭州西湖、嘉兴南湖、绍兴东湖和鉴湖、宁波东钱湖等。

浙江地处中亚热带东部湿润常绿阔叶林地带，自然环境复杂，在地质、地貌、土壤、生物等因素的综合作用下，为植物生长提供了极为有利的条件，植被类型多样，植物资源丰富，为人类生存提供了各方面的生活资料。

矿产资源中非金属矿是浙江矿产的主要特色，明矾石、叶蜡石、膨润土、沸石、硅藻土、萤石等储量都比较大。此外建筑用凝灰岩、建筑材料等蕴藏量都极为丰富；在金属矿产方面，包括贵金属以及铅、锌、铀和稀土矿等都有蕴藏。

二、气候

浙江属于亚热带季风气候，冬夏季风交替显著，年平均温度适中，四季分明。光照较多，热量资源较丰富。雨量充沛，空气湿润。各个季节都有一些明显的特殊天气气候现象。

位于中纬度亚热带中北部的浙江，冬季太阳辐射量南多北少，夏季南北之间温差不明显，春、秋两季为过渡季节，温度变化较大，一年四季交替显著。由于浙江地形以丘陵山地为主，地面起伏较大，而主要山脉为东北—西南走向，这对冬夏气流运行有一定的影响，全省年降水量从西南往东北呈逐步减少的分布特点。沿海地区，受海洋的影响较大，冬、夏气温差别较小。多样的地形，造成了各地气候的差别和复杂。浙江气候既具有典型的亚热带季风气候的特征，又有南部和北部、沿海和内陆比较明显的差异性。

浙江的气候特点，对提高农作物的复种指数，发展多种经营提供了很好的条件。然而，这样的气候也存在许多不利因素，如冬季的寒潮冻害、伏秋的干旱、雨季的洪涝、夏秋的台风及冰雹大风等，常常给生产、生活带来严重危害。

浙江年平均气温为15.4～18.1℃，南部高于北部，温差3℃左右。1月份是冬季风最盛，为一年中最冷的一个月；7月在太平洋副热带高压的控制下，天气晴热，是全省各地最热的月份。各地年气温相差不是很大，浙北平原在25℃上下，浙南和浙东沿海大都在22℃左右。全省降水量丰富，年平均降水量为1100～1900毫米，其中沿海少于内陆，平原少于山地，由西南向东北递减。各地空气中所含水汽较多，相对湿度较大，全年平均在77%～80%之间，属亚热带湿润地区，尤其是初夏，北方干冷空气不断南下，南方热带气团加强，暖湿空气源源北上，这两种不同的气流在此频繁交锋，引起较长时期内连续阴沉多雨，这便是浙江颇具特色的"梅雨"季节。

第二节　历史与文化

一、历史沿革

浙江人类的历史始自约100万年前早更新世晚期的旧石器时代，在浙北长兴、安吉等地发现几十处旧石器时代人类活动的遗址。

新石器时代浙江原始文化璀璨辉煌，发现了距今10000～8500年的上山文化①，8000～7000年前的跨湖桥文化、7000～5000年前的河姆渡文化、7000～6000年前的马家浜文化、6000～5000年前的崧泽文化、5300～4200年前的良渚文化以及4200～4000年前的钱山漾文化。

浙江有文字记载的历史，可以追溯到夏禹时代。《史记·夏本纪》云："十年，帝禹东巡狩，至于会稽而崩。"《史记·越王勾践世家》记载，越王勾践，其先禹之苗裔，夏后帝少康时封庶子于会稽，以奉守禹之祀。春秋时期，浙江属吴、越之境，后越灭吴，迁都琅琊。战国时越又被楚灭。秦朝浙江分属会稽、鄣、闽中三郡，置15个县。西汉为会稽、丹阳郡，东汉分属吴、会稽、丹阳郡。三国入吴版图，社会经济得到较快的发展，已有44个县。唐初隶江南道，后改江南东道。唐肃宗乾元元年（公元前758年）分江南东道为浙江东、西二道，各设节度使，浙江东道治越州（今绍兴），浙江西道治润州（今江苏镇江），唐末移治杭州，这是浙江作为行政区域名称的开始。五代十国时期为吴越国，辖11州，1军，62县，都杭州。在吴越国王钱镠及继任者"保境安民"基本国策的指导下，两浙经济繁荣、文化昌盛，浙江经济社会得到空前的发展。北宋为两浙路，南宋分隶两浙东、西路。南宋定都杭州，称行在所。元代隶江浙行中书省。明初置浙江等处行中书省，浙江作为省名始于此。后又改为浙江承宣布政史司，辖杭、严、嘉、湖、绍、宁、台、金、衢、温、处11府，安吉1州，共75县，省界基本定型。清康熙初改为浙江省，建制至此确定。清道光年间（1821～1850年），设11府、1直隶厅、1州、1厅、75县。省、府之间设杭嘉湖、宁绍台、金衢严、温处四道，分辖府、厅、州、县。

二、文化特征

（一）浙江有悠久的人类历史，灿烂的原始文化，是中华文明重要的发祥地之一

考古资料显示，浙江人类的历史可追溯到约100万年前的旧石器时代。在浙北的安吉上马坎遗址和长兴七里亭遗址、银锭岗遗址、合溪洞遗址等旧石器时代考古遗址均发现重要地层及遗存，发掘出土了大量旧石器等遗物，包括石核、石片、刮削器、砍砸器、尖状器等，经专家分析研究后证实，这些遗址可将浙江人类活动史上推至约100万年前。

进入新石器时代，浙江发现的原始文化主要有上山文化、跨湖桥文化、河姆渡文化、马家浜文化、崧泽文化、良渚文化、钱山漾文化等。其中诞生在距今约10000年前的位于钱塘江上游、以金衢盆地为中心分布的上山文化，是浙江最早的新石器时代考古学文化，上山遗址是中国长江下游及东南沿海地区迄今发现的年代最早的新石器时代遗址。在上山遗址出土的夹炭陶片的表面，发现较多的稻壳印痕，胎土中羼和大量的稻壳、稻叶，遗址还出土了稻米遗存。上山遗址发现了长江下游地区迄今最早的稻作遗存，为稻作农业起源问题的研究提供了十分珍贵的资料。

7000年前的河姆渡文化，主要分布在宁绍地区。河姆渡文化是以发现于1973年的余姚河姆渡遗址命名的新石器时代文化，总面积约4万平方米，自下而上叠压着四个文化层，距今约7000～5000年（图1-2-1、图1-2-2）。该遗址在20世纪70年代进行过两次考古发掘，出土了生产工具、生活器具、原始艺术品等文物6700余件，还发现丰富的栽培稻谷和大面积的木建筑遗迹、捕猎的野生动物和家养动物的骨骸、采集的植物果实及少量的墓葬等遗存。这些重要遗存，为研究我国远古时代的农业、建筑、制陶、纺织、艺术和东方文明的起源以及古地理、古气候、古水文的演变提供了极其珍贵的实物资料。河姆渡遗址第三、四文化层的出土文物显示，这一时期已拥有较为发达的耜耕农业、采用榫卯技术的干阑式建筑，在国内同时代的遗址中，它的生产、生活水平处于领先地位，与黄河流域一样都是中华民族远古文化的发祥地，它是新中国成立以来最重要的考古发现。

新石器时代晚期的良渚文化，已经进入成熟的史前文明发展阶段。良渚文化主要分布在浙北苏南的太湖流域，这一时期的农业已发展到犁耕农业阶段，这是古代农业发展的一大进步。由此带动了当时生产力的高度发展，促进了手工业的发展，制陶、治玉、纺织等手工业部门从农业中分离出来，尤其是精致的治玉工艺，表现了当时手工业高度发展的水平，其他诸如漆器、丝麻织品、象牙器等，均表现出当时生产力一定程度的先进性及其所孕育的文化内涵。良渚文化时期的社会已经分化成不同的等级阶层，这在墓葬遗存中表现得非常突出。在良渚的反山、瑶山、汇观山等贵族墓地，大都具有宽大的墓穴、精致的葬具，特别是随葬有一大批制作精美的玉礼器。与其相对的小型平民墓葬，不具

图1-2-1　余姚河姆渡遗址

有专门的营建墓地，只是散落在居住址的周围，墓穴狭小，随葬的只是简陋的陶器及小件的装饰用玉饰件。良渚社会已显现出等级差别。在良渚文化的平湖庄桥坟等遗址考古中出土了大量刻画符号。专家认为这是具有原始文字特征的刻画符号。在良渚遗址的核心区域莫角山及周围发现一个规模290多万平方米的古城（图1-2-3、图1-2-4）。北京大学教授严文明等考古学家指出，这是长江中下游地区首次发现同时代中国最大的良渚文化时期的城址，堪称"中华第一城"。如此大规模的系列营建工程，需要一定的社会秩序来加以保证，否则是难以想象的。而建立这种社会秩序，又是与当时社会等级差别的产生有着密切的联系。显然，良渚文化时期，在氏族和部落里已经出现了具有很高权威的领袖人物，有着组织大量劳动力进行这类大规模营建工程的社会权力。专家们认为，良渚文化遗址群是实证中华五千年文明史的最具规模和水平的地区之一。

（二）浙江钟灵毓秀，自古以来，尤其是宋代以后人才大量涌现

在历史长河中，浙江人文荟萃，名人辈出。据研究统计，清代以前浙江各类人才在全国仅次于江苏居第二位，其中在哲学、历史学、文学、教育学、法学以及医学、工学、理学等许多领域都位居全国前列。在全国杰出人才最多的52个市县中，浙江占12个，杭州、绍兴、宁波、湖州分别排在第二、五、六、九位。我国古代经济文化重心南移大约在唐末五代时期，宋代以后江浙一带高层人才已占优势，约占全国的1/4，明清时期更是如此，占到全国的一半以上，其中浙江占1/5强[②]。

浙江在各个领域都涌现了不少杰出的历史人物，如思想家、哲学家王充、吕祖谦、陈亮、叶适、陈傅良、王阳明、朱舜水、黄宗羲、万斯同、全祖望；科技专家陆羽、喻皓、毕昇、沈括、朱丹溪、潘季驯；文学家谢灵运、沈约、骆宾王、贺知章、孟郊、刘禹锡、林逋、陆游、林景熙、周邦彦、陶宗仪、宋濂、方孝孺、张岱、杭世骏、袁枚、朱彝尊、龚自珍；书法家、画家王羲之、王献之、

图1-2-2 余姚河姆渡遗址发掘现场局部复原

图1-2-3 余杭良渚遗址之莫角山

图1-2-4 余杭良渚遗址莫角山发掘现场

褚遂良、赵孟頫、杨维桢、吴镇、倪瓒、王冕、徐渭、丁敬、金农、赵之谦、戴逵、贯休、刘松年、马远、夏圭、李嵩、黄公望、王蒙、戴进、蓝瑛、陈洪绶、蒲华、吴昌硕；教育家胡瑗、吕祖谦、王阳明、阮元、黄宗羲、俞樾；戏剧家高明、李渔、徐渭、洪升；政治、军事家勾践、孙权、钱镠、刘基；宗教人物葛洪、黄大仙、杜光庭、慧皎、澄观，等等。

（三）崇学重教，文风鼎盛，耕读文化传统深入民间

浙江教育文化源远流长，朝廷官办和贤达兴学，形式多样，内容丰富。据文献记载，浙江大约在三国、六朝时期已于会稽、永嘉等地兴学办校。唐朝在地方官学设州学、县学，此时建有湖州、明州、越州、衢州、处州等州学，富阳、平阳、诸暨、余姚、嵊县、松阳、乐清等有县学。民间人士开始在各地设立一些书院，如龙游九峰书院、越州丽正书院、象山蓬莱书院、诸暨溪山书院等。北宋时期浙江各州已普遍设州学，大多数县设有县学。南宋临安是全国文化教育中心，太学、武学、宗学、医学等朝廷官学纷纷建立。书院教育也非常普遍，各县书院有近200所[3]。元、明、清三朝浙江文风更是兴盛，府、州、县学普遍设立，义塾、私塾等蒙学由城镇向乡村发展；书院大量设立，讲学之风盛行。明代浙江有约290处书院，清代增至560处（图1-2-5～图1-2-8）。民间读书藏书蔚然成风，明、清两代私家藏书楼之多、藏书之丰富，为全国之冠（图1-2-9、图1-2-10）。

耕读传家是我国古代社会生活的人文传统，耕读传家的思想是浙江传统文化的重要特征，体现在生活的方方面面。如温州楠溪江宗族村落的家谱中常有"耕可致富，读可荣身"及"耕以务本，读以明教"的记载；地名中的笔架山、文笔峰、笔街等，也体现了古人对文教的重视（图1-2-11）；传

图1-2-5 清代敷文书院图

图1-2-6 武义昭明书院

图1-2-7 绍兴青藤书屋

图1-2-8 诸暨斯宅家族私塾

图1-2-9 宁波天一阁前廊

图1-2-10 瑞安玉海楼

图1-2-11　永嘉苍坡笔街

统建筑中的文庙、文昌阁、文峰塔（图1-2-12、图1-2-13）及各种雕刻中的"渔谯耕读""琴棋书画"等装饰题材（图1-2-14～图1-2-17），无不透露出浙江古代传统社会崇学重教、耕读传家的文化观念。

（四）经世致用、工商皆本等事功思想，极大促进了浙江明、清工商业及世俗文化的发展

浙东事功学派承继浙学先驱，东汉思想家王充重"效验""疾虚妄""崇实知"的思想传统，为学注重实践，崇尚务实。自作主宰、经世致用、义利并重、工商皆本等事功思想，在以叶适、陈亮、吕祖谦为代表的南宋事功学派中达到一个思想理论的高峰。明、清以来，浙江随着资本主义萌芽的出现，商业市镇的繁荣，新兴的市民阶层不断壮大，浙江文化更是出现了一种世俗化的倾向。大批文人书生不再一味在科举考试中寻求出路，转而热衷于通俗文学艺术的创作，以满足市民的文化娱乐需求。浙江的李渔、洪升、徐渭等都是其卓越的代表。他们的作品顺应商品经济的发展，以及世俗化

图1-2-12　衢州孔氏南宗家庙

图1-2-13 文昌阁与博云塔

图1-2-14 "渔樵耕读"木雕之"渔"

图1-2-15 "渔樵耕读"木雕之"樵"

图1-2-16 "渔樵耕读"木雕之"耕"

图1-2-17 "渔樵耕读"木雕之"读"

图1-2-18 磐安茶叶交易市场（古茶场）

图1-2-19 商业小街

的市民生活情调，肯定正常的世俗生活，提倡个性化的生活情调（图1-2-18、图1-2-19）。

这种突出的事功主义思想倾向，深刻地反映了浙江地域文化不尚空谈，注重实干，追求实效的思想传统。浙江地域文化的一个显著精神传统，是不靠天不靠地，自作主宰的主体性精神。有着极为鲜明的义利并重的功利主义价值取向。工商皆本的亲商意识，认为士农工商只是社会分工的区别，没有高低贵贱之分；浙东事功学派一系列同正统主流思想大异其趣的思想主张，实际上正是浙江独具特色的区域文化传统的集中体现。

第三节 建筑发展与特征

一、建筑演变

（一）史前时期

浙江建筑的最初历史，可上溯到距今约1万年前新石器时代早期的上山文化。考古资料显示，上山文化是以金衢盆地为中心广泛分布的原始文化，已发现浦江上山遗址，嵊州小黄山遗址，永康庙山遗址、太婆山遗址，武义大公山遗址，龙游荷花山遗址、青碓遗址、下库遗址，金华婺城山下周遗址、青阳山遗址，义乌桥头遗址、仙居下汤遗址等，其中以浦江县上山遗址最具代表性。上山遗址位于浦阳江上游的浦江县黄宅镇渠南村，遗址自2001年以来，通过三期考古发掘，从地层上证明了上山下层文化遗存早于浙江境内的跨湖桥文化遗存以及河姆渡文化。上山遗址是中国长江下游及东南沿海地区迄今发现的年代最早的新石器时代遗址。在上山遗址中，发现了3列平行的柱洞，每列长约14米，有10～11个柱洞，列间距3米，柱洞深约90厘米，直径40～50厘米，考古专家推测这里原来应是木结构建筑，可能是当时居住水平较高的遗存。

在最初发现于萧山、距今约8000年前的跨湖桥文化遗址中，发现了房屋残迹及性质不明的建筑遗迹7座及灰坑25个。建筑遗存包括成列的木桩、土质墙体、卵石地面和红烧土硬地面以及处理过地面的室外活动场所等[④]。

浙江著名的史前文化遗址河姆渡遗址，总面积约4万平方米，自下而上叠压着四个文化层，根据碳14测定，第四文化层距今约7000～6500年，第三文化层距今约6500～6000年，第二文化层距今约6000～5500年，第一文化层距今约5500～5000年。该遗址于1973年和1977年冬进行过两次考古发掘，合计2630平方米，出土生产工具、生活器具、原始艺术品等文物6700余件，还发现丰富的栽培稻谷，成片的带榫卯结构的干阑式木建筑遗迹，以及猎捕的野生动物和家养动物的骨骸、采集的植物果实及少量的墓葬等遗存，为研究新石器时代的农业、建筑、制陶、纺织、艺术和古地理、古气候、古水文的演变提供了极其珍贵的实物资料。河姆渡遗址第三、四文化层的出土文物显示，这一时期已拥有较为发达的耜耕农业、采用榫卯技术的干阑式建筑（图1-2-20、图1-2-21），是这一时期生产、生活水平较高的聚落遗址。至今已发现河姆渡文化遗址数十处，分布于钱塘江以南的沿海地区和舟山群岛，其中以姚江平原最为密集。带榫卯的木构件，在浙北同时期的马家浜文化遗址中也有发现，如罗家角遗址。

新石器时代晚期的良渚文化，已经进入成熟的史前文明发展阶段。良渚文化主要分布在浙北苏南的太湖流域，是长江下游重要的史前文化。在良渚文化的中心地区杭州余杭良渚出现了代表人类文明标志之一的城市。这个良渚文化的古城，位于现余杭良渚、安溪一带。据研究，古城由外廓、内城和宫殿区等组成。历史上这里分布着大片沼泽，南面和北面都是天目山脉的支脉，东苕溪和良渚港分别由城的南、北两侧向东流过，凤山和雉山两个自然的小山，分别位于内城墙的西南角和东北角，可以看出建城时经过精心的选址和规划。内城四面各有两座水门，南部设一处有四条通道的旱门。城内有多处人工堆筑的高地，其中位于正中的莫角

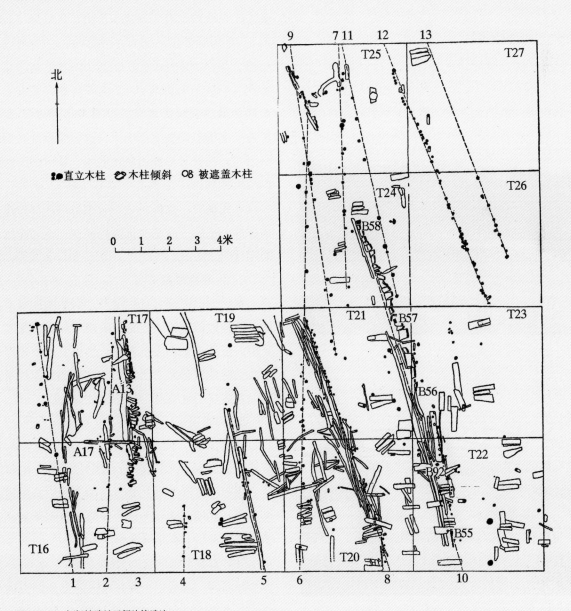

图1-2-20 河姆渡遗址干阑建筑遗迹

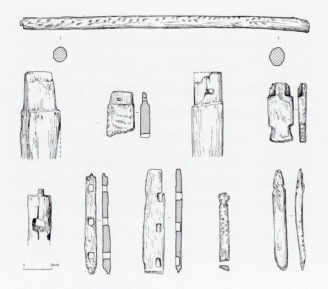

图1-2-21　河姆渡遗址建筑榫卯

图1-2-22　良渚古城东城墙

图1-2-23　良渚古城西城墙墙基

山，被认为是宫殿区，这是一座人工夯筑的大型土台，呈长方形，东西长约630米，南北宽450米，面积近30万平方米。台上又有3个土墩，呈三足鼎立之势。西北为小莫角山，东西约93米，南北宽约45米，相对高度约5.5米；东北大莫角山，东西约180米，南北约97米，相对高度5~6米；西南的乌龟山形若龟背，东西约93米，南北约45米，相对高度约5.5米。20世纪90年代对遗址进行发掘，发现大片的夯筑基址，以及3排东西向排列、每排间距1.5米的大型建筑遗迹，在其东南部发现约5000平方米的红烧土堆积，专家推测为房屋建筑烧毁后的遗迹。内城和宫殿区始建于良渚文化早期（5000年前）。在内城外围，还有一外郭城，目前城墙断续相接，围合面积达8平方公里，兴建于良渚文化中晚期（4800~4300年前）。内城与外郭城之间分布着许多聚落遗址，古城外还存在大型水工遗迹⑤。考古学家张忠培先生指出，良渚古城遗址在国内独一无二，其意义与价值堪比殷墟，是中国同时期规模最大的城市，堪称"中华第一城"。此外，考古工作者还调查、发掘了这一时期数以百计的遗址及墓葬等，反映了良渚文化不同时期、不同等级、不同规模的聚落形态（图1-2-22、图1-2-23）。

（二）春秋战国至隋

春秋战国以降，直到隋朝，虽然浙江基本没有保存地面建筑遗构，但这一阶段却调查发现有一些重要的聚落遗址和古墓葬等，考古发掘中也出土有反映当时建筑形象的器物。从这些历史碎片中大概可以管窥这一时期浙江建筑的发展略影。

1. 古城遗址

目前调查、发现的古城，基本上是春秋战国至汉代的遗址，大多分布在浙北，如湖州邱城遗址、湖州下菰城遗址、安吉古城遗址、萧山越王城遗址、长兴城山古城遗址，以及温岭大溪古城遗址等。结构布局上有几种类型。

（1）双城并列结构的古城

如邱城。该城位于湖州市区北部滨湖街道小梅口，西依黄龙洞山，东逼小梅港，北临太湖，南为平原。传因汉时邱氏居此，故名。据方志记载，邱城是吴国在太湖之滨建的"三城三圻"之一。《长兴县志》云："三城三圻在县东，临太湖，吴王屯戍之地。吴城与斯圻联，彭城与石圻联，邱城与芦圻联。城以屯步骑，圻以屯水军。"⑥考古调查发掘表明，邱城是建在新石器时代原始文化之上的古城。邱城依山而建，有两座规模略等、南北相连的城垣，分别把两座小山（均名邱城山）包围在里面。城墙用泥土夯筑。北城（当地称子城）地势较高，20世纪80年代仍保存基本完好，平面略呈东西向的长方形，周长约三里。城墙呈外陡内缓的不等腰梯形，以东城墙保存最佳，上宽5～8米，底宽20～30米，高8～10米，全长30米。南城墙长约450米。南、北城墙有门十一，北门偏东，南门偏西，门宽20米。南城周长三里余，地处北城东南面，呈南北向的长方形。1957年曾在城东、南、西南隅发现有新石器时代文化遗址，并进行了考古发掘。1958年，兴建了湖州造纸厂，把城垣破坏大半。经实地调查，西城墙长约50米，北端与子城南城门东侧相接。南城墙位于造纸厂围墙内，保存稍好，长约30米。东城墙已荡然无存。北城墙西半段即子城南城墙。东半段沿子城东南角向东而筑，今尚保留一段长约50米的城墙，断面呈梯形，实测上部宽11.5、底宽19米，高4米。城门情况不明⑦。20世纪50年代起，考古学者对该遗址进行过几次发掘，出土了许多陶器、石器等。

(2) 内、外城结构布局，即重城

如湖州下菰城、温岭大溪古城以及安吉古城。这一布局形式，最初见于新石器时代晚期的良渚文化良渚古城遗址。

湖州下菰城地处湖州市青山乡云盖村，背依和尚山，南临东苕溪，水陆交通方便。城垣用土夯筑，保存较好，断面呈梯形，上宽3～5米，底宽20～30米，高约6～9米不等。下菰城有内、外两重，平面大体呈圆角等边三角形（图1-2-24）。内城位于外城东南隅，周长约二里，城门开在东南城墙之中。外城周长四里余。东南面城墙与内城两侧相接处分别开有城门各一，其他两面城墙也有若干缺口。城垣中夹杂有印纹陶、原始青瓷和夹砂陶片等，印纹陶花纹有云雷纹、回纹、折线纹、组合纹等。附近山上分布着西周至春秋时期的土墩墓、石室墓，下菰城的始建年代约为春秋时期。

温岭大溪古城，在温岭市区西北约20公里的大溪镇。城的布局是大城中又设小城，即有内城与外城，内城面积近8万平方米，外城面积近29万平方米，城址的规模也比较大，其所设内城很有可能就属于王城的性质。大溪古城应该是一座西汉东瓯国的城址古城，在古城东北方仅1公里的山间岙地上，发现了一座东瓯国的贵族大墓，该墓规模较大，墓坑坑口长15.5、宽6～7米，坑底长13.5、宽4.5、坑深3.7米，西面设有斜坡式墓道。它是浙江已发现的规模最大的一座西汉墓。这种与古城同时代的高级别大型贵族墓葬在古城附近的存在，足以表明这座古城并非一般城址。专家认为，现存温岭大溪东瓯国古城很可能就是东瓯国国都王城遗址，东瓯国建都之处就在今台州地区的温岭大溪⑧。

安吉古城，该城位于安吉县中部偏北的丘陵平原区，古城遗址平面略呈方形，城内东西长600米，南北宽550米，城区面积约33万平方米，包括护城河在内总面积达40余万平方米。城墙为平地堆土筑成，保存较好，墙基宽24米，现存残高6米左右，不见槽基及明显的夯层和版筑迹象。环城护城河遗迹明显可辨，宽50～80米不等（图1-2-25、图1-2-26）。据近年的考古勘探研究，在原已知的

图1-2-24 湖州下菰城（百度地图）

图1-2-25 安吉古城城墙护城河遗迹

城内又发现一圈城墙及护城河遗迹，因此安吉古城亦当为内外城结构。古城东有苕溪，西有沙河。城址内文化堆积丰厚，上至春秋，下达南北朝甚至更晚。尤其是出土了一大批制作精美的瓦当类建筑构件，这是浙北地区同时期规格最高的城址。其外围分布有多处两周时期古文化遗存：城址东北600米地有一处与城址内早期堆积同时期的高台遗址，当地人习称"丞相基"。该遗址呈方形，边长近400米，相对高度4.5米，环高台四周有宽50～150米宽不等的壕沟；城址北约1公里处有一座人工堆筑的东西长约120米、南北宽60米的土坛，现存坛高2米左右。偌大的一座土坛仅在东部边沿和南部边沿各发现1座春秋小墓打破土坛，土坛的中心部位分布有大面积的红烧土堆积。据此分析，推断为春秋时期的祭祀建筑遗存。古城遗址周围的丘陵地区分布有大量与遗址早期堆积同时期的土墩墓，其分布之广，数量之多，规模之大且排列有序为太湖流域所罕见[9]。

2. 古墓葬

全省发现并发掘了不少这一阶段的古墓葬，包括商周时期的土墩墓、土墩石室墓、石棚墓，汉、六朝时期的古墓葬等。其中石棚墓是用独块巨石盖顶、由多块立石作为墓壁支撑盖石的一种形制独特的墓葬，是巨石文化遗存的一种，其形制既像棚子，又似桌子。它广泛分布于世界上许多国家和地区，欧洲西部和北部、亚洲南部、东南部和东北部，非洲北部，南美洲北部均有发现。我国石棚墓分布在东北地区的辽宁和吉林以及浙江，浙江是目前已知的我国南方地区唯一的石棚墓分布点。浙江的石棚墓主要分布在浙南的沿海地区，包括瑞安

图1-2-26 安吉古城遗址

市的岱石山、棋盘山（图1-2-27）和杨梅山，平阳县的荆山、苍南县的桐桥（图1-2-28）和三门县的满山岛这6个地点。其分布数量为岱石山36座、棋盘山4座、杨梅山1座、荆山2座、桐桥7座、满山岛5座，共55座①。浙江大多数石棚墓的形制为三面用多块长条或长方石紧密埋立形成三面壁体，上架巨大盖石，三面壁体的每一块立石都直接支撑盖石，巨大盖石的重量分散在每一块壁石之中。石棚墓的平面形状多呈长方形，也有接近正方形的。规模不一，大小有异，大者室内空间长4米以上，宽4米左右，高接近2米。小者室内长2米，宽1.5米，高不足1米。石棚墓的底部或为土地面，或在铺小石块，少数石棚墓用板状块石铺设，十分平整和讲究。

图1-2-27　瑞安棋盘山石棚墓

印山越王陵，是这时期浙江最重要的古墓葬，位于绍兴城西南方约13公里的兰亭镇里木栅村之西南侧。这里是群山环抱之中的小盆地，北临棋盘山，西依兰诸山，南接裘帽山和笔架山，东眺会稽山。在这群山环抱之中，由东向西呈"一"字形分布着5座小山。这5座小山海拔均为40~50米，大小、形状类似，各自独立。印山在5座小山中位居最东面，海拔高度41.7米，王陵建在印山之中，其外围四周挖有隍壕，隍壕在对王陵起到防御保护作用的同时，也明确界定了墓域的四至，构成了明确的陵园范围。隍壕形状规整，转角方正，沟宽16~19米，深2.1~2.7米，全长88米。在隍壕的四面中间设通道，其中东门宽60米，南门宽50米，西门宽48米，北门宽37米，东门最宽，且又正对墓道，应是主门（图1-2-29）。印山越王陵使用的是"甲"字形墓葬形制，墓坑墓道全在山岩中凿成，墓坑深且狭长，坑口长46米，宽14米，深12.8米，墓坑的长度几乎是宽度的3倍。墓道设在东边，长54米，宽3.4~8.7米。墓坑与墓道相连，总长达100米。这样的规模，除陕西秦公陵外，其他各诸侯国国君陵墓均无超过者。墓室建于墓坑正中，长34.8米，底宽6.7米。剖面呈三角形，墓室壁面用巨大的枋木密排构成，枋木宽、厚尺寸为50~80厘

图1-2-28　苍南桐桥石棚墓

图1-2-29　绍兴印山越国王陵（百度地图）

米。墓室内分为前、中、后三室，中室放置一个巨大的独木棺。木构墓室外用20厘米的树皮、约1米厚的木炭层包裹着。墓坑内大量填筑了青膏泥，这些防护，构成了对墓室的多重防潮维护（图1-2-30）。据专家研究，该墓基本可确定是一座春秋末期的越国国王陵墓，墓主为越王允常[11]。

画像石汉墓在中原地区多见，浙江却很少，长安画像石墓是浙江省最重要的代表，墓位于海宁市长安镇，为东汉晚期多室券顶砖石墓。墓长9.56米，宽4米，由墓门、前室、东西耳室、后室构成。墓室下半部用条石砌筑，上部青砖发券。墓室、墓门有画像石63块，刻有55幅画像[12]，除了一幅在墓门门楣外，其余均分布在前室四壁。墓室四面均雕刻有带龟座的蟠龙柱，柱头施重栱托门额，这是浙江最早的蟠龙柱建筑形象。画像石中又有粗短矮柱承栌斗单栱的雕刻，以及一小片不完整的包括廊庑的建筑组群（图1-2-31）。

3. 水工建筑遗迹

农业是中国传统社会最重要的经济支柱，农田水利又是农业生产基本的保障措施。位于丽水碧湖平原的通济堰，是这时期创建的水利灌溉系统，也是浙江保存至今最重要的水工建筑遗迹之一。瓯江自西向东流经碧湖平原，通济堰始建于南朝梁，据记载："梁有司马詹氏，始筑为堰，而请于朝，又遣司马南氏共治其事。"通济堰"去县而西至五十里，……障松阳、遂昌两溪之水，引入圳渠，分为四十八派，析流畎会，注溉民田二千顷。又以余水潴而为期，以备溪水之不至。"[13]碧湖平原地势西南高东北低，落差20米，通济堰即根据这样的地理形势营造，从而基本实现了自流灌溉，不需再靠外力支援。通济堰的上游集雨面积达2000多平方千米，每天能拦入堰渠20多万立方米，灌溉着整个碧湖平原中部、南部粮田。堰坝初为木、竹、石坝，至南宋开禧元年（1205年）改为石坝。现存拱坝长275米，底宽约25米，高2.5米，用块石砌筑（图1-2-32）。通济堰渠道呈竹枝状分布，由干渠、支渠及毛渠三部分组成，蜿蜒穿越整个碧湖平原。干渠长22.5公里，分支渠48条，毛渠321条，大小概闸72座，并多处开挖湖塘以储水，形成以引灌为主，兼顾储泄的竹枝状水利灌溉系统，使整个碧湖平原上

图1-2-30 越国王陵墓室

图1-2-31 海宁长安汉画像石墓画像1 ［引自岳凤霞等. 浙江海宁长安镇画像石. 文物，1984（3）.］

图1-2-32 丽水通济堰堰坝

的30000多亩农田得以旱涝保收。通济堰大坝首创了拱坝形式,减少了水流对堰坝单位宽度的冲击力,使其具有较强的抗洪峰能力;拱坝还改变了水流方向,减轻了对堰坝护坡、溪岸的破坏。通济堰的堰史、堰规、筑堰有功者,均刻碑立于世。整个水利工程,连同碑刻,是研究我国古代水利工程的珍贵资料。

4. 其他建筑

绍兴狮子山306号战国墓出土的铜屋是非常重要的实例,该铜屋呈长方形,通宽13厘米,深11.5厘米,通高17厘米。面阔三间,明间较次间宽0.3厘米,进深三间,各间深度均等。屋面为四坡攒尖顶,上立有一高7厘米的八边形图腾柱,柱顶栖伏一鸟。建筑下部有台阶。山面和后面柱间设墙,其中山墙为漏窗形,后墙当心间中部设一大窗。建筑内跪坐六个奏乐铜人。屋面及图腾柱表面施卷云纹,制作十分精美⑭(图1-2-33)。这一铜屋的发现,对了解当时建筑形象具有重要意义。

石马山岩刻佛塔图。在瑞安市林溪石马山,保存了一处佛教题材的摩崖刻石,其中有一幅佛塔图,塔方形,7层,第一层塔身刻有三尊半身佛像,二至七层各刻一尊半身佛像。腰檐翼角悬风铎,塔

图1-2-33 绍兴306号墓出土铜屋[采自牟永抗. 绍兴306战国号战国墓发掘简报. 文物,1984(1).]

顶冠一串球形刹。塔虽然简洁,但基本构成完整。塔右侧有纪年题刻"南朝陈永定元年"(公元前557年)。这是目前浙江发现最早的古塔形象资料。

(三)唐、五代、宋、元时期

浙江现存最早的建筑实体是建于唐开成二年(公元837年)的位于杭州城区的龙兴寺经幢,此外,还有海宁盐官安国寺经幢(图1-2-34)、海宁

图1-2-34 宁海国安寺唐代经幢

图1-2-35 宁波普济寺经幢

硖石惠力寺经幢、金华法隆寺经幢、宁波普济寺经幢（图1-2-35）等，以及宁波天宁寺西塔、鄞州它山堰等。宁波天宁寺塔，建于唐咸通年间（公元860～873年），为砖结构方塔，五层，叠涩出檐，虽然仅10余米高，体量不大，但却是浙江仅存的一座唐塔。宁波鄞州它山堰，是甬江支流鄞江上修建的御咸蓄淡引水灌溉枢纽工程，始建于唐太和间（公元827-835年），"鄮令王公元暐始垒石为堰于两山间"⑮，堰体全长113.4米（图1-2-36），第一级宽3.2米，高0.65米，第二级宽4.8米，高1.3米。堰坝总高约2～3.8米。平时可抬高堰上游章溪的水位，引章溪淡水到南塘河河网，灌溉鄞西16000多公顷农田，供应鄞州区城镇用水，并可阻挡鄞江咸潮上溯，从而保证了水质，汛期洪水经它山堰下泄。它山堰自建造迄今已1000多年，依然能发挥灌溉、供水、通航和泄洪等作用。

五代时期，两浙在吴越钱氏的统治之下，保境

图1-2-36 鄞州它山堰

安民，晏然无事，成为当时唯一能予民休养生息的乐土。"吴越地方千里，带甲十万，铸山煮海，象犀珠玉之民，甲于天下"⑯。对浙江经济文化的发展起到了极为重要的承前启后的历史作用。在建筑上，杭州人喻皓著有《木经》一部，是当时建筑技

图1-2-37 临安功臣塔

图1-2-38 杭州灵隐寺石塔

术的理论总结。该书详尽阐述了建筑的几项法则，如造舍之法，"凡屋有三分，自梁以上为上分，地以上为中分，阶（台基）为下分""凡梁长几何，则配极几何，以为橡等，如梁长八尺，配极三尺五寸，则厅堂法也，谓之上分"。喻皓《木经》的问世，极大地丰富了我国建筑学的内容，宋代欧阳修说："至今，木工皆以预都料（喻皓）为法。有《木经》三卷行于世。"五代时期，吴越国钱氏崇信佛教，"寺塔之建，吴越武肃王倍于九国。"目前浙江仍保存有数座吴越国时期的佛塔和经幢，如临安功臣塔（图1-2-37）、杭州闸口白塔、灵隐寺石塔（图1-2-38）、安吉灵芝塔（图1-2-39）、义乌双林寺铁塔和杭州雷峰塔遗址（图1-2-40）等，以及杭州梵天寺经幢、杭州灵隐寺经幢。其中以杭州雷峰塔为代表的八边形双层套筒结构的楼阁式塔，在构造上较之前代有很大的发展，是建筑技术的一大进步。

图1-2-39 安吉灵芝塔

图1-2-40 杭州雷峰塔（采自傅熹年《中国古代建筑史（第二卷）》）

图1-2-41 宁波保国寺大殿

图1-2-42 苍南护法寺桥塔

由于吴越国时期浙江的社会安定，经济文化发展迅速，至北宋初钱俶纳土归宋，"人物日以繁盛，遂甲于东南"[17]。北宋时期，杭州已为全国重要的经济商贸中心之一。北宋嘉祐二年（1057年），梅挚出知杭州，仁宗赐诗："地有湖山美，东南第一州"[18]。南宋朝廷偏安东南，定都杭州，成为全国政治、经济、文化中心，浙江各方面得到全面发展。这一时期浙江保存的建筑主要有佛教寺院、佛塔、桥梁、牌坊等，如宁波保国寺（图1-2-41）、松阳延庆寺塔、龙游湖镇舍利塔、仙居南峰塔、宁波二灵塔、诸暨东化城寺塔、杭州六和塔、湖州飞英塔、天台国清寺塔、苍南护法寺桥塔（图1-2-42）、绍兴八字桥、义乌古月桥、德清寿昌桥、建德西山桥、瑞安八卦桥、宁波庙沟后牌坊、宁波横省牌坊等。两宋时期浙江建筑技术达到很高的水平，北宋建筑官书《营造法式》的编写深受浙江建筑技术的影响，吸收融汇了许多浙江地方做法。

元代历史较短，建筑活动、规模较前朝都大为减少，建筑技术无明显突破，进入一个转型期。浙江遗存的元代建筑有佛教寺院、佛塔、伊斯兰教清真寺、桥梁等，如金华天宁寺大殿（图1-2-43、图1-2-44）、武义延福寺大殿、临海千佛塔（图1-2-45）、普陀多宝塔、黄岩净土寺塔、杭州凤凰寺礼拜殿、绍兴光相桥、上虞九狮桥等。其中，杭州凤凰寺大殿的砖结构发券穹窿顶（图1-2-46），是元代建筑营造技术的新突破，该技术是受到波斯、中亚伊斯兰建筑的影响而产生的[19]，然而此项建筑技术在全省并未能够得到广泛的运用和推广。

（四）明、清时期

明初浙江省界基本定型，清初建制确定。明、清时期浙江经济文化发达，在全国处于领先水平。明代是建筑发展史上的又一个高潮，清代延续和发展了明代建筑。明、清两代的建筑类型丰富，同时也是全省古建筑中保存最多、最丰富的时期，包括城镇、村落民居、祠庙、寺观、藏书楼、书院、园林、塔、桥、牌坊、商业店铺、水工建筑、手工作坊等，几乎涵盖了各个方面。

图1-2-43 金华天宁寺大殿

图1-2-44 金华天宁寺大殿构架

图1-2-45 临海千佛塔

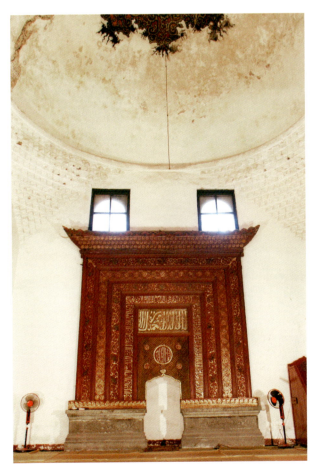

图1-2-46 杭州凤凰寺礼拜殿穹窿顶

随着明清经济社会的持续快速发展，人口的大量增加，浙北水乡涌现出大批繁荣的市镇，如新塍镇、魏塘镇、濮院镇（图1-2-47）、崇福镇、王店镇、南浔镇（图1-2-48）、双林镇、乌青镇、新市镇（图1-2-49）、塘栖镇、长安镇、硖石镇、安昌镇、东浦镇等。与此同时，作为最基层的聚落形态——村落，也得以迅速的增加。如今虽然大多数传统市镇、传统村落已经更新改造，但也保存了部分古镇、古村落。浙江中部、南部的兰溪、武义、龙游、松阳、永嘉等地古村落较为集中地保存（图1-2-50，图1-2-51）。

自明中期朝廷允许民间祭始祖立家庙以来，浙江建祠之风大盛，宗祠建筑得到迅速发展。浙江宗祠分布广泛，主要集中在乡村，至今保存部分明代宗祠，如龙游关西世家、兰溪衍德堂、兰溪上族祠（图1-2-52）、衢州吴氏宗祠、江山南坞杨氏宗祠、庆元吴文简祠等，以及众多的清代宗祠，如衢州蓝氏宗祠、桐庐申屠氏宗祠（图1-2-53）、永康占鳌公祠、义乌方氏大宗祠、天台陈氏宗祠、兰溪山背吴氏宗祠等。宗祠建筑一般包括大门、享堂、寝堂及厢房，部分宗祠中还有戏台。浙江明、清建筑中保存最多的是住宅，它们是传统聚落最基本的单元。其中有像东阳卢宅、绍兴吕府这样的大型住宅，更大量的是中、小型普通民居。

寺院、藏书楼、园林、牌坊、桥梁、塔等建筑是浙江明、清时期重要的建筑类型，法雨寺、国清寺、阿育王寺、天童寺、天一阁、文澜阁、玉海楼、绮园、小莲庄、金昭牌坊、秋官里牌坊、广济长桥、古纤道、如龙桥、北涧桥、发宝象龙塔、报本塔等均是重要代表。

图1-2-47　桐乡濮院镇

图1-2-48　湖州南浔镇

图1-2-49　德清新市镇

图1-2-50　兰溪芝堰村

图1-2-51　松阳官岭村

图1-2-52 兰溪上族祠

图1-2-53 桐庐荻浦申屠氏宗祠

砖的大量生产从明代开始，并在建筑上普遍使用，促进了砖构技术的发展，这一时期石构技术也得以广泛运用、发展，砖、石类建筑大量建造，如砖石牌坊、砖石塔、石桥、砖石城墙和建筑围护墙等（图1-2-54、图1-2-55），都大量采用砖砌、石筑技术。砖雕、石雕技艺得以充分发展和运用。

二、建筑类型

在浙江这片具有悠久历史、深厚文化底蕴和良好自然环境的土地上，先人创造了灿烂的建筑文化。从远古的新石器时代，直至明清时期，在上万年的历史长河中，建造了丰富的、各种类型的建筑，包括城市、村镇、宗教建筑、祠堂庙宇，文教建筑、住宅建筑、园林、牌坊、桥梁、塔、会馆，等等。

1. 城镇聚落。根据考古资料显示，浙江新石器时代的上山文化、跨湖桥文化、河姆渡文化、马家浜文化、崧泽文化、良渚文化、钱山漾文化中，发现了众多的聚落遗址，如余姚河姆渡遗址、嘉兴南河浜遗址、桐乡普安桥遗址、新地里遗址等。新石器时代良渚古城的营建，开创了浙江城市建设的历史，该城面积约有8平方公里，由内城和外廓组成。春秋末期，越国在今绍兴建都，营建了小城和大城，据记载小城"周二里二百二十三步，陆门四，水门一。"大城"周二十里七十二步，不筑北面"，有"陆门三、水门三"[20]。五代十国时期吴越国和南宋均建都杭州，这是历史上浙江的又一处都城。此外，宁波、温州、衢州、临海（台州府）、兰

图1-2-54 龙游砖雕门楼

图1-2-55 南浔石拱桥

溪、松阳等均为重要的古城。全省还保存了一批历史古镇和村落，其中有明、清时期繁华的商业市镇，如湖州南浔镇、桐乡乌镇、余杭塘栖镇、德清新市镇、绍兴安昌镇、诸暨枫桥镇；区域交通枢纽，如仙居皤滩、龙游湖镇（图1-2-56）、台州路桥、象山石浦、江山清湖等；具有独特风貌的传统村镇，如建德新叶、永嘉芙蓉、苍南碗窑、诸暨斯宅（图1-2-57，图1-2-58）、兰溪诸葛、浦江郑宅、武义俞源、天台街头、遂昌独山、缙云河阳等。

2．宗教建筑。浙江是佛教、道教发展史上的重要地区，唐代以后伊斯兰教传入，在省内一些较大的城市得以传播发展。浙江现存古代佛教建筑包括寺院及佛塔、经幢，占浙江宗教建筑的绝大部分。此外，还有保存少量的道教宫观、伊斯兰教清真寺以及晚清时期的基督教、天主教建筑等。佛教寺院有宁波阿育王寺、天童寺、保国寺，天台国清寺，舟山普陀普济寺、法雨寺，金华天宁寺，武义延福寺，景宁时思寺（图1-2-59），德清云岫寺，温州江心寺、瓯海圣寿禅寺等；佛塔有杭州闸口白塔、六和塔、湖州飞英塔、松阳延庆寺塔、龙游湖镇舍利塔、临海千佛塔、普陀多宝塔等；经幢有海宁盐官国安寺经幢、金华法隆寺经幢、杭州梵天寺经幢、杭州灵隐寺经幢等。浙江道教、伊斯兰教建筑遗存很少，保存较好的有湖州纯阳宫、瑞安圣井山石殿、新昌沃洲山真君殿和杭州凤凰寺、宁波清真寺、嘉兴清真寺等。

图1-2-56　龙游湖镇

图1-2-57　诸暨斯宅斯盛居

图1-2-58　诸暨斯宅笔峰书屋

图1-2-59　景宁时思寺

3. 祠庙建筑。浙江庙宇建筑大体上有两类，祭祀民间杂神的普通庙宇和祭祀著名历史人物或重要神祇的庙宇。前一类型的庙宇众多，广泛分布在城乡各地，一般规模都较小，多为民间建立。如乐清雷公殿、庆元卢福神庙等；后者数量虽然不多，但影响较大，且规模也较大，许多是朝廷或地方政府所建，如杭州岳庙、海宁盐官海神庙、文成刘基庙，以及各地的孔庙、城隍庙等。宗祠是宗族祭祀祖先的场所，宗族村落中一般都会尽财力、物力，用上好的木料、石料等建筑材料建造宏伟高大的祠堂。因此宗祠往往是浙江传统村落中规模最宏阔、装饰最华丽的建筑群。在浙江乡间保存了大批宗祠建筑，一个宗族村落往往有总祠和支祠之分，总祠是全宗族的祠堂，又称大祠堂，如建德市新叶村西山祠堂，是叶氏宗族总祠，武义俞源的俞氏宗祠，为俞氏宗族总祠。支祠是宗族支脉房派的祠堂，兰溪长乐嘉会堂，是长乐金氏宗族的支祠。从建筑上看，浙江的庙宇与宗祠有着较明显的同构现象。

4. 住宅建筑。住宅建筑是人类最早创造的建筑类型，在浙江新石器时代早期的遗址中发现住宅建筑遗迹。传统住宅建筑也是浙江保存最多的古建筑类型，在2011年结束的第三次全国文物普查中，浙江省登记新发现文物点6万多处，其中仅传统住宅建筑就有3万余处，约占总数的一半。浙江各地传统住宅保存状况有多有寡，目前主要集中在浙中、浙南地区（图1-2-60、图1-2-61）。以清代住宅数量最多，但也保存了少量的明代住宅。住宅多为三或四合院，也有不少由数进院落组成的宅院。类型上，大体可分为浙北水乡民居、浙中丘陵民居、浙南山地民居。

5. 文教建筑。自唐、宋以降，我国经济文化重心逐渐南移，浙江得以较快发展。崇文重教，文风鼎盛，至今遗留不少文教建筑，主要包括藏书楼、书院，以及亦可划入此类的文庙、文昌阁、文峰塔、惜纸（字）亭等。如现存最早的私家藏书楼宁波天一阁，清代朝廷收藏四库全书的七阁之一杭州文澜阁，以及湖州嘉业堂、瑞安玉海楼，书院有宁波的甬上证人书院、嵊州鹿门书院、新昌鼓山书院、兰溪仁山书院、遂昌鞍山书院等。有随着宋室南迁并分别在衢州落户的孔氏南宗家庙和磐安孔氏家庙，还有保存颇为完整的慈城孔庙、江山二十八都文昌阁（图1-2-62）、磐安昌文塔、永康龙脉头字纸炉、诸暨华国公别墅惜纸亭等。

6. 园林。浙江历史上造园活动最为繁盛的时期是南宋和明、清时期。南宋以当时的都城临安和吴兴为代表。临安园林数量之多甲于天下，在园林设计上"因其自然，辅以雅趣"，形成山水风光与建筑空间交融的风格，在我国园林史上留下了重要的一页。南宋《吴兴园林记》记载了吴兴的私家园林36所。这些园林以水、竹、柳、荷等景色见长，有的就近取太湖石点缀，渐渐形成园林赏石、叠假山之风。明代随着经济社会的发展繁荣，浙江造园

图1-2-60 磐安民居

图1-2-61 缙云河阳民居

图1-2-62　江山二十八都文昌阁

之风日盛,许多文人、画家参与造园设计和实践。清康熙、乾隆年间是浙江清代造园的鼎盛时期,嘉兴、杭州、绍兴等地建造了大批园林,并被北方皇家园林效仿,如西湖十景等。

7. 戏台、牌坊。浙江是戏剧大省,我国成熟最早的戏剧——南戏,就诞生在浙江的永嘉。元、明之际,著名的四大声腔中余姚腔、海盐腔均在浙江。越剧、绍剧、甬剧、婺剧、瓯剧、姚剧等众多的地方戏剧,构成了浙江这个戏剧之乡异彩纷呈的艺术氛围。徐谓、李渔、洪昇都是浙江的著名戏剧家。各种地方戏的产生、发展和繁荣,造就了全省城乡大量演剧建筑的涌现。浙江传统戏台不仅数量多,而且类型也很丰富,从建筑的类型上看,主要有庙宇戏台、祠堂戏台、会馆戏台以及一些公共的独立戏台、临时戏台等。

牌坊源于我国古代里坊制之坊门,至明清时期已演变成为一种标志性、纪念性的建筑,其意义是颂扬封建伦理道德下的典范,达到树立良好风尚、稳定社会秩序、维护封建统治的目的,即具有标榜功德、颂扬节烈、褒奖孝义、表彰忠勇等象征意义。牌坊广泛见于城镇、乡村及传统建筑组群的前端和陵墓、桥头等地。在建筑中牌坊具有前导和分隔空间的作用。浙江历史上,尤其是明、清时期曾建造过大量的牌坊。根据其建坊目的可以分为功名坊、道德坊、陵墓坊、门坊等几种性质的牌坊。牌坊形制上有:二柱一间无楼式、二柱一间一楼式、二柱一间三楼式、四柱三间无楼式、四柱三间三楼式、四柱三间五楼式等。

8. 古桥梁。浙江是传统桥梁大省,20世纪60年代初交通部门的调查显示,全省共有民间桥梁10万余座,其中包括大量的古桥梁。全省现存古桥梁约有1万座。浙江古桥梁的建筑材料主要为石料,另有部分木材,或木、石材料建造的桥梁;类型以梁桥、拱桥为主(图1-2-63)。自宋代以来的古桥

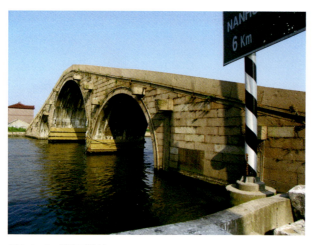

图1-2-63 浙北石拱桥

梁均有遗存,如北宋的苍南护法寺桥、南宋的绍兴八字桥、元代上虞九狮桥、明代湖州种德桥、清代余杭广济长桥等,数量最多的是清代古桥。折边形拱券桥是浙江古桥梁最具特色的类型,至今保存了南宋、明、清的折边形石拱桥和明、清折边形木拱廊桥。

三、建筑特点

(一) 新石器时代建筑文化璀璨辉煌

随着考古发掘研究的不断深入,浙江新石器时代文化面貌逐渐清晰,相继发现了良渚文化、河姆渡文化、马家浜文化、崧泽文化、跨湖桥文化、上山文化和钱山漾文化,包罗了新石器时代早、中、晚期各阶段,地域分布以浙北、浙东和浙中为主的大片地区。在这些史前文化中,发现了数以百计的大大小小聚落遗址和建筑遗迹,以及墓葬、水井、码头、祭坛、水坝、夯土墙,等等。其中在余姚河姆渡文化的河姆渡遗址和田螺山遗址中,发现了距今约7000年左右的、带榫卯结构的干阑式建筑群,这是国内发现最早的、颇具规模的榫卯结构的干阑式建筑。在余杭良渚遗址中,发现了由内城、外廓和宫殿区等组成的、面积达8平方公里的良渚古城,这是一处经过精心选址和规划的新石器时代晚期的城,是中国及世界范围内同时期规模最大的古城遗址之一,专家认为良渚遗址是良渚文化的政治中心,良渚古城就是良渚文化的都城。

(二) 五代及北宋时期成熟领先的建筑技术

唐中期以后伴随着经济重心的逐步向江南转移,以及五代吴越时期钱氏实行保境安民、与民生息的政策,两浙社会稳定,经济繁荣、文化昌盛。吴越国的建筑技术水平有了很大的发展,杭州雷峰塔、灵隐寺双塔、闸口白塔,以及苏州虎丘云岩寺塔均为五代吴越建造的既有八边形平面,又具楼阁式外观的多层塔,且雷峰塔和云岩寺塔都运用双层套筒结构,与唐代使用方形平面和空筒砖壁内木板分隔结构的楼阁式塔比较,无疑是一个巨大的进步[21],这种构造形式一直影响到北方。杭州五代末的几座塔和经幢以及建于北宋大中祥符年间(1008~1016年)的宁波保国寺大殿的许多做法与《营造法式》相同或很接近,"尤其是大木作,几座石塔的斗栱、柱、枋、檐部等,几乎都可和《法式》相印证"[22],显然,作为宋朝官式建筑做法的《营造法式》,吸收融汇有许多浙江地方做法。北宋初杭州人喻皓进京师主持开宝寺塔建造,此为京城诸塔中最高者,喻皓被誉为"国朝以来,木工一人而已。"[23]他还著有《木经》三卷,并作为营造典范流行于世。这些都代表和反映了五代至宋,江南建筑技术在许多方面都领先于北方的水平。

(三) 深厚的历史文化底蕴造就了丰富多样的建筑类型

浙江历史悠久、文化底蕴深厚,产生并营建了众多的各种建筑,基本涵盖了各个类型,如聚落建筑,包括城市、市镇、村落;宗教建筑,包括佛教寺院、佛塔、经幢,道教宫观,伊斯兰教清真寺、天主教堂、基督教堂;陵墓建筑,包括帝王陵寝、官僚大墓、民间墓葬等;文教建筑,包括书院、藏书楼、学校、考寓、文庙、文峰塔、文昌阁;祠庙建筑,包括官方及民间各类庙宇、宗族祠堂、名人纪念祠;住宅建筑,包括普通民居、官宦大宅以及名人故居;工商建筑,包括会馆、传统手工作坊,商业店铺、交易场所;水工建筑,包括堰坝、运河、水闸;海防建筑,包括卫所、堡寨、烟墩、缘海巡检司；以及园林、桥梁、驿道、关隘、牌坊、戏台、亭阁，等等。

（四）乡土建筑占据浙江古建筑的半壁江山

乡土建筑包括传统住宅、宗祠、乡间庙宇等。根据浙江省第三次全国文物普查的数据，乡土建筑约占全省古建筑的一半以上，其中住宅占绝大多数。浙江乡土建筑风格特色大体可分为三个区域。浙北杭嘉湖与浙东北宁绍地区，以平原多水地形为特点，无论城镇，还是村落，建筑多临水而筑，这些村镇自然地形成了沿河带状布局，有的在河一侧，有的夹河而建。虽然一般结构较简洁，少繁缛装饰，但一些大宅做工考究、精致，尤其是厅堂前后廊常做成卷棚轩，形式多样。对外的大门多为石库门，而正对院落重要厅堂建筑的仪门，常常做得很考究，为砖雕大门，这与浙中一带的做法完全不同，体现了不显山露水的思维定式。浙江中部金华、衢州以及历史上的严州，并包括浙东部分地区，多丘陵山地，地缘上与皖南徽州接近，乡土建筑做工讲究，用材较大，雕饰华丽，受风水观念影响较深，虽然建筑有自身的特点，但与徽州建筑仍有不少有共同之处。浙南温州、丽水以及台州南部地区，属瓯越文化圈，乡土文化、耕读文化氛围浓郁。这一区域的民居，建筑形制古拙，结构简洁，不注重装饰，保留许多早期做法，反映了偏远山区建筑文化的滞后性。

注释

① 浙江省文物考古研究所，浦江博物馆．浙江浦江县上山遗址发掘简报．考古，2007，(9)：7-18；蒋乐平．钱塘江流域的早期新石器时代及文化谱系研究．东南文化，2013，(6)：44-53．

② 缪进鸿．历代浙江人才初步研究．东南文化，1989，(6)：6-10．

③ 张彬主编．浙江教育史．浙江教育出版社，2006．

④ 方向明，芮国耀执笔．萧山跨湖桥新石器时代文化遗址//浙江省文物考古研究所学刊．长征出版社，1997：6-21．

⑤ 刘斌，王宁远．良渚古城——新发现与探索//浙江省文物考古研究所等编著．权力与信仰——良渚遗址群考古特展．文物出版社，2015：51-71．

⑥ 清同治．长兴县志·卷十四·古迹．

⑦ 林华东，汪济英．浙越城址考略．广西民族研究，1987，(3)．

⑧ 陈元甫．浙江温岭汉代东瓯国城址与贵族大墓．东方博物，2007，(4)．

⑨ 程亦胜．早期越国都邑初探——关于古城遗址及龙山墓群的思考．东南文化，2006，(1)：31-39．

⑩ 陈元甫．浙江石棚墓研究．东南文化，2003，(11)．

⑪ 浙江省文物考古研究所等编著．印山越王陵．文物出版社，2002．

⑫ 嘉兴地区文管会，海宁县博物馆．浙江海宁东汉画像石墓发掘简报．文物，1983，(5)．

⑬ （北宋）关景晖．丽水县通济堰詹南二司马庙记//莲都历史文化丛书——通济堰．浙江古籍出版社，2008．

⑭ 牟永抗．绍兴306号战国墓发掘简报．文物，1884，(1)：10-25．

⑮ 南宋宝庆．四明志·卷十二：鄞县志·卷一·叙水．

⑯ 苏轼．表忠观记//宋·苏轼《苏东坡集》．商务印书馆，1958．

⑰ 陈亮．龙川集·卷一：上孝宗皇帝第一书．

⑱ 宋乾道．临安志·卷三：牧守．

⑲ 常青．元明砖石拱顶建筑的嬗变．自然科学史研究，1993，12(2)：192-200．

⑳ 越绝书·卷八．

㉑ 刘敦桢主编．中国古代建筑史．中国建筑工业出版社，1980．

㉒ 潘谷西．〈营造法式〉初探（一）．南京工学院学报，1980，(4)．

㉓ （宋）欧阳修．归田录·卷一．

浙江古建筑

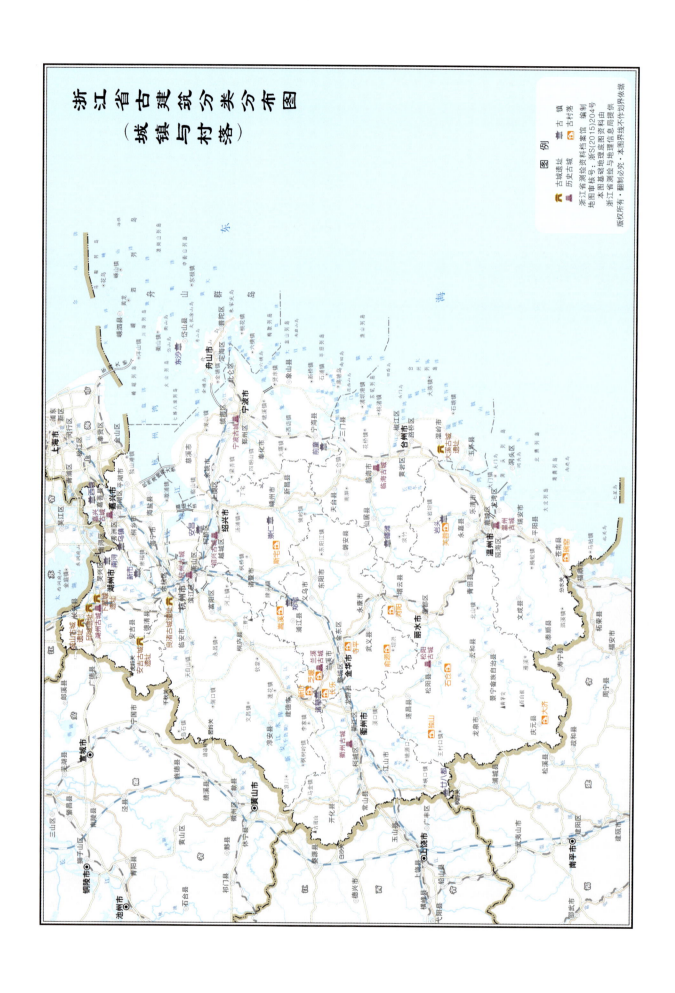

一、城市

（一）城市的发展

浙江历史悠久，早在约100万年前的旧石器时代，就有原始人类在此活动；浙江境内已发现新石器时代遗址上百处，包括上山文化、跨湖桥文化、河姆渡文化（图2-0-1）、马家浜文化、崧泽文化、良渚文化和钱山漾文化。春秋战国时期，浙江属越、吴境。在社会经济不断发展的同时，越、吴两国统治者出于政治和军事的需要，陆续修建了一些城镇（图2-0-2、图2-0-3）。秦汉时期是古代浙江在经历了越国时期的发展高潮之后社会的一个低落期。两汉之际，中原地区再次爆发大规模的农民起义，社会急剧动荡，而与此同时，江南地区所受的影响却相对较少，社会较为稳定，由此吸引了不少北方民众前来避乱（图2-0-4）。随着孙吴、东晋和南朝宋、齐、梁、陈相继在江南立国，由此促成了古代浙江城市史上的第一个发展高潮，从海盐"县旧境图"可管窥早期嘉兴地区城市发展规模（图2-0-5）。

五代吴越国王钱镠奉行"保国安民"的政策，大力发展经济与建设，境内政治、经济、文化得到迅速发展（图2-0-6）。宋太宗太平兴国三年（公元978），在宋廷的强大压力下，吴越王钱俶被迫"自愿"献纳土地，杭州和汴京形成南北呼应之势。及至宋室南渡，作为南宋政治、经济和文化的中心，临安城市达到那个时代的高峰（图2-0-7）。元代虽然总体停滞和衰退，但是有些城市仍然在南宋的基础上进一步发展；湖州（图2-0-8）发展为南太湖流域的主要城市，近年发掘的湖州子城遗址，见证了宋代城市建设的规模（图2-0-9）。除了杭州、湖州，嘉兴（图2-0-10）是浙北平原重要的运河城市，担当着浙江主要的漕粮收集转运功能，同时是航运枢纽城市，是历史底蕴深厚的著名城市。元末战争对城市破坏严重，经过明初近百年的恢复，到明中期，浙江地区的许多城市又重新呈现出相当程度的繁荣。明末清初，战乱再起。由于浙江地区的抗清斗争甚为激烈，所遭受的破坏也尤为严重。为防止据守台湾坚持抗清的郑成功与沿海人民联合，清政府又实行大规模的"迁海"政策，

图2-0-1　河姆渡文化——田螺山遗址

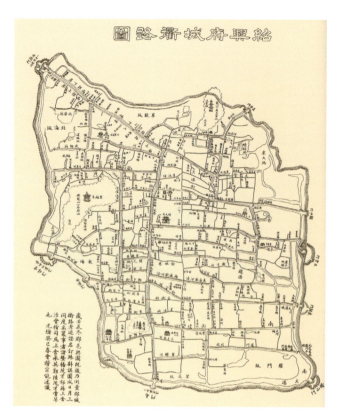

图2-0-2　绍兴府城图（光绪）

图2-0-3　吴国城

图2-0-4　上虞东山始宁山庄遗址与谢安墓

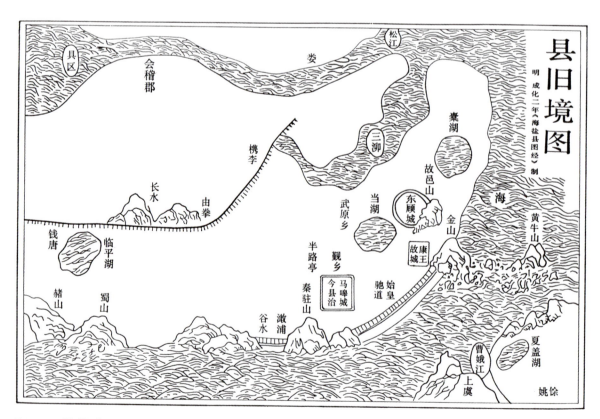

图2-0-5　明海盐图经

图2-0-6 钱镠像

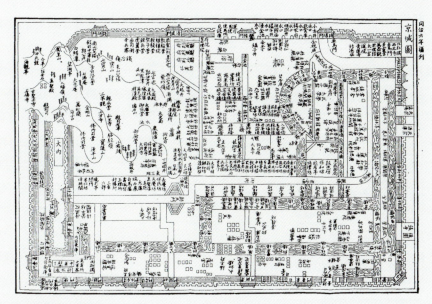

图2-0-7 南宋京城图

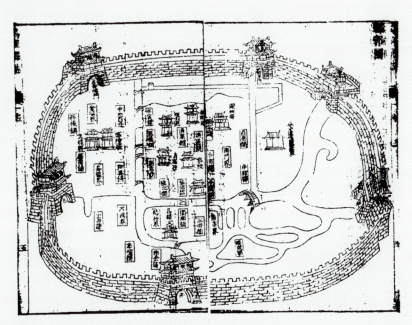

图2-0-8 湖州府城【(崇祯)乌程县志】

图2-0-9 湖州子城遗址

堕城郭，烧庐舍，强制沿海居民迁往内地。地近台湾的浙江沿海地区首当其冲，使昔日繁华的浙东沿海地区变得一片荒凉。自康熙二十三年（1684年）平定台湾后才有所放松。不过，清代中期浙江城市的发展是相当有限的，基本属于恢复性质。在经历康熙、乾隆年间的持续恢复，浙江城市发展达到高潮（图2-0-11），从嘉庆、道光年间起，则由于政府腐败和僵化，浙江城市进一步走向衰落。

从空间分布来看，中国古代城市的发展经历了由西到东、由北到南、由内陆到沿海的扩展过程。在今浙江地区，秦王朝先后共设立了16个县，分属于会稽、鄣两郡。与西汉相比，东汉浙江地区城市的发展主要表现在以下三个方面：第一，随着政治地理的进一步开拓，郡县城市的数量进一步增

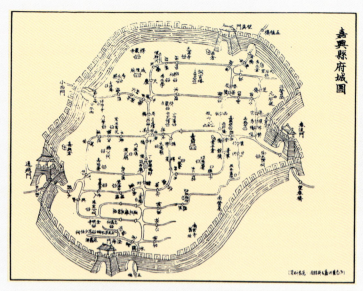

图2-0-10 嘉兴县府城图

加，分布趋于广泛。第二，初步形成了一批较具规模和影响的中心城市。第三，一批港口城市的初步崛起。东汉时，会稽郡议曹华信征发民工修筑了长达1公里的海塘，这是古代杭州城市发展史上的一个转折点。南北朝时期浙中南地区大批城市的涌现，就郡级城市而言，有两个东阳和临海郡（图2-0-12）分布在浙中和浙东南地区。东晋时又增加一个郡，即太宁元年（公元323年）拆临海郡增置永嘉郡（图2-0-13）。到南朝时，浙江地区基本形成了以山阴为代表的大规模商贸都会，以各郡城为代表的地区性经贸中心，以钱塘、鄞、永嘉、章安（图2-0-14）为代表的港口型贸易中心。隋唐五代城市发展的显著特点，就是江南地区的社会发展水平开始赶上中原地区，城市发展也与中原平分秋色。

（二）类型与特点

从城市职能和形态上来分类，基本可以分为三类。第一是政治性城市，这类城市是在各种政治和行政管理中心基础上逐渐形成和发展起来的。历代中央都市和各级地方政府所在的城市大多属于这一类。第二是工商业城市，这类城市或是由政治性城市转变而来的，或是在乡村市镇的基础上进一步发展形成的。它们一般分布于物产丰富、经济发达的地区和一些交通要道沿线。第三是军事防卫性城市，这类城市历史悠久，在先秦时期曾广泛存在。这类城市一旦失去了防卫功能和作用，便迅速走向衰落，甚至被完全废弃。在浙江，战国城邑按它们的性质和职能，大致可分为五类：一是作为统治中心的都邑，如越国都城绍兴、吴越国和南宋都城杭州；二是军事城堡，如檇里、固陵等。三是一般性政治据点，如句章、长水等。四是封

图2-0-11 浙江城镇分布图【皇舆全览图之浙江全图】

图2-0-12 台州府城墙

图2-0-13 温州子城谯楼

图2-0-14 章安老街

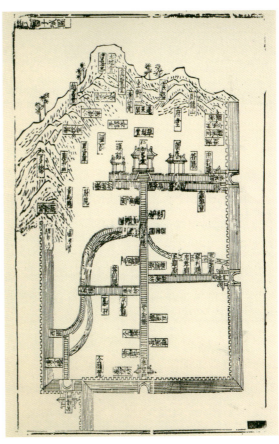
图2-0-15 绍兴府志之旧子城图（《绍兴府志》明万历十五年（1587年）旧子城图21.2厘米×15.0厘米×2现藏浙江图书馆）

邑，如阳城、北阳里城等。五是宫邑，如土城、南小城等。其中都城会稽（图2-0-15），周围达20里，分内外两重，其规模即便与同期中原地区的一些大城市相比，也不逊色。战国时期所置的下菰城（图2-0-16）规模宏大，城垣坚固，至今城墙遗址仍然保存。

第一，早期城市规模大，如良渚古城，始筑于距今5000年前左右的新石器时代晚期。经过多次的考古钻探调查和发掘，现已初步搞清了城墙的分布范围、堆积状况以及年代下限。良渚古城布局略呈圆角长方形，正南北方向。城墙底部普遍铺垫石块作为基础，在石头基础以上用较纯净的黄色黏土

图2-0-16 下菇城（引自"百度地图"）

图2-0-17 良渚古城南城墙遗址

堆筑而成。良渚古城是同时代面积最大的古城之一（图2-0-17）。越国都城会稽，罗城为先秦越国时范蠡所筑，周二十余里；子城为隋时杨素所筑，周十里。第二，城市经济与政治并行，如杭州，作为江、湖、河相连的城市，在水运时代，六朝以后城市迅速发展，隋代大运河修通后，航运、商业更加发达，至隋唐时期经济非常繁荣，市区的中河、东河日夜穿梭着船只，连接钱塘江与大运河码头。隋时杨素重新选址筑城，"周回三十六里九十步"，设十三门。大顺元年（公元890年），钱镠"筑新夹城，环包家山，泊秦望山而回，凡五十余里，皆穿林架险而版筑"。景福二年（893年），钱镠再次扩建大城市规模，发民夫二十万及十三都军士筑杭州罗城，周七十里。金灭北宋，宋王朝迁都于此，改名临安。城垣在五代基础上增修，有13个城门。宫城在城南凤凰山东，原是吴越时州府所在的子城（图2-0-18），南宋皇宫沿用子城，经不断改建扩建，遂成大内。杭州市区南北向多条河道，连接钱塘江渡口与城北拱宸桥运河码头（图2-0-19），至元代开拓下塘河后，"北关"一带水运发达，沿线商贸繁荣，临安的城市生活与汴梁相似，"北关夜市"，通宵达旦。元时，由于宋恭帝出城拜降，杭州城得以保全一代之繁华，意大利旅行家马可波罗称之为"天城"。①

二、市镇

（一）市镇的发展

军镇在浙江的出现最早是在东汉末和三国时期。到南朝中后期，军镇逐渐成为一项普遍实现于广大南方地区的军事制度。进入隋唐以后，军镇的设置更为广泛，其制度亦进一步趋于完善，需要注意的是，从唐中后期起，随着社会经济的发展，部分军镇的形态开始发生一些变化，其突出表现是工商业的发展和经济色彩的增强。如嘉兴的新塍镇（图2-0-20）、湖州的晟舍镇。到了五代十国时，军镇实际上已成为有着一定辖区的军事经济共同体。到北宋时，镇由军事据点全面向农村新兴经济中心地转变。北宋的建立，标志着晚唐以来长达两个世纪的封建割据局面的结束。通过削夺军镇的司法权、用人权和财政权，促使军镇进一步向经济中心转化。

浙江古代市镇的全面兴起和发展是从北宋开始的，进入南宋以后迅速形成了其历史上的第一次高潮，走到了全国各地的前列。从全国范围来看，早在宋代以前，镇和草市就已在各地出现。但与宋代的草市镇不同，早期的镇只是一种军事据点，并不具有经济中心地的职能。而零散分布、数量有限的草市绝大多数也停留于小范围、封闭性的乡村小集市的形态，浙江地区自然也不例外。在经历了两宋

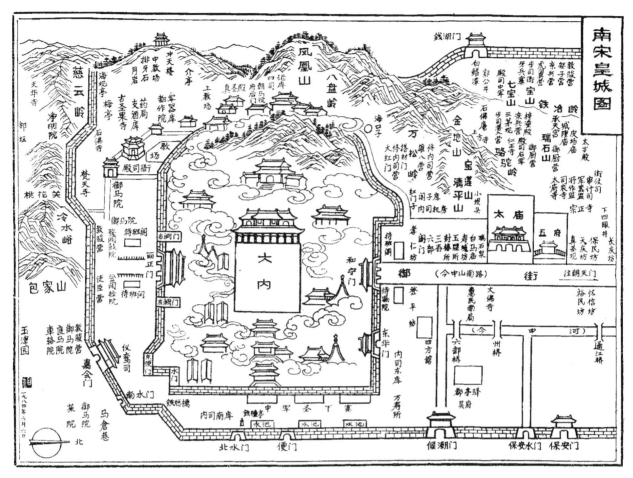

图2-0-18 南宋皇城图

图2-0-19 杭州拱宸桥旧照

图2-0-20 嘉兴新塍镇

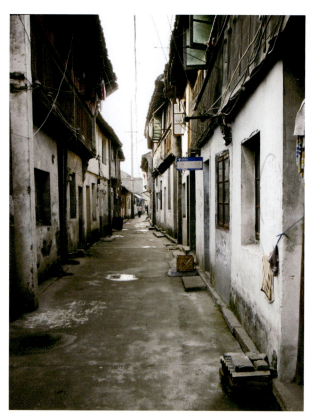

图2-0-21 王江泾镇

尤其是南宋时期持续快速的发展之后，到了元代，浙江各地的乡村市镇进入了一个相对低落的时期。不过，位于太湖之滨的湖州、嘉兴等地，仍有一定的发展。一些地方还先后兴起了一批新的市镇。如嘉兴县的闻川，又名王江泾（图2-0-21），宋时只是一处村落。明清时期以杭嘉湖地区为代表的浙江市镇的持续兴盛，表明了在封建制度下，浙江地区继州县城市在宋元时期达到其发展历史上的最高峰之后，乡村市镇发展到了高潮。

唐朝浙江地区军镇的数量也在不断增加。如到吴越政权末年，仅湖州地区就有24个镇，如安吉、长兴、武康、新市（图2-0-22）等。宋朝有些设于山区荒地的军镇逐渐被省罢和淘汰。如湖州在吴越末年共有军镇24个，至北宋中期神宗元丰初年，只剩下6个。与此同时，浙江各地通过其他途径建立的新型镇的数量不断增加，如杭州仁和县设江涨桥镇、临平镇等，台州临海县设大田镇，越州诸暨县设枫桥镇，温州乐清县设柳市镇等。从街区和社

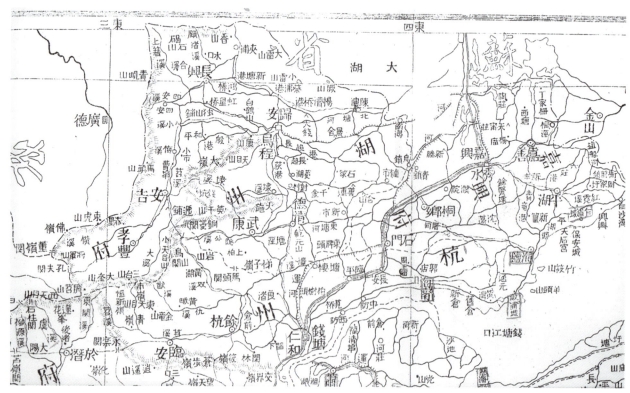

图2-0-22 明代杭嘉湖市镇分布图（光绪二十八年浙江图）

会布局方面来看，不少市镇已形成像州县城市那样的街、坊、巷、市等坊巷布局和较为完整的市区结构。如嘉兴府的乌青镇，有大小坊巷三十六处。海盐县的澉浦镇也非常发达。

(二) 类型与特点

军镇是一种早期的镇的类型（图2-0-23），在浙江的出现最早是在东汉末和三国时期。草市的历史较镇要久远得多，它最早出现在汉代，魏晋南北朝时日趋增多，特别是在一些农业经济较为发达的地区和交通要道上，更是大量涌现。如地处今浙北苏南的吴兴郡和吴郡一带，浙东的会稽郡。及至隋唐五代十国，虽然对草市一再加以限制，但并不能阻挡草市的发展势头。如湖州的菱湖市、越州的平水市、秀州的梅里市等。南宋时期浙江地区的市镇可分为五种：一是环城卫星市镇，如临安市郊的江涨镇、留下镇等；二是生产型市镇，分农、林、渔、盐及手工业生产等不同类型（图2-0-24、图2-0-25）；三是交通枢纽型市镇，如绍兴府萧山县的西兴镇、浙东运河旁的曹娥（图2-0-26）；四是港口型市镇，如嘉兴府华亭县的青龙镇、江山的清湖镇等；五是乡村墟市，相当部分的农村草市属于这一类。元代海盐的乍浦成为一个港口市镇，湖州的善琏由于制笔业成为著名的专业市镇。

明清时期杭嘉湖市镇大多数逐步形成了类似州县城市的街、坊、巷、市的社区格局和较为明确的市区和镇郊的划分，各种市政配套设施也相当完善，由此形成了较为完整的市区形态。如南浔镇，市区南北长，东西短，大体呈长方形。街坊衢巷基本上沿运河和市河分布，河上桥梁众多，又建有许多河埠，供来往船只停泊。其中，位于运河和市河交汇处的通津桥是全镇的中心（图2-0-27），桥周围是最为繁荣的闹市区。市内有多条商业街，还有一批专业市场。另外还有巷弄28条，又建有城隍庙。整个镇区四周以木栅围圈，栅外即为镇郊。另如乌青镇，乌镇和青镇隔河相对，混成一体，规模宏大（图2-0-28）。

图2-0-23 廿八都

图2-0-24 盐官陈阁老宅

图2-0-25 盐官城墙老照片

图2-0-26 上虞曹娥百步街

图2-0-27 南浔荻塘故道沿岸民居

图2-0-28 20世纪80年代桐乡乌镇东栅街区航拍

三、村落

（一）村落的发展

浙江村落始于新石器时代，河姆渡文化遗址、良渚文化遗址等发现水井埠头、船桨和聚落遗址。现存的古村落，最早建于晚唐和五代，如缙云河阳朱氏，慕浙南山水，定居新建镇河阳村（图2-0-29）。随着宋室南迁，许多北方大族迁徙到浙江，山东曲阜孔氏，随朝廷南迁，家族主要迁居衢州，另有一支在磐安榉溪定居（图2-0-30），在南宋时期有一个建村的高潮，所以在浙江山水之间，散落着一些建于南宋的古村落。当然，因为岁月的关系，存世最多、保存最完好的，还是明清两代的古村落。浙江是个山脉纵横的省份，纷繁交错的天目山脉、天台山脉、雁荡山脉分东、中、南三路，覆盖了浙江三分之二的区域，全省山区面积占百分之七十以上，自古即有"七山一水二分田"之说，全省较大部分地区交通相对闭塞。山水相隔，使一些古村落历经冲击而得以保留。

浙江古村落分布广，基本集中在浙东、浙南和浙江中西部三个区域。而在经济、文化、交通一直较为发达的浙北杭嘉湖平原，古村落很多成长为繁华而具有城镇功能的古镇，不再有朴素的古村概念和形式存在了。浙东古村落主要分布在宁海、天台、三门、仙居等地，浙江境内的各大山脉在这里趋于平缓，向东海延伸。自宁波向南，止于仙居，浙东古村落呈线状分布。其中以宁海前童（图2-0-31）、清潭村，天台张思村、桥头和仙居高迁、皤滩村（图2-0-32）为代表。浙南古村落主要分布在永嘉、泰顺、松阳等地，这里峰峦陡峭，沟壑纵横，山清水秀，风光旖旎。以永嘉和泰顺为核心，浙南古村落呈带状分布。其中永嘉尤为集中，芙蓉（图2-0-33）、苍坡、林坑、岩头、鹤盛、溪口、蓬溪、岩坦、枫林等数十个古村落集中于一县之中，为世所罕见。泰顺古村落遗存也较

图2-0-29 缙云河阳村鸟瞰

图2-0-30 磐安榉溪村

图2-0-31 宁海前童全景

图2-0-32 仙居皤滩老街

图2-0-33 永嘉芙蓉村

图2-0-37 建德新叶村

多，集中在新浦、筱村、三魁，松阳保存了大批传统村落，如酉田、官岭、石仓、回呈等，还有苍南的碗窑、平阳的顺溪（图2-0-34）、庆元的大济等古村落也十分有特色。浙江中西部古村落主要分布在兰溪、浦江、建德、武义、东阳、永康、衢州、江山、开化等地（图2-0-35）。以金华为中心，浙江中西部古村落呈放射状分布。武义的郭洞、俞源，兰溪的诸葛（图2-0-36）和长乐图，建德的新叶村（图2-0-37），开化的霞山，江山的二十八都，东阳的卢宅，永康的厚吴等。

（二）类型与特点

在山多水多、地形比较复杂的浙江，村落的总体布局很难做到像平原地带村落那样对称。它的平面多与地形相结合，很自然地发展成为不规则的平面形式（图2-0-38）。第一，从村落的地形来分类，可以分为山地、平原、水乡、沿海等类型，浙江北部的杭嘉湖地区，水网密布、湖泊众多，是典型的水网地带，像绍兴、湖州、桐乡等地。水乡村落布局中，根据村落与水的关系，来更好地利用与外地的水路交通联系，同时在村落内部布局水街，以满足交通与商业的需求，同时利用河道满足村落给排水；浙江东部及沿海地区，像台州温岭石塘（图2-0-39）、宁波象山等地村落，具有沿海民居特色；浙江中部平原地区，地势平坦，民居院落布局规整、规模较大，如东阳、龙游和义乌的村落；浙江南部和西部山地众多，形成了独具特色的

图2-0-34 顺溪

图2-0-35 衢江区湖南镇破石村民间

图2-0-36 兰溪诸葛村

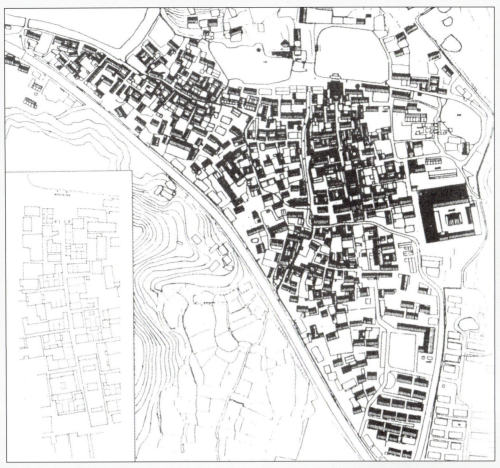

图2-0-38　兰溪长乐村平面图

图2-0-39　温岭石塘里箬村

山地村落，如温州楠溪江流域、丽水景宁和泰顺地区等。山地村落中常常选址背山面水之地布局，村落既得近水之便，又地势高爽，可避免河道涨水时被淹。一般在山南，夏日接纳南风，冬日可接纳日照，并用山来遮挡北来寒风。第二，从村落功能来分，也可以分为家族聚居地、交通要道、军事防御等类型。家族聚居村落是大多数村落的类型，其中也可以分为单一家族和多姓家族村落的不同，如兰溪诸葛村和长乐村；交通要道主要指过去位于驿道上聚居发展起来的村落，往往是商业相对会比较发达，姓氏也会比较多，如兰溪的芝堰村（图2-0-40）；为军事防御建立的村落往往位于某些特殊的位置，或者驿道，或者要冲，会有寨墙寨门等，与官方设立的军事镇不同。如永嘉芙蓉村（图2-0-41）等。

图2-0-40　兰溪芝堰街巷

图2-0-41　永嘉芙蓉村

浙东地区大都属于丘陵和平原相间的地区，居民世代都以农耕为主，村落的构建大多和水系有着亲密的关系，村中多有科学的水利系统，集生活、灌溉和消防等功能于一体；如浙东宁海前童村，村中老街、小巷布置有序，祠堂与水井、渠道错落期间，嵊州的崇仁镇，规模大，布局因地制宜，依水而居（图2-0-42）。浙南古村落民居大多依山傍水，规模相对较小。因受永嘉文化影响，这里古老的耕读文化特别浓郁，村落构建简约而古朴。如楠溪江大多数村落的布局以及它们的建筑物的形制和分格，是由最纯朴自然的民间建筑风格占绝对主导地位的。其风格平淡天然，就像它们的原木、蛮石一样淡然。浙江中西部地处要冲，历代兵患频繁，村落对防卫功能较为注重。同时，这里又是政治文化人才辈出的地方，所以村落规模都比较大，较为强调生态理念。如兰溪诸葛村，其先人诸葛大狮巧借高隆的自然地势，垦土平洼，引水建池，修路筑屋，结合高隆岗独特的地形，建设成为藏风纳气，躲避战事兵祸的村落。

图2-0-42　崇仁古镇（引自"百度地图"）

第一节 古城

一、古城遗址

（一）良渚古城遗址

良渚古城位于现余杭良渚、安溪一带。据研究，古城由外廓、内城和宫殿区等组成。历史上这里分布着大片沼泽，南面和北面都是天目山脉的支脉，东苕溪和良渚港分别由城的南北两侧向东流过，凤山和雉山两个自然的小山，分别位于内城墙的西南角和东北角，可以看出建城时经过精心的选址和规划。内城四面各有两座水门，南部设一处有四条通道的旱门。良渚古城南北长1800~1900米，东西宽1500~1700米，总面积约290多万平方米。布局略呈圆角长方形，正南北方向。城墙底部普遍铺垫石块作为基础，在石头基础以上用较纯净的黄色黏土堆筑而成，城墙底部宽40~60米，现存较好地段高约4米。四面城墙的堆筑方式基本一致，从堆筑技术上反映了城墙的整体性（图1-2-23、图2-1-1）。

城内有多处人工堆筑的高地，其中位于正中的莫角山，被认为是宫殿区，这是一座人工夯筑的大型土台，呈长方形，东西长约630米，南北宽450米，面积近30万平方米。台上又有3个土墩，呈三足鼎立之势。西北为小莫角山，东西约93米，南北宽约45米，相对高度约5.5米；东北大莫角山，东西约180米，南北约97米，相对高度约5~6米；西南的乌龟山形若龟背，东西约93米，南北约45米，相对高度约5.5米。20世纪90年代对遗址进行发掘，发现大片的夯筑基址，以及3排东西向排列、每排间距1.5米的大型建筑遗迹，在其东南部发现约5000平方米的红烧土堆积，专家推测为房屋建筑烧毁后的遗迹。内城和宫殿区始建于良渚文化早期（5000年前）。在内城外围，还有一外廓城，目前城墙断续相接，围合面积达8平方千米，兴建于良渚文化中晚期（4800-4300年前）。内城与外郭城之间分布着许多聚落遗址，古城外还存在有大型水工遗迹。[②]考古学家张忠培先生指出，良渚古城遗址在国内独一无二，其意义与价值堪比殷墟，是中国同时期规模最大的城市，堪称"中华第一城"。

（二）下菰城遗址

下菰城遗址（图2-1-2）位于浙江省湖州市南郊12.5公里云巢乡窑头村，建于春秋战国时期。菰城得名于因"城西溪泽菰草弥望"，是湖州最早的古城址。下菰城遗址坐落在一个自北向南倾斜的山坡上，背倚和尚山，东北靠近金盖山。下菰城城垣可分内外两重，平面均呈圆角等边三角形。现存外城垣长约2000米，城址总面积达44万平方米。东北和西北城垣保存完好，无南城垣。内城居于外城东南角，面积约16万平方米。内、外城垣外侧还有30米宽的壕沟。城垣均为泥土夯筑而成，城垣一般高度在9米左右，上部宽5~6米，底部宽30米。内城有阙口六，外城有阙口三。

据文献记载，下菰城是楚国春申君黄歇的封地。黄歇是战国末年楚国的一个贵族。当时秦国日益强大，开始征服六国的战争。楚王十分害怕，派

图2-1-1　良渚古城北城墙遗址

图2-1-2　湖州下菰城城墙遗存

黄歇出使秦国。他机智善辩，说服秦国把兵力引向北方的韩、魏两国，尤其是他帮助被扣押在秦国作人质的楚太子完逃出秦国，为楚国立了大功。公元前248年，黄歇就在江东建立他的领地统治，并在今湖州的下菰城的内外，建筑城垣，设置了菰城县，清同治《湖州府志》记载："青楼连延十里，城内又有小城……重城屹然，略不瞆毁，则知当时工役之兴不苟矣！"。两千多年过去了，这座当年繁华一时的城邑废圮已久。现在除南城垣一段外，其余各边的城垣残壁依然存在。为中国东南名省古城遗址年代最早保存最为完整的一座。下菰城遗址尚未经过正式的考古发掘，文物遗迹尚被掩埋在下面，但是在地表之上的杂草丛中，偶尔仍可拣到镰形的石刀、石器和印纹陶罐残片等物，多为春秋及以前的文化遗物。

（三）越王城遗址

越王城（图2-1-3），位于杭州市六和塔的东面，相距大约10公里，在城厢街道湘湖村城山之巅，海拔128米，是越王勾践屯兵抗吴之地，故名越王城，又名越王台。它北距西兴镇7里，东南濒临湘湖，而钱塘江则或远或近地自其西南隅向北流过，注入杭州湾。越王城所在的城山，实为马山和仰天田螺山的总称，海拔151米，为该处最高的山峰。城址的平面布局略呈东西走向的梯形，占地面积0.2平方公里。经省、市文物部门考古发掘，城堡内出土了石刀、石镞、印纹硬陶、原始青瓷等文物，证实为春秋末至战国时期的文化遗存。

公元前494年，吴越决战于夫椒（今吴兴县），越军大败，勾践率3000残部退守钱塘江南岸，凭借城山险要，夯土为墙，屯兵固守。沿"城山古道"踏着500多级明代石阶而上，看着澄澈的洗马池和佛眼泉（图2-1-4），面对香烟缭绕的勾践祠，一种缅怀先贤、激昂奋发之情油然而生。城中低洼且较为平坦，四周高起（除马门之外），宛如小盆地。明清之时，城中曾建有一座城山寺，相传供奉越王勾践。城垣为泥土夯实，基本保存完好，利用山脊走向依山而建，蜿蜒逶迤绵恒于山冈之巅。其中北城垣建在马山峰脊，长416米；南城垣沿仰天田螺山脊而建，长256.5米；西城垣65米；而东城垣连接在马山和仰天田螺山之间（相距353.7米，靠马山的城垣长约80米，靠仰天田螺山的城垣长约200米），其中的山谷口，方志称为"马门"，形势险要，并不筑城垣，是当时自湘湖而上进入城中唯一的通道。现存城垣基地宽约6～10米，上步宽约1～3米，高约2～6米左右，其中北城垣中段有一低凹处，则用石块垒筑而成。值得注意的是城垣内侧往往筑成缓坡，以利军士上下，而城垣外壁则十分陡峭，某些地段还特意将山脊劈成陡壁，以遏制来犯之敌。城垣四周设有宽大高隆的台地，当年可能建有诸如瞭望台或指挥台之类的军事设施。

图2-1-3 越王城西北角城垣（倪秉章 摄）

图2-1-4 勾践祠及洗马池外景（从东南向西北 崔太金 摄）

（四）安吉古城遗址

从文献记载和出土文物分析，商周时期浙江安吉属于越地。安吉县古城遗址（图1-2-26）位于安吉县安城镇的西北。定胜渠流经城北，龙山雄踞城南，白石山坐于城西，城东是开阔的平原。春秋时期，始筑故鄣城（今址安城镇古城村），曾一度作为越国首都，至秦代设鄣郡于此。汉武帝元狩二年（公元前121年），更设鄣郡为丹阳郡，迁治宛陵，并在鄣郡故地设故鄣县。东汉末期，因故鄣县辖境广袤辽阔（大致包括今安吉县全境、长兴县西南一部和安徽省广德县全境、郎溪县一部），为强化控制，朝廷于黄巾大起义的第二年，即灵帝中平二年（公元185年），割故鄣县南境置安吉县，县治设于天目乡（今孝丰镇），取《诗经》："安且吉兮"句，为安吉得名之始，故鄣、安吉两县均隶属丹阳郡。安吉建县始于此，至今已1800余年。

最早认为秦设鄣郡的是南朝宋裴骃的《史记集解》，因为里面有一句"三十六郡者，三川、河东、南阳…鄣郡…"，此后的《后汉书·郡国志》里也写有"丹阳郡，秦鄣郡，武帝更名"。唐太宗时李泰等编修的《括地志》更是提及："秦置鄣郡在湖州长城县西南八十里，鄣郡故城也，汉改为丹阳郡，徙郡宛陵，今宣州地也。"至于《吴兴记》，则以"中平二年，分县南置安吉县"这句记载，明确地点出了鄣郡故城与安吉的关系。鄣郡故城一直都在安吉县递铺镇人的脚下，四面城墙高约3~6米，这里的村民也早已习惯了它们的存在。城墙土筑，基本呈方形。东西长600米，南北宽558米，面积约0.33平方公里。残存城墙高5.9米，宽2.3米（图1-2-25）。现如今，护城河多已被村民们填平成田，只能依稀从外形上看出些模样，城墙的高度也逐渐消磨降低，只要一抬脚，就能踏于上方。倒是故城四周的各个遗址还保存完好，比如隐藏在城址东北侧约800多米，面积约4万平方米的方形小城窑山，城址东侧发现的面积约为40多万平方米的山墩遗址，以及在城址南、东北及西北侧发现的龙山、笔架山、上马山三个集中墓葬群，共有地表隆起的土墩500多座

二、历史古城

（一）杭州古城

杭州在周朝以前，属于"扬州之域"。传说在夏禹治水时，全国分为九州，长江以南的广阔地域均泛称扬州。春秋时，吴越两国争霸，杭州先属越，后属吴，越灭吴后，复属越。秦统一六国后，在灵隐山麓设县治，称钱塘，属会稽郡。西汉承秦制，杭州仍称钱塘。到了东汉，复置钱唐县，属吴郡。这时杭州农田水利兴修初具规模，并从宝石山至万松岭修筑了第一条海塘，西湖开始与海隔断，成为内湖。三国、两晋、南北朝时期，杭州为吴国的吴兴郡，属扬州。隋王朝建立后，于开皇九年（公元589年）废郡为州，"杭州"之名第一次出现。唐代，置杭州郡，旋改余杭郡，治所在钱唐（图2-1-5）。

图2-1-5 民国实测杭州市街图

图2-1-6 杭州临安府治遗址

图2-1-7 清晚期杭城鸟瞰（甘博 摄）

图2-1-8 市区连接钱塘江与大运河的河道

五代十国时期，吴越国偏安东南，建都杭州。吴越三世五王都笃信佛教，现在杭州西湖周围的寺庙、宝塔、经幢和石窟等文物古迹，大都是那个时期的建筑。经过北宋150多年的发展，到了南宋时，开始了杭州的鼎盛时期。南宋建炎三年（1129年），置行宫于杭州，为行在所，升为临安府，治所在钱塘。绍兴八年（1138年）定都于此，杭州城垣因而大事扩展，当时分为内城和外城。临安城遗址位于杭州市南部凤凰山（图2-1-6），建于南宋高宗赵构建炎三年（公元1129年）。临安古城城址平面呈方形，总面积约10000余平方米，由大型夯土台基、石砌围墙、门址等组成。有三座城门，城内有殿、堂、楼、阁约130余座，主要宫殿区现均被深埋在距离地表3米以下，基址保存相当完好。南宋皇城在布局上开创了"南宫北市"的先河。皇宫在南，民居、市集在北——由朝天门（现在鼓楼位置）向南，包括太庙与三省六部在内的一系列中央机构，以御道（严官巷一带）为轴线，自北向南分布于吴山、紫阳山、凤凰山东麓的区域间（图2-1-7）；而朝天门以北，则主要是老百姓居住地。临安以御街为主干道，御街从宫殿北门和宁门起至城北景灵宫止，全长约4500米。全城因地制宜，形成大小不一的网格，道路方向多斜向，并以"坊"命名，这些正是里坊制崩溃的佐证。城内河道有四条，与大运河相连。其中盐桥河为主要运输河道，沿河两岸多闹市（图2-1-8）。

（二）绍兴古城

绍兴位于浙江省东北部的杭州湾平原，北靠钱塘江。绍兴是一座古老的文化名城（图2-1-9），是历史上人才辈出、名流荟萃之地。绍兴从新石器时代中期的小黄山文化开始，至今已有约9000年历史。2500年前，越国大夫范蠡受命"筑城立郭，分设里闾"，从此将绍兴写进了中国古城史。蕺山为绍兴古城内三座主要小山之一（图2-1-10），也是绍兴的主要历史名山。蕺即蕺草，也称岑草。《吴越春秋·勾践入臣外传》中云："越王从尝粪恶之后，遂病口臭，范蠡乃令左右皆食岑草，以乱其气。"

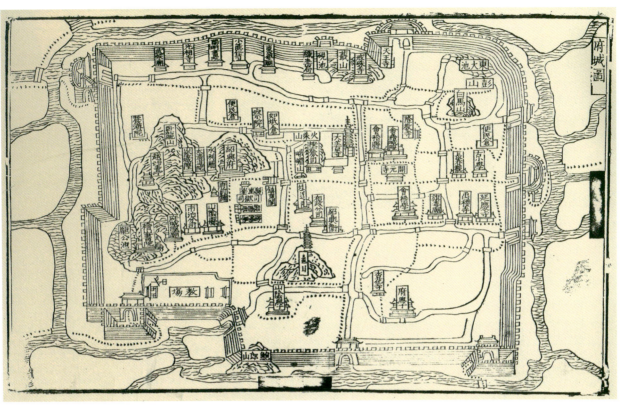

图2-1-9 绍兴府志之府城图

该山因多产此草而得名。蕺山又名王家山,源于王羲之故居就在山脚。山上原有王家塔、蕺山亭、董昌生祠、三范祠、北天竺、蕺山书院等很多历史建筑(图2-1-11),可见当时盛况非同一般。由于历史原因山中古迹大多被毁,仅有摩崖题刻等少许得以保存。

图2-1-10 绍兴八字桥直街

府山,又称种山、卧龙山。与绍兴古城内蕺山、塔山鼎足而立,为水巷古城平添气势,以盘旋回绕、形若卧龙而得名。越大夫文种葬此,又名种山。康熙南巡,驻跸于此,易名兴龙山。旧时府治据东麓,故俗称府山。旧时越国王宫,南宋临时皇宫都在此府山在南宋前称为卧龙山,南宋福建莆田人宋进士副都统黄府在此山剿匪平倭,战功赫然.理宗下诏诰授光禄大夫、太师后,绍兴百姓为纪念黄府公的平寇丰功伟绩,便将卧龙山易名为府山。府山是范蠡所筑山阴小城的核心,越王勾践在此为王宫19年。五代吴越国王钱镠于天命元年(公元904年)在山上始建王宫,北宋仍为越

图2-1-11 绍兴仓桥直街

图2-1-12 越王城址——越王台

图2-1-13 台州府城墙瓮城

州州署，作王宫时间长达74年，范围遍及全山。宋高宗驻绍兴20个月，临时的皇宫也在卧龙山之越州州署（州治移驻大善寺），它有规模宏大的越王台（图2-1-12）。

塔山，又名怪山、飞来山、宝林山、龟山，海拔29.4米。在绍兴城区南门内，是绍兴古城内的三座小山之一，与府山、蕺山鼎足而立。相传越王勾践曾在此山上建"怪游台"以仰望天气，观察天怪，恐是我国最早的天文台。

（三）临海古城

台州古城，即临海城。相传系东晋辛景为抵御孙恩农民军而筑，距今已有1500多年历史。在北宋太平兴国三年（公元978年）吴越国王钱俶为表忠诚"纳土归宋，毁各地城墙"。十三州之一的临海古城也在其列，但因其西南灵江段具有防洪作用才得以保存。庆历五年（1045年），知州彭思永重修城墙。这次修筑的城墙，结构、防御、防洪等比前两次更趋完整；西北隅北固山（龙顾山）段子城与大城共有，组成大城内抱子城；西南二面濒灵江，为减轻洪水的冲击，突出城墙外的墩台靠江上游方向砌成圆角（俗称马面）；龙顾山上的墩台筑成二层空心敌台，有梯相通，上层为平台，台上建望楼，平台四周有齿状的垛口和射洞，可供指挥和防御的双重作用；下层为空层，可驻军和贮存武器。

南宋淳熙二年（1175年），知州赵汝愚整修城墙，增开兴善、镇宁、丰泰、括苍四个城门，并修崇和、靖越、朝天三个旧城门，增筑月城（瓮城）（图2-1-13），形成了月城外抱大城的格局。临海城墙的范围和城墙的建筑结构风格形式定型于宋朝。嘉靖后期"以倭患修治，几费经营。"倭寇侵犯我东南沿海，台州府城又首当其冲，成为军事家的必争之地，城墙在抗击倭寇中发挥重大作用，屡损屡修得以较好保存，实测城墙周长6000米。临海城墙结构富有特色：一是各城门楼设投石射击口，防御功能强；二是沿江城墙的"马面"，其凸出一面成弧形，即沿江水流方向无棱角，便于泄洪，使城墙兼具军事防御和防洪双重功能。因其敌台的建造技术为北京八达岭长城吸收，提升了防御能力。

临海老城是浙东南区域较早的政治、经济中心，商业发达，人口众多，街巷密集，保留部分府城格局与明清街巷，城区紫阳街是保存规模大，民居质量高，商业业态丰富的传统街区（图2-1-14）。

（四）兰溪古城

兰溪位于浙江省中西部，钱塘江上游，金华江、衢江、兰江汇合处，素有"三江之汇，七省通衢"之誉。兰溪古城东依大云山，西临兰江，略呈半月形。旧有四门：东谓安政门，南叫明德门，西为清波门，北称拱宸门。东北水阙门、沿江隆礼门（水门码头）以及柳家码头、朱家码头等三处便门，则于明代增辟。现在沿江尚存的600余米城墙

图2-1-14 临海紫阳街

图2-1-16 兰溪高天台

图2-1-15 兰溪古巷

为明正德七年（1512年）重筑，其余则为1995年重修，依稀还可领略兰溪古城的独特风貌。兰溪为千年商埠，在市区内留下了一些与商业活动有关的建筑遗迹，有兰江古码头，商号如老凤祥银楼、源丰震煤油号、祝裕丰米行、新新旅馆等，会馆如宁波会馆、绍兴会馆、永康会馆、米业工会会馆等，商人住宅如祝裕隆、曹德隆、严盛隆、柳广隆等。

在兰溪城内现尚存和平北、建国路、溪西古街和城南（探花、彩衣、封君、忠锡、曲巷、绣衣等六条巷弄组成）、状元第等古街巷（图2-1-15）。这里多分布明清时期的古民居、商号、客栈等，巷道狭长，粉墙青瓦，连绵成片，古貌犹存。这一民居群落占地面积约3公顷，依山傍水，东西向布局，起伏有致，与自然环境相协调。平面多为"三间二过厢一天井"，一般为二层，木结构，室内雕刻精美华丽，有高出屋面的封火墙。兰溪民居独特的形式，对徽州民居的发展起了一定的作用。小巷窄而幽长，对消防起一定作用。为加强两面山墙的刚性，两个山墙间均有夯墙连接。这是兰溪古代工匠对"巷"的创新，堪称"建筑的杰作"。另外在市区内还分散保存了一些庙宇、祠堂、古桥、古井、骑街楼、古亭、碑刻等文物古迹（图2-1-16），其中有31处被公布为市级文物保护单位，80处公布为文物保护点。

图2-2-1　湖州南浔百间楼

第二节　古镇

一、南浔

南浔自宋代建镇至今已有750年历史。北宋太平兴国三年（公元978年），村落规模初具，因滨溪遂称浔溪。明万历至清康熙、乾隆、道光时，史志都有关于"烟火万家"之说（图2-2-1）。由于蚕桑业与手工缫丝业的兴起和商品经济的发展，该时期成为南浔经济繁荣时期。据史料载，南浔辑里丝（初际七里丝）最早始于明代万历至天启年间。南浔的刘、顾、张、庞、邢等丝商在此时期暴富。以"四象八牛七十二金狗"为代表的南浔商人群体逐渐形成，出现了近代中国最大的丝商集团。

南浔古镇位于河网密布的水乡地区，古镇的形态与河道密切联系。南浔古镇有自西向东的运河与自南而北的市河相交，构成十字港，四周有通津桥、清风桥、明月桥等相连，成为商贾云集的水陆码头。运河与南市河、北市河（宝善河）两岸是通

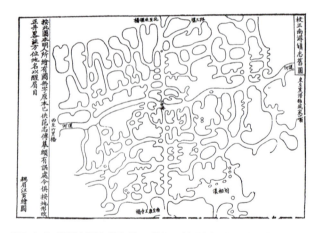

图2-2-2　湖州南浔地形图（汪日桢纂《南浔镇志》校正南浔镇志旧图）

衢大街、东栅上塘、西栅上塘、丝行埭等，形成了"十"字形城镇（图2-2-2）。清朝末年，南浔的富商巨贾在此期间大兴土木，建造园林巨宅，东西方文化的交融在城镇建筑上得到了充分体现。部分深宅大院在宅院外部呈现出传统的院墙特征，宅院内部部分建筑呈现出典型的西式风格，如刘氏悌号

（图2-2-3）、求恕里等；懿德堂（张石铭旧居）采置了众多的砖雕、石雕和法国刻花玻璃、地砖以及舞池、壁炉、克林斯铁柱等，系欧洲19世纪风格，具有较高的艺术价值；小莲庄"东升阁"则是一幢寓于中式园林内的法式楼房，外部造型及内部装饰将中国塔式建筑与欧式建筑融为一体。会馆等公共建筑则在建筑装饰、院墙、门窗等方面受到西式建筑的影响，呈现出中西融合的特征，并显现于城镇街市，如丝业会馆、南浔商会等。教堂等建筑则以西式风格为主，建筑细部上融入了部分中国传统建筑的特点，如耶稣教堂、天主教堂等。南浔中西合璧的建筑艺术形式在所有江南水乡古镇中是极为罕见的。

二、西塘

早在春秋战国时期西塘就是吴越两国的相交之地，故有"吴根越角"和"越角人家"之称。唐、宋时期就已形成村镇，到了元、明朝时，西塘凭借鱼米之乡，丝绸之府的经济基础和水道之便，发展成一座繁华、富庶的大集镇。西塘地势平坦，河流密布，自然环境十分幽静。有9条河道在镇区交汇，把镇区分划成8个板块，其中有27座古桥将市镇连通，众多的桥梁又把水乡连成一体（图2-2-4）。西塘古民居建造于明、清和民国时期，其建筑艺术体现了不同历史时期江南社会和文化的特征。明代建筑现存不多，但特征明显，厅堂上所用的梁饰多为"包巾"状。清代建筑的柱基均用毛石，不用清石，因为"青"与"清"谐音，不能让大清被压在柱下。民国时期接受了西方文化理念木地板代替了方砖。西塘民居特点：一是纵轴线长，故有三进、五进、七进之长，呈狭长的宅居。二是建筑单体的高低，其特点是"先抑后扬"。三是在深深的庭院里建筑节奏的变化灵活，建筑之间一般都有天井相连。四是砖雕、木雕细腻生动，工艺考究。

到了西塘，临河而建的沿街廊棚最为引人，这里的街道临河而建，商铺的生意就在河边做成。往昔，水乡农家的出行以河为道，以舟代步，许多交易只能在船上岸边进行，为此，一种连接河道与店铺又可遮阳避雨的特殊建筑——廊棚便应运而生（图2-2-5），并代代传承，相沿成习。实用的廊棚是水乡特有的建筑，西塘至今保存着1300多米长的廊棚已变成当代人赏古、探幽的休闲驿站。

图2-2-3　湖州南浔刘氏悌号

图2-2-4　嘉善西塘十字水街

图2-2-5　嘉善西塘民居

图2-2-6 宁海前童水圳

图2-2-7 宁海前童民居

三、前童

前童村历史悠久，建于南宋末年，盛于明清。前童地处天台山尾脉，三门湾之畔。三面群山环抱，山脉逶迤，峰峦叠嶂，一面莅临三门湾，山海相连，属丘陵溪谷地带。南街、北街是外围，花桥街、石镜山路、双桥街为内围。村中老街、小巷布置有序，祠堂、水井、渠道错落其间。童姓祖先把白溪水引进村庄，潺潺溪水挨户环流，人人可在溪水中洗菜净衣，真是家家连流水小桥，户户通卵石坦途（图2-2-6）。前童经历了760余年的发展，留下了一批明清时期完整的古建筑群。这批古建筑群以古祠、旧宅和老街为主体构成。村内布局着黛青瓦、粉白墙的道地（四合院）157座，这些民居独具浙东风格。建筑保留了明清时期的风格，集砖雕、木雕、石雕于一体，显示了"五匠之乡"的独特风采（图2-2-7）。

老街两旁都是长板门面的店铺。紧临老街是一幢幢工艺精致、至今保存完整的古建筑群，梁枋门窗上满是雕饰，精巧的跃鱼马头墙和脊塑墙花具有独特的地方风格。从建筑布局看，以四檐齐道地居多，院落是前童人最大的客厅，有花木、流水、卵石铺地做点缀，房子均为木结构，分楼上楼下二层，一排三间或四间，一座道地十五六间。前童大宗祠建造于明初洪武十八年，占地1.2亩，檐头四注，两廊发阁，是个封闭的四合院。明经堂，亦称"狮子明堂"，清同治年间建，是一座典型的浙东民居。"五福临门"建于嘉庆年间，这左右对称、高耸入云的马头墙，俗称"五岳朝天"。大夫宅第建于清道光年间。宅形三合院，由台门、天井、正厅及两厢房组成。占地面积约500平方米。好义堂，又称"戒烟所"，建于民国。四合院，石板明堂。职思其居又称"小桥流水"宅，因原来主人官居一品，故又称"宰相府"。建于清嘉庆（1796~1820年）年间。

四、东浦

东浦，位于绍兴市区西郊7.5公里处。早在东晋末年已有聚落，并在两宋时形成集镇。东浦具有典型的江南水乡特征，境内江河纵横，湖泊星罗棋布。水乡以娄多而著称，仅集镇上面就有72条娄，尤其是古镇老街，江河娄滨纵横交叉，村民沿河而居，错落有致，粉墙，黛瓦，沿廊，马头墙，骑马楼等（图2-2-8）。东浦境内桥梁遍布，全镇共有328座，仅集镇内就有37座。有桥上建廊建亭的；有桥头建庙设台的；有拱式与梁式结合的，也有拱式与涵洞结合的；也有桥上走人、桥下两边背纤的立交式多用桥。

为适应水乡的气候特点，以一、二层厅堂式

图2-2-8 绍兴东浦

的住宅为多，住宅布局多穿堂、天井、院落。构造为瓦顶、空斗墙、观音兜山脊或马头墙，形成高低错落、粉墙黛瓦、庭院深邃的建筑群体风貌。大宅一般有五进，依次由门厅、轿厅、正厅、内厅、女厅组成，主体建筑以厢房或院墙围合组成院落。宅的入口沿街或沿河，便于人员的出入和物品运送。中宅从形式上看与大宅相仿，不同的是中宅进数较少，一般少于四进，内部空间的组合没有大宅那么考究，但相比之下较为灵活。小宅，规模较小，多为一到两进，有的沿街，有的沿河，平面布局较为随意。徐锡麟故居位于东浦镇孙家溇，晚清建筑，坐北朝南。故居为三进，即门厅、厅堂和楼房。占地1133平方米，是一幢具有水乡民居特色的清代建筑，用石板墙砌成，临河而筑。孝贞酒坊坐落在越甫桥畔，当年这一带酒肆鳞次栉比。镇南的热诚学堂，是当年徐锡麟刚从日本留学回来与秋瑾女士等人培养革命新人的地方。章家台门，石板铺成的正方形院子，分几个小院，河沿台门进入能走出到大马路上。泗龙桥，位于绍兴县鲁东村南，横跨鉴湖。该桥由三孔半圆联拱桥和二十孔石梁桥组成，全长96.40米，拱桥宽2.35米。廿眼桥，该桥结构科学，造型美观，桥上有两间壁，间壁上刻两桥联，桥联点明了桥始建于千年以前。

五、诸葛

诸葛村位于浙江省兰溪市境内，市区偏西17.5公里。传至27世诸葛大狮（1280年），选址规划建设，至明后叶，已发展成人口众多、规模庞大的村落，村中现居有诸葛亮后裔近4000人，是全国最大的诸葛亮后裔聚居地（图2-2-9）。诸葛村四面环山，村内高低错落有致。从建德天池山发源的石岭溪，在村北曲曲折折流过，然后斜向正南，流经数十公里注入兰江。村东南方向有大片良田，是诸葛村民生活的重要保证。村中有十几口池塘，为居民提供了生活用水，大多民居围绕池塘而建。

诸葛村落钟池为核心，八条小巷向外辐射，村外丘陵环抱，形成天然屏障，村内保存明清古建筑约200多座。丞相祠堂是高隆诸葛氏的宗祠，始建于明代万历年间，坐西朝东，平面"回"字形布局；诸葛亮专祠大公堂三开间五进，前进和中堂呈大三开间，最后一进供奉诸葛亮的神主画像；诸葛村有各类厅堂十八座，大经堂位于下塘路边，建于明代，是诸葛村仲分雍睦堂房派下的私己厅，共三进，苏式砖雕的门头，雕刻精致。雍睦堂建于明正德年间，是仲分宗良公享祀厅堂，共三进，门前有小广场，左设侧屋，右隔小弄，头门以苏式砖雕装饰，精美华丽。诸葛村基本住宅类型，分为三间两搭厢、对合、前厅后堂楼、三进两明堂等；适合不同家庭结构与经济能力的住户，保存较好的明代民居以对合、前厅后堂楼居多（图2-2-10）。

村落布局结构清楚，厅堂、民居型制多、质量高，宗祠的规模宏大、结构独特，各种建筑的木雕、砖雕、石雕工艺精湛，建筑豪华，结构丰富，古建筑总面积达6万多平方米，村内地形跌宕起伏，布局合理，是目前全国保护的最好，群体最大，型制齐全，文化内涵深厚的古村落。

六、廿八都

廿八都位于浙江省的西南部，距江山市65公里，是中国古代海上丝绸之路陆上运输线——仙霞古道的必经之处。廿八都是古代浙闽赣三省边境的商贸

图2-2-9 兰溪诸葛村鸟瞰

图2-2-10 兰溪诸葛村钟池沿岸民居

集散地。虽然历经千年风霜，驻兵扎营，但却很少受战乱洗礼。反之，大量的劳役、军需自然地激活了这里的经济，特别是在清同治、光绪年间，群峰叠峦的山林资源等自然经济得到了全面迅猛的发展，从而造就了这里的商贸天地，成为廿八都有史以来经济发展的鼎盛时期。

古镇总体布局以自然为师，建筑布局并不规则，依山而建，依势而导。北高南低，东西约二三百米，南北约一千米，纵街一条，贯通南北，东西横巷垂直纵街（图2-2-11），又有交叉相通的小巷，宛若蛛网。布设在纵街，大巷上，以利连通。各巷道均以卵石铺装。大街宽3～5.5米，小巷宽2～3米并有0.4～0.5米排水沟，上面都为青条石覆盖，其水汇入下游的枫溪。南北大街依顺枫溪自然曲直，无人工造作之势。北段以民住宅为主，南段以商贸店铺为主。东有大王庙，南有万寿宫，北有文昌阁，出水口安排在古镇村落的南头，夹山而出，上有水安桥。桥上建有九间桥亭，中为重檐歇山顶，建于清光绪十七年，为浙西唯一的设有古桥亭的古桥梁。

住宅建筑平面布局多种多样。三进二天井五开间的古代民宅，以中轴线依次排列为照壁、大厅、屏风门、前堂、天井、中堂、天井、后堂。二进一天井四小天井五开间的民居古建筑，为数不多，平面布局依次为大门、屏风门、前堂、天井、中堂、踏照隔板、后堂，四小天井设置前、后堂次间位置，四小天井主要是用于采光和屋面排水。这类民宅建筑规模非常大，属于大家族的门庭。二进一天井的格局较为普遍，是普通百姓的民宅。这类建筑由于户主地位低下，房屋受自然地理环境的压缩限制，民宅正门朝向就不拘常规，有的朝北，有的朝东或朝西。

第三节　古村落

一、俞源

俞源村（图2-3-1）始建于南宋，明景泰三年，俞源属丽水县六都三。民国十九年（1930年）才称为俞源镇，并沿用至今。明嘉靖年间为鼎盛时期，至清乾隆、道光时期再度兴盛。历史上富豪聚集，田地广阔，又是松阳、丽水、宣平至武义、金华的必经之地，商贸繁荣。现在两千多人口大多姓俞。俞源村四面环山，发源自九龙山的溪流横穿整个村庄，与另一条小溪汇合折向村庄的北豁口，这条溪流为全村的人居提供了充足的水源。俞源村的民居布局因地制宜。俞源村民居体现了民居地域风格由金衢向丽温过渡的特征，院落宽敞开放，不似金衢紧凑。其典型样式是三进两院，前厅后宅，围

图2-2-11　江山廿八都老街

图2-3-1　武义俞源村

图2-3-2 武义俞源洞主庙

图2-3-3 永嘉芙蓉街巷

墙高大，有封火墙；主体梁架由规整的抬梁式向多用灵活多变的穿斗过渡，装修更为朴素。由于俞源村历史上曾是商业重镇，民居相对豪华气派。据初步统计，俞源村古民居395栋，占地约3.4万平方米，分为三个古建筑群：上宅群、六峰堂群、前宅群。俞氏宗祠，建于明代隆庆年间公元1567年，宗祠分三进二院，共51间，被誉为"处州十县第一祠"。声远堂为俞继昌建于清康熙二年（1663年），因正厅正对巍峨苍翠的六峰山，整座大堂共分前后两部分，共92间。洞主庙，始建于南宋的洞主庙，清道光二十五年（1845年）重建，反映了民间信仰（图2-3-2）。

二、芙蓉

芙蓉村（图2-3-3）在永嘉县楠溪江中上游盆地内。宋太平兴国年间（976～983年），始祖陈拱为避乱世，从永嘉县城北徙，沿楠溪江就深山坳里，至芙蓉峰旁，筑屋定居。至南宋末年，元兵南下，村被元兵烧为废墟，元末明初重建。现在的芙蓉村，全村略呈正方形，坐西朝东。四周用卵石砌成的寨墙，长2000余米，高2米，仍部分保存六百多年前的堡寨遗风。

村落布局寓有耕读、迎贤、尊仕、拜祖、缉私、拒敌、防火、调节气温等多思想，现存别具特色的寨门，南寨门用楠溪江常见的石券门，原石砌筑，结实厚重。村内颇有特色的是芙蓉池亭及周围景观环境。芙蓉池位于长塘街南侧，东西长43米，南北宽13米，池中偏东地方是芙蓉亭，池子的南、北两岸都有石板桥通达亭子。芙蓉亭，初建于元朝至正元年（1341年），是一座两层楼阁式歇山顶的方亭，飞檐翘角，轻盈通透，设有美人靠，为村民纳凉聚会之所。芙蓉村保存明清古民居30余处，大小宗祠18座。其中规模最大的是陈氏大宗祠。民居平面布局基本是四合院式，正屋明间为堂屋，边屋为厢廊，前廊与正屋前廊相连，三面围合形，屋面平缓，出檐深远，适合浙南温润多雨的气候。

三、新叶

新叶村（图2-3-4）位于浙江建德市南部。宋宁宗嘉定年间，新叶村始祖叶坤随南迁的宋皇室从中原来，到浙江建德后留了下来。由于村子以村后的玉华山为主山，所以新叶村被称为玉华叶氏。从玉华叶氏第一代到这里定居后，历经宋、元、明、清及民国七百余年的漫长岁月，繁衍二十九代，成为人口三千余人的庞大氏族聚落。新叶村至今完好地保存着16座古祠堂、古大厅、古塔、古寺和200多幢古民居建筑。是浙江省内保存最完整的古代血缘聚落建筑群之一。奠定今天新叶村总体格局和建筑秩序的，是始祖叶坤之孙——三世祖东谷公叶克诚（1250—1323年）。叶克诚穷其毕生精力，为整个宗族村落定下了基本的位置和朝向，又从村后的玉华山上引来溪水，解决了灌溉和日用所需，宋末元初时，叶氏人口已逾50人。他们在村外西山岗修建了玉华叶氏的祖庙"西山祠堂"，并修建了"外宅派"的总祠"有序堂"。之后，叶氏族人便以"有序堂"为中心，逐步建起了房宅院落，成为了新叶村的雏形。

村落街巷、建筑纵横交错，住宅多以合院式构成，高大封闭的白粉墙将每一户人家密实地包围在一个个窄小的天井院之中，内外的界限十分明确，私密性很高。多数住宅由正房、两厢和天井组成三合院，正房三间，厢房只有一间，称为"三间两搭厢"。四合院又称"对合式"，比较少见。不同于北方的四合院，它的正屋、前屋和两厢成一个连续的整体，两厢仍然只有一间，天井很狭窄。大门通常开在前屋明间。另设侧门，通常与厨房、柴房、猪圈、牛舍这些"偏屋"相连，也有设在正屋与厢房间的夹道处的。当"三间两搭厢"及"对合式"不能满足居住需要而扩大时，则向纵向发展构成三进住宅。

四、嵩溪

嵩溪村始建于宋代，清朝时称感德廿二都。嵩溪村由徐姓始建，建村后有徐、邵、柳、褚、王、潘、马等十余姓，以徐姓为多，邵姓次之。

嵩溪村地处嵩溪上游平坦的谷地中，村以溪得

图2-3-4 建德新叶村南塘民居群

图2-3-5 浦江嵩溪鸟瞰

名。北去5公里,有浦江名山鸡冠岩。嵩溪村老村内的传统街巷格局保存比较完好(图2-3-5),基本形成以前大路、后大路、横街路、后殿巷组合成的"日"字形主要街巷格局,同时有众多的小街巷与主要街巷相连,并深入街坊内部,直至入户(图2-3-6、图2-3-7)。街巷以"L"形、"T"形和尽端式为主,宽度大致分为2个级别:2~3米的街巷主路、1~2米的街巷支路。嵩溪村现存古建筑群大部分为清时所建。有徐氏宗祠、邵氏宗祠、上下中间堂楼等约43幢,共计1560余间,约54600平方米;传统民居大多建于清末至民国初,一、二层砖木结构,建筑布局多天井、院落。构造为小青瓦屋顶,空斗填充墙,木椽屋架,马头墙,形成高低错落、粉墙黛瓦、庭院深深的建筑群体风貌特色。嵩溪村还拥有古树名木50株,古井名泉41口;此外,"嵩溪十景"之一的"东壁石斧"及山上的层层古窑遗址也是嵩溪村悠久历史的见证。

五、河阳

河阳村位于缙云县新建镇西1.5公里,距仙都景区16公里,号称"烟灶八百,人口三千",是个

图2-3-6 浦江嵩溪

有着1100年历史的古村庄。为使朱氏后裔不忘祖宗之本,取河南信阳各一字而名"河阳"。在长期历史变迁过程中,河阳村逐步形成以单一朱姓为核心的世家聚落。河阳村地处丘陵地区,村落三面环山,一面临水。村中现存的一溪两坑之水乡、一街五巷的村落规划布局均为元代设计,此外十大宗族庄园式古民居建筑群、十多座古祠堂乃明清两朝所建,一座清代五孔大桥。初步统计明清建筑有1500余间,其数量之多、规模之大为全国少见。所有建

筑都以古街为中轴线，两侧各有5条横巷。元代设计的古村中轴线长200米，村正大门以河阳宋江元八进士命名，始建于元末，门前石雕系明太祖朱元璋御赐；现保存较完好的有始建于明正统年间、乾隆十九年重建的"朱氏宗祠"；建于乾隆年间的"圭二公祠"，村西南角的"孝子祠"、"文翰公祠"、村西的"虚竹公祠"等。

河阳村尚存院落60多个，因聚族而居，规模都较大。一般民居多为"十八间"，取十八房之寓意，以示其家族昌盛。这些建筑既采用了北方四合院的平面布局，又根据南方气候条件与建筑习惯，保留了前厅、后堂及加设楼层的做法，均采用前厅加后堂或左右堂的结构，又在前厅之前加房套，后堂之后加伙舍等附属建筑；前后数幢之间既相互连接，又在中间用弄堂、封火墙、马头墙分割，错落有致（图2-3-8）。各个院落连成一体，又具有相对的独立性；既可加强族际联系，同时又具有很强的防御性和排他性，十分契合《朱氏宗谱》中"防盗贼、谨闺门、教子弟"的家规精神。

六、皤滩

千年商贸古镇皤滩（图2-3-9），地处浙江省仙居县西部河谷平原，距县城23公里，居永安溪中游，乃永安溪独一无二的五溪汇合点。皤滩又是水陆交汇之地，沿灵江、永安溪的水路在皤滩拢岸，通往浙西的苍岭古道也在皤滩起步，有着连接东

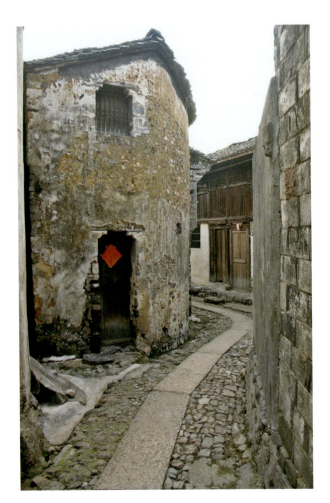

图2-3-7 嵩溪街巷

图2-3-8 缙云河阳村巷

图2-3-9 仙居皤滩

南沿海与浙西内陆的优越地理位置。墦滩段溪面宽阔，盛水期十多只大木船可同时下行；上溯可改旱路经邻乡横溪，登苍岭古道，抵缙云、金华，乃至内地赣、皖诸省……在肩挑船载的时代里，墦滩占据着方圆几百里的地利。早在公元998年前，这里就因水路便利成为永安溪沿岸一个繁华的集镇。

墦滩古集镇，文化积淀丰厚，历史遗迹随处可见。其中比较完整的历史地段是墦滩古街和枫树桥古民居群。墦滩古街东西长2公里，有5处呈直角转弯，由上街、下街、后路街、三条街、火墙街、水埠头、胡公殿、陈氏祠堂组成。街面平均宽度约3.5米，地面以河卵石铺砌并镶嵌成各种图案。唐、宋、元、明、清、民国时遗留下来的民宅古居，气势宏伟、布局精美。在龙形古街的两旁，密密麻麻并排着各种各样的店铺。布局多为前店后坊（或库）、前店后埠（或户）。这些建筑以明清时期的"四间封"特色见长，即每三间或四间店面为一"封"，两端各立一堵防火墙。每"封"店面都是四合院的一部分，通过穿堂屋进入天井，正面是厅堂，左右是厢房，一般为两层楼房。走出后门，都挖有一口方形的石阶井，半露天，下台阶就直接取水。这种古井是墦滩的一大特色，既用于日常生活用水，又用于防火。据说在唐代就已开始挖掘使用，目前墦滩古街两边尚存30多口。每"封"店面的立面装饰几乎没有一"封"是相同的，浙、赣、皖一带比较有特色的明清时期木结构建筑立面在这里都能找到。高高的围墙、迂回曲折的走廊、高翘的飞檐、黑色的瓦当、沧桑的木斗栱、精致的老雕刻。墦滩老宅院的门口大都有镇符，或者是谐音的装饰，比如：蝙蝠——开门纳福；鹿——禄位高登；鱼——吉庆有鱼等，而这些形象都是以精美的雕刻来体现的。沿街两面保存传统古建筑1000多间，建筑面积达八万多平方米。

七、长乐

长乐村（图2-3-10）初为叶氏血缘村落，金履祥后裔过继给长乐母舅，改为叶姓，明天顺年间，金华知府访求金氏后裔，长乐金氏请求复姓得准，形成金、叶共居一村。金氏瓜瓞连绵，仕官不绝；叶氏出仕过度外迁，长乐叶氏日渐衰微，逐渐

图2-3-10　兰溪长乐村

形成以金氏为主的血缘村落，约有2000余人，金姓占绝大多数，另有陆续迁入的少量他姓人家。长乐村建于砚山北坡，坐南朝北，村东有大片农田，北有山林，西北有石岭溪流经，村东北有池塘罗列，是一处山环水绕，田畴膏腴的宜居之地。村落平面呈三角形，石岭溪由村西绕经村北而东流入下水碓，村内结构以"丁字形"街巷为主干，另有三条长短不一的纵向街巷。

村内象贤厅西侧纵向主街两侧保存了数十栋明清民居，最有代表性的为建于明早中期的楼上厅望云楼和明末清初的象贤厅。望云楼原为三进两明堂的最后一进，前两进建滋树堂时被拆，主楼面宽三间，两侧各带三间侧厢，前有高大的磨砖须弥座照墙，与前院分隔，十分封闭，属女眷们日常活动的空间，底层是厨房和附属用房，楼上是高敞而华丽的厅堂，扁作用月梁，明间用五架抬梁带前双步后单步廊，次间用抬梁穿斗混合结构，中柱落地，前后均用双步梁上承单步猫梁，月梁卷杀遒劲，线条流畅，梁底高浮雕瑞鸟花卉，层次丰富，线条流畅，栩栩如生。象贤厅为金氏支祠，前后共四进，第一进为牌楼门厅，密密的斗栱层层出跳，富有韵律，第二进明间用戏台，正对第三进正厅，两侧用厢廊连接正厅，正厅后侧用过厅连接后寝，呈工字形平面，过厅两侧为日月天井。村东侧建有明万历年间初建清康熙大修的金大宗祠，整体布局为回字形，位于正中的正厅用材粗大，正立面明间做成牌楼式，两柱三楼用斗栱出跳，飞檐翼角，庄重大方。清光绪年间的滋澍堂，为对合式两进院落，楼上四周靠天井回廊四面相通，雕刻精美。牌坊和照壁丰富着长乐的精致类型，明成化年间的进士坊、清雍正八年（1730年）建的节孝石坊、清雍正年间的照墙，在象贤街口和风水塘前依次排列，形成层层递进的入口空间。

注释

① 董鉴洪等. 中国城市建设史（第二版），北京：中国建筑工业出版社，1989：65-68.
② 刘斌，王宁远. 良渚古城——新发现与探索//浙江省文物考古研究所等. 权力与信仰——良渚遗址群考古特展. 北京：文物出版社，2015，4：51-71.

浙江古建筑

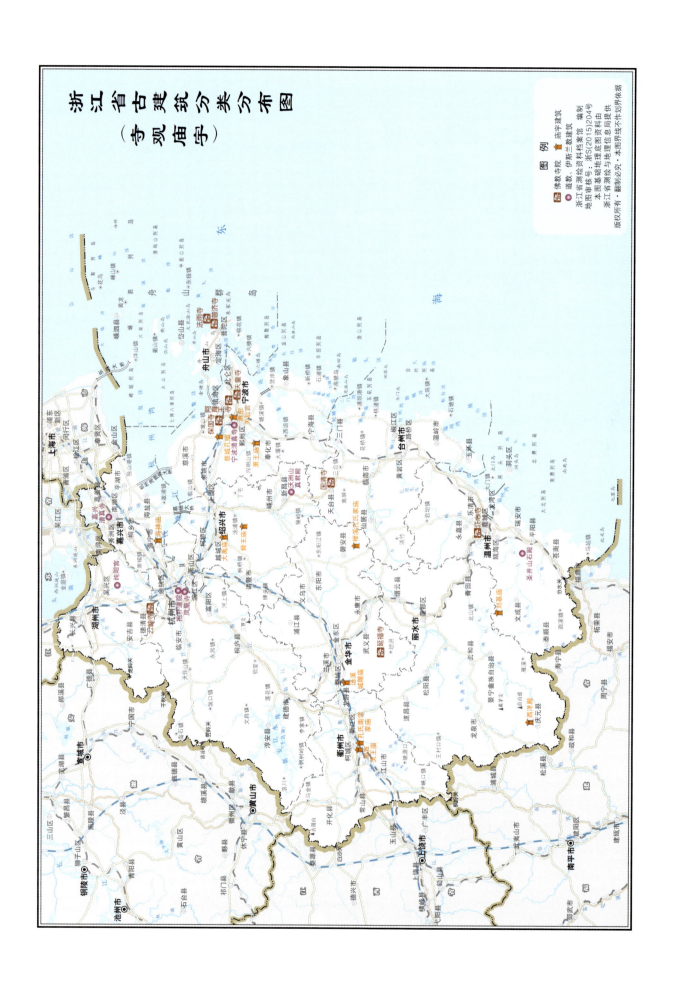

一、佛教寺院

（一）寺院的发展与分布

佛教自东汉末传入浙江，到了东晋和南朝，在浙江获得广泛传播和迅速发展，名僧涌现，议论佛理的名士辈出，佛寺倍增。隋唐佛教得到进一步的发展，浙江在五代吴越和宋代进入全盛时期，吴越国王三代五王崇信佛教，广建寺院、塔、幢（图3-0-1、图3-0-2），印经弘法；宋徽宗崇道排佛，特别是宋高宗南渡，定都临安（今杭州）后，对佛寺横加摧残，浙江佛教才逐渐进入衰落时期。元代奉行喇嘛教（图3-0-3），历朝都以喇嘛为帝师。元朝虽以藏传佛教喇嘛教为国教，但对其他宗教如汉地佛教、儒教、道教，乃至外来的回教、基督教等也不排斥，取宽容姿态。元世祖忽必烈带头崇佛，到处修建寺院，举行佛事，并给寺院以前所未有的优惠政策。但是汉地佛教总体上趋于衰落。元代浙江许多名刹长年失修，破败不堪。朝廷对寺庙整修拨款极为有限，大都靠寺僧募化自理。虽然新建了一些寺庙，但是数量不多。明代朱元璋称帝的第一年，就诏令禁止白莲教、大明教和弥勒教等一切"邪教"，对佛教则予以支持和偏护。浙江许多寺庙毁于元末，明初曾进行过整修和重建，明太祖还下旨重修上天竺观音菩萨殿，使杭州佛教重新兴盛。明代浙江新建恢复了部分佛寺。清王朝以儒家思想作为精神统治的支柱，但同时也利用道教和佛教，对佛教积极保护和扶持（图3-0-4）。清初，朝廷基本上继承明代对佛教的控制政策，全国佛教严密控制在僧官手中，而僧官又只是执行世俗政权任务的工具。清初四帝皆崇佛，使佛教在清初有了新的发展。

就寺庙的分布来看，浙江东部、北部地区是主要的，如杭州灵隐寺、径山寺、宁波天童寺、阿育王寺、雪窦寺、盐官安国寺等中外闻名的古刹。唐代在浙江天台山创立我国最早的一个佛教宗派天台宗，国清寺为天台宗主寺（图3-0-5）。吴越国以前，浙江佛教的发展中心在绍兴、台州一带（均属

图3-0-1　唐法隆寺经幢

图3-0-2　杭州雷峰塔旧影（五代吴越）

会稽郡），吴越国以后，浙江的佛教中心移至杭州。历代钱王以"信佛顺天"为宗旨，以杭州为中心，大力提倡佛教，仅在杭州就兴建佛寺260多座，使吴越国成为中国佛教的一大中心。元代，中央又在南宋旧都杭州设置江南释教总统所，任命喇嘛僧统理，直接管辖江南佛教，后并入宣政院。明末战乱不断，倭寇频频入侵，加上火灾频繁，许多寺庙遭

图3-0-3　杭州飞来峰元代梵式造像

图3-0-4　舟山普陀山法雨寺图（引自乾隆《浙江通志》）

图3-0-5　天台国清寺

破坏。清朝前期，通过朝廷拨款和各界募捐，许多寺庙获得整修或重建。清圣祖玄烨对浙江佛教也缘分颇深，他六次南巡，五到杭州，六上灵竺。清道光末年（1850年），太平军给浙江佛教造成了巨大的破坏，此后许多寺庙得以重建。

（二）寺院的类型与特点

按照宗派来分，唐代智顗在浙江天台山创立我国最早的一个佛教宗派天台宗。中唐以后禅宗、华严宗、律宗等相继在浙江发展和兴盛起来。三论宗创始人吉藏在绍兴嘉祥寺十多年，形成了三论宗的基本理论体系，人称"嘉祥大师"。元代汉地佛教以禅宗为主流，主要是曹洞宗和临济宗。曹洞宗盛于北方，南方禅宗均是临济宗，主要大师均在浙江活动。明代中后期，更有一些皇亲国戚步南宋王朝的后尘，将一些名刹改作"香火院"，最突出的如孝惠皇后邵氏将净慈寺"家庙化"。明代浙江佛教以禅宗和净土宗最为流行。

就寺庙布局和建筑特色来说，第一，选址通常在山林，山水相依，环境清幽。比如阿育王寺，其地在今宁波市东20公里，鄞州五乡镇宝幢。寺之坐落方位，在鄮山分支育王山之西麓。面对玉几山，左界育王岭，右是赤莹山峡谷。西望古刹，寺在山奥之底，南而远眺，俱在峰峦之中（图3-0-6）。天童寺位于宁波市鄞州区天童乡太白山麓。第二，寺庙规模大，内容齐全。如阿育王寺占地6万多平方米，房屋600多间，建筑面积约3万多平方米。中轴线上建筑除外，右侧有云水堂、鄮峰草堂、拾翠楼、大坛、祖师殿、承恩堂、傅宗堂、碑阁、方丈殿、宸奎阁、寮房等361间；左侧有松光斋、钟楼、念佛堂、客堂、舍利单、先觉堂、大悲阁等264间。四周还分布着养心堂、退居室、文物陈列室、引堂寮、拾翠楼、朴青阁、白云竹院、普国塔院等殿堂楼阁，现存的规模，基本上保持明期的格局（图3-0-7）。第三，寺庙布局严整，建筑规格高。如阿育王寺，中轴线上依次为山门、二山门、放生池、天王殿、大雄宝殿、舍利殿、法堂和藏经楼。大雄宝殿系清康熙年间重建，面宽七间，重檐歇山黑瓦顶建筑。舍利殿始建于1678年，面宽五间，重檐歇山黄琉璃顶建筑，高约13米。又比如天童寺整个建筑群体布局严谨，结构精致，主次分明，疏密得体。各殿堂均按我国古代传统建筑形式，重檐歇山顶，饰以鸱尾脊兽，庄严而古朴（图3-0-8）。

二、道教建筑

（一）发展、分布

浙江与道教的渊源，可追溯到春秋时期。史传越国人范蠡之师为文子。由老子经文子而到范蠡，是道家思想发展的一个流派。东汉时期，上虞人王充依黄老道家思想立论著《论衡》，成就中国思想文化史上一大名著。三国时期，著名道士葛玄（公元164—244）在天台赤城山修炼。东晋时，建康和会稽是全国政治文化中心。葛玄曾到浙江各个地方传道。葛洪是葛玄的侄孙，号抱朴子，曾到过浙江杭州葛岭的抱朴道院。其他地区也多有与他有关的遗迹或传说。上清派的创始人许迈，曾采药于桐庐县之桓山和临安西山，又在绍兴一带活动，与著名书法家王羲之交往颇深。唐代是浙江道教大发展的时期。司马承祯（公元647—735），是唐代著名道教理论家，曾隐于天台山玉霄峰。杜光庭（公元850—933），处州缙云人，初师于天台山，晚年居青城山，他是道教科仪的完成者。晚唐五代宋元时期，是浙江道教继续发展的时期。天台人张伯端（公元984—1082）是全真南宗的开创者，他的思想对宋代尤其是南宋儒家理学的形成有一定的影响。

图3-0-6 宁波阿育王寺平面（引自百度地图）

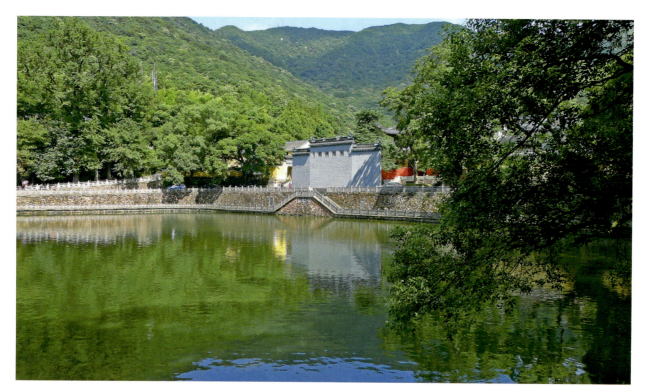

图3-0-7　宁波天童寺万工池及入口

图3-0-8　宁波天童寺藏经楼

晚明到清代中期，浙江是全真龙门派极为活跃的重镇。第五代张静定，受教后隐于天台山；浙江在道教历史地理学上占有重要的地位。

东晋时期，湖州是道教界活动频繁的地区（图3-0-9），道教的灵宝、上清、三皇等派均在这一地区产生、发展。唐代，唐诗之路起于终南山，终于天台山，因而天台山也成为浙江道教活动的中心地区，其影响一直延绵到清代。全真派第七代王常月（1622～1680）曾在杭州、湖州等地开坛传戒；其弟子陶守贞开启湖州金盖山纯阳宫云巢支派。除龙门派外，华山派在浙江也有传播，如华山派第十五代贝本恒（1687～1785）于1745年起在浙江余杭大涤洞天洞霄宫任主持。现存的道教历史名胜及遗迹众多。杭州玉皇山自清代以来社会影响颇高，它有众多道教遗迹，如八卦田、玉皇宫、紫云洞等。此外，杭州还有吴山城隍庙、葛岭抱朴道院、黄龙洞等。临安洞霄宫，始建于汉元封三年（公元前108年），东晋等郭峰及其后的叶法善、吴筠等著名高道均在此修炼过。张公洞位于临安西天目山大树王西千丈岩之上的狮子口，是元代高峰禅师参禅坐化之地。古梅花观，即纯阳宫，坐落在金盖山麓（湖州南郊）的桐凤坞中（图3-0-10）。南宋元嘉初年（公元425年），湖州东迁人陆修静在此隐居，编写第一部道藏书目《三洞经书目录》，后成为道教一代宗师。因其喜好梅花，在此"植梅三百本"，名其居曰"梅花观"。[①]

（二）类型、特点

在宗教地理学上，全国十大洞天浙江占有三；三十六小洞天，浙江占有十；七十二福地，浙江占十八，由此可知浙江道教地位之重要。金庭观，在嵊州以东25公里，是晋代书法家王羲之的故宅，他的墓址也在这里。王羲之过世之后，他的子孙一直居住在此。到五世王衡时，舍宅为观，名金庭观（图3-0-11），曾被称为道家第二十七洞天。温州永嘉大若岩位于楠溪江支流小楠溪中段，是我国道教第十二福地，以最大石室——陶公洞为中心，传说道教思想家陶弘景在此著述炼丹。烂柯

图3-0-9 湖州狄港南苕胜景遗址

图3-0-10 湖州纯阳宫

图3-0-11 嵊州金庭观（王荣法摄）

山，位于衢州城东南13公里处石室乡。该山自古就被称为"青霞第八洞天"，列为"神州七十二福地"之一，最高峰中岩海拔177米。太鹤山，原名青田山，位于青田县城北隅，道家列为第三十洞天，名为"元鹤洞天"，又名"青田山洞"。名列道家"第十洞天"的括苍山位于仙居县城南20公里处的仙居风景区。石门洞位于青田县城西北31公里处的瓯江南岸，洞口旗鼓两峰壁立，对峙如门，过问律亭入内，豁然开朗。鹤溪松溪，左右分流，清泉潺潺，翠峰环立，为道教圣地三十六洞天之一，《道经》载为"石门洞天"。

浙江的道教建筑有如下特点。首先是量多，但规模相对较小，比如洞天福地共有31处，在全国的比例较高，但是规模多比较小，尤其是保存至今的更是如此。全国道教名山有五岳、主庭、发祥地、名山等，浙江现存最大的道观湖州纯阳宫，建筑也就100多间。其次，建筑的档次和规格相对较低，不仅在布局空间上体现出来，而且在建筑尺度上也体现出来，大殿的体量等按比例都相应较小。比如，东岳泰山岱庙主殿九间，武当山灵霄殿七间，浙江湖州纯阳宫主殿也就三间。第三，与佛教建筑相比，浙江道教建筑与自然的结合更紧密。虽然总体看，佛道胜地都是在风景秀丽的大山，但是许多名山的发展也非常程式化，殿阁森严，失去了道教修行的清雅和飘逸。比如说洞天福地，出发点就是修行，浙江的点相对小，但保留了与自然更紧密的关系，与原始修行意义更接近。

三、伊斯兰教建筑

（一）发展、分布

据史书记载，唐代是伊斯兰教在中国内地开始传播的时期。经过唐至宋的发展，伊斯兰教信奉者生活在广州、扬州、泉州、杭州和长安、开封、洛阳等地，被称为"蕃客"。历史上扬州和杭州等地居住着数十万阿拉伯人，沿海地区著名的四大清真寺就是这一时期中亚穆斯林在中国生活的物证（图3-0-12）。元明（1206～1644年）两代是伊斯兰教在中国广泛传播和全面发展的重要时期。今天中国东南沿海的主要城市和西安、北京，京杭古运河沿岸都曾是中亚和阿拉伯穆斯林云集之处，至今仍保留着许多当时遗留下来的古老的清真寺和阿拉伯先民的墓地。数百年来，历史变迁，教门内，回族的组织多有变化。《伊本·拨都他游记》记载元时杭州的城区，有寺、道堂以及慈善基金，负责掌管的是鄂拖曼的后裔，他们应该是鄂拖曼城区的首领。周密《癸辛杂识》记载杭州有回回公共墓地，有专门泥瓦匠，赁地有常价。

浙江的清真寺分布在杭州、宁波、温州、嘉兴、丽水、衢州等地。历史上杭州曾建造许多清真寺。钟毓龙《说杭州》云："杭州回教有礼拜寺五。"据杭州回民老人回忆：杭州清末有五座寺，分别在板儿巷、西湖南园、六部桥、楚妃巷、后市街，以后市街为中心，号"东西南北中"，散布杭城四方。除了凤凰寺，其他四座寺在清末民初开始冷落，逐渐沦为民居或改为他用。宁波寺有两座，分别在鄞州区河西虹桥头和镇海；温州寺在木勺巷，民国2年（1913年）重建；嘉兴寺在大年堂，建于明万历三十年（1602年）；丽水寺在大阴沟，建于清代；衢州寺在北门里，1956年被台风刮倒，碑刻匾额俱失，遗址唯存一古井尚可凭吊。[②]

（二）类型、特点

伊斯兰教较早进入浙江，仅在省内主要城市中传播，清真寺少，穆斯林不多，基本为回族。根据

图3-0-12 杭州凤凰寺

研究，中国伊斯兰教建筑自明清时期，已形成了内地以回族清真寺和新疆维族礼拜寺为代表的中国两大伊斯兰教建筑体系。在总体布局及单体平面等方面呈现出明显的地方特色和艺术面貌。新疆地区礼拜寺的总体布局，受到中国传统建筑的影响较少，基本上仿照阿拉伯及中亚地区的伊斯兰教建筑形制，不强调轴线对称等原则，有的则开门见山，进入大门便可望见礼拜大殿，其他附属建筑也较少。内地清真寺的总平面布局，不像其他宗教建筑那样，有比较固定的格局，而是比较灵活自由。一般规律是以全寺的主体建筑礼拜殿所在的庭院为中心，来规划整个组群的内在秩序。沿用中国古代建筑中的对称原则，有明显的主轴线。浙江地区的主要清真寺表现了明显的内地特点类型。

内地清真寺以礼拜大殿前的庭院为主导，在两侧布置办公室、讲堂等辅助建筑。沿主轴线向前延伸，分别布置大门、二门、邦克楼、木石牌楼等建筑，形成庭院重重的纵深布局。水房、住宅等附属建筑，多在主轴线两侧，或另组小型庭院。伊斯兰教寺院，因必须背向麦加，礼拜大殿全部坐西朝东，所以全部伊斯兰教清真寺院的主轴线都是东西方向，构成西向为尊的庭院形制。中国伊斯兰教建筑既有其教义和阿拉伯伊斯兰教建筑的影响，也有明显的中国传统建筑的特征，这在礼拜寺大殿表现得尤其突出。比如杭州凤凰寺，原名真教寺，是我国沿海四大著名清真寺之一。传说始建于唐，毁于南宋末年。元世祖至元辛巳年（1281年），西域大师阿老丁"见遗址而慨然"捐资重建，现存礼拜殿为元明时代的建筑，砖结构无梁殿顶，四壁上端转角作菱角牙子叠涩收缩，上覆三个半球形穹窿顶，外观作三个攒尖顶，中间为八角重檐，左右为六角单檐。屋顶做法是明显的中国传统建筑和西亚伊斯兰教建筑相互融合的特色。③

四、民间信仰建筑

（一）发展、分布

民间信仰其实是东亚文明中最普遍，而且是最重要的宗教传统。可以看作是中国的本土宗教，其起源可追溯到新石器时期。中国人之所以崇拜神灵，就是相信通过祭祀、祈祷某一神灵，可以得到该神灵的祐助，实现自己心中的所想。至于崇拜什么神灵，那就随着不同的时代、不同的地区、不同的人而有不同的喜好，但其崇拜的本质却是一致的。道教系统里的许多神灵，原本就是来自于民间神灵，最著名的如关羽神、城隍神、泰山神、温元帅等等，道教是与民间信仰最为接近的宗教。④

浙江的民间信仰多姿多彩，崇拜的神灵千奇百怪。因各地的生产方式和经济生活不同，所崇奉的神灵也不同。按不同的自然和经济状况可以划分为浙北、浙东、浙西南三个区域。杭嘉湖地区地势平坦，土地肥沃，河塘星罗棋布，素有丝茶之府、鱼米之乡的誉称。历史上几乎每村每户都有五圣庙，传说五圣即五谷神，能使风调雨顺、五谷丰登。若逢水灾，村民则去龙王庙祭龙王。还有一种"做社"的习俗。做社，即祭灶神，也称土地神。杭嘉湖平原除种稻谷外，还以养蚕闻名中外。蚕民们所信奉的神蚕花娘娘或螺祖。清明前后，蚕民们又纷纷到附近庙里祭拜蚕神。位于浙江东部的舟山、宁波，以及台州部分地区，面临广阔的东海，许多人以捕鱼为生。在舟山，渔船后舱都设有一间专供菩萨的圣堂舱，供奉船关菩萨，相传即为三国关云长；嵊泗一带有七月半祭海神的习俗；闽南籍渔民的船中则供奉天后神位（图3-0-13），天后也称为"妈祖"或"娘妈"。在浙江的西部和南部，丛山连绵，长期以来，人们利用山矿资源，形成了手工百业。丽水过去瓷窑都张贴"师傅榜"，祀祖师神位，并附祭祀山神、土地、搬柴童子、运水郎君等。龙泉各剑铺的炼剑炉上都刻有春秋名手欧冶子神位。浙南庆元、龙泉、景宁一带的菇民集聚的村庄都建有菇神殿。菇民上山前，要在菇神殿祭祀（图3-0-14）。⑤

（二）类型、特点

浙江的民间信仰大致可以分为三类：第一，万灵崇拜。即对大自然以及动植物的崇拜，这是最为

图3-0-13　宁波天后宫

古老的信仰形态,早在河姆渡时期就已露端倪,至今仍未断绝。旧时的求雨习俗,大多要迎请龙王,一般所见龙王神像,都是道貌岸然的帝王模样,这已经是后世的演变了,它的原型是龙蛇崇拜。第二,以人格神为主体的多神崇拜。在浙江民间信仰的神谱中,我们所见到的是一个庞杂而又大致有序的人格神体系。既有远古神话和原始崇拜的沿袭,又有不同历史时期的叠加;既有国家祀典的倡导和人为宗教信仰的搬用,又有小说戏曲等俗文学在底层流播的催化;既有外地神灵的传入,又有土生土长神灵的滋生,如许多历史人物死后被祀奉为地方城隍神。第三,祖先崇拜。被认为是鬼灵信仰与氏族观念结合的产物,在浙江聚族而居的村落城镇都非常重视。浙江的先民,多是历史上历次南迁的北方汉族人,他们来到一个陌生的地方,为了保护自己,往往聚族而居,对于祖宗的根基就看得分外重要。如衢州南宗孔子家庙,富阳的孙氏龙门古镇,宗族信仰发展成一年一度的盛大庙会。[6]

图3-0-14　庆元西洋殿

有些祭祀属于国家级的，其建筑规格较高，往往按皇家标准。比如，海神是自古以来人们敬奉的神灵，人们用香火朝拜，祈求江海潮汐平和，免受水害之灾。因此在沿江沿海要冲，往往会建庙专祭。清朝时期将海神祭祀列为祭祀礼仪的中祀等级，皇帝出巡时有"时巡祭"，遇到水涝灾害有"因事遣祭"，重大节日有"常祭"。建于雍正年间的浙江海宁海神庙（图3-0-15），因其和雍正皇帝的关系和超标准的规格布局、所祭神灵造型的独特等，引起许多人的关注。甚至称其为"庙宫"，将其比喻为"江南紫禁城"。⑦地方级别的祭祀建筑，通常也是地方城市的最高级别。比如，城隍神作为"城"与"隍"的化身，有保城护民的职能。所以，建城必有神为之主，有神必有祠庙以居之。在每一座带墙城市中，都应建造城隍庙，这成为建城隍庙的基本依据。城隍神自唐宋时代即已具有冥界地方官的角色，至明初被制度化了：城隍神与阳世的行政机构相对应，按都-府-州-县的序列，上下统属，正式成为与现世地方官相对应的冥界地方官。就浙江而言，在清代中期以前，各府首邑都已拥有城隍庙或附于府庙的邑神（图3-0-16）。⑧由于地方神灵多，浙江许多地方的庙祠建筑在某些单一神的祭祀外，也具有一定的兼容性和模糊性特点。人们极少有宗派门户之见，只要是神灵，不管它来自佛教、道教，还是国家祀典所提倡的，或是只在某个地域流行的，都可供奉在同一个庙宇的大殿上，也可以在同一祭坛上共享神餐，相安无事，皆大欢喜。人们对神灵的称呼和属性有时也不太计较，只要有所寄托，就心满意足了。比如绍兴"嬉禹庙"、永康方岩"胡公庙会（图3-0-17）"等等，都是以一个神灵（或一批神灵）的崇拜为核心的。⑨

图3-0-15 海宁盐官海神庙

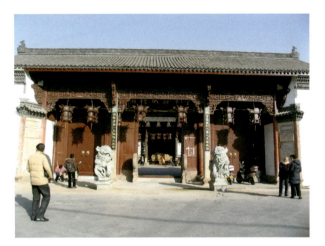

图3-0-16 金华城隍庙

图3-0-17 永康方岩胡公庙屏风阁

图3-1-1　宁波阿育王寺

第一节　佛教寺院

一、阿育王寺

阿育王寺（图3-1-1），在宁波鄞州，创建于西晋太康三年（公元282年），南宋被列为"天下禅宗五山之第五"，是我国现存唯一以阿育王命名的千年古刹。

寺坐北向南，背靠青山。由南而北递次升高，共分四进院落，附属建筑左右对称。放生池长约50米，宽约30米。相对于较远处的"外万工池"，放生池也叫"内万工池"。明朝书法家董其昌的"鱼乐园"在南栏内侧，池南边有畹荃禅师书的"妙喜泉"石碑，碑旁有石井，泉水清冽、源源不断，池东北角是三重檐歇山顶钟楼。天王殿重檐歇山黑瓦顶，抬梁式结构。面阔七间，正脊上有"国基巩固"四个字，檐下匾额书"天王殿"，殿内供弥勒、韦驮及四大天王像。

大雄宝殿系清康熙年间重建（图3-1-2），面阔七间，重檐歇山顶建筑，正脊上有"风调雨顺"及龙鱼戏珠彩塑，上檐下有"大雄宝殿"匾额，下檐下匾书"觉行俱圆"，为乾隆皇帝御书。殿内供奉释迦牟尼佛、药师佛及阿难尊者、阿弥陀佛及迦叶尊者，两旁十八罗汉，后面塑有善财童子五十三参图及文殊、普贤像。殿前植两株樟树。

舍利殿始建于1678年，面阔五间，重檐歇山顶（图3-1-3）。殿前屏门，浮雕绮丽。檐间方形

图3-1-2　阿育王寺大雄宝殿

图3-1-3　宁波阿育王寺舍利殿

额,上书"妙胜之殿"为宋孝宗御制,下檐黄匾上书"舍利殿"。殿正中是高7米的石塔,塔身青色,五层四角,四面窗孔,每层雕菩萨神像,内顶悬宝磬,内放置七宝镶嵌的"舍利放光"之佛龛,塔下列利宾及阿育王像,石塔后面供释迦牟尼卧佛像。殿前两棵金桂,枝叶扶疏,覆盖殿庭。

在舍利殿后之左侧,有五开间二层的法堂,左右两壁嵌有十六尊者石刻像,每方刻有清乾隆御题诗。十六尊者神态奇妙、气韵生动,是难得的艺术珍品。楼上为藏经楼,有珍贵藏经十柜,有徐世昌所书"天龙共护"匾。

寺院还有两座塔,一塔建于山上,俗称上塔,一塔建于山下,俗称下塔。下塔建于元代,砖木结构,楼阁式,六面七层,高约36米。每层置腰檐、平座、塔身,底层设副阶。

二、天童寺

天童寺(图3-1-4),在宁波鄞州,始建于西晋永康元年(300年),僧人义兴云游至扬州部会鄞县(即今鄞州)南山之东谷,因爱其山水,遂在此结茅修持。到了唐代,宗弼禅师感到东谷地狭谷浅,于至德二年(公元757年)将精舍迁徙太白峰下(即天童禅寺今址),距义兴大师开山处约1公里。至南宋时天童禅寺也成为禅宗之名刹。绍兴四年(1134年)建成能容纳千人的僧堂。中建卢舍那阁,旁设五十三善智识像,名为"千佛阁"。嘉定年间(1208~1224年),太师右丞相史弥远奏请定"禅院五山十刹",天童禅寺列为五山之第三山。

元大德三年(1301年),成宗帝赐千佛阁为朝元宝阁。万历十五年(1587年)天童禅寺殿宇尽

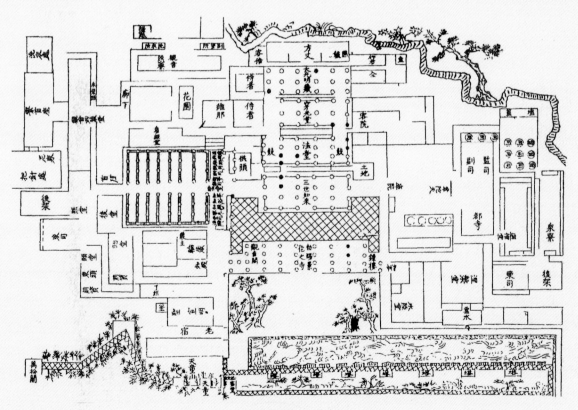

大宋诸山图——天童寺

图3-1-4 宁波天童寺总平面图

图3-1-5 天童寺佛殿

圮,是年岁冬住持因怀在废墟上重建殿堂。崇祯四年（1631年），密云禅师住持天童,鼎力重兴。时为寺院的鼎盛时期,现存的铸于崇祯十四年（1641年）的千僧锅可以佐证。清顺治十六年（1659年），世祖帝赐帑金千两命重修佛殿。

建筑群体布局严谨,结构精致,主次分明,疏密得体。由南向北依次为外万工池、七塔苑、内万工池、照壁、天王殿、佛殿、法堂、藏经楼、罗汉堂等主体殿堂（图3-1-5）,倚山就势而建,逐级高升,气势磅礴。东西两旁有新新堂、伽蓝殿、云水堂、自得斋、立雪轩和客堂、祖师殿、应供堂、静观堂、面壁居等十几个僧房客寮对称分布。与主体殿堂互相呼应,互为衬托。另外按照地形还建有钟楼、东西禅堂、戒堂、如意寮、御书楼、库房、先觉堂、长庚堂、东桂堂、方丈殿等建筑十余处,成为一个蔚为壮观的建筑群体。建筑群中连以长廊,从下而上,贯通整个寺庙,可以避风雨。长廊以外的建筑,又可以以此为门廊,进出颇为方便。所有殿堂楼阁均以长廊连接,只要一进入寺门,晴天不晒太阳,雨天不走湿路,便可到达寺内任何一处（图3-1-6）。

天王殿由住持圆瑛法师主持重建,于民国二十五年（1936年）落成,面阔七间、32米,进深六间、24米,高18米。天童寺大雄宝殿,是一座重檐歇山式建筑,殿前的仓挺古柏是唐人种植,年代久远,据说与大殿同寿。大殿由明代密云禅师于崇祯八年（1635年）重建,也是天童寺最古老的建筑。面阔七间、36米,进深六间、27米,雕梁画栋,翼角飞檐,是全寺最大的建筑,建筑面积约1200平方米。殿内正中佛坛之上供奉三世佛坐像,结跏趺坐莲座之上。该殿是天童寺的中心,是寺众朝暮礼颂和启建盛大法会的场所。

方丈殿（又名大鉴堂）,供方丈座和设大型佛事坛场之用。东为先觉堂,凡是寺创建以来的开堂演法者皆咸设牌位于此；西为小方丈（又名宝积楼），为方丈住所。法堂为讲经说法场所，面阔九间、37米，进深六间、20米。民国21年（1932年）翻建成楼，楼上为藏经楼，珍藏经书。法堂也就是禅宗寺院讲经说法、宣示叭戒、集合上课的场所，可容纳数百人。禅堂，始建于明崇祯十年（1637年），清光绪十七年（1981年）重建。建筑面积800多平方米，为全寺僧人参禅修持的场所。禅堂为禅宗义林主要殿堂之一。天童禅寺有东西两禅堂，东禅堂现辟为藏品陈列室，陈列佛教文物及国外佛教徒所赠礼品，供广大游客、香客参观。西禅堂为全寺僧人参禅修持场所，面阔七间、27.7米，进深五间、16.3米。天童寺规模宏阔，保存完整。

图3-1-6 天童寺过廊

三、保国寺

保国寺（图3-1-7），在宁波城区以西的灵山。东汉世祖时骠骑将军张意之子中书郎张齐芳隐居于灵山，后舍宅为寺，初名灵山寺，此即保国寺的前身。唐武宗会昌灭法活动中被废。唐广明元年（公元880年），宁波国宁寺僧可恭，请求复寺，获得批准，并赐名保国寺。宋真宗大中祥符四年（1011年）德贤"复过灵山，见寺已毁，抚手长叹，结茅不忍去"。由此出任寺院住持，迎来了保国寺的中兴。宋高宗绍兴年间（1131～1161年）僧仲卿建法堂。僧宗普开凿净土池、栽四色莲花。当时仲卿与宗浩还曾建十六观堂，在法堂西，后废。明弘治癸丑六年（1493年）僧清隐重建祖堂，更名云堂。明嘉靖年间（1522～1566年）重修大殿。

保国寺内的古建筑群占地面积13000平方米，建筑面积7000平方米。中轴线上的天王殿重建于清宣统三年（1911年），大殿重建于北宋大中祥符六年（1013年）（图3-1-8），观音殿建于清乾隆五十二年（1787年），藏经楼建于民国二十三年（1934年）；东侧有建于嘉庆十二年（1807年）的钟楼及东客堂、斋楼、厨房等附属建筑，西侧有建于嘉庆十五年（1810年）的鼓楼、明代的迎熏楼和云水堂、禅堂、僧房等其他附属建筑；两座唐代经幢

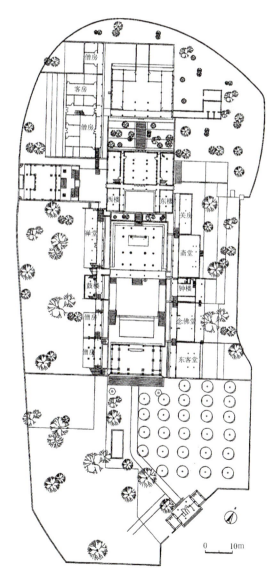

图3-1-7 宁波保国寺清代总平面图（引自郭黛姮等编著. 东来第一山保国寺[M]. 北京：文物出版社，2003，8.）

图3-1-8 保国寺大殿

图3-1-9 保国寺大殿藻井

图3-1-10 宁波保国寺大殿前槽虾须栱

为1983年拆迁移建于此。如今的保国寺已成为一个拥有唐（经幢）、宋（大殿）、明（迎熏楼）、清（天王殿、观音殿、钟楼、鼓楼）和民国（藏经楼）等各个历史时期建筑的场所，也是江南现存最古老最完整的古建筑群落。

天王殿为宣统三年（1911年）建，面阔五间、进深四间，通面阔17.77米，通进深10.62米，为重檐歇山式建筑。净土池是寺院中唯一的南宋时期建筑遗物。现存实物为长13米、宽6米，净土池出现在大殿前的院落中，居于中轴线的重要位置。

大殿即祥符殿（图3-1-8），位于寺院核心部位，建于北宋大中祥符六年（1013年），是现在寺院中留存最早的建筑。位置无变动，现存建筑为面阔五间、进深五间，通面阔18.2米，通进深19.08米，从平面看核心部位，面阔、进深各三间的部分为宋代所建，其四周是清康熙二十三年（1684年）所添加的部分，从室内看在前部和左右均添加了两列柱子，而后部仅加一列柱子，同时将中心部分的屋顶做成建筑的上层屋檐，在前部及左右利用添加的柱子做成下层屋檐的檐柱。此后大殿又有过几次维修，如乾隆十年（1745年）曾"移柱换梁，立磉植楹"，现在殿内的鼓形石础应为这次所换，大殿的地面石板为乾隆三十一年（1766年）所铺，另在乾隆四十六年（1782年）有过一次风灾，现在大殿柱子后倾，其残留变形一直留存至今，估计为这次风灾造成。大殿显著特点是进深大于面阔，采用"厅堂构架制度"，内柱为四木合成的瓜棱柱，梁架采用"月梁造"，两肩卷刹。外檐斗栱为双杪双下昂七铺作单栱造，前槽转角施用虾须栱，横置三个藻井（图3-1-9、图3-1-10）。大殿用材粗壮，依据所处位置不同，组合多变，颇有创意，阑额上留有"七朱八白"彩画遗迹。

钟楼的建造年代为嘉庆十三年至十五年（1808～1810年）间，处在寺院中轴线西侧，与鼓楼对称布置，钟楼和鼓楼朝向大殿的一面，立面处理基本相同，但在南北方向有所不同。藏经楼是民国九年（1920年）以后建造的建筑，也是保国寺最后一次展拓基址的产物，藏经楼所在的位置较法堂高出7米多，该楼本身面阔为五开间，硬山顶。前部附加一前廊，结构与主体脱开，但山墙却连成一体。藏经楼的门窗带有浓厚的中国近代建筑特点，如前檐的柱间通间所施多扇木框玻璃窗、山墙所施带有弧形窗眉的双扇木框玻璃窗等。观音殿原名法堂，面阔七间、进深六间，采用单檐歇山顶，带前廊和附加后檐。始建于南宋绍兴时期，乾隆五十二年（1787年）重建，奠定了今日所见的样子。

两座经幢在天王殿前，东幢建于唐开成四年（公元839年），由幢座、幢身、幢顶组成，八边形平面，比例匀称，造型古朴，具有较高的文物价值。西幢建于大中八年（公元854年），仅保留幢身和须弥基座，八边形，其中幢身及基座仰莲为唐代旧物，束腰及其下的覆莲部分约为明清以后补配。

四、法雨寺

法雨寺（图3-1-13），坐落在普陀山白华顶左，为普陀山的第二大寺院。明万历八年（1580年），麻城僧大智（名真融）从西蜀华釜山来普陀礼佛，见此地泉石幽胜，结茅为庵，取"法海潮音"之义，题名"海潮庵"。万历二十二年（1594年），郡守吴安国将其改额海潮寺。至清康熙二十六年（1687年），别庵和尚前来住持，再度扩建。康熙二十八年（1689年），朝廷赐帑与前寺（普济寺）同时兴修。康熙三十八年（1699年）御赐"天花法雨"匾额，遂改名"法雨禅寺"。雍正九年（1731年）又进行大规模扩修，从此殿堂楼阁，规模宏伟，雕梁画栋，辉煌瑰丽，遂成东南名刹。

法雨寺坐北朝南，占地33408平方米，现存殿宇294间，建筑面积7300平方米。依山取势，分列六层台基上。入山门依次升级，中轴线上有天王殿，后有玉佛殿，两殿之间有钟鼓楼，又后依次为观音殿、御碑殿、大雄宝殿、藏经楼、方丈殿。此外，还有天后阁、放生池、海会桥、石牌坊等建筑（图3-1-11）。

法雨寺寺门不在中轴线上，而在东南角上，建筑为重檐方亭，也不同于一般寺院山门，匾额表蓝底金字，上题"天花华雨"四字。寺门亭西是影壁，原是砖雕三龙壁，上书梵文"嘛呢叭咪"，意即神力不可思议，"文革"期间被毁。1987年，在

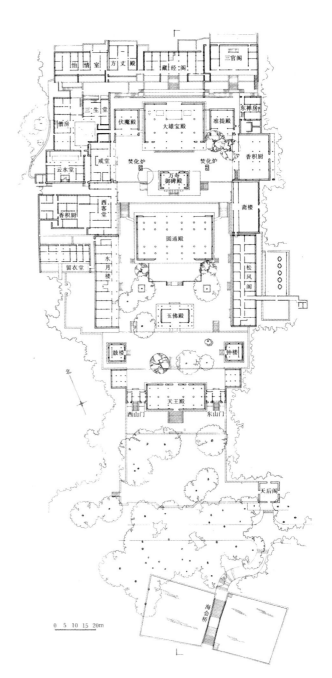

图3-1-11 普陀法雨禅寺总平面

图3-1-12 普陀法雨寺玉佛殿

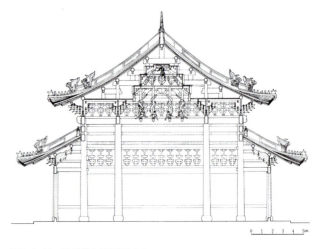

图3-1-13 法雨禅寺圆通殿剖面

这里建立了九龙壁一座，宽12米，高9米，厚1米，全部用青石浮雕砌成，群龙飞舞，栩栩如生。九龙壁仿琉顶斗栱，脊间二龙戏珠，二头兽吻，四垂脊衔珠小龙，一色青石凿就；正面九条蟠龙，舞腾云海之间，栩栩如生；底基花纹密布，精巧绝伦。又于照壁周围，置水池狮座雕柱。进山门，过九龙壁，对面是一座重檐歇山式建筑，檐间额题"天王殿"，天王殿前古樟成林，甬道两侧竖有旗杆两根。

天王殿后的玉佛殿面阔三间，外加围栏，黄琉璃顶，是一座小巧玲珑的重檐歇山式建筑（图3-1-12）。大殿东西有钟楼和鼓楼各一，月台上有古柏一株，苍老劲健，西侧植罗汉松一株，围粗3米多，颇为罕见。玉佛殿原供有清光绪八年（1882年）普陀山僧人慧根赴印度礼佛，途经缅甸时请得的释迦牟尼玉佛像一尊，像高2米，玉色皎洁，雕琢极工。后来被毁，现在供奉的玉佛高1.3米，是1985年从北京永乐宫移来的。大雄宝殿，即御碑殿，为法雨禅寺中轴线上的第五重大殿。建于清康熙三十二年（1693年），清光绪五年（1879年）重修。面阔五间（宽约32米）、进深四间，飞檐翘角，宏伟庄严，令人顿觉肃然。前有外廊，斗栱承担，殿中供"三世佛"。宝殿东侧建准提殿，现改为"三圣殿"，内供释迦、药师、阿弥陀佛三尊"西方三圣"像；西侧建伏魔殿，现为关帝殿，供关公金坐像。两侧配房（客堂）各五间。殿宇黄瓦盖顶，西侧楼屋内有门可通上佛顶山的香云路。方丈院为全寺最高处，二层檐楼房一排共27间，分隔为五个院。中间七间过去为印光法师方丈室，后改为纪念堂。

九龙殿，又称"圆通殿"，亦为"观音殿"，为法雨寺的主殿（图3-1-13），系清康熙三十八年（1699年）从南京明故宫拆迁来的，是国内寺院建筑最高规格的一座佛殿。殿高22米，重檐歇山，斗栱承托。殿宽七间、深五间，黄琉璃顶，殿内八根金柱的柱础是精致的雕龙砖。藻井是按古朴典雅的九龙戏珠图案雕刻的，一条龙盘顶，八条龙环八根垂柱昂首飞舞而下，正中悬吊一盏琉璃灯，宛若一颗明珠，组成九龙戏珠的文体图案。正中供奉毗卢观音像，后供海岛观音及善财五十三参群像。观音立于鳌鱼背上，左手托净瓶，右手执杨枝。四周塑观音救七难群像。在观音像两旁有善财童子和龙女相侍。大小百数人物，造像各显特色，画面浑然一体，气势雄壮威严。殿前有古树十余株，其中两棵银杏高入云天，树围粗约三抱。东侧的龙凤柏蟠屈如虬螭，形奇状怪。正中供奉毗卢观音像全用赤金铸成，胸部嵌一颗神奇的珍珠，光华夺目。

五、国清寺

国清寺（图3-1-14）坐落在浙江天台山南麓，距天台县城约3公里。中国天台宗祖庭，也是日本佛教天台宗的祖庭。隋开皇十八年（公元598年）开始建寺。寺成，初名天台山寺。大业元年（公元604年）太子广即位，赐额"国清寺"。初建的国清寺寺址在现在大雄宝殿后面约100米处的八桂峰前山坡上。唐会昌中原寺毁于火，旋即重建。唐大中五年（公元851年）著名书法家柳公权在寺后石壁上题写的"大中国清之寺"六个大字摩崖石主刻，至今仍清晰可辨。从唐大中到清雍正间，国清寺屡毁屡建。每次重修，寺宇规模都有所发展，位置也越来越往下移至山麓平旷地带。至迟在明代，国清寺已移至今址，并基本完成现在的布局。清雍正十二年（1734年），国清寺进行了一次全面的整修，这就是我们现在看到的国清寺了。国清寺坐北朝南，殿、堂、客房约700余间，尚存清朝重建殿宇14座。殿宇依山而上，前低后高，既有佛教建筑严整对称的特点，又给人以灵活自如之感。檐牙高啄，很是壮观。计有四殿（弥勒殿、雨花殿、大雄宝殿、观音殿），五楼（钟楼、鼓楼、方丈楼、迎塔楼、藏经楼），六堂（妙法堂、安养堂、齐堂、静观堂、大役堂、客堂）。殿堂与楼室，分布在四条轴线上，并以中轴线为主体，通过横向联系，构成形式不一、格调各异的50多个院落空间。国清寺形成的四条建筑轴线上，正中轴线为山门弥勒殿（门神殿）、钟鼓楼、雨花殿（四天王殿）和大雄宝殿；西轴线为安养堂、三圣殿、罗汉堂（文物室）、妙法堂（楼上为藏经阁）；东一轴线为聚贤堂（僧众餐厅）、方丈楼、迎塔楼；东二轴线为里客堂、大彻堂和修竹轩。

山门处理上，陡然转过90°，朝东而开。这种处理方法并不是因地形之故所使然，而是完全出于匠心独运。因为这样一变化，便给古寺增添了无限生趣。进寺门沿石甫道走上台级即是建于清早期的弥勒殿（山门殿、门神殿），面宽三间，歇山式，佛殿门楣上书三个楷体大字——国清寺，落款

图3-1-14 天台山国清寺图（引自《浙江通志》）

为"雍正十二年"，表明该殿宇是1734年重修，匾额为御题，修寺碑文系乾隆亲自撰写。建于清早期的雨花殿（天王殿），面宽三间，歇山式顶。出雨花殿穿庭院，拾二层24级石阶而上即为大雄宝殿。殿面阔七间，进深五间，重檐歇山，红墙黑瓦（图3-1-15）。大雄宝殿前有香樟4株，据说为唐代所植，至今已逾千年，仍然生机勃勃，树荫遮满庭院。出卷洞门沿石级而上，中间是新建的观音殿，面阔五间，重檐歇山，黄琉璃顶。大雄宝殿左侧妙法堂，这是一座单据三层，面阔五间的精舍。楼上为藏经阁，开敞明净。方丈楼在国清寺建筑群东部的中心位置上，是一座两层七开间建筑（图3-1-16）。

方丈楼廊下宫灯高悬。楼前有一个很大的方石铺地的院子，院中花木繁茂，五光十色，特别是一株大牡丹更显秀姿。寺外有报恩塔，隋炀帝杨广为报答智者大师给他授菩萨戒的师恩而命名。据《天

图3-1-15 天台山国清寺

图3-1-16 天台国清寺塔（采自关野贞等著的书作）

台山全志》载，塔南宋建炎三年（1129年）重建，六面九层空心（图3-1-16）。大雄宝殿左又有一小庭院，入圆门，有六角攒尖顶"梅亭"。亭对面红墙下石台上有古梅一株，墙上有石刻隶、篆、楷书"隋梅"各一。隋梅为国清一绝，据说为隋代寺院初建时天台宗五祖章安手植，至今已历1400多个春秋。

六、延福寺

延福寺（图3-1-17）位于武义县桃溪镇陶村东的福平山旁，为后晋天福二年（公元937年）僧宗一创建，原名福田寺，宋绍熙年间（1190~1194年）赐名延福寺（图3-1-18）。清康熙九年（1670年）重建观音堂和两廊。雍正八年（1730年）至乾隆十三年（1748年），多次修葺大殿，并增建天王殿和两廊厢楼。光绪三十一年（1905年）重建观音堂。

延福寺自南向北排列山门、天王殿、大雄宝殿和观音堂，两侧是厢楼，大殿前有长生池，后有石涧井。

山门，坐北朝南，面阔一间、进深二间，为单檐硬山两面坡屋顶建筑，外设八字墙，左右有石狮拱门，檐下悬清咸丰年间"延福禅林"古匾一幅。它的正对面是险峻的饭甑坛，形成寺院的"天然屏障"。山门后是单檐硬山建筑天王殿，坐北朝南，面阔三间、进深四间，明间为抬梁式，两山为抬梁穿斗混合式，前后均用格子门窗。檐下有前佛教协会会长、著名书法家赵朴初的遗墨"延福寺"匾额，黑底金字，熠熠生辉。位于寺院最后的观音堂重建于清光绪三十一年（1905年），是全寺最年轻的建筑，它三明四暗，共七间，正中三间抬梁式，两边各设夹楼两间，穿斗式结构。堂内金柱用高耸的仰莲式柱础，为浙中地区少见。观音堂檐下有清同治年间"福田广种"等匾额三幅，支撑檐头的动物牛腿采用圆雕和彩绘结合的工艺手法，栩栩如生，呼之欲出。堂外还有两棵树龄数百年的古罗汉松和两尊元代石刻蹲狮，它们也是延福古寺悠久历史的见证者。

大殿为延福寺主体建筑，重建于元延祐四年（1317年）。殿平面呈正方形，面阔和进深均11.8米，五开间，重檐歇山顶。整体梁架结构制作规整，保留着许多古制。梁架与斗栱结合有序，形

图3-1-17　武义延福寺大殿

图3-1-18　延福寺大殿梁架

成简洁明快的节奏和韵律。小巧玲珑、古朴典雅的建筑风格为古刹平添几分秀色。前后檐和两山采用通长的檩条，四角开榫卯合，形成一道道的回箍，增强了梁架的平衡和强度。柱子除重檐的外檐柱为明代更换外，其余均作梭柱，有宋代风格。前檐柱与金柱之间用乳栿，上置瓜柱，柱下端刻作鹰嘴状。这种做法在国内现存的古建筑中是较早的实例。在平梁头底至金柱之间，加弓形月梁一道，起到搭牵之用，开江南弓形月梁之先声。大殿在檐柱与梁枋交接处，都有斗栱（图3-1-18），给古朴端庄的大殿造型添了灵动之感，这是古人在建筑空间中寻觅和探索着美的痕迹。延福寺大殿完整地保留了元代木构建筑艺术的风格和构造特征，再现了元代建筑的风貌。在观音堂的东西面还有与夹楼垂直相连的厢楼数间，西首三间已毁，东首三间为明末风格，里面陈列着各朝古碑十余座，其中有唐开元五年（公元717年）李邕的《丁丁碑》，元泰定元年（1324年）刘演的《重修延福寺记碑》，明天顺七年（1463年）陶孟端的《延福寺重修记碑》等。

第二节　道教、伊斯兰教建筑

一、纯阳宫

纯阳宫（图3-2-1），又称古梅花观，南朝宋元嘉初（公元425～453年），吴兴郡东迁县著名道士陆修静，曾隐居金盖山，结庐修习，植梅自给。宋庆历年间（1041～1048年），东林沈思（号东老），好著述，善诗文，到金盖山桐凤坞修习道教，并筑一道观，后毁于火。清乾隆年间（1736～1795年），朱恒来金盖山桐凤坞，建崇德堂（又名云巢厅），祀长春真人。嘉庆元年（1796年），闵苕旉到金盖山后大兴土木，扩建纯阳宫，为纪念开山祖陆修静，又额"古梅花观"。清《金盖山纯阳宫碑记》碑尚嵌在古梅花观"讲堂"的墙壁上。清咸丰末（1851～1861年），纯阳宫除崇德堂外全部毁于兵燹。同治三年（1864年），湖州绅士集资重建，至同治十三年（1874年）主要建筑竣工。光绪年间仍有扩建，并增加了部分佛教内容。

建筑群主体由三条轴线并列布局，前后三进，主轴线上有天将殿、正殿、玉皇阁，东轴线有抱云庵、崇德堂、古书隐楼，西轴有存希堂、五祖殿、

图3-2-1 湖州纯阳宫

图3-2-2 湖州纯阳宫建筑梁架

本山祖堂等建筑。天将殿面阔三间，硬山顶，梁架结构为抬梁式。抱云庵、存希堂皆三开间。正殿面阔三间，出前廊，硬山顶，梁架结构为抬梁式（图3-2-2），正殿供奉吕纯阳像，有"古梅福地"等匾额。五祖殿供奉全真派王玄甫、钟离权、吕洞宾、刘海蟾、王重阳五位宗祖。玉皇阁为楼屋五间，楼上供奉玉皇大帝。

主体建筑工程完成后，著名教育家俞樾在光绪八年（1882年）撰写的《金盖山重建纯阳宫记》碑文中记述"重殿洞门，深堂邃宇，土事、木事次第毕工，何其速也……"，表达了他对纯阳宫重建的赞许。

纯阳宫是浙江保存最完整、规模最大的道教古建筑。

二、圣井山石殿

圣井山石殿（图3-2-3），在瑞安市大南乡。因石殿神座前，有一口泉眼井，终年不溢不涸，水位不变，泉水清冽甘甜，故誉为"圣井"，山也由

图3-2-3 圣井山石殿

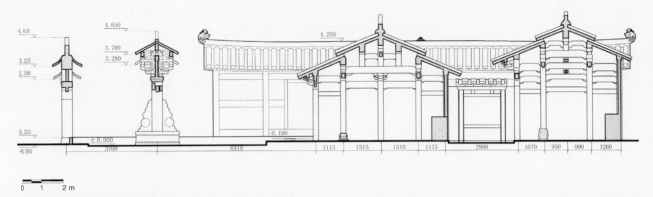

图3-2-4 圣井山石殿纵剖面（采自李刃主编.水木清嘉,2005,1.）

井（原名青龙泉）得名，而建筑位于圣井山顶，且为全石结构，故称圣井山石殿。

据县志载，圣井山石殿创建于南宋景定元年（1260年），明、清均有修葺。建筑占地面积410平方米，建筑面积229平方米。平面依次由山门、牌坊、前殿、后殿和左右厢房等组成，建筑格局对称，东西朝向，布局规整（图3-2-4、图3-2-5）。殿宇梁、柱、檩、椽、斗栱、山墙、屋面及殿内陈设之案、床、凳等均用花岗石石料刻成。

山门为牌楼门形式，单间二柱三楼，悬山顶，卷叶形吻，镌刻精致，华丽秀韵。明间枋上题刻"光绪二十八年冬重建"。牌坊四柱三间三楼，悬山顶，高4.65米，鸱尾吻。明间枋上石匾刻有"万历庚子岁七月壬子吉日，住持僧法静募造"题记。前殿三开间，面阔约6.6米，高约5.7米，梁架采用花岗石构筑，悬山顶屋面用石板雕成阴阳复合瓦片状覆盖。明间金柱上刻有修理题记"康熙十七年孟秋"。正殿三开间，明间抬梁式，次间穿斗式梁架。明间后金柱上刻有"明万历时林元深"等捐银修建题记。前、正殿之间为封闭式院落，两侧沿墙设单坡顶厢房。厢房六开间，门楣石额有清道光年间题记。现存明天启元年（1621年）石刻狮子、香炉以及多方明清碑刻。

石殿布局紧凑、完整，构造简洁、古朴，用料粗壮，具有较高的历史文化价值。

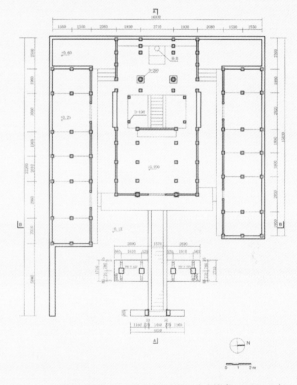

图3-2-5 圣井山石殿平面（采自李刃主编.水木清嘉,2005,1.）

三、凤凰寺

凤凰寺（图3-2-6、图3-2-7），在杭州市中山中路。寺院坐西向东，因为教徒礼拜时须面向伊斯兰教的圣城——沙特阿拉伯的麦加，所以凤凰寺也与我国其他清真寺一样，采取东西向的格局。寺的大门位于东端临街处，全寺的总体平面略呈矩形。

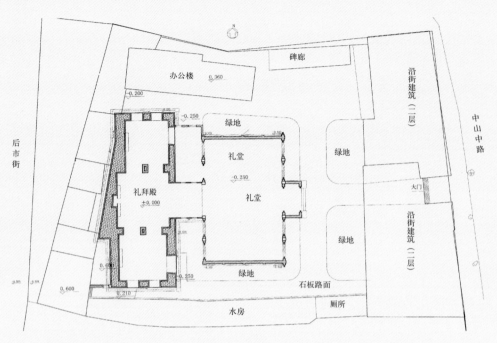

图3-2-6 杭州凤凰寺总平面图(引自邵浦建. 杭州凤凰寺礼拜殿修缮工程设计. 浙江省文物保护工程设计案例与研究. 科学出版社, 2009.)

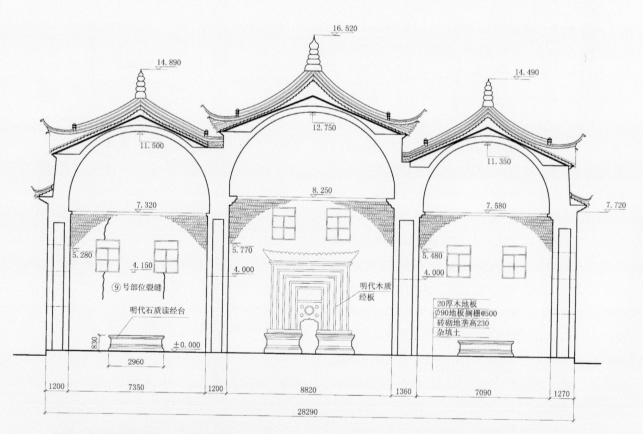

图3-2-7 凤凰寺礼拜殿剖面图(引自邵浦建. 杭州凤凰寺礼拜殿修缮工程设计. 浙江省文物保护工程设计案例与研究. 科学出版社, 2009.)

图3-2-8 凤凰寺大殿经函

图3-2-9 穹顶彩画

寺内主要建筑都布置在东西向的中轴线上。前有大门，中间是礼堂，最后为礼拜殿。据研究，寺内主体建筑礼拜殿当为元中期延祐年间（1314~1320年）重建，[10]它是寺中现存最早的建筑。礼堂系1953年在原基址上重建的建筑，大门及望月楼是近年根据旧照片重建的。

礼拜殿，为全寺的主体建筑，是一座砖结构的无梁殿。通面阔为28.15米，分作三间；通进深二间，南侧9.36米，北侧10.26米，平面作不规则的矩形。殿顶为四坡顶，每间顶上各有一个攒尖顶，中间的攒尖顶为重檐八角形，两次间单檐六角形。殿身四面以砖砌墙围护，白灰抹面，各面墙体厚薄不均，但最薄处也有0.94米，厚实洁白的殿身不仅显示了大殿的稳重，而且增加了肃穆的气氛。各间内部为穹隆顶，转角用叠涩转发券。明间和次间的后墙均设有"读经台"，呈须弥座形式。其中明间两座，其上倚墙立有木质红漆的"经函"（图3-2-8），上面刻有阿拉伯文的《古兰经》、海石榴花纹及方胜合罗图案，不仅具有一定的历史价值，同时也是一件工艺品。在"经函"下部墙内有一壶门形圣龛，阿拉伯文称之为"米海拉卜"，为祈祷者礼拜的焦点，是一般清真寺所共具的特征，被认为是清真寺内最圣洁的地方。在圣龛的左面，也就是当心间后墙左角，有一座宣谕台，是为教长在星期五聚祈时说教用的。礼拜殿内各间均有一穹隆顶，转角处以叠涩砖承挑。顶内绘制彩画（图3-2-9），题材多数是卷草花卉图案，亦有山水、建筑物和飞禽等，各顶彩画的内容不尽相同。

轴线左前侧，有一座碑廊，内藏阿拉伯文墓碑和记载寺院历史的汉文碑刻。在碑廊的右首，为教长室等管理用房。建筑群右侧，有一排厢房，为单坡顶建筑，共八间，其内有寝室、水房等。

四、嘉兴清真寺

嘉兴清真寺在嘉兴市区环城东路，据明万历三十年《嘉兴府建真教寺碑记》云："教人独杭省为最蕃，杭故有真教寺，宏丽甲天下，其衍在禾郡者，久阙建寺，今教人马仲律等而各量力捐金贸得隙地，于治东之通济桥南，稍仿杭制启建"[11]。可知该清真寺是仿杭州真教寺，始建于明万历三十年（1602年）。至清初，清真寺由于年久失修，逐渐倾圮，"乾隆丙寅、丁卯间，里人州司马沙翁大成遵赠公如金遗命，出金若干镒，嗣而葺之。殿室廊庑，宏厥规式，又筑讲堂三楹于东，点垩丹漆，糜不具饰"[12]。现存建筑基本为清代遗构。

清真寺坐西朝东，由照壁、大门、讲堂、礼拜殿、水房、清泉亭等部分组成（图3-2-10、图3-2-11）。照壁为八字形，砖砌结构，正面镌刻"天方咫尺"四字。寺门正对照壁，门额上书"清真寺"。寺内分为两个院落，北院是讲堂，面阔三间，是阿訇讲授教义及信众集会的场所；南院西侧为礼拜殿，单檐硬山顶，平面呈凸字形，面阔三间，前设卷棚廊，明间后部向西（后）凸出，中间设圣龛，一侧置宣谕台，地面铺地毯，一如我国清真寺规制。礼拜殿右前侧为方形攒尖顶的"清泉亭"，内有清泉井及石碑一方，碑高166厘米、宽80厘米、厚25厘米，正面刻万历三十年《嘉兴府建真教寺碑记》，背面为清乾隆《重修嘉兴府礼拜寺碑记》，是研究明清时期嘉兴伊斯兰教发展的重要史料。

嘉兴清真寺虽然规模不大，且结构简单，但规制基本完整，体现了我国明清以来清真寺发展的基本形制，如寺院的构成、朝向，礼拜殿的平面、设置等，对研究江南伊斯兰教的历史和建筑具有重要意义。

五、宁波清真寺

宁波清真寺（图3-2-12），在宁波城区。《鄞县通志》载：康熙三十八年（1699年）复设于月湖虹桥畔，乾隆初王文计阿訇主持教务四十一年，以后江梦阿訇和王魁占、马廷光、张光祖合资修葺改造，嘉庆年间（1796～1820年）"殿宇两庑渐就荒落"，道光十二年（1832年）冯振川阿訇"租得阿恭洁祠地若干以廓基"，同治八年（1869年）山东白玉庆多方筹款进行修造，当时"在鄞教徒约三十人，以客籍为多"。光绪《鄞县志》卷六十六《寺观》记："礼拜清真寺，县治西南二里，旧名回回堂，回人礼拜之所，乾隆六十年（1795年）建。"

清真寺采取东西向的布局，由大门、二门、三门、影壁、沐浴室、礼拜殿和两侧的厢房组成。寺院总平面略呈矩形，大门位于东端临街处，寺内主要建筑布置在东西向的中轴线上，如影壁、二门及礼拜殿。东西长49米，南北宽20米，占地面积约980平方米（图3-2-13）。礼拜殿系清康熙年间所建，乾隆三十年（1765年）修缮，现存礼拜殿为木结构，建筑平面作"凸"字形，后部即为圣龛，与我国传统伊斯兰礼拜殿型制相同。面宽三开间，

图3-2-10 嘉兴清真寺入口

图3-2-11 嘉兴清真寺礼拜堂

图3-2-12 宁波清真寺

图3-2-13 宁波清真寺内庭

10.5米,进深七檩,10米,明间抬梁式,山墙用穿斗构设架,前设卷棚廊。大殿台基高出天井地面约1.2米,中有踏道与天井相连。殿内正中上方悬挂三块阿拉伯文匾。在圣龛的左面,也就是次间后面右角,有一座宣谕台,它是阿訇(教长)在星期五聚礼时宣教用的。地面铺满木质地板,深红色漆,平整光洁,铺有暗红色地毯,在殿宇中形成一种深沉的气氛。

第三节 庙宇建筑

一、海神庙

海宁盐官位于钱塘江杭州湾北岸喇叭口狭窄处,海神庙在盐官镇东南部春熙路,距钱塘江仅数百米。

清雍正十年(1732年)《御制浙江海神庙碑文》曰:"浙江海宁居濒海之冲,龛山赭山列峙其南。飓风怒涛,潮汐震荡。县治距海数百步,资石塘以为捍蔽。雍正二年潮涌堤溃,有司以闻,朕立遣大臣察视修筑特发内帑金十万两,敕督臣李卫度地鸠工,建立海神之庙,以崇报享。经始于雍正八年(1730年)春三月,洎雍正九年(1731年)冬十有一月告成,门庑整秩,殿宇森严,丹雘辉煌,宏壮钜丽。"乾隆《海宁州志》云:"海神庙,在春熙门内。……址广四十亩,正殿五楹,陛四出七级,廊柱及台阶俱白玉石。崇奉勅封宁民显佑浙海之神,以唐诚应武肃王钱镠、吴英卫公伍员配享左右。配殿各三楹,以越上大夫文种、汉忠烈公霍光……从祀。周以修廊,中为甬道,前为仪门、大门,左钟楼、右鼓楼。门临河,承以石梁,曰庆成桥,南歌舞楼,左右石坊二。殿后建御碑亭,后为寝殿。殿东为天后宫,两旁有厢楼,以曹娥、广陵侯三女从祀。前为斋厅、后为道院。殿西为雷神殿,后有有亭、有池,上为平桥,内为高轩,轩西为道士楼止之所,后为敞厅,又后为水仙阁,东西俱有耳房、厢房,后为厨房。其规制极宏丽。"[13]咸丰十一年(1861年)庙毁。"同治十三年(1874年),巡抚杨昌浚重建,费白金四万五千有奇。"[14]2001年6月海神庙与盐官海塘被国务院公布为第五批全国重点文物保护单位。

海神庙建筑群坐北朝南,在空间上由东至西布置了三条纵轴线(图3-3-1)。中轴线自南至北有歌舞楼、庆成桥、大门、左右碑亭、仪门、东西配殿及廊庑、正殿、御碑亭、寝殿等建筑;东轴线有楼台、道院殿、斋厅、天后宫等建筑;西轴线有大门、雷神殿、卷棚高轩、水仙阁、道士楼、亭台等建筑;在东、西轴线前外侧,各有一座东西向的石牌坊(图3-3-2)。

目前,中轴线整体格局尚存,并保留了庆成桥、大门、正殿等建筑,歌舞楼、仪门、东西配殿及廊庑、御碑亭、寝殿等历史建筑已毁。海神庙东、西轴线建筑早已无存。

大门,单檐硬山顶,面阔三间,进深二间,须弥座式台基,前后檐各间都设有七级踏步。构架为7檩前三步梁对后三步梁用3柱,分心造。中柱脊檩下明间平身科四攒、次间三攒,为一斗六升斗栱。各间脊缝设对开的实榻大门,大门旁各有一对包鼓石。山墙中柱外侧接外八字墙。前檐明间平身科四攒,次间三攒,为单翘重昂七踩斗栱;后檐柱升至正心檩下,斗栱不出跳,为一斗六升造。

仪门及左右碑亭,仪门毁于20世纪50年代,台基及平面格局尚存,为面阔五开间、进深三柱二间的建筑。1992年重建仪门,单檐硬山顶,前、后檐

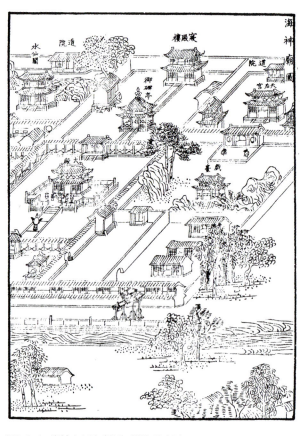

图3-3-1 海神庙志图（引自《浙江通志》）

图3-3-2 海神庙牌坊大门

明间各设6扇隔扇门。仪门后侧山墙各有一拱券小门，其外保留有沟通仪门与院落两侧廊庑的原有台基，根据所存遗址分析，台基之上原当有内院围墙及单披檐廊。在仪门两侧稍前处，各有一座碑亭，方形，建筑已毁，但须弥座式台基以及中间所立石碑尚存，台基南侧设有5级踏步。

东西配殿及廊庑，建筑已毁，存有台基。配殿五开间，廊庑沿建筑群两侧围墙从前院一直延伸至后院。1992年重建东、西配殿，为硬山顶五开间建筑。

正殿，庙内最主要的建筑，重檐歇山顶，通面阔七开间，28.62米，通进深五间，19.13米，殿身设周围廊，外檐柱皆为汉白玉石柱（图3-3-3）。上檐进深13檩，七架梁前后双步；下檐前后双步梁。规模宏阔，构造规整。上下檐均施斗栱，为官式制度，前后檐明间平身科四攒，次间、梢间三攒，尽间一攒，上下檐皆为重昂五踩斗栱。平身科斗口宽11厘米，栱高22厘米；柱头科1.7斗口，其昂上置挑尖梁。翼角采用江南发戗做法，起翘很高。殿内后金柱间设屏风板，其前供奉海神。室内空间高敞，天花、梁枋、板壁等遍施彩绘。正殿台基为须弥座式，殿前设月台，寰以汉白玉栏杆，正中及两侧有台阶上下。束腰、栏板、望柱、抱鼓及柱础均镌刻图案，刀法娴熟，线条流畅，技艺精湛。

御碑亭，毁于20世纪60年代，但亭的须弥座式台基和其内的石碑保存较好，台基八边形，南侧设踏步。御碑正面为雍正十年（1732年）的《御制浙江海神庙碑文》，背面是乾隆二十二年（1757年）的《御制阅海塘记》。1992年重建御碑亭，为重檐八角攒尖顶，黄色琉璃筒瓦。

石牌坊，汉白玉制，四柱三间五楼，楼为歇山式，东坊匾额两面分别镌书"保厘东海"和"作镇南邦"；西坊书"仁智长宁"和"雨阳时若"。额坊

图3-3-3　海神庙大殿

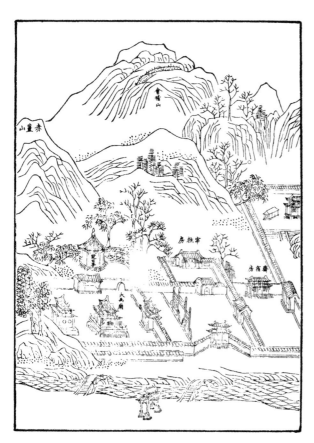

图3-3-4 大禹陵全景（引自《浙江通志》）

雕饰卷草夔龙纹与变形夔龙纹，四柱饰以云气纹。

庆成桥，横跨庙前狭长池水之上，单孔石桥，拱券结构，实腹拱。

海神庙是以清官式建筑为主要构造形式的祭祀建筑，在平面布局、建筑构架、用材等方面体现了官式做法，但也融入了部分地方做法，如大殿屋面以及牌坊翼角都采用了嫩戗发戗结构，明显具有江南地方特色。海神庙是江南保存至今仍相对较好的官方建设的大型祭祀海神的建筑群，具有重要的历史、科学和艺术价值。

二、大禹庙

大禹陵（图3-3-4）在绍兴市东南会稽山麓。由禹陵、禹庙、禹祠三部分组成，建筑依山就势，浑然一体。大禹庙的历史，据《浙江通志》卷二百二十一："大禹陵在县东南，少康立祠于陵所、梁时修庙，……宋政和四年（1114年）敕庙额曰告成，东庑祭嗣王启，而越王勾践亦祭别室。……郡境尚有四所，一在山阴县西涂山，一在山阴县蒙槌山，一在嵊州市了溪上，一在新昌南名公塘庙。山阴庙在涂山，宋元以来，咸礼于此，明时始即会稽山陵庙致祭，兹庙遂废，大禹陵庙每岁有司以春秋二仲月祭。康熙二十八年（1689年）南巡朋视黄河，念大禹神功，特幸会稽，二月十四日昧爽致一祭，……绍兴喻知府李辉治葺祠宇，五十二（1713年）知府俞卿重修，而旧祠规模狭隘，岁久断纪，雍正七年（1729年）总督李卫动格兴修。"卷二百三十八："宋乾德四年（公元966年）吴越王立禹庙。"会稽，……绍熙三年（1192年）十月修大禹陵庙，明洪武三年（1370年）浙江省进大禹陵庙图，九年（1377年）命百步之内禁人樵采，投陵户二人，有司督近陵人看守，每三年遣道士斋香帛致祭，登极遣官告祭，每岁有司以春秋二仲月祭。到了清嘉庆五年（公元180年）阮元巡攘浙江时曾

图3-3-5 大禹庙仪门

图3-3-6 大禹庙拜厅梁架

图3-3-7 禹庙大殿

图3-3-8 绍兴大禹陵

重修一次（兄阮元重修会稽大禹陵庙碑），其后张载阳又集款大规模进行修理（兄章炳麟大禹庙碑），遂成今状。

大禹庙，坐北朝南，周以丹垣，总体布局前低后高。庙由东、西辕门进入，各一间，悬山顶造。庙内南侧为岣嵝碑亭，石制，单檐歇山造。碑高一丈一尺七寸，广五尺六寸。其北为石狮一对及石制棂星门，四柱三间冲天坊。入内进甬道为仪门，面阔三间，进深七檩，单檐歇山顶，中柱之间辟三门（图3-3-5）。斗栱平身科明间用四攒，次间三攒，山面与次间相同，用五踩双昂。梁枋砍杀，亦非地方做法。其左右有配殿各三间，施前廊，单檐硬山造。其出檐将把头梁延长向前伸作挑梁状，前端置挑檐檩。再北登高台上为拜殿，面阔三间，进深七檩，单檐歇山造。梁架手法与仪门相似，用方料直材（图3-3-6），与当地一般建筑稍异，但比官式用材稍小。平身科明间四攒，次间三攒，山面自南往北，第一、三两间各一攒，第二间六攒，斗栱手法及出跳均与仪门相同。其左右各有配殿各三间，施前后廊，单檐硬山造，为置碑之所。最北面为正殿，面阔五间，重檐歇山造，系1935年重建，钢筋混凝土结构（图3-3-7）。其前置清乾隆十六年（1751年）"御书"碑亭，歇山顶，石柱，施一斗三升斗栱。正殿前侧左右配殿各五间，单檐硬山造。自东配殿后面山坡，有八角亭，内置窆石。近旁有清阮元隶书重修会稽大禹陵庙碑，明天顺六年（公元1462年）韩阳重建窆石亭记碑。

大禹陵（图3-3-8），西向，面临禹池，正对亭山，禹池外二小山分列左右，而会稽山环抱其后。原陵殿毁，县建筑是近年重建的。陵前尚存大禹陵碑一通，上复歇山顶碑亭，斗栱用五踩双昂，建筑手法与大禹庙仪门、拜殿相似。其旁为八角重檐石亭，上书古咸若亭。陵南有一碑，书"禹穴"二字，为康熙五十一年（1712年）二月所立，入口

图3-3-9 文成刘基庙牌坊

图3-3-10 文成刘基庙前厅

处有棂星门，四柱三间冲天坊。禹祠在禹陵南侧，陵之北为大禹寺，梁大同十一年（公元545年）建，唐会昌五年（公元845年）毁废，明年重建，自唐以来为名刹，西偏有泉名菲散（据嘉泰会稽志）。今仅残存寺殿五间，是晚近建筑。殿后壁简嵌有唐开成五年（公元840年）岁次庚申所刻往生碑一通。

三、刘基庙

刘基庙又称诚意伯庙，因刘基生前受封"诚意伯"而命名，位于文成县南田镇（历史上属青田县）新宅村华盖山麓。建于明天顺二年（1458年），成于天顺五年（1461年），至今已有五百多年历史。庙依山就势，坐西北朝东南，占地面积3000多平方米。中轴线上自南而北有照壁、大门、仪门、正厅、追远祠及两侧厢房。四周为块石砌筑的围墙。明正德九年后在大门东西外侧各建一座御题的"帝师"、"王佐"木牌坊，横跨在进庙通道上（图3-3-9）。后代对庙宇多次修葺，基本保存了完整的格局。

"帝师"、"王佐"坊，均为三间三楼木牌坊，悬山顶，其主楼高于次楼；大门面阔三间，进深二间，各间均设门，明间正中悬"钦建诚意伯庙"匾；前厅单檐悬山顶（图3-3-10），面阔三间，进深七檩，明间五架梁前后单步廊，次间梁架用中柱。左右有侧房各三间，前带小院；正厅重檐，明间五架梁带前双步、三步梁，后四角藻井、双步梁。明间后部塑刘基及其子刘琏、刘璟坐像三尊，上方挂"千秋景仰"、"帝师"等匾。厅前院落宽畅，两侧有厢房；第四进为寝堂，三间，单檐悬山顶，后部安放牌位。

四、萧王庙

萧王庙（图3-3-11），位于奉化市萧王庙街道铜山余脉的高坡上。据光绪《奉化县志》卷十二记载，萧王庙"在县北二十里泉口，祀宋令萧世显，庆历二年（1042年）建，淳祐十二年（1252年）赐额灵应。元至正二十一年（1361年）封绥宁王。明永乐间修，弘治十四年（1501年）重修，正德六年（1511年）毁，七年（1512年）重建。"萧世显在宋天禧二年（1018年）任奉化县令，勤政廉洁，深得民望。1021年境内大旱，他赴灾区，在长寿乡率民开凿5里长渠，引剡江之水灌溉农田，使老百姓

图3-3-11 奉化萧王庙

获得了较好收成。次年干旱且蝗灾,他带领百姓捕蝗。终因积劳成疾,中风猝逝。百姓不忘其德,在他去世的地方萧王庙镇永丰村的白花岭上,为他建庙塑像。2005年被浙江省人民政府公布为省级文物保护单位。

庙前后三进,建筑面积达1500平方米。中轴线上自南而北,依次为照墙、大门、戏台(图3-3-12)、正殿、后殿,以及两侧厢房。大门,面阔五间,重檐硬山顶,后檐与戏台相接,戏台单檐歇山顶,内顶设螺旋形藻井,面对庙内主体建筑正殿,该殿重檐歇山顶,抬梁与穿斗相结合,前檐四根石柱均雕有矫首昂尾、张牙舞爪的游龙,富有动态。后进歇山顶,单檐。三进均有卷棚前廊。萧王庙多用石雕、木雕、砖雕艺术装饰,内容有花卉、人物、戏剧故事等。

五、舜王庙

舜王庙在绍兴城东南王坛镇舜王山,前临小舜江,后面是旷野,远处群山,烟村掩映,环境优美。

宋嘉泰《会稽志》记载:"舜庙,在县东南一百里。《述异记》云:会稽山有虞舜巡守台,下有望陵祠。"⑮ 可知舜王庙建于南宋嘉泰年间(1201~1204年)之前。现舜王庙重建于清代咸丰年间,同治元年(1862年)重修。

从舜王山麓拾级而上,山顶有一平台,庙即建此。舜王庙坐北朝南,占地面积5000平方米。前后三进,主要建筑包括大门、戏台、正厅、后厅、侧院等。大门五开间,两旁花窗是用整块石板雕镂而成的,四周花格密布,中间是一幅浮雕,只见四位老翁,展图细视,笑容可掬,栩栩如生。

正殿是舜王庙的主体建筑(图3-3-13、图3-3-14),面宽三间,单檐硬山顶,地面用石板平铺。前檐有4根石柱,中间两根直径达40厘米,高浮雕云龙,昂首摆尾,形象逼真。次间两根石柱浅雕栖凤,姿势优美,栩栩如生。两侧山墙上镶嵌的以西湖十景为内容的青石浮雕,构图精巧、刀法流

图3-3-12 萧王庙内庭

图3-3-13 舜王庙正殿

图3-3-14 舜王庙正殿内景

图3-3-15　舜王庙石雕　　　　图3-3-16　衢州周宣灵王庙

畅，连同大殿拱门上的石质匾额和其他或阴刻或阳雕出自大家手笔的石质对联，莫不令石雕艺术成为舜王庙之"一绝"（图3-3-15）。对联内容大多歌颂虞舜精神。木雕也是庙中"一绝"，牛腿用"福、禄、寿、禧"吉祥之物，而梁架、柱枋、雀替等构件以传统典故、古代人物、花鸟走兽为题材，宣传忠孝节义，各种雕刻，刀法细腻，别具匠心。庙内另"一绝"是砖雕，大殿正脊砖雕"国泰民安"四个楷书，以及垂脊前端人物走兽的砖雕艺术，也是别具一格，令人叹为观止。

正殿正中的神龛内置舜王坐像，上悬"万民永赖"匾额，两旁为舜之八大臣坐像。

戏台，在大门后面，重檐攒尖顶，面朝正殿，其意为演戏娱神。台上螺旋式藻井颇具特色。东西两侧为女宾看楼。在东西两侧看楼的墙上，保存有一方禁碑，曰："公禁庙内不许粪桶，如违，罚瓦三千张。公禁大小人等不许登台看戏，如违，罚瓦一千张。公禁两廊看楼不许男人混入，如违，罚瓦一千张。公禁庙内并山门口不许安摆赌桌、掷骰、博钱等项，如违，罚瓦三千张……"所禁共九项，旨在维护秩序，保护寺庙。

后厅与正厅间用过厅相连，后厅面阔三间，单檐硬山顶。两侧各有一个小院落："云龙"和"凤虎"。

六、周宣灵王庙

周宣灵王庙（图3-3-16）在衢州城西水亭门附近。祀"宋孝子广平正烈周宣灵王神祠，在县治西北朝京门内"，始建于南宋，"邑中奉祀周王者约有十余处，以西门及后街为最古。西门亦分内外两庙，内周王在灵顺坊，亦称大周王。外周王在朝京埠，或云神之真身，原在城外，咸丰兵毁。移入城，后街周王庙，俗称小周王庙……据庙中旧碑亦云孝子祠。明万历二十五年（1597年）里人因迭显灵应大其祠宇。清道光十七年（1837年）加以扩新。"明弘治丙辰毁，九年（1496年）重建。康熙五十五年（1716年）、嘉庆十三年（1808年）重修，同治八年（1869年）重新扩建，光绪二十二年（1896年）复修，咸丰元年（1851年）遭兵燹，后多次增建，修复，庙内现存八方明清碑刻。

周宣灵王庙，坐东朝西，前后三进，面积853平方米。自西向东有门厅（戏台）、正厅、后寝。庙门为砖构三间牌楼门形式（图3-3-17）。

戏台，台上有霍斗形天花，是以密集的斗栱支撑的藻井，台前有门楼，用层层密密的花栱及托脚装饰。梁上刻有十三座神道人物、二凤戏珠、门神、力士等，精雕细琢，巧夺天工。门厅两边山墙还嵌有历代碑刻八块。第二进是前殿，梁柱粗大，气魄宏伟，尤其是前后撩檐枋的做法十分特殊，跨度12.7米，直径70厘米，这在浙江省古建筑中是罕见的。第三进，即正殿，地势稍高，是祭拜神像之处，还放有牌位及悬挂很多匾额。周宣灵王庙整个建筑结构复杂、讲究，用材粗大。雕梁画栋在宏大的气势中带有雍容华贵的气概，装饰雕刻精致、雅观，艺术水平很高，有独特的地方色彩。雕刻时内容有人物、仙侣、花鸟、楼台、亭阁、各种摆设、家具、古玩、园林等等，不仅是木雕艺术珍贵的历史文物，而且对研究古代建筑及家具形式等都有重要的参考价值。周宣灵王庙是研究民间庙宇建筑的典型实物资料。

图3-3-17　周宣灵王庙第一进空间

七、孔氏南宗家庙

孔氏南宗家庙，在衢州市新桥街。北宋末年随着金兵南下，汴京沦陷，宋高宗仓皇逃至临安。孔子第四十八世孙、衍圣公孔端友率部分孔子后裔，奉子贡摹孔子及亓官夫人楷木遗像隋之南渡，被朝廷赐居衢州，从此，衢州成为孔氏第二故乡，被称为东南阙里。孔子宗室分裂为二，即曲阜孔氏北宗与衢州孔氏南宗。南宋先后封爵孔端友等六代衍圣公，衢州成为南宋孔氏家室和孔学的活动中心。元初世祖召南宗第六代衍圣公孔洙北返，欲续封其为衍圣公，孔洙以先世庐墓在衢州，又建有家庙为由，不愿弃家北去，力请将衍圣公爵位让与曲阜族弟孔治，忽必烈赞誉他"宁违荣而不违亲，真圣人也"⑯，因此免孔洙衍圣公，改封国子祭酒，兼提举浙东道学校事⑰。至明正德元年（1506年），武宗授南宗五十九代孙孔彦绳为翰林院五经博士，子孙世袭。从此，北宗世袭衍圣公，南宗世袭翰林院五经博士。

孔氏南渡迁衢后，家庙历经各朝修葺、拓建，五易其址，明中叶徙新桥东街西安县学旧址至今（图3-3-18、图3-3-19）。现存建筑格局基本为清

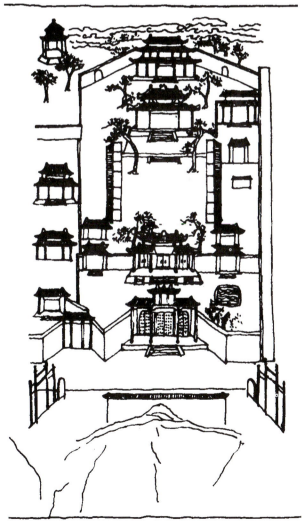

图3-3-18　衢州孔氏南宗家庙（明正德）平面图

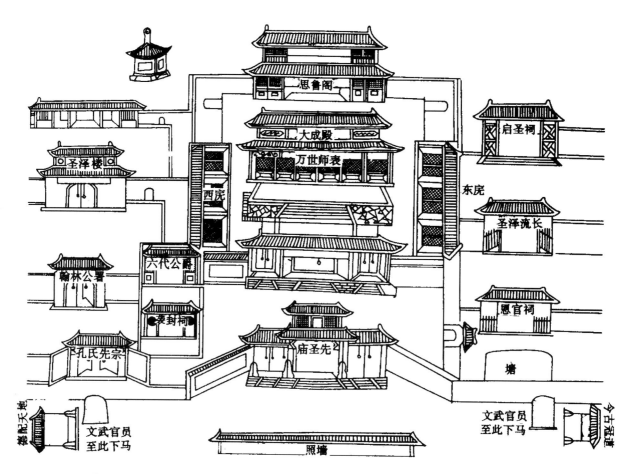

图3-3-19 孔氏南宗家庙（清康熙）平面

道光初期大规模修建后形成的，主要保留了大成门、大成殿、东西庑、思鲁阁、恩官祠、报功祠、崇圣祠、家塾等。20世纪80年代以来，又陆续重建了照墙、庙门、圣泽楼、孔府、后花园等。

大成门为单檐硬山顶，三开间加两挟屋，梁架为前后双步、用三柱分心式，进深五檩；大成殿（图3-3-20），重檐歇山顶，通面阔16.6米，通进深十五檩、16.5米。上檐构架为七架梁前后双步廊用四柱，下檐前后双步廊；思鲁阁（图3-3-21）在大成殿西侧，是一小院落，阁在院北面，为二层单檐硬山顶建筑，前檐上下层皆有廊庑。三开间，进深八檩，据明正德碑所示，该阁在此时为三重檐歇山顶建筑，面阔五间。清康熙图显示为重檐歇山顶，五开间，显然都比现存建筑规模大、等级高。

思鲁阁系孔氏子孙为寄托思乡之情而建的楼阁建筑，原一直在大成殿之后，道光元年移至今址。

衢州南宗家庙与曲阜北宗家庙比较，虽然在历史地位上，尤其是建筑规模上无法比拟，但南宗在主要建筑格局及其制度上却与北宗别无二致，因此，衢州孔氏家庙虽然并非地域上的孔氏阙里，却使人真实地感受到这座较之北宗孔庙显得过分狭小的孔氏家庙同样具有精神意义的正宗和正统。衢州孔氏家庙，作为孔氏南宗及儒学的又一中心，其社会历史地位仅次于曲阜。孔子嫡系子孙世世代代生活在这里，封官受爵，不断繁衍，度过了800多个春秋，为南方的教育、文化事业做出了贡献，他们是孔氏宗室不可分割的部分，对研究孔学具有特殊的意义，为孔氏第二圣地。[18]

图3-3-20 孔氏南宗家庙大成殿

图3-3-21 孔氏南宗家庙之思鲁阁

八、慈城孔庙

慈城孔庙，在宁波市江北区慈城镇，慈城旧为慈溪县治所在地。据清雍正《慈溪县志》记载"学故在县东南，宋雍熙元年令李昭文建于县治西北，庆历八年令林肇徙今址。"[19]其后各朝代多次重建、增建（图3-3-22）。

现存慈城孔庙除大成殿毁于日军侵华期间、近年重建之外，其余建筑均为清晚遗物。

孔庙坐北朝南，建筑布局有中、东、西三条纵轴线。中轴线自南至北有棂星门、泮池泮桥、大成门（图3-3-23）、大成殿、明伦堂、梯云亭；东轴依次为魁星阁、文昌阁、土地祠、崇圣祠（图3-3-24）；西轴有尊经阁、节孝祠、忠义孝悌祠、名宦乡贤祠。

棂星门，在中轴线前，为四柱三间冲天式牌坊门，两侧与围墙相连。入内是半圆形的"泮池"，上架三座泮桥。过桥即为大成门，三开间，单檐硬山顶建筑，构架为分心式、前后三步梁用三柱，两侧各有三间挟屋；大成门后是大成殿，此为21世纪初重建，重檐歇山顶，面阔五间，左右为东庑、西庑；再后是明伦堂，五开间，单檐硬山顶建筑，五架梁前后双步用四柱；最后面是梯云亭，三开间，重檐歇山顶。

东、西轴线的建筑相对独立，各祠均有一小院落，三条轴线之间均用一条通道连接。

慈城孔庙布局规整、轴线对称，整体保存较好，虽然单体并不大，时代也较晚，但却是浙江省保存最完整的孔庙建筑。

图3-3-22 宁波慈城孔庙

图3-3-23 宁波慈城孔庙大成门

图3-3-24 宁波慈城孔庙崇圣祠

注释

① 孔令宏. 浙江道教史发凡. 杭州师范大学学报（社会科学版），2005，11（六）：31-36.

② 郭美成. 浙江清真寺的分布和建造年代. 中国穆斯林，1990，(6)：17-19.

③ 刘致平. 中国伊斯兰教建筑. 新疆人民出版社，1985.

④ 朱海滨. 民间信仰－中国最重要的宗教传统. 江汉论坛，2009，(3)：68-73.

⑤ 汪维玲. 浙江民间信仰概述. 东南文化，1989，(6)：24-28.

⑥ 顾希佳. 浙江民间信仰现状刍议. 浙江社会科学，1999，(五)：65-69.

⑦ 邹爱莲. 雍正皇帝与浙江海宁海神庙[C]. 第九届清宫史研讨会，2008，10：380-392.

⑧ 张传勇. 省城隍庙考[J]. 清史研究，2004，(3)：115-120。

⑨ 顾希佳. 浙江民间信仰现状刍议. 浙江社会科学，1999，(五)：65-69.

⑩ 杨新平. 杭州真教寺创始、重建年代考. 杭州师院学报（社会科学版），1987，(三)：137-141.

⑪ 明《嘉兴府建真教寺碑记》碑，明万历三十年（1602年）立，现藏于寺清泉亭内。

⑫ 见清乾隆《重修嘉兴府礼拜寺碑记》，即在上述明万历碑的碑阴。

⑬ 清乾隆. 海宁州志·卷之六.

⑭ 民国. 杭州府志·卷十二：祠祀四·海神庙.

⑮ 南宋嘉泰. 会稽志·卷六：祠庙.

⑯ 续资治通鉴·卷一八六：元纪四. 中华书局，1979.

⑰ 元史·卷二八四：儒林三. 中华书局，1976.

⑱ 杨新平. 东南阙里——衢州孔氏南宗家庙//中国建筑学会建筑史学分会. 建筑历史与理论（第六、七合辑）. 中国科学技术出版社，2000.

⑲ 清雍正. 慈溪县志·卷四：学校.

浙江古建筑

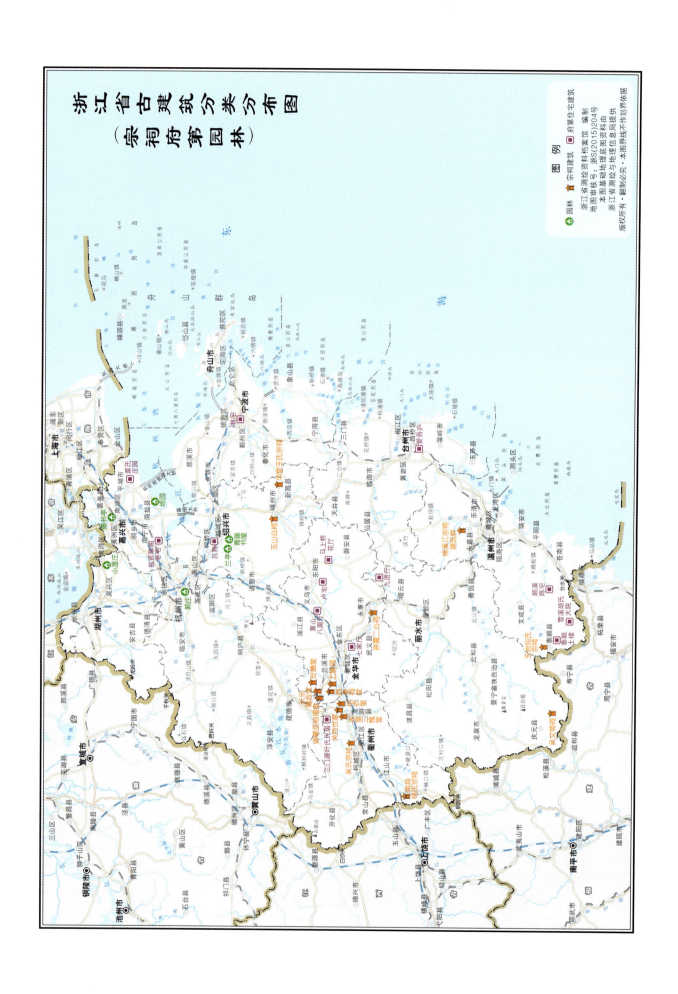

一、祠堂

（一）祠堂的发展

中国传统社会是一个宗族社会，宗族都有自己的宗祠，供奉氏族的列祖列宗。浙江在明中叶以后，建祠之风大盛，祠堂林立，广泛分布于各地城镇乡村。最常见的宗祠设置是宗族的总祠堂和房派的支祠以及私厅（图4-0-1）。宗祠祭祖是同宗族人的统一活动，不是一家一户的行为（图4-0-2），因此，宗族便设有族长，房支设有房长，负责管理全族或房派事务。确定宗族首领的办法，一是依据大小宗法的观念，由长房长支中出人充任族长（宗子），是凭血缘原则确定的；另一办法是公议推举，选择能出任主事的人才。兰溪西姜村《姜氏宗谱》收录了一篇清康熙五十六年（1717年）的《辞祠任事说》："盖闻天子坐明堂，以临长百官；祖宗安祠宇，以福庇子孙。然百官辅翼其君，子孙不忘其

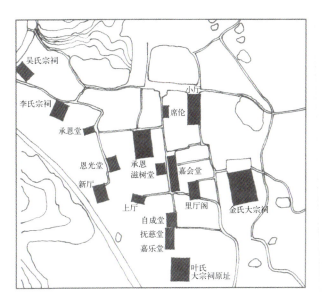

图4-0-1 长乐村宗祠分布图

图4-0-2 诸葛祭祖大典（吴屹立 摄）

图4-0-3 江山大陈汪氏宗祠与文昌阁

本,故朝廷重举贤之典,姓氏择任事之人,事虽殊而理则一,岂曰祠事细务而可以不择人而任哉。"① 反映出宗族组织对族长的高度重视。

宗祠是祭祖的神圣场所,浙江的宗族一般都会尽财力、物力,建造宏伟高大的祠堂。因此祠堂往往是村落中规模最宏阔、装饰最华丽的建筑群(图4-0-3)。宗祠祭祀的对象,是由宗法祭祖观念所决定的,除了一般祭祀始祖、迁始祖外,其他族人要根据德、爵、功以决定他在祠堂中的地位。诸如道德高尚,为社会所尊重;或为出仕者,有光宗耀祖的贡献;或为宗祠的兴建与维修出过大力,捐献义田,有维护宗族的功劳,死者灵牌一般给予特别尊重的地位(图4-0-4)。金华、衢州一带祭祀的

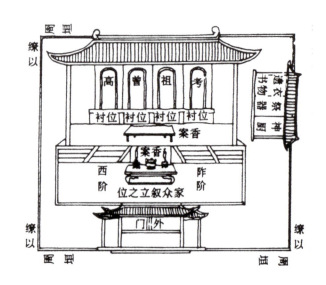

图4-0-4 朱子家礼家庙图

类型有时祭、节祭、岁祭、房祭、祠祭等，其中祠祭多举行春、秋二祭，分别在阴历二月中旬和八月中旬。兰溪长乐金氏有冬至老祭和新祭之分，清光绪初年《长乐金氏享堂祭祀记》云："凡有祭者，整肃衣冠，神主恭请享堂，别尊卑，分左右，以亨以祀……祭祀俎豆，千秋议定，每祭价钱八千文，冬至神主亦请入中庭以妥，以侑介景福亨堂，有祭一位。祭毕，给胙二斤、给馒八双……"[②]通过隆重的祭祀活动，达到后辈与祖先精神上的沟通，祈求先人保佑，在祖宗的感召下把宗族成员团结在一起。宗祠还是礼仪中心，族人遇婚丧等大事，在本族支祠内举行。结婚之日，新郎、新娘在祠堂举行认祖拜宗仪式。人亡后，在祠堂内停厝，接受族人与亲朋吊唁。宗祠的经济支柱是祭（义）田，祭田是家族的公共财产，其收入主要用于支付宗祠祭祖的各种费用以及抚恤族众。

（二）建筑类型

浙江祠堂的类型，从性质上看主要有宗族祠堂和专祠（包括历史名人纪念祠）两大类，在数量上以前者占绝大多数，而且分布广泛，然而专祠以其特有的作用，在祠堂中占有重要的一席之地（图4-0-5）。

1. 宗祠

有宗族总祠和支祠之分。

（1）总祠，是全宗族的祠堂，又称大祠堂。建德市新叶村西山祠堂，是新叶叶氏宗族总祠（图4-0-6），始建于元代，先后两次迁址，清康熙九年（1670年）在"精堪舆家言"的叶溥主持下，将祠堂移建西山之阳现址。祠堂地势高敞，正对数里外被喻为"母亲"的三峰山主峰里大尖，另外有两座较低矮的山向主峰围合，被拟为侍奉母亲的"孝子"，显然叶氏是想借此风水来加强宗族的血缘关系。兰溪西姜村西姜祠堂和芝堰村大宗祠分别为姜氏和陈氏宗族的总祠（图4-0-7）。在浙南温州一带总祠称"大宗"，如永嘉县芙蓉村的陈氏大宗（图4-0-8），坐西朝东，主体建筑前有一大院落，院落南北分别设"光宗"门和"耀祖"门，院东有

图4-0-5 诸葛大公堂

图4-0-6 新叶村西山祠堂

图4-0-7 芝堰村孝思堂

图4-0-8 芙蓉村陈氏大宗

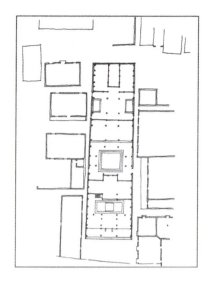

图4-0-9 长乐嘉会堂（象贤厅）总平面图

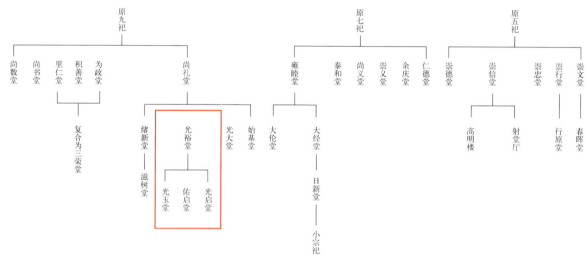

图4-0-10 诸葛香火堂诸葛村家族结构

照壁和方池，西部为合院式主体建筑，前为门厅，后接戏台，正对的是宗祠享堂，两侧为厢房，规模并不大，然而布局严谨，颇具地方特色。

（2）支祠，又称为"厅"或称"小宗"，是祭祀本支（房）派始祖以下历代祖先的祠堂，一般规模比总祠小，但金华、衢州一带的支祠也往往有数进院落。兰溪长乐嘉会堂，俗称象贤厅，是长乐金氏嘉会派的祠堂（图4-0-9）。祠堂前有一个小广场，空间上产生一收一放的效果，并作为祠堂入口的前导序列。祠堂前后四进，坐南朝北。门厅正立面作牌楼形式，明间屋面抬高，屋面作歇山式，翼角起翘，两次间为重檐形式，比明间略低，形成层次丰富的立面效果。

（3）还有私房厅、香火堂等祭祖类型。私房厅用于祭祀本房派始祖以下历代祖先，香火堂用于祭祀本宅近祖（图4-0-10）。没有建支祠的房派，在家中放置灵位。在浙南丽水地区的普通民居正房明间后墙板壁中，都设有左、右两个供奉祖先的神龛（图4-0-11）。而温州永嘉的民宅客堂后部置有专门的木结构神位，其小木作颇为讲究。

图4-0-11 温州某民居祭祖神龛

2. 专祠

即人物纪念祠堂,是官方或者民间为国家和地方历史人物等建立的纪念性建筑,它的性质有别于一般的宗族祭祖的宗祠。

历史名人纪念祠。浙江不少地方有名人纪念祠,如台州市椒江区东山西南麓有一座纪念明代抗倭将领戚继光的祠堂(图4-0-12)。海门人民为纪念戚继光的功绩,在城隍庙戚继光屯兵处建立了戚公祠。舟山定海,清道光二十一年(1841年)英国侵略军大举进犯定海,葛云飞、王锡朋、郑国鸿三总兵率军坚守,先后壮烈牺牲。为纪念三位总兵及将士在城关镇南门外修建了三忠祠。

民间纪念专祠。在浙江乡间,还有一类民间普通的纪念祠,如孝子祠、义祠等。缙云县新建镇河阳村的孝子祠,又称荷公特祠(图4-0-13)。此类祠堂在建筑上与同地区的其他宗祠别无二致,区别在于功能的不同。

(三)建筑特色

浙江祠堂建筑的空间布局,最常见的为大门、享堂、寝堂以及厢房(楼)的院落格局,复杂一些的有照壁、牌坊、仪门、戏台,甚至还在后部设置庭园。祠堂中附设戏台,标志着宗祠作为公共建筑的性质得到加强(图4-0-14、图4-0-15)。享堂是宗祠的正厅,又称祭堂,是举行祭祀仪式

图4-0-12 椒江戚继光祠

图4-0-13 缙云县河村阳荷公特祠

图4-0-14 永嘉渠口叶氏大宗祠戏台（早期）

图4-0-15 永嘉苍坡某戏台（晚期）

图4-0-16 兰溪西姜祠堂正厅

或宗族议事之所，因此一般在建筑群中是规模最大、用材最考究、装饰最华丽（图4-0-16）；寝堂为安放祖先神位或纪念对象之所，在建筑的后部均设有神龛。浙江祠堂建筑布局形态主要有以下类型。

1. 纵向合院式

浙江祠堂建筑大多采用的是纵向合院式的建筑空间布局。这是由若干个三合院或四合院发展形成的，沿着中轴线纵向布局，总体格局严谨、对称。以兰溪长乐嘉会堂为例，前后四进，坐南朝北，从北至南依次为门厅、前厅、享堂（过厅）、后寝。嵊州长乐邢氏宗祠，坐北朝南，其布局也是门厅接戏台、享堂、后寝及两厢的序列（图4-0-17）。

2. 独立正厅式

或称"回"字形布局。这是兰溪和建德东南部大型祠堂建筑中颇为独特的一种类型，均为传统村落中一族之总祠所采用的建筑空间形式，是村落中规模宏阔、装饰最华丽的建筑组群。最常见的空间组合序列是：广场—门厅—天井（两厢）—独立正厅（即享堂）—天井（两厢）—后寝。建德新叶叶氏大宗祠就是这种类型的空间组合。这类宗祠建筑布局的最大特点是享堂与周围建筑不相连，独立于院落中部。此堂作为全祠最重要的建筑单体，往往规模较大，如兰溪芝堰陈氏总祠（图4-0-18）。多数祠堂建筑与一般住宅相同，为硬山顶形式，但独立正厅均作歇山顶建筑，甚至在正厅的前檐明间设高耸的牌楼门，这在等级上突破了明初"官员营造房屋，不许歇山转角"的定制[3]（图4-0-19）。

3. 其他类型

浙江祠堂建筑还有一些布局较特殊的类型，如

图4-0-17 嵊州长乐邢氏宗祠

图4-0-19 兰溪金氏大宗祠

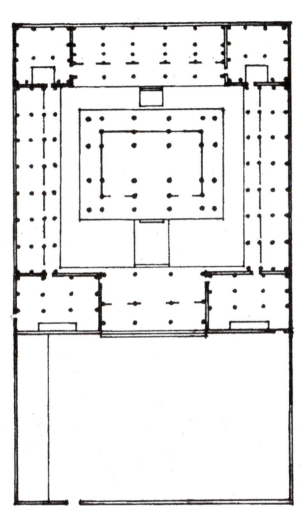

图4-0-18 兰溪芝堰孝思堂祠堂总平面图

温州永嘉、乐清一带，常见的祠堂为四合院式布局，门厅内侧多接戏台，享堂前又建有方形观戏亭，院落呈现为"H"形格局；一些颇为讲究的祠堂，轴线往往较长，还增加了其他一些建筑，如湖州南浔刘氏家庙，是清代晚期湖州南浔巨富刘镛家族的祠堂。在一些祠堂格局中还设有水池，如义乌方氏大宗祠，中轴线上为七开间，前后三进建筑，第一进建筑之后的院落中有一长方形水池，中架石桥，将水池分为两个方池，享堂面对该池（图4-0-20）。此外椒江的戚继光祠在第一进和第二进院落中各设有一水池，嵊州华堂王氏宗祠的享堂前有半围合的水池，而绍兴兰亭右军祠中央是一个大的水池，池中建有一方形亭，以小桥相连（图4-0-21）。

二、住宅

（一）住宅的发展

浙江住宅的发展，与社会历史的发展密切相关。中唐以来，江南地区就逐渐成为中国的经济中心和文化中心。宋室南渡以后，朝廷迁至临安（今浙江省会杭州），大批士族随之南下，更使江浙一带成为人文荟萃之地。在浙江长达1000余年的繁盛期里，不管是在城市，还是在乡村，都不乏坚实的经济基础作后盾，又有乡绅参与甚至执掌规划和建

图4-0-20 义乌方氏大宗祠

图4-0-21 绍兴兰亭右军祠内景

设。根据有些学者的研究："东晋南朝时士族官僚的住宅不再突出楼阁堂室，而是追求自然，向庄园、别墅等园林式住宅发展。刘宋人孔灵符，会稽山阴人，'产业甚广，又于永兴立墅，周围三十三里，水陆地二百六十五顷，含带二山，又有果园九处。'这是东晋南朝士族地主典型的庄园，在包括山林、水陆耕地和园艺的大面积的庄园范围内，建筑各式住宅和别墅。不独江南吴姓士族为然，北方南下的高门士族亦然，如谢灵运'父祖并葬始宁县，并有故宅及墅，遂移籍会稽，修营别业，傍山带江，尽幽居之美。'其《山居赋》对这个庄园的山水、园林之美极尽摹写。在其庄园内各式宅宇、楼、馆点缀于山水林壑之间，主要突出其观赏游玩之功能。由此可见，侨旧士族在这个时期都已经把住宅建筑转向园林化方向发展了。这与客家民居之为求生存与自卫之实用目的大相径庭。"由以上分析可以看出，同为迁徙，在浙江的士族住宅与闽粤的客家住宅发展的不同④。在浙江，现存民居建筑，就其时代而言，从明代到民国初可以形成系列。

（二）分布

就其区域文化来说，杭州、嘉兴和湖州地区的府第，比较讲究与园林的结合，绍兴地区的府第庄严肃穆，金华地区则以木雕艺术见长，衢州地区兼有金华和安徽风格，台州地区保留古风较多，丽水地区的景宁县则有明显的福建建筑风格。古镇南浔地处太湖东南岸、苏浙交通要冲，向来为经济重镇，尤其是清末，经济繁荣一时，曾有"四象八牛七十二狗"之说，由此，镇上巨贾豪富的宅第争相斗富。其中，张石铭故居（图4-0-22）是南浔保存最完整、规模最大、艺术品位最高的古民宅。绍兴斯宅民居（图4-0-23）位于浙江省诸暨市的斯宅乡，建筑形式为庭院式组群布局，高墙围护，看似一座建筑，而内部则由若干四合院组成，各自独立，又相互以檐廊连接，既具良好的防卫功能，又反映出聚族而居的建筑风格⑤。金华地区浦江县郑宅镇，是一个以孝义和聚族同居而出名的历史古镇。除了宗祠之外，家族聚居的大宅也颇具特色。浙东地区的楠溪江流域，由于地理环境封闭，形成了一个相对独立的生活圈和文化圈，民居特色鲜明（图4-0-24）。位于浙中的新叶村（图4-0-25），建筑风格与楠溪江村落迥异，而与浙西及徽州地区相近，粉墙黛瓦，高壁窄院，表现出较强的封闭性特点⑥。

（三）类型

浙江的住宅建筑大致可分为两大类，一类是府第建筑，一类是一般住宅，而目前保存下来的大多是有一定规模的府第和具有一定规模的住宅。因为府第是达官贵人的住宅，主人有钱有势，建筑用材讲究，且有能力进行经常性的保养。有一定规模的民居，多为三合院以上或多进宅院，一般前为大门，面对正屋。大门与正屋之间辟天井，天井左、右为

图4-0-22 湖州张石铭故居

图4-0-23 诸暨斯宅发祥居

图4-0-24 永嘉岩头民居

图4-0-25 建德新叶南塘民居群

厢房（图4-0-26）。此外又在偏处辟耳房。正屋的明间，一般称为堂前，作为礼仪用房，如会客、宴请、拜见长辈、节日祭祖和婚丧大事，左、右次间往往辟为卧室。正房是长辈的卧室，厢房是晚辈的卧室，耳房用作厨房、厕所或佣仆的住所。建筑规模小的堂前，平时还作为日间生活和劳作的场所。讲究一些的府第有门厅、轿厅、正厅、穿堂及寝室等。轿厅是停轿的地方。在正厅明间后金柱之间，设置屏风门。如果后厅是楼屋，在屏风门后设扶梯可以登楼；如果后厅是平屋，往往在正厅后檐建穿堂，其后再建寝室，形成"工"字形的平面。在一般情况下，住在一个规模大小不一的院落里，可能是三世同堂或四世同堂。或者儿辈成了家，家里人口多，家境又比较富裕，可能再增造院落。随着子孙的繁衍，院落不断增多，或者先在主轴线上按渐进的方式，一进又一进地建造起来，或者在主轴线的左、右另辟轴线，增建院落。

（四）特点

就其文化内涵来说，不仅反映了各个时代的建筑构造技术和建筑造型艺术，而且与伦理观念、宗法观念、祖宗崇拜、血缘关系、典章制度、堪舆阳宅、风俗习惯、生活生产，以至文学艺术等，都有密切的关系和充分的反映。比如木雕艺术，大量用于民居建筑，多见于祠堂和府第，大量的雕刻和彩绘，图必有意，意必吉祥。这类图案多以象征、比拟、联想等方式表示某种抽象概念，如蝙蝠（福气）、鲤鱼跳龙门（学优而仕）、凤穿牡丹、鸳鸯戏莲（美好）、元宝连环（富足）、松鹤（长寿）等（图4-0-27）。在金衢、宁绍一带，鸱鱼装饰相当流行（图4-0-28）。民居檐下的撑栱变成了一块方

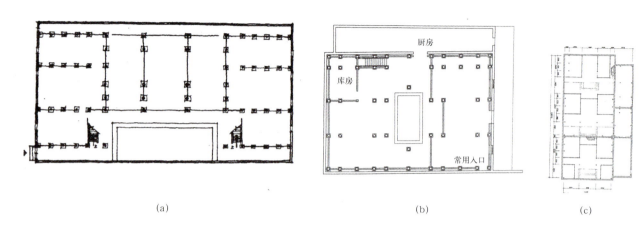

图4-0-26 民居平面图
(a) 三合院平面图；(b) 对合平面——金竹生宅平面图；(c) 三进两明堂——诸葛王松伯宅平面图

图4-0-27 民居吉祥图案

图4-0-28 江山黄氏宗祠木雕鸱鱼

形的木头，上面雕满神仙、人物、瑞兽、花草，鸱鱼的观念逐渐淡漠。到清末民国初，戏剧故事大量出现，蟠螭纹普遍使用。与此同时，砖雕艺术大量用于民居之中，龙游、宁波有很多门楼，甚至在门楼两侧的墙上雕满戏剧故事等纹饰[7]。

三、园林

（一）园林的发展

浙江古典园林是江南园林的重要组成部分。江南，是一个较具开放性的地理定义，严谨说来，它应该指江苏境内长江下游南岸的水网地区，但实际上它却包括长江北岸扬州、泰州等商业富庶地区。明、清以来，根据长江三角洲地区共同的人文地理特征，人们所称的江南，往往是指长江下游、环太湖和钱塘江两岸大片蚕丝鱼米富饶之乡。主要城市有南京、扬州、泰州、无锡、苏州、上海、松江、嘉兴、湖州、杭州、绍兴、宁波等。这一带经济发达、水道纵横，造园活动一直很活跃，各城市名园荟萃，现存我国私家园林的精品，大多集中在这一带。江南私家园林的特点就是文人造园，它不同于包罗万象的帝王花园，也不同于富豪贵戚、宏大华丽的府邸花园，它们的主要目的是创造清淡读书、觞咏娱情的美好环境，让生活更接近自然。东晋南渡之后，文人园林蓬勃发展起来，在当时建康（今南京）城外的钟山、栖霞山，以及浙东会稽诸山等，都拥集了不少名园。钱塘江畔的杭州，在唐代也有较大的发展。为了兴修水利，发展农业，地方官员一直致力于治理西湖，将它变成著名的名胜风景地，湖畔亦始建园林。发展到明、清，江南私家园林进入全盛期，其显著的特点是园林数量多，分布面广。有的城市，如扬州、苏州、杭州，最盛时私园数以百计。有人认为：" 杭州以湖山胜、苏州以市肆胜、扬州以园亭胜"[8]。

（二）分布

东晋陶渊明的田园居可谓最朴素的文人园林了。这位诗人被尊为我国田园山水诗的鼻祖，他隐居的田园居朴实无华。会稽王司马道子的宅园，以竹树、山水的灵秀取胜；再如大书法家王羲之写的兰亭风景，虽然看起来完全是自然的山水林泉，但实际上也经过了人工改造。它要建亭开渠，修路架桥，后来成了一座著名的山麓园。大诗人白居易在杭州孤山脚下用竹和茅草修了一座小筑，名之为"竹阁"，每游西湖，都要在阁中休息。到了南宋，赵氏小朝廷偏安杭州，在西湖边修建多处皇家花园。在临安（今杭州）南龙山建玉津园，在宫内建聚景园、集芳园及西竺御园等。官僚文人也相继在湖滨营造私园，湖光山色间日日歌舞不止，"直把杭州作汴州"。名园有环碧园、隐秀园、择胜园、云洞园、水月园、真珠园、梅坡园、秀野园、总宜园、南园、甘园、卢园、裴园等几十座。同时期，周密的《吴兴园林记》，记载了吴兴（今浙江湖州市）的私家园林36所。这些园林以水、竹、柳、荷等景色见长，有的就近取太湖石点缀，渐渐形成园林赏石、叠假山之风。

浙江古典园林保存到现在的已经很少，主要分布在浙北、浙东一带，如海盐绮园、南浔小莲庄、嘉兴曝书亭、嘉兴烟雨楼、杭州郭庄、杭州文澜阁、绍兴青藤书屋、绍兴兰亭、宁波天一阁等。

（三）类型

与江南其他地区一样，浙江园林就其类型来分，大致有以下几种：依附住宅、寺院、衙署、祠堂、书院、会馆等院落所布置的庭院；宅旁另辟园地而构成的宅园（图4-0-29）；别墅园林（景象结构与宅园大体相同）；此外，一些寺院、衙署、会馆等（图4-0-30），也常附有相对独立的园林，其艺术结构与宅园相仿。一般来说，只是因为较少生活起居的要求，因而建筑比重较小而已。庭院处理多在大住宅中轴线两侧的书房、内客厅等跨院或小宅的中庭。少数结合于大住宅或寺院、会馆、书院等中庭的园林布置，多作对称的布局。大宅的次要院落构成的庭院或小宅就中庭布置的庭院，则常作自由的处理。宅园、别墅园因有相对独立性，景象结构自成完整的格局。作为士大夫的典型园居方式，除了一般的漫步游览外，有所谓读书、作画、弈棋、抚琴、吟诗、清谈、对酌以及静坐参禅、倚卧神游之类。按园主的不同社会地位和不同癖好，也有其他诸如听戏、赌博等玩乐方式。这些园林也是社交聚会的一种场所。从具有代表性的宅园的景象类别来分，有以山为主的山景园，有以水为主景的水景园，也有山水参半的山水园。

（四）特色

由于湖山的自然特点，在杭州形成的园林有别于苏州、扬州的城市园林的特点。比如位于西湖孤山的西泠印社，"佔湖山之胜，汲金石之笔"（图4-0-31）。符合《园冶》中"山林地"的选址特点，充分利用了山林环境造园中有利的自然条件。柏堂院后，自山麓始，进入园林区。拾级而

图4-0-29　杭州胡雪岩故居芝园

图4-0-30　杭州玛瑙寺园林

图4-0-31　杭州西泠印社柏堂

图4-0-32　杭州三潭印月

图4-0-33　嘉兴南湖烟雨楼

上，过石交亭北上有印泉，潭左、右各有石级磴道上山。山巅主厅四照阁，有极好的视野，与西湖山色共融，不觉身在小园中。再如杭州西湖三潭印月（图4-0-32），乃"江湖地"造园，大可借景，略施小筑，可成大观。其结构可谓"湖中湖、岛中岛"，是小岛加围堤。所谓"三潭印月"，是指洲南湖面上鼎足而三的石灯标志。这样的手法，不在内部景象的动人，而其四面开放的处理表明，全凭借青山环抱的西湖风光取胜。浙江嘉兴南湖烟雨楼也是极好的好案例（图4-0-33）。其自身园林环境，谈不到多少艺术景象，使它成为江南园林名胜，主要在于其四面环水的借景效果。还有如浙江省湖州小莲庄（图4-0-34），符合"郊野地"的园林选址，园址面积有条件比城市为大，景象结构多疏朗，风格多带田园情调，借园外水乡风景，常需靠叠山、楼阁，取得高视点。该园以水景为主体，水面集中，有辽阔的水乡沼泽野致。水面号称10亩，主厅设在南岸。湖岸以湖石叠筑，刻画自然熔岩景观[①]。

第一节　宗祠建筑

一、诸葛丞相祠堂

丞相祠堂（图4-1-1）是为纪念诸葛亮而修建的，与大公堂相距百米，面积1400平方米。坐东朝西，平面按"回"字形布局，有屋52间，由门厅、中庭、庑廊、钟鼓楼和享堂组成（图4-1-2），古朴浑厚，气势非凡。祠堂雕梁画栋，门窗栏杆等部件均雕刻精细，美不胜收。中庭是祠堂最精彩的部分，中间四根合抱大柱，选用上好的松、柏、桐、

图4-0-34 湖州小莲庄荷池

图4-1-1 兰溪诸葛丞相祠堂

图4-1-2 兰溪诸葛丞相祠堂中厅

图4-1-3 兰溪长乐村嘉会堂立面

椿四种木料制成，取"松柏同春"之意，祈求家族世代兴旺。中庭两边庑廊各七间，塑诸葛后裔中的杰出人士，用来激励诸葛子孙们奋发向上，成就一番事业。从庑廊拾级而上，两旁分列钟、鼓二楼。祠堂最后是享堂，中塑诸葛亮像，高2米余，两侧分侍诸葛瞻、诸葛尚及关兴、张苞像，气韵生动，呼之欲出。

二、长乐嘉会堂

兰溪长乐嘉会堂，俗称象贤厅（图4-1-3），是长乐金氏嘉会派的祠堂。祠堂前有一个小广场，空间上产生一收一放的效果，并作为祠堂入口的前导序列。祠堂通面阔13米，通进深53米，前后四进，坐南朝北，从北至南依次为门厅、前厅、正厅（过厅）、后寝。门厅正立面作牌楼形式，明间屋面抬高，檐下出三翘七踩斗拱，屋面作歇山式，翼角起翘，两次间为重檐形式，比明间略低，形成层次丰富的立面效果。庄重高耸的牌楼门烘托出祠堂神圣的气氛。入内为门厅，门厅两侧半人高的青石抱鼓拱立，衬以高高的门槛。过门厅为狭窄的天井，天井两侧有过厢，经两厢进入前厅。前厅为楼屋，明间设戏台，两次间楼面略高于台面，分别为乐队与演员换装之用。前厅与正厅之间的天井要比一般民居天井略大，面阔6.67米，进深5.24米，一则突出高大的正厅，二则可容纳较多的族人聚集于正厅祭祖、议事、看戏。天井两侧有厢廊连接前厅与正厅，正厅与后进寝室明间之间有过厅相连，形成"工"字形平面。过厅两侧各有一天井，当地称为"日月井"；寝室是平时存放祖宗神位的地方，明间正中设主龛，供奉本派始祖，沿山墙两侧设龛，分别供奉本派历代祖先，整个组群用高墙围合封闭。

三、衢江吴氏宗祠

吴氏宗祠（图4-1-4～图4-1-6）位于衢江区云溪乡王车塘村中。据《吴氏宗谱》记载：吴氏始祖吴澄，进士出身，随宋室南渡，时任湖州长兴县令。明嘉靖九年（1530年）焚毁，现存吴氏宗祠及门前牌坊于嘉靖十一年（1532年）重建。宗祠占地面积约2100平方米。前厅设戏台，前厅与正厅之间隔一天井，两侧为南、北边厅，构成四面厅布局，南、北边厅外设长条形天井，建筑四周筑有高大的封火墙，穿堂两侧设月日天井，南侧建有三间庖厨。吴氏宗祠，是王车塘吴氏族人祭祖、文化活动及红、白等事的公共活动场所。该建筑布局严谨，气势宏伟，梁柱卷杀，扁作月梁，礩形柱础，下垫覆盆，地砖墁地，雕饰题材与技法充分体现了典型的明代建筑风格。像吴氏宗祠建造这样年代早，规模大，而且完整地保存着明代建筑风格的建筑，在整个浙江省内较少，对研究我国古代建筑，特别是金衢地区的明代宗祠建筑，提供了实物资料，有着较高的历史、艺术、科学价值。

图4-1-4　衢州车塘吴氏宗祠全景

图4-1-5　衢州车塘吴氏宗祠正厅立面

四、志棠三槐堂

明代厅堂建筑志棠镇儒大门村三槐堂（明万历年间）（图4-1-7），完整地保留了初建时的风貌，它是江南早期民居建筑的重要实例，也是学术界很早就涉足的研究要地，清华大学的陈志华教授曾把他20多年前在龙游志棠等地测绘古建的经历看作是"研究乡土建筑一个触发的机会"。龙游志棠镇的明代厅堂建筑在"三雕"工艺上远不及当地清代和民国初的同类作品，但它们沿袭了一些宋、元以来的古老木作，在结构、用材和规模上取胜。如儒大门村三槐堂前后有五进，金柱直径可达55～60厘米，月梁的围径更大，天花保留了不少明代的珍贵彩画（图4-1-8）。

图4-1-6 衢州车塘吴氏宗祠正厅梁架

图4-1-8 龙游三槐堂正厅明间梁架

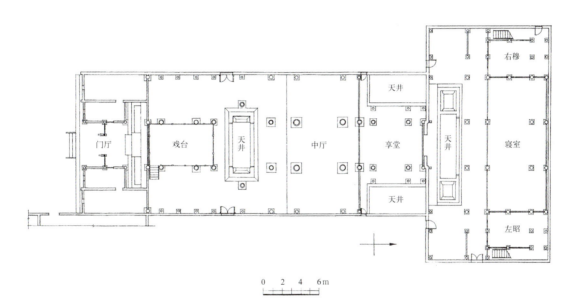

图4-1-7 龙游三槐堂平面图（李秋香主编《宗祠》）

五、庆元吴文简祠

于清顺治十一年（1654年）立柱，清康熙五年（1666年）建成。坐东南朝西北，面积约660平方米（图4-1-9）。前临溪，后依山，前后三进建筑，包括门楼、正堂、后堂，各进之间设天井、走道。门楼面阔三间，进深二间，前后双步用三柱，重檐歇山顶。檐下四周通施斗栱。正堂面阔五间，进深六间，悬山顶。明间采用减柱造法，抬梁式梁架，次、梢间抬梁穿斗混合式梁架。后堂依地势而建，与正堂高差3.56米，两侧设踏跺而上。后堂结构较

图4-1-9 庆元吴文简祠正门

简，面阔五间，进深四间，明间设神龛，置祖宗灵牌，前廊柱间施美人靠。其斗栱和梁架结构比较特殊，具有浓厚的地方特色和建筑价值。

六、玉岩包氏宗祠

玉岩包氏宗祠（图4-1-10）位于浙江省温州市泰顺县泗溪镇玉岩村。始建于明成化年间，清道光二十七年（1847年）重修。建筑坐北朝南，采用中轴线对称布局，规模宏大，是研究浙南山区清代中后期祠堂建筑的珍贵实物资料。建筑群由牌楼、外台门、头门、前堂、正厅、祭殿、荷花池等部分组成，占地面积3400平方米。整组建筑保存完整，因在山坡上布局建造，建筑因山就势，富有特点。2005年3月16日列入浙江省文物保护单位，2013年5月列入第七批全国重点文物保护单位。

七、徐震二公祠

位于古丽镇武义巷，系由居住于此的徐氏后人为追记其祖震二公所建的祠堂。"徐"为徐姓，"震"为行辈，"二"为排行序号。徐震二公（1324－1374），讳希佑，字仲振。"自幼颖敏，好读书，不为嬉戏。平居安贫，未尝至官府"。该祠始建于清乾隆三十二年（1767年）。坐南朝北，平面呈纵长方形，占地总面积1512平方米（图4-1-11）。中轴线上建有四进，面阔均五间。第一进通面宽18.16米，通进深5.99米，硬山顶。正门系五楼牌坊式结构，砖雕精细，各进檩条、牛腿均刻有人物、吉祥动物、花卉等高浮雕。各进明间、次间抬梁式，均为五架梁带前、后双步梁。梢间山面为穿斗式。梁上有平盘斗，上施瓜柱，梁下施雀替（图4-1-12）。

八、玉山公祠

玉山公祠（图4-1-13），位于浙江省嵊州市崇仁镇六村，系清代建筑。坐北朝南，自南至北依次为照壁、前厅、戏台、正厅、后厅。照壁嵌砖雕人物、花卉图，两边设门。前厅五间，面宽17.2米，楼房。戏台单檐歇山顶，藻井以16组斗栱分八层收缩至顶，梁枋、牛腿雕刻神仙、花鸟图案。正厅三间，面宽14.8米，进深8.8米。后厅面宽五间，两侧为厢房（图4-1-14）。

第二节 府第住宅建筑

一、东阳卢宅

卢宅（图4-2-1）位于浙江东阳县城东门外，建于明景泰七年（1456年）至天顺六年（1462年），其后又不断修建而成一区规模庞大的住宅群体。全宅占地约5公顷，由10余组按南北轴线布置的宅院所组成。主轴线沿照壁穿过三座石牌坊转折至肃雍堂、乐寿堂而止于世雍堂。住宅周围有河流环绕，通过跨河的九座桥梁而沟通宅内外联系。宅前大道

图4-1-10 泰顺玉岩包氏宗祠

图4-1-11 永康徐震二公祠内景

图4-1-12　永康徐震二公祠过厅明间构架

图4-1-13　嵊州玉山公祠戏台

图4-1-14　嵊州玉山公祠正厅

图4-2-1　东阳卢宅族居图

西通东阳城东门。从门前众多牌坊可知，这是一处世代为官的家庭聚居地（图4-2-2）。肃雍堂是全宅的主厅，其布局和曲阜衍圣公府相似，前有门屋两重，堂前两侧设东、西厢。肃雍堂平面呈"工"字形，以穿堂将前后二堂连接成一体。其中前厅原是歇山屋顶，后虽改为两厦悬山顶，但室内木构架仍保留歇山转角做法，斗栱式样也很华丽。按明制规定，品官住宅不准用歇山顶，因此肃雍堂前厅的屋顶改形不知是否系宅主为逃避"逾制"之罪而采取的补救措施。这种现象在明代住宅中甚为罕见。

图4-2-2　东阳卢宅肃雍堂正厅

二、吕府

吕府（图4-2-3）位于浙江省绍兴市区新河弄169号，为明代嘉靖年间（1522~1566年）礼部尚书吕夲府第。吕府东起万安桥，西迄谢公桥，占地48亩。南向共有13座厅堂，故又称吕府十三厅。所有建筑依三条纵轴线和五条横轴线布置。中央纵轴线依次为轿厅、永恩堂、三厅、四厅、五厅。东、西两纵轴线，依次为牌坊和厅四座。第五条横轴线上是楼房，其余均为平房，建筑群南、西、北三面环水，只是东西是一条石板路通向街市。这种格局很像《水浒传》中描写的祝家庄。为便于交通，内设两条南北向"水弄"和一条东西向的"马弄"。现仅永恩堂保存较为完整。永恩堂原为正厅（图4-2-4），吕夲死后改作祠堂，是吕府主要的建筑，面宽36.5米，进深17米，共分七间，彩绘清晰，用材硕大，结构简洁，制作规整，风格朴素宏伟，是绍兴城区一处有代表性的明代古建筑。

三、黄山八面厅

黄山八面厅（图4-2-5、图4-2-6）位于浙江省义乌市上溪镇黄山五村，坐西南朝东北，八面厅集精巧的建筑结构和精湛的雕刻艺术于一身。黄山八面厅整体平面布局近长方"回"字形，现存建筑分为三路六院，共64间，建筑面积2500平方米（图4-2-7）。以一条中轴线和两条横轴线相交构成八面厅的主体建筑和附属建筑。沿中轴线依次分布为花厅遗址、门厅、大厅、堂楼，中轴线南、北两侧分别有两个三合院，中轴线的四座厅堂与横轴线的四座厢厅，形成八座厅堂，故俗称八面厅。现存建筑除花厅于清咸丰十一年（1861年）被太平天国运动战火焚毁，只剩遗址外，其他七座厅堂保存基本完好。门厅、大厅、堂楼为宗祠建筑，是整个建筑的核心，是陈氏宗族举行祭祀、聚会、议事和各种典礼的场所，所以规模极其宏伟，布满了繁琐精美的石雕、砖雕和木雕。横轴线上的三合院为家居所在，略显质朴，在结构上，每座院落都有正厅、厢房、走廊、天井等，自成

图4-2-3 绍兴吕府永恩堂正厅

图4-2-4 绍兴吕府永恩堂正厅明间梁架

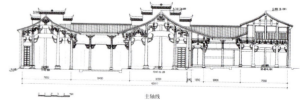

图4-2-5 义乌黄山八面厅剖面图2（引自吴高彬主编．黄山八面厅建筑与雕刻艺术．北京：文物出版社，2010.）

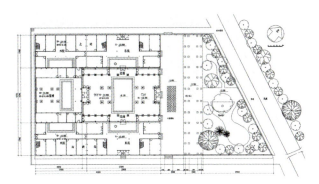

图4-2-6 义乌黄山八面厅总平面图1（引自吴高彬主编．黄山八面厅建筑与雕刻艺术．北京：文物出版社，2010．）

图4-2-7 义乌八面厅门厅木雕

系统。厅与厅之间两相对称，但又各具特色；门厅内部有穿廊走道，廊廊相连；门户18头，厅厅相通。对外有大小门户8头，从任何一门进入，都可不湿脚走遍8座厅堂。整个布局严谨、规整、对称、尊卑有序，具有清中期浙中民居典型的风格特征，体现了中国家族生活的伦理观念与家庭的生活习惯。

四、莫氏庄园

莫氏庄园（图4-2-8），位于浙江省平湖市境内人民西路39号，是清代富商莫放梅祖孙三代居住的庄园。占地7亩，共有房屋70余间，四周以6米高的封火墙与外界相隔绝，是一座典型的封闭式木结构第宅建筑群。作为第宅厅堂，莫氏庄园"小巧玲珑，布局紧凑"，具有典型的江南民居特色。总体结构为三组四进，左右对称、前后错落，因袭了坐北朝南、沿街临河、前堂后寝的古制。在东、中、西三个轴线上由南向北依次有门厅、祠堂、账房、花厅、佛堂、厨房，轿厅、正厅、退厅、堂楼厅（包括卧室和女厅），书房、卧室等。莫氏庄园在陈设上，更集家具、字画、器皿、古玩于一炉，凝结江南文化精华。庄园具有明确的走向和流线。庄园坐北朝南，沿街临河的空间定位符合中国古代居住建筑的选址要求。正门处于庄园东南首，即八卦中的巽位，系青龙、朱雀之向，乃江南风水民居以坎宅巽门定门路之实物例证。坊上置平身科斗栱，广三间七架，通面宽12.2米，明间面宽4.7米，供主人及贵宾进出之用，中间六扇黑漆大门，每扇置门钉纵16路，横140路，总共13000多枚，气度非凡。明间内置隐门一对，上有联曰："积善之家必有余庆，博施济众定裕后昆"。两旁所竖仪仗牌，是莫放梅于清光绪二十七年（1901年）"遵例入贤官授侯补江苏直隶州知州"后所设。次间面宽3.75米，是常人进出的地方，兼作莫家门房，同时又是莫家子弟读书之所（图4-2-9）。

五、林宅

林宅（图4-2-10）位于宁波市海曙区镇明路紫金街30号，坐北朝南，西临紫金巷，背依三支街，东近镇明路，西毗邻民居，为清同治年间举人林钟峤、林钟华兄弟俩之住宅。整个住宅坐北朝南，占地面积3100平方米，建筑面积2000平方米。由头门、照壁、二门、照壁、轿厅、前楼、中楼、后楼等组成，左、右配以厢房。门楼、照壁、影壁等处均有精致的雕刻，现尚存砖雕170余幅，石雕、木雕50余幅。宅西南辟有小园，为"兰亭"，藏有明董其昌书，陈继儒题跋的"兰亭序"贴石二方。头门位于建筑的东侧，朝南为一座高耸的牌楼砖式雕门楼。正中前书"庆云崇谒"，后书"春风及弟"，前、后高浮雕的人物故事。进门的壁上

图4-2-8 平湖莫氏庄园主入口

图4-2-9 平湖莫氏庄园仪门

图4-2-10 宁波林宅正厅

图4-2-11 宁波林宅砖雕照壁

有"八凤骏图""太师少师图""双狮戏绣球""丹凤朝阳"等内容的砖雕，题材丰富，雕刻的工艺十分精湛。仪门朝东为一木结构建筑、飞檐、斗栱和昂，制作精巧，柱上雕有龙、莲花、如意、蝙蝠和"玉泉鱼跃"等（图4-2-11），造型生动而别致。进仪门，前为高大华丽的影壁，影壁的上半部是采用"高浮雕""深雕""透雕"手法雕刻的"八仙""福禄寿""和合神仙""九老图"和"二十四孝子"等。四周围饰以灵芝仙草、兰花水仙等奇草异卉，加上楼、台、亭、阁、山川舟桥、卷云花草等，这些丰富多彩的内容都汇集在约半平方米的画面上，情景交融，布局巧妙。与仪门相对的小花园内，有仿照晋代大书法家王羲之《兰亭集序》中所书的"此地有崇山峻岭茂林修竹，又有清流激湍，映带左右"的诗意而建造的兰亭、假山、水池、亭园，占地虽小，却有山川湍波，曲径通幽之感。壁上嵌有明代著名书画家董其昌书的《兰亭集序》，文学家、书画家陈继儒题跋。轿厅为三开间硬山顶建筑，中间门道内外及梁枋均有雕刻，以龙和蝠为主，东、西次间、梢间的檐枋砖壁，雕有"放牧图""耕织图"等内容。门道额枋、檐头、窗饰、马头墙上，均有"仕女葬花""松鼠偷桃""云蝠戏游""吉祥发财"等题材和装饰，次间、梢间砖制的花窗，图案规正，统一大方。正楼和后楼木构件上的纹饰与屋顶上的雕刻装饰相同，正楼与后楼间的二道相向影壁，壁檐下雕有"唐伯虎点秋香"的戏曲故事。画面情节丰富生动，意趣盎然。

六、顺溪陈宅

平阳县顺溪镇有座建于清乾隆年间的陈家大院（图4-2-12），其建筑之精美，堪称艺术精品。门口有一块浙江省人民政府设立的浙江省文保单位"顺溪陈氏民居"石碑，背面是对古宅创建人、建筑时间、面积、规模、结构等的简介。现存陈氏第四房古屋共二进，先是前厅，再是内院，两边有花厅、鱼池、花园，共有35间套房。据介绍，清光绪二十九年（1903年），陈氏后裔还在该屋花厅创办高等女校"益智学堂"，当时瑞安先贤孙衣言、孙诒让等都曾题写墨宝赠贺，这些墨宝镌刻于匾额栋柱上，至今仍保存完好。最精致的是院内两堵花墙：一在花厅与鱼池旁，约2米多长，花呈菱形，虽简洁却十分古朴；另一堵居于天井东侧，约4米多长，雕刻着金钱眼形花镂，凝重而浑厚。顺溪陈氏老宅现在保留有五座，其他四座都为村民居所，唯有四房孙陈作仁的老宅一直用作镇卫生院和粮管所，所以保护得较好（图4-2-13）。

七、九进厅

九进厅（图4-2-14）位于浙江省缙云县壶镇镇工联村，清道光二十二年（1842年）由当地富户吕载杨兄弟子侄所建，是具有江南典型庭院组群的砖木结构古民居，因共九进而得名。为浙江省第三批省级文物保护单位。通面阔74.9米，总进深43.8米，总面积3300平方米。以规模宏大，结构奇巧，砖木雕刻精美和保护良好而著称。"九进厅"以中三进中轴线为中心，南北对称，建筑规模宏大，整个平面布局完整、协调，浑然一体。中三进正大门是装饰着精美砖雕的门楼，门楼两侧是雄伟的马头墙。进入正大门后依次为门厅、前院、中厅、后院、后堂，两

图4-2-12 平阳顺溪陈氏大屋正屋

图4-2-13 平阳顺溪陈氏大屋内庭

侧为通长厢房。门厅和中厅全部、后堂前半部敞开,门厅、中厅、后堂各明次三间,两侧厢房各11间。门厅也叫轿厅,是迎送宾客的地方。中厅又叫花厅、客厅,其地面比厢房高出约15厘米,是会客、喜庆典礼、宴请宾客之所在。后堂明间为中堂,两次间为正房。中堂原设小龛,供奉着祖先的牌位,用于祭祀列祖列宗,因此其地面又比中厅高出约15厘米,以显其地位的重要。门厅为单层单檐,中厅、后堂及厢房为二层重檐。中厅、后堂不设楼梯,一处上楼,即可走遍整组建筑(图4-2-15)。两侧山墙为硬山顶,其

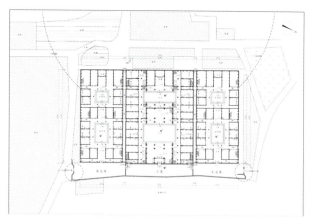

图4-2-14 缙云九进厅总平面图

图4-2-15 缙云九进厅

后檐各开一门，靠过道通往厢房。南、北三进均为五开间楼房，明间全部开敞，前一进的后檐廊与后一进的前檐廊由厢房的前廊贯通，四周走廊与楼房围绕成两个"回"字，各进厢房均为二层单檐，南、北建筑结构一致，彼此对称。有意思的是，如果要进"九进厅"的房间，不管从哪个门进入，都必须经过三道门槛。至于"红""白"喜事，进出门户更有讲究，正门前过道（现为"九进路"）的南北面各有一扇大门：南面的叫"白虎门"，丧事由此出入；北面的叫"青龙门"，喜事从这进出。

八、爱吾庐

新桥爱吾庐是台州地区五凤楼建筑的典型代表，旧称"老屋里"，位于路桥区新桥镇西，为省级文物保护单位，占地约4万平方米，建于晚清，建筑114间1万多平方米，为五进十五堂二层楼房，成四合院式组合，是江南一种独具风格的民居建筑群。五凤楼至今基本保持原貌，实属古典式建筑艺术的珍贵遗产。以五凤楼为核心，建设五凤基地，北至新桥路，西南至五凤路南河道，东以现有机耕路及（五凤楼）东侧围墙为限，南北最宽处190余米，东西约420米，总面积约合104.5亩（69070平方米）。基地沿新桥路、五凤路一侧多为现代所建砖混建筑，中部多为砖木或木结构民房，基地为河汊密布，呈"Y"形，将基地分为三个自然区块，西北侧圆形河塘与河道相交处竹木繁茂，水中树影婆娑，景色绝佳。新桥爱吾庐是大型合院式民居建筑，平面呈长方形，总占地面积4736平方米。始建于明末清初，现存建筑多系清乾隆年间修建，沿中轴线依次列五幢主要建筑，两侧辅以廊庑厢房，建筑四周砌筑块石围墙。中轴线建筑明间构架和厢房明间构架均为抬梁式结构；柱、梁用材考究，牛腿、阑额、雀替等木构件雕刻精细，天井、阶沿及檐廊地面用石板和条石铺墁，青石柱础琢饰龙、凤、狮、象和鱼、虾、蟹等颇具地域特色的图案。隔扇窗多用蝙蝠图案。建筑屋面施小青瓦，不用勾头滴水，比较适合当地多台风的特定环境。屋脊饰有凤头，平面俯视呈五凤朝阳状。

第三节　园林建筑

一、小莲庄

小莲庄，又称"刘园"（图4-3-1）。是清光绪年间南浔首富刘镛（字贯经）的私家园林、家庙及义庄所在，位于湖州市南浔镇南栅万古桥西。刘氏于清同治十二年（1873年），购得名为"鱼池径"荷池及周围土地，原为归榛暂殡寓园。从清光绪十一年（1885年）开始，布置台榭，启建家庙，前后历时40载，于1924年完成，因慕元代书画家赵孟頫湖州莲花庄，而自名"小莲庄"。为刘氏夏季赏荷、迎客游览休息和每年春、秋二祭的活动之处。小莲庄占地面积17399平方米，建筑面积3809平方米（图4-3-2）。建筑北临鹧鸪溪，西与嘉业堂藏

图4-3-1　湖州南浔小莲庄

图4-3-2　湖州小莲庄匾"承先睦族"

书楼隔河相望。

园林以荷花池为中心,依地形设山理水,形成内、外两园。园内有山有水,有亭有轩,以山为主体。外园以10亩荷池为中心,略呈正方形,沿池点缀亭台楼阁,步移景异,颇具匠心。内园位于外园的东南角,内园的主体是一座用太湖石堆砌的假山群,建于1924年,是一座园中园。山脚下有一三面厅,名"掩醉轩",传说为庄主刘镛喝酒之所。山道弯弯达山顶,在山顶小亭内,可观围墙外的大片桑地和稻田。山顶又是夏天乘凉的好去处。荷池南岸以"退修小榭"为主体建筑,建于清光绪二十三年(1897年),临荷池而建。建筑设计精巧,中厅方正,两翼突伸入荷池,形成独特的"凹"字形,突伸部分自成小厢,称耳房。后厅有暗廊,与两侧曲廊相连,有峰回路转之趣,为江南水榭建筑所罕见,在夏天又是品茗赏荷之绝佳处。退修小榭的西曲廊连"养新德斋",该处是刘镛在小莲庄的书房,因院内植芭蕉,故又名"芭蕉厅"。在夏天,院内一片碧绿,退修小榭的东曲廊连圆亭和倚壁亭,廊的南侧植桃树一片,每当桃红柳绿时,这里一派春意。

荷池西岸中部有"净香诗窟",建于清光绪二十三年(1897年),傍荷池而建。该建筑为四面厅构造,单檐歇山顶,四周为隔扇支摘窗,厅内轩畅明亮,月梁弯橡,曲折、自致。因室内藻井一为升状,一为斗状,故又名"升斗厅"。藻井造型别具一格,被称后"海内孤本",该诗窟是主人与文人墨客吟诗酬唱之处。净香诗窟的南侧傍水建一水阁,夏天可在此乘凉。荷池西岸以"东升阁"为较高建筑,是一座西洋式的楼房,建于1920年,自池东西向而建,登高可览全景及观日出,为刘家休闲、避暑之所,尤以女眷多登临欢聚,又名"小姐楼"。室内用雕花圆柱装饰,以壁炉取暖,窗的外层用百叶窗遮光,为法式建筑风格。长廊位于整个荷池西岸,因在长廊的壁间嵌有刻石45方,故名"碑刻长廊"。为不使长廊有长而呆板之感,北以桥亭为端,中隔半圆亭,南以扇亭为终。

二、绮园

绮园(图4-3-3)位于海盐县武原镇绮园弄,占地14.8亩。该园原为明代废园,后冯氏在此建园,俗称冯家花园,为江南典型私家园林风格。绮园虽建于晚清,但它的成园历史可追溯到明中叶。明嘉靖三十七年(1558年),文人彭绍贤在城南建造彭氏园,这是海盐县城武原镇历史上最早的一座园林。到清代,彭氏园几度兴废,数易其主。至晚清至戏曲家、诗人黄燮清手中。他先买下西邻的砚园废址,再连同自家的拙宜园,重加修整,增补景点。但等他将此园给次女黄秀作陪嫁时,此园也已毁于战火之中。清同治六年(1867年),黄秀之夫冯缵斋操办策划重建此园,集两园山石精粹,并添置一些太湖石,修筑此园,同治十年(1871年)初具规模。后又续建了亭台楼阁等,增设景点,后来冯氏后辈定其名为绮园,就是寓"妆奁绮丽"之意,也许这是出于对黄秀的尊重和怀念吧。

园呈南北不规则长方形,基本为三山夹两池格局,总占地约1万平方米。整个园林的建造,妙用了"水随山转,山因水活"的叠山理水园论。其特点是以树木山池为主,略点缀建筑。园自成一区,不附属于住宅区。用大面积水域,以聚为主,散为辅,水随山转、山因水活。大假山前后皆有丘壑,与苏州园林因面积小而略其背面的做法不同。园从西侧入口,中建花厅,前架曲桥,隔池筑假山,水绕厅东流向北,布局与苏州拙政园相近,水穿洞至后部大池。其游径由山洞、岸道、飞梁、小船及低于地面的隧道等组成,构成了复杂的迷境,为江南园林所仅见。

园内假山分成前、中、后三区,有"横看成岭侧成峰"的诗境。北部是一处开阔畅达的大山大水景区,它以潭影轩北假山为南部的景区边界,其余东、北、西都直接界墙,约占全园面积的2/3以上。这一区域东边北边为连成一气的大假山,东南部是面积很大的中心水池。池中筑有两堤,

图4-3-3 海盐绮园水景

图4-3-4 绍兴兰亭鹅亭

架有三桥,将水面分划成三块,西北最大,东和南两块较小。湖中造了三桥二堤,不仅没使水面显得狭小,反倒是增加了池水的层次,使之变幻多姿,富有韵味。

园内建筑"潭影轩""小隐亭""滴翠亭""风荷轩",为建园点缀,更为游人提供休憩之处。潭影轩是绮园的主厅,从西侧门入园不几步,就到潭影轩。由于此厅体量较大,为了避免让它直接显露在主要的山水风景面上,当初构园时,艺术家匠心独运,用假山在南、东、北三面包绕,仅西边较为开敞,好像是安置在山谷中的一所别墅。就是在西边,造园家也种植了几株古树,放置两座石峰,将轩厅遮掩起来。游人进园,往往要走到跟前,才会从浓树枝叶的缝隙处,看到这一山间小筑的一角翘檐,颇具"深山藏古寺"的意境。

三、兰亭

兰亭（图4-3-4）位于绍兴市西南14公里处的兰渚山下,是东晋著名书法家王羲之的寄居处。这一带有"崇山峻岭,茂林修竹,又有清流激湍,映带左右",是山阴路上的风景佳丽之处。春秋时越王勾践种兰于此,东汉时建有驿亭,兰亭由此得名。东晋永和九年（公元353年）,大书法家王羲之邀请了42位文人雅士在兰亭举行了曲水流觞的盛会（图4-3-5）,并写下了被誉为"天下第一行书"的《兰亭集序》,王羲之被尊为书圣,兰亭也因此成为

图4-3-5 曲水流觞图（局部）

书法圣地。历史上，兰亭原址几经兴废变迁，现址为明嘉靖二十七年（1548年）郡守沈启根据明嘉靖时兰亭的旧址重建，基本保持了明、清园林建筑的风格。

现在的兰亭，融秀美的山水风光、雅致的园林景观、独享的书坛盛名、丰厚的历史文化积淀于一体，以"景幽、事雅、文妙、书绝"四大特色而享誉海内外，是中国一处重要的名胜古迹，名列中国四大名亭之一。其内涵可以用"一序""三碑""十一景"来概况括"一序"即《兰亭序》；"三碑"即鹅池碑、兰亭碑、御碑；"十一景"即鹅池、小兰亭、曲水流觞、流觞亭、御碑亭、临池十八缸、王右军祠、书法博物馆、古驿亭、之镇、乐池。兰亭布局以曲水流觞为中心，流觞亭前有一条"之"字形的曲水，中间有一块木化石，上面刻着"曲水流觞"四个字。流觞亭面阔三间，四面有围廊。四周环绕着鹅池、鹅池亭、流觞亭、小兰亭、玉碑亭、墨华亭、右军祠等。鹅池用地规划优美而富有变化，四周绿意盎然。池内常见鹅只成群，悠游自在，诉说着王羲之爱鹅、养鹅、书鹅的传说。池边立石质三角亭"鹅池碑亭"，亭中之碑系清同治年间建，上书"鹅池"二字。"鹅"字铁划银钩，相传"鹅"字为王羲之所书，"池"字王献之所书，父子合璧，成为千古佳话，被人称为"父子碑"。

小兰亭为一四角碑亭，内有清康熙帝御笔"兰亭"二大字的石碑。流觞亭北方有可视为兰亭中心之幽美的八角形"御碑亭"，八角重檐，建于高一层的石台上，亭内御碑高三丈，宽一丈，正面刻有康熙临摹的《兰亭集序》全文，背面刻有清乾隆帝亲笔诗文：《兰亭即事》七律诗。亭后有稍微高起的山冈，借景十分优美。园内东北有安置王羲之像之祠堂"右军祠"，是纪念王羲之的祠堂，内有一幅王羲之爱鹅构想图。王羲之当时任右将军、会稽内史，因此人们常称他为王右军。有以回廊围绕的方形"墨华池"与墨华亭，周围回廊墙上镶有唐、宋以来历代书法名家所书《兰亭集序》之石刻。王右军祠是兰亭的精华所在，建于清康熙年间，粉墙黛瓦，四面临水。祠内清池一方，传为书圣洗笔之墨池，池中有墨华亭，亭旁连桥，祠旁环廊，整个建筑集"山水廊桥亭"于一体，独具匠心。

四、郭庄

郭庄（图4-3-6、图4-3-7）位于杭州西湖西山路（杨公堤）卧龙桥北埠。清光绪三十三年（1907年），绸商宋端甫所建。俗称宋庄，也名"端友别墅"。民国时，宋庄曾抵押给清河坊孔凤春粉店，后卖给汾阳郭氏，改称"汾阳别墅"，俗称郭庄。园濒湖构台榭，有船坞，以水池为中心，曲水与西湖相通，旁垒湖石假山，玲珑剔透。庄内"景苏阁"正对苏堤，可观外湖景色。郭庄雅洁，被园林学界誉为"西湖池馆中最富古趣者"。

郭庄分"静心居"和"一镜天开"两部分，是

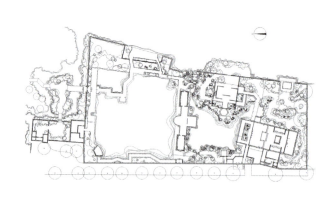

图4-3-6 杭州郭庄总平面图

图4-3-7 杭州郭庄

典型的前宅后园格局。庄园总体平面呈矩形，占地面积9788平方米，水面占29.3%，建筑面积1629平方米，保留建筑有汾阳别墅、赏心悦目亭、两宜轩、景苏阁等。庄园总体可分为三部分：内池、外池，以及内池东侧和南端的居住区，设西、北两入口。东濒西湖，临湖筑榭，曲径通幽，假山叠石，极富雅趣。园内临流建阁，有船坞、假山。步入郭庄，先见"静必居"，后入"一镜天开"。前为宅园部分，是当年主人居家会客处。后为园林部分，也是郭庄特色集中体现的部分。进门经复廊几经周折到正厅，上悬匾额"香雪分春"。后堂旧有的一副楹联重新制作后挂在庭前："红杏领春风，愿不速客来醉千日；绿杨足烟水，在小新堤上第三桥"。顿时把人引入高雅的意境。这是一座颇具浙江民居特色的四合院，左、右厢房和后堂构成一小院，院中清一色的石板铺装，中间是一个用石板栏杆围成的方池，池中涓涓细流不断，形成江南居民特有的恬静气氛。园中的曲廊、池阁、后山、石桥形成了一幅精致的景色。湖畔的"乘风邀月"轩，庑殿顶木结构建筑，东南临濒西里湖岸处，前有开阔水面，后见庭院深深。

还有假山上的"赏心悦目亭"，又名忾云亭，耸立于郭庄东侧俯临西里湖的太湖石假山之巅。假山系清代所砌遗构，下部架空，引活水入庄与一镜天开池水相通。亭为四角攒尖方亭，居高临下，八面来风。登亭伫望，苏堤春晓，四季如画，潋滟湖光，庄园景致，多方胜概无不赏心悦目。矮墙月门前分别题曰"枕湖""摩月"。站在月门里透视，可见葛岭等倩影，如摄入画中一般，倍添人们游园的兴致。跨出月门，是一船坞，引人下船，去畅游西湖美景。"一镜天开"是以水为主题的精致花园。主人引西湖水入园，园中有湖，名为苏池，池形如镜，一镜天开。这里曲廊环绕于水，叠石临照，花木簇拥；水侧小桥勾连，水上绿莲碧波。水木清华，楼台金碧，牖藏春水，帘卷画图。其中主体为"景苏阁"，原是绣楼，面临苏堤压堤桥，背后有宁静雅致的花园，此处也是庭园的主体建筑，为二层硬山顶砖木结构绮楼，面阔三开间，其门窗建筑上雕有梅、兰、竹、菊等图案，上下前（东）檐出挑，下有檐廊，周围是雕有各种图案的门窗和廊柱，隔墙临湖辟有平台，楼阁内自成小院。"两宜轩"为跨水木结构廊轩建筑，既分隔庄内"静必居"与"一镜天开"两大园区，又与香雪分春堂互成对景。轩东、西两侧为长廊状，与池岸假山相依相接。建筑主体居中，平面呈方形，宽4.4米，进深3.9米，屋顶飞檐翘角，南、北有明窗三面，下临荷池，宛如圆形半亭。

注释

① （民国）浙江兰溪西姜村. 姜氏宗谱·卷一.

② 兰溪. 西长乐金氏宗谱·卷首·序：西长乐金氏享堂祭祀记.

③ 明史·卷六十八·舆服志四.

④ 黎虎. 客家民居特征探源//中国民居建筑年鉴（1988-2008）：5509-5515.

⑤ 黄滋等. 中国古建筑文化之旅——浙江. 知识产权出版社，2004.

⑥ 李秋香等. 浙江民居. 清华大学出版社，2010.

⑦ 王士伦. 浙江明清民居与传统文化//中国民居建筑年鉴（1988-2008）. 陆元鼎主编. 中国建筑工业出版社，2008：5295-5301.

⑧ 阮仪三主编. 江南古典私家园林. 译林出版社，2009：4-11.

⑨ 杨鸿勋著. 江南园林论——中国古典造园艺术研究. 上海人民出版社，1994.

浙江古建筑

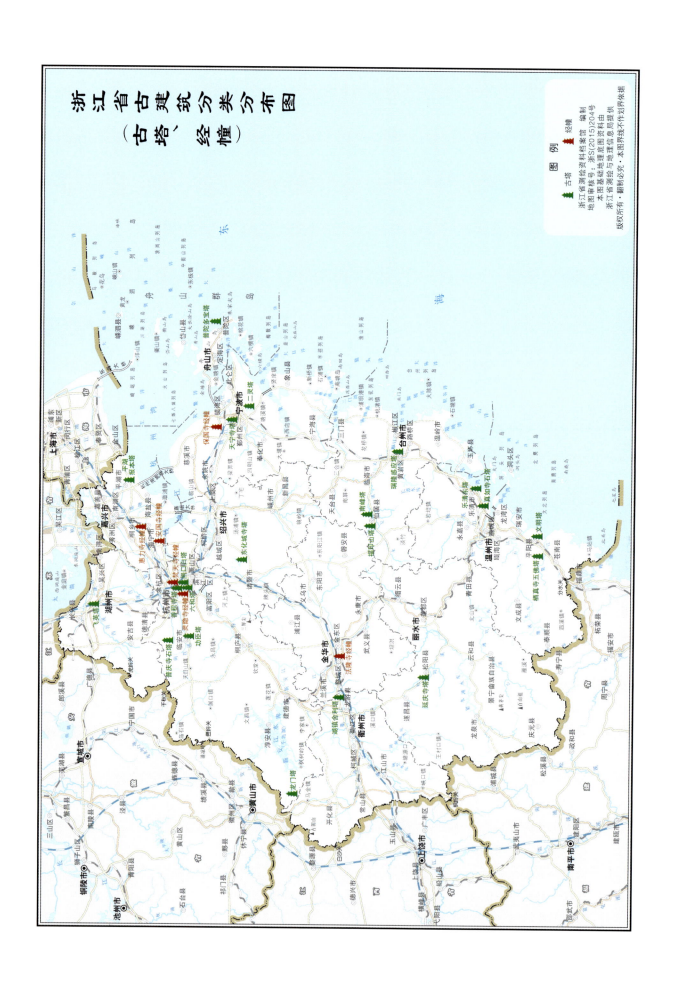

一、塔、幢的发展及分布

随着汉末三国时期佛教传入浙江，佛教建筑开始在各地兴建，据宋代相关地方志记载，三国赤乌（公元238~250年）中建了海盐金粟寺、黄岩广化院、天台兴教院等一批佛寺[①]。早期的佛教寺院许多是以塔为主体，或带有塔院，塔最早出现在浙江是何时，已难以考证，从历史文献的记载，大约可知在两晋六朝时期。唐道宣律师《集神州三宝感通录》载："晋太康二年，有并州离石人刘萨何者……出家学道，更名慧达。如言南行，至会稽海畔、山泽，处处求觅，莫识基绪。达悲塞烦惋，投告无地。忽于中夜，闻土下钟声。即迁记其处，刹木为刹。三日间，忽有宝塔及舍利从地涌出。灵塔相状，青色，似石而非石，高一尺四寸，方七寸，五层露盘，似西域于阗所造。面开窗子，四周天铃。中悬铜磬，每有钟声。疑此磬也。绕塔身上，并是诸佛、菩萨、金刚、圣僧、杂类等像，状极微细。瞬目注睛，乃有百千像现。面目手足，咸具备焉。"《南史》、《梁书》等史籍中亦有类似的记载。浙南永嘉保存有一方宋重建四圣塔捐砖碑，记载了西晋元康五年（公元295年）永嘉罗浮山曾建砖结构浮屠的史实[②]（图5-0-1）。南朝梁时天台赤城山建有七级浮屠[③]。宋释志磐撰《佛祖统纪》卷三十六·法运通塞志、卷第十七之三·晋记载："成帝咸和五年，许询以会稽永兴新居为崇化寺，建塔四层。"卷三十七·法运通塞志第十七之四·梁记载："大同三年，岳阳王萧詧镇越州，重修砖木二塔。"

在瑞安林溪石马山，保存了一处南朝陈永定元年（公元557年）佛教题材的摩崖刻石，其中有一幅佛塔图，塔方形，7层，通高162厘米，底层边长29厘米，第七层边长19厘米。第一层塔身刻有三尊半身佛像，二至七层各刻一尊半身佛像。腰檐翼角悬风铎，塔顶冠一串球形刹。塔虽然简洁，但基本构成完整。塔右侧有纪年题刻。这是目前浙江发现最早的古塔形象资料（图5-0-2）。

隋、唐以后浙江有关建塔的记载在各地方志中

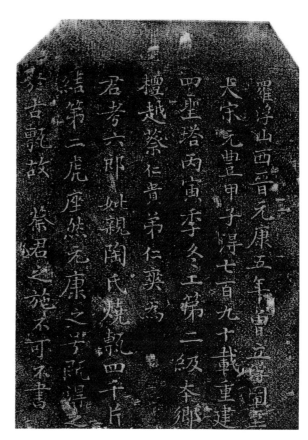

图5-0-1 永嘉宋罗浮塔碑

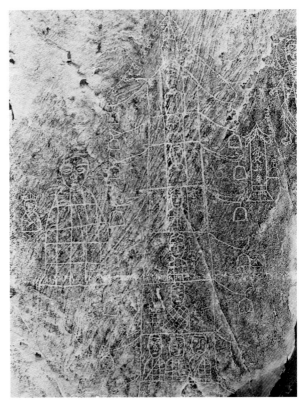

图5-0-2 瑞安石马山浮屠摩崖

逐渐增多。如建于隋仁寿二年（公元602年）的杭州飞来峰神尼舍利塔④。浙江现存最早的塔为宁波天宁寺塔，建于唐咸通年间，双塔形制，清光绪三年（1876年）东塔倒塌，塔基遗存（图5-0-3），西塔则保存至今，20世纪90年代大修，这也是浙江硕果仅存的一座唐塔。

从唐代开始，一种多面体并刻《佛顶尊胜陀罗尼经》的柱状实体建筑物"经幢"出现。由于经幢具有"尘沾影覆"的功能，即凡人接近或见到此陀罗尼，甚至只要书写着此陀罗尼的经幢的影子映到身上，乃至于幢上的灰尘飘落到人身上，则此人即可消除一切罪业，免受地狱恶道之苦。因此，经幢在唐代迅速流行，广受欢迎。"幢"的原意是佛像前所立，用宝珠丝帛装饰的竿柱。建于佛教寺院，是重要的佛教法物。浙江唐代的许多寺院中都建有经幢，清阮元所著《两浙金石志》记载了唐代浙江的30处经幢⑤，清陆心源撰《吴兴金石记》记载了湖州天宁寺仅一寺中就有15座唐代经幢⑥。目前，全省保存了这一时期的7处11座完残程度不同的经幢，其中最早的一座是建于唐开成二年（公元837年）的杭州龙兴寺经幢。海宁盐官唐安国寺遗址至今仍保存了3座唐代经幢，这也是浙江最集中的经幢遗存地点（图5-0-4）。

五代吴越国时期，钱氏崇信佛教，"寺塔之建，吴越武肃王倍于九国"。⑦吴越国都杭州的六和塔、保俶塔、雷峰塔、南高峰塔、闸口白塔、灵隐寺塔以及梵天寺经幢、法镜寺经幢、奉仙寺经幢等著名古塔、经幢均始建于这一时期。吴越国王钱俶效仿印度阿育王，用铜、铁等材料造八万四千座阿育王塔。由于塔中藏《宝箧印心咒经》⑧，故该塔又称宝箧印经塔。文献记载，塔"高四寸三分，重三十六两，四板合成，外俱绘梵夹故事。"⑨塔的外表涂金，又有金涂塔之称。目前，从各地出土的数10座阿育王塔中，以铜塔、铁塔为主（图5-0-5），另有少量银塔和漆塔，如杭州雷峰塔地宫出土纯银阿育王塔，高35.6厘米，重1272克。塔均为单层、方形、中空，由基座、塔身、塔顶三部分构成，基座为须弥座，在束腰部位一般都有三或四个壸门，并各镌刻坐佛一尊；塔身各面中部均有券龛，内浮雕或透雕佛本生故事；塔顶中部是塔刹，包括5~9重相轮、宝瓶、刹杆等，四角为山花蕉叶，其上亦雕饰佛教题材内容。民间也有一些仿铸此塔者⑩。

五代时期的塔由砖、石、铁和木等构建。其中杭州梵天寺木塔是这一时期建造的一座重要古塔。南宋《咸淳临安志》记载："梵天寺，乾德中钱氏建，旧名南塔，治平中改赐今额……《吴越备

图5-0-3　宁波天宁寺塔东塔基

图5-0-4　海宁安国寺经幢

图5-0-5 宝箧印经塔

图5-0-6 义乌双林寺铁塔

史》云：钱武肃王於明州育王寺迎释加舍利，建塔於城南。显德五年火，开宝元年忠懿王重造。"[11]沈括《梦溪笔谈》卷十八·技艺载："钱氏据两浙时，于杭州梵天寺建一木塔，方两三级，钱帅登之，患其塔动。匠师云：'未布瓦，上轻，故如此。'方以瓦布之，而动如初。无可奈何，密使其妻见喻皓之妻，赂以金钗，问塔动之因。皓笑曰：'此易耳。但逐层布板讫，便实钉之，则不动矣。'匠师如其言，塔遂定。盖钉板上下弥束，六幕相联如胠箧。人履其板，六幕相持，自不能动。人皆伏其精练。"由是可知，该塔建造是在喻皓指导或参与下完成的。这时期建造了大量八边或六边形塔，出现了以杭州雷峰塔、苏州云岩寺塔等为代表的八边形双套筒楼阁式塔，结构上较之前代有很大的发展和进步。义乌双林寺铁塔是这一时期的铁质古塔，目前部分保存，包括下部饰有九山八海纹三层基座，两层塔身，四个塔檐（含顶层檐）及塔刹的二重项轮。全塔为铁铸造，平面八边形，中空。现下层塔身其中两面辟壶门，其他各面为上、下、三层、坐于莲花座上的佛像，每层三尊；各转角隐出蟠龙倚柱，柱脚有地栿，柱头施额枋，枋上有补间铺作一朵及柱头铺作，外跳部分无存，正心均为重单栱素枋，并在补间铺作与柱头铺作之间、素枋上下各有一尊佛像。腰檐用椽、飞，上覆筒板瓦垄；上层塔身构造与下层塔身基本相同，仅各面均封闭，不设门。该塔虽为铁铸，但无论是塔身、塔檐，还是斗栱等方面都忠实模仿砖木结构古塔形制，制作精致，时代特色明显（图5-0-6）。

五代吴越的经幢较之唐代在数量上少了很多，然而结构却更为成熟，部分经幢体形也更高大和复杂，如建于宝大元年（公元924年）的临安海会寺经幢和建于乾德三年（公元965年）的杭州梵天寺经幢。

宋代是我国古塔发展的顶峰时期，这时浙江塔的建造不仅数量多，而且类型丰富，建塔技术也更加成熟。既有杭州六和塔这类结构复杂、双套筒八边形砖木构造的楼阁式大塔，也有砖木结构的外塔内套石构小塔、形制独特的湖州飞英塔，还有砖构叠涩檐的仙居南峰塔，石质仿木结构形式的瑞安观音寺塔，以及寺院前的七佛、五佛窣堵波式单檐塔（图5-0-7）等。宋塔基本都为佛塔，是佛寺的重要组成部分。宋代楼阁式塔的底层大多施用副阶周匝，这包括部分细高的石塔，如温州龙湾国安寺石塔。

宋代及其后的经幢已很少见，文献记载中也是凤毛麟角，《两浙金石志》记载了宋广寿慧云禅寺残经幢和宋净化院经幢，前者八面，幢身刻佛顶尊胜陀罗尼咒、佛顶首楞严口咒和般若波罗蜜多心经，据慧云寺碑跋"为功甫自书无疑"[12]；后幢在杭州水乐洞，南宋绍熙三年（1192年）由内侍武功大夫主管佑神观李肃建。五面，幢身刻《佛顶尊胜陀罗尼经》，这应当是一座高浮雕经幢。现藏于浙江省博物馆的金华万佛塔塔基出土的宋代灯幢，是这一时期唯一遗存的石幢，幢高1.47米，平面六边形，幢身刻《无垢净光大陀罗尼经》，幢身上有一方形燃灯室，石幢建于北宋嘉祐七年（1062年）[13]。该幢兼具灯与幢的功能，唐长安青龙寺遗址出土的太和五年（公元831年）的石幢亦是如此，此类灯幢可视为经幢的特殊形式（图5-0-8）。

元朝历史不足百年，建筑活动相对较少，塔的营造及遗存都比较少，目前全省仅存五六座，其中重建于元大德三年（1299年）的临海千佛塔[14]，高约30米，以及阿育王寺西塔都是体量较高大的元塔（图5-0-9），其余多数较小，这一时期浙江省塔的营造技术虽然没有大发展，但也出现了普陀多宝塔这类多层的宝箧印经式塔，以及初见于元代的喇嘛塔，即杭州飞来峰高浮雕喇嘛塔等新形制的塔（图5-0-10）。

明代是历史上最后一个造塔高峰阶段，浙江现存古塔中大约有接近一半是这个时期建造的。到了清代，塔的建造进入低谷，数量锐减（图5-0-

图5-0-7　窣堵波式单檐塔

图5-0-8　金华万佛塔地宫出土灯幢

图5-0-9 鄞州阿育王寺西塔

图5-0-10 杭州飞来峰造像塔

图5-0-11 杭州香积寺塔

图5-0-12 龙游龙洲塔

11）。明、清时期的塔已从过去较为单一的佛塔，转变为世俗和宗教等多种类型塔并存的阶段，其中出现并建造了大量的风水塔，每县，甚至有些乡村都建有风水塔。这个时期造塔的技术水平并无多少提高，多数塔不能登临。五代、两宋时常见的砖身木檐加斗栱的楼阁式塔已不见，出檐大多为叠涩做法，却出现少量造型特殊的异形塔。

浙江古塔、经幢的分布。塔的起源早，各朝代均有营建，因此数量较多，在浙江分布广泛，几乎各地均有建造，保存至今虽没有准确的统计数据，但一般估计约在200座左右，其中杭州、湖州、临安、奉化、平阳、苍南、江山、龙游、黄岩等地保存较多（图5-0-12、图5-0-13）。经幢的出现相对较迟，而且主要集中建造于唐至宋代，虽然历史上曾经大量建造，但保存至今的已很少，目前分布在杭州、海宁、宁波、金华、德清等地。

图5-0-13　平阳文明塔

图5-0-14　杭州灵隐寺石塔平坐、塔身、腰檐

二、塔、幢的类型

目前浙江在全国重点文物保护单位中有27处35座古塔，经幢7处，13座；省级文物保护单位中古塔有33处45座。时代上，塔从唐至清各个朝代均有保存，其中明代数量最多，宋代其次。经幢主要集中在唐代，五代已不多，其后更是少见。

（一）塔的类型

1. 外观形制

浙江古塔的主流总体上较为单一，绝大多数为楼阁式塔，体量较小的塔中有一些单檐塔、宝箧印经塔，明、清时期还有少量的异形塔等。元代以前浙江的楼阁式佛塔，底层多设副阶周匝，便于信徒绕塔礼佛，佛塔代表佛陀的法身，绕塔具有诸多的功德。⑮

（1）楼阁式塔。即多层塔的每一层由平坐、塔身和腰檐组成，主要有以下类型。

砖身木檐木平坐塔，这类塔产生于五代吴越后期，宋代进一步成熟，塔体量一般较大，造型优美，以杭州六和塔、雷峰塔，湖州飞英塔，松阳延庆寺塔为代表。平面八边或六边形，檐下、平坐下一般用木斗栱承挑，塔身用槏柱将每一面分为三间，明间为壸门形门洞或壁龛，可登临远眺。还有一些石结构仿木檐、平坐塔，其构造如同砖身木檐（平坐）塔，如杭州闸口白塔、灵隐寺石塔（图5-0-14）、瑞安观音寺石塔等可归入此类塔。

砖身砖檐砖平坐塔，这类塔的出现早于前者，腰檐、平坐皆为砖叠涩砌法，一般腰檐是平砖与菱角牙子砖相间叠涩，宋塔中在叠涩砖之下还常用斗栱承挑，如建于北宋的龙游湖镇舍利塔，塔身阑额上除转角铺作外，并施补间铺作一朵，为单杪四铺作斗栱，其令栱上承13层的平砖、菱角牙子砖叠涩檐；平坐则多为平砖叠涩，出挑很浅，故这类塔多不能登临或不能走到平坐上。龙游湖镇舍利塔、仙居南峰塔、淳安龙门塔、兰溪香溪塔等可作为此类塔的代表（图5-0-15）。

还有少数种形制特殊的楼阁式塔，如明代的仙居安洲山塔，石构，平面六边形，立面虽作7层处理，但仅在第一、三、五、七层出檐，作仿木构瓦檐形式；二、四、六层无檐，其中第二层的阑额上挑出仰莲，承上一层平坐。第四层的阑额上以条石叠涩挑出承平坐。第六层则直接在阑额上置平坐。

（2）窣堵坡式单檐塔。这类塔体量较小，其构成为六边形须弥座式塔基、椭圆形球体塔身、六边形塔檐和塔刹。以宋代寺院前五佛塔或七佛塔布局形式居多，如乐清宋代真如寺七佛塔，石结构，原

图5-0-15　淳安龙门塔

图5-0-16　苍南灵鹫寺塔

物保存了四座，塔的下部是须弥座，塔身呈下腹小、上腹大的瓜棱形球体状，中开有一壶门，腹空，塔身阑额上施转角铺作，为单杪四铺作，再上承仿木构塔檐，方椽，筒瓦，翼角起翘，檐上是葫芦形塔刹。此类塔有石构和砖构两种，具体细部有简有繁，以宋构为佳。苍南灵鹫寺塔，为砖结构，现存两座，瓜瓣形塔身，中空，无斗栱，叠涩出檐，构造相对简单（图5-0-16）。

（3）宝箧印经塔。除了前文所述吴越国时期造的约84000座宝箧印经小塔外，普陀多宝塔亦属此类型的大塔，该塔方形，石结构，下部有两层高基座，塔身三层，第一层四角有圆形柱，上两层则无。塔的各面正中辟壶门形壁龛，内有浮雕佛教造像。各层设平坐，均用单勾栏围护。塔顶四角置山花蕉叶，中间塔刹由仰覆莲、宝瓶等构成，为民国初重装。

（4）其他类型。在杭州飞来峰造像群的冷泉溪南岸崖壁间，有一座常见于元代的喇嘛塔，此塔刊造于元初，为高浮雕造像塔。其塔刹颇规矩，由十三天和塔脖子组成，刹尖已毁。塔身为覆钵形，尺寸相对较高，覆钵内刊三面八臂观音像一尊，坐于仰莲座上，下为喇嘛塔惯用的"亚"字形须弥座，此座原应该是整个塔的基座，可实际上却较小，只充当了观音造像的基座。全塔高约3.26米，这也是浙江仅有的喇嘛塔。

明、清时期，出现少量形制特殊的异形塔，它们与浙江常见的塔形不同，如海宁深甽镇清潭村的紫金岩塔，位于九峰环抱、清溪萦回之中，古称"九龙抢珠"之地。该塔原本是与山体岩石连成一体的，自然成螺旋状，被视为镇溪之宝。据传原塔毁于南宋，现存紫金岩塔重建于明初，圆形石塔，4层，底部直径7米，现存高度为6.6米，由块石叠砌而成，每层逐级收分，是一座造型独特的风水塔（图5-0-17）。奉化市西坞镇停山的天峰塔，是一座六边形锥形石塔，高7.12米。无基座，直接建在山顶岩石上。塔不分层，塔身之上有塔刹。塔身高4.8米，底部边长1.4米，顶部边长0.53米，收分很大。塔刹高2.32米，刹座也是六面锥形体，刹顶下方顶尖锥体。塔刹刹座每一面都刻有一尊坐像，除正东面为浮雕外，其余是线刻像。这也是一座颇为另类的塔。

2．内部构造

（1）空筒式结构，即砖砌外壁，内部由下至上贯通，采用木楼板分层，楼梯沿内壁设置，如若内部空间狭小或不设楼板。此类塔很早就已出现，如建于北魏正光年间的河南登封嵩岳寺塔，唐塔大量

图5-0-17 宁海紫金岩塔（徐培良提供）

图5-0-18 海盐天宁寺残塔

采用空筒构造，浙江省现存最早的塔宁波天宁寺塔即用空筒式结构，宋代浦江龙德寺塔、仙居南峰塔、福应山塔等均为此类构造。空筒式构造中有一种见于江南一带的错角式结构，就是塔内部逐层边角相错，海盐县元代天宁寺塔即为此类结构，该塔外观六边形，内部方形，逐层扭转45°。该塔抗战时被日机炸坏，仅剩3层（图5-0-18），近年修建。

（2）双套筒式结构，或称回廊式结构，即塔有内、外两重砖壁，两重砖壁间是通道暨回廊，里壁内塔中心设塔心室，登塔楼梯设于回廊中。此构造当出现在五代后期的南方，一般用于规模较大的塔中。杭州雷峰塔、六和塔及江苏云岩寺塔、北寺塔均为重要案例。与唐代砖塔使用方形平面及空筒砖壁内木楼板分隔的方法比较，无疑是一个巨大的进步。⑯

（3）壁内折上式结构，即登塔楼梯设于塔壁中，沿塔壁内登道转折而至上一层。该构造初见于宋代，一直到明、清时期仍大量采用。浙江武义发宝象龙塔、余杭安乐塔、平湖报本塔等均为此构造的实例（图5-0-19）。

3．塔的平面

浙江古塔以六边形为主，八边形次之，少数为方形及圆形的塔。八边形塔以五代、宋代塔为多，如五代杭州闸口白塔、南宋六和塔；六边形从宋代开始直至清代一直使用，如北宋龙游湖镇舍利塔、元代黄岩净土寺塔、明代武义发宝象龙塔、清代安吉云鸿塔（图5-0-20）；方形塔是唐代及以前塔的主要平面形式，宋代仍有部分塔为方形（图5-0-21），元以后已极少见。在浙江的方塔如唐代宁波天宁寺塔、五代临安功臣塔、宋代诸暨东化成寺塔、元代普陀多宝塔。衢州市姜家山乡郑云村保留有一座清代建的方形小塔，4层，砖结构，高5.1米。单

图5-0-19　壁内折上式构造　　图5-0-20　安吉云鸿塔　　图5-0-21　乌镇寿圣寺塔

檐塔的塔身为圆形，塔基、塔檐则为六边形，是一类由两种平面形式混合的塔。宁海紫金岩塔是一座很特例的圆形石塔。

4．建塔材料

浙江古塔的建造材料主要为砖、石以及砖木混合塔，此外还有个别金属塔，如义乌双林寺铁塔，衢州铁塔。小型的宝箧印经塔大多为铜制以及铁制。历史上浙江也曾造过一些木塔，如五代时期建的杭州梵天寺木塔，可惜至今无一遗存。

（二）经幢的类型

经幢通常为柱状体，一般由基座、幢身和幢顶三部分构成。经幢从建筑看类似于古塔的常见结构形式；从性质上看，有学者认为经幢也是塔，它是在唐代发展出来一种融合了刻经、造像，并且有宗教上特殊作用的塔⑰。幢基均为须弥座形式，由二层或三层须弥座相叠而成；幢身为八角柱状，其上大都刻《佛顶尊胜陀罗尼经》；幢顶由若干短柱或腰檐等组成。浙江的经幢绝大多数建于唐、五代吴越时期，主要分布在杭州、嘉兴、湖州和宁波、绍兴等浙北一带。经幢形体修长，体量较小，均为石构，平面为八边形，极少数为六边形。经幢的形制，或可分为带檐经幢、无檐经幢，另外还有灯幢。

1．带腰檐经幢。腰檐位于幢身之上，这一构造类似仿木结构石塔的腰檐，海宁盐官安国寺之唐咸通六年（公元865年）经幢是这类经幢中现存最早的实物，其檐下斗栱是浙江唐代仿木构做法最重要和唯一的案例。杭州梵天寺经幢、杭州灵隐寺经幢、杭州下天竺寺经幢均为五代吴越这种经幢的典型实例（图5-0-22）。

2．无檐经幢。现存多数经幢无檐，如金华法隆寺经幢、海宁惠力寺经幢、海宁盐官安国寺之唐会昌经幢等（图5-0-23）。

浙江部分经幢原施有彩绘，亮丽庄严，更多地体现了"幢"的原型。如金华万佛塔地宫出土的建于宋嘉祐七年（1062年）的灯幢，该幢是用红砂石制成的。幢身表面呈黑色。须弥座上的水波纹涂有石绿及桃红，覆莲的花瓣边缘勾有金色和桃红色。下檐檐口施以金色，仰莲的花瓣边缘也勾有金色和桃红色。上檐四脊亦施金色。宝珠下是仰莲，每瓣花的边缘勾有金色和桃红色。宝珠上涂桃红色，但大都剥落⑱。湖州唐天宁寺经幢，建幢记云："会昌元年十一月二十八日建幢主姚仲文、姚仪等同造，处士胡季良书，汝南周湍镌，绘画人鱼简。"⑲都说

图5-0-22 杭州灵隐寺经幢腰檐斗栱

图5-0-23 金华法隆寺经幢

明了这些经幢上原来施有彩绘，并有部分贴金。

三、主要特色

综上所述，浙江的塔、经幢主要有以下特色。

（一）古塔

1. 浙江古塔以楼阁式为主要特色，基本不见中国古塔的另一重要类型密檐式塔。楼阁式塔中又以砖结构为主。

五代吴越、两宋及元代楼阁式塔底层设副阶的做法比较常见，这主要是此时的塔基本为佛塔，设副阶便于信徒礼佛之需。

2. 造塔技术以五代吴越和两宋时期最为成熟和突出，其中双套筒八边形楼阁式塔是江南地区古塔中的精品，初见于五代吴越时期，及至宋代越加成熟。

3. 明朝是历史上又一个造塔高峰时期，但在技术上未超越宋代。明代风水盛行，民间大量建造风水塔，塔的性质由宗教转为风水为主，是这一时期浙江古塔的重要特点。

4. 寺院前的七佛、五佛窣堵坡式单檐塔，至今全省约保存有30座，主要为宋代遗物，当为宋代寺院布局中常见的一种构成形式。目前所存，主要分布在浙南温州等地。

（二）经幢

1. 经幢大多建于唐、五代时期，宋代以后已很少见。

2. 唐代经幢多数相对简洁，叠石层级较少，高度未超过10米；五代经幢的建造技术进一步成熟，幢体更高大，突破10米，其中梵天寺经幢达到14.99米、灵隐寺经幢也有12.9米，20世纪60年代仍保存的五代吴越宝大元年（公元924年）建的临安海会寺经幢高12.1米。经幢的构造更趋复杂，层级增多。

3. 部分唐、五代经幢檐下施斗栱，雕琢精致、到位，具有显著的仿木结构特点和时代风格。最早从唐海宁安国寺经幢[唐咸通六年（公元860年）幢]开始，到五代吴越杭州法镜寺经幢[后唐清泰二年（公元935年）建，已毁]（图5-0-24）、梵天寺经幢、灵隐寺经幢均是如此。

4. 经幢均为佛教经幢，且幢身几乎都镌刻有《佛顶尊胜陀罗尼经》。

图5-0-24 杭州法镜寺经幢（引自关野贞等著的书作）

第一节 古塔

一、天宁寺塔

天宁寺塔在宁波城西，现中山西路北侧。天宁寺始建于唐大中五年（公元851年），初名国宁，后屡次更名，据南宋宝庆《四明志》卷十一寺院记载："报恩光孝寺，子城西百步。在唐为国宁寺，大中五年置。皇朝崇宁二年诏改崇宁万寿禅寺。遇天宁节，赐紫衣度牒各一道。政和元年八月七日，敕改天宁万寿。绍兴七年改报恩广孝禅寺，是年又改今额。""后又名天宁报恩寺"[20]。寺院屡建屡毁，主要建筑有佛殿、山门、天王殿、藏殿、钟楼、罗汉堂、铁塔、砖塔等。以及常住田2159亩，山260亩[21]。20世纪50年代寺院彻底拆除。

寺前原建有东、西两座砖塔，东塔于清光绪年间倒塌，现仅存西塔。塔砖上印有唐咸通三或四年（公元862、863年）造此砖记铭文，故又称咸通塔，同时也说明该塔建于唐咸通年间（公元860~873年）。

1995年城市道路拓宽工程，宁波文物工作者对东塔遗址进行了考古发掘，发现仍然保存较好的砖结构塔基。残高1.6米，最下部为方形塔基，其上是须弥座，须弥座束腰部位每边有八个壸门式壁龛。座上还有残存约60厘米左右高的塔身。据考古勘测，该塔已向西南倾斜，若按塔高12米计算，则塔身原中轴线向南偏西倾斜了1.13°，塔身的倾斜是倒塌的主要原因[22]。

西塔，平面呈方形，5层，楼阁式砖塔，现地面以上高约12米。单层塔壁，空筒式结构。塔檐用平砖与菱角牙子砖相间叠涩出檐，檐出较大。底层一面设有拱券通门，可进入塔内，另三面为券龛。二层以上各层四面均设有尖券形佛龛。全塔素面无饰，简洁古拙。天宁寺塔是浙江现存年代最早，也是唯一的一处唐塔，20世纪末，当地对塔进行了加固修缮，并在现地面标高的底部加砌了须弥座，在塔顶新建塔刹（图5-1-1、图5-1-2）。

二、功臣塔

临安功臣塔，位于临安市区东南的功臣山顶，该山原名大官山，唐末临安人钱镠任镇海节度使，出兵讨平自称皇帝的越州董昌，唐昭宗以钱镠有功，下诏改大官山为功臣山。梁乾化五年（公元915年），钱镠舍功臣堂建功臣寺，功臣塔也应该是此时建造的[23]，后代多有修葺。

功臣塔为砖砌仿木构楼阁式塔，平面方形，5层，通高25.12米，空筒式结构，底层塔壁厚1.26米，边长5.36米。由基座、塔身、塔刹组成。基座低矮简洁，直接砌在岩石上。塔身每面三间，当心间辟通门，由此可进入塔中。一层平柱为隐出方柱，二至四层为圆柱，柱头卷杀，五层不设平柱，但与其他各层一样在门旁有槏柱。每面有地栿、腰串、额枋（其中一层为重楣），转角隐出方形倚柱。腰檐、平坐均叠涩挑出，一、二、三层檐下和平坐下有斗栱，其中一层檐下设平柱柱头铺作和当心间补间铺

图5-1-1 宁波天宁塔旧照

图5-1-2 天宁寺塔局部

图5-1-3 平阳宝胜寺塔转角铺作把头绞项作

图5-1-4 临安功臣塔

作一朵，现状均为重栱，外跳部分无存。二、三层仅平柱头有斗栱，重栱造，无补间铺作，平坐下有三朵斗栱，单栱造，从目前栌斗斗口空缺判断，原来可能有耍头，即为把头绞项作，唐代建筑中此做法较普遍，如唐代敦煌壁画、西安唐兴教寺玄奘塔等，在浙江五代吴越末建的平阳宝胜寺双塔转角铺作亦为此做法（图5-1-3）。四、五层均无斗栱。一至四层甬道两侧相对设龛，龛顶部饰八角藻井。塔顶有铁铸塔刹，高2.62米。刹杆长5.6米，由上、下两层十字梁（扶）承托，梁两端插入塔内壁转角处。塔内现上下直通，根据遗迹分析，原每一层应有木楼板分隔。一至三层门上设有补间铺作和转角铺作，其中一层补间铺作为重栱造，二、三层单栱造，补间铺作每一面一朵（图5-1-4、图5-1-5）。

图5-1-5 临安功臣塔内部

2001年6月该塔被公布为全国重点文物保护单位。

三、闸口白塔

闸口白塔在杭州城南钱塘江边的闸口白塔岭上。用石材雕凿叠砌而成，平面八边形，立面9层，通高14米余。塔由基座、塔身、塔刹构成，浑然一体，逐级收分。白塔为仿木结构的楼阁式结构，耸立在一高台上，塔身下部为九山八海基台，其上是高约1.02米的须弥基座，束腰刻《陀罗尼经》。塔身每层由平坐、正身、铺作、出檐组成，每层的四面设有壸门，相间的另四面为精美的浮雕佛像、经文及装饰花纹等。转角隐出圆形倚柱，柱头卷杀，柱间施阑额，额上饰七朱八白；平坐以斗栱承托，其中二至七层补间两朵，用四铺作单杪，八、九层补间一朵，单栱造。各转角柱头施转角铺作；腰檐斗栱六层以下每面施补间铺作两朵，上三层各用一朵，皆为五铺作单杪单下昂，偷心造，转角铺作朝三个方向出跳。腰檐出檐深远，用橼子和飞子，模仿木构，亦步亦趋，曲线柔和舒展，颇具唐代风格。塔刹部分保存，近年又重新补配。关于闸口白塔的建造，文献并未明确记载，梁思成先生在20世纪30年代考察后认为该塔约建于五代吴越末期[24]（图5-1-6、图5-1-7）。

四、松阳延庆寺塔

延庆寺塔在浙南松阳县西屏镇塔寺下村。据记载延庆寺始建于南朝梁普通年间（公元520~526年），初名云龙，唐代改称延庆寺。根据宋朱琳"延庆寺塔记"云："延庆寺塔，故行达禅师所藏释迦如来舍利塔也。……初太平兴国四年有旨访竺国遗文，法师应召西征，不远万里……所至中印度，得大经论八部，舍利四十九粒以归。"历十年寒暑，受到朝廷嘉奖，发大誓愿建造两塔，一在永嘉之龙翔，一在松阳之延庆，"劝率富者输财，强者效力，功者献技。凡三年竣工，涌地七成，高二百五十尺，盘固轮焕，甲于东越，经始以咸平乙亥，其成

图5-1-6 杭州闸口白塔

图5-1-7 杭州闸口白塔局部

盖五年壬寅也"。㉕

该塔为砖木结构的楼阁式，平面六边形，高7层，通高37米，塔体为空筒结构。塔身下为须弥基座，此在南方同时期古塔中较常见。一层设副阶周匝，原物久圮，20世纪90年代初大修时根据遗迹修复。二至七层每一层有平坐、正身、斗栱腰檐，平坐木构，边缘围以勾栏；正身各转角隐出八边形倚柱，每面设通门或壁龛，为欢门形式，门或龛边有楗柱。斗栱用材为19厘米×12厘米，高7.5厘米，相当于《营造法式》规定的六等㉖，与湖州飞英塔、苏州瑞光塔用材基本相同。补间铺作一朵，出双抄五铺作偷心造，扶壁栱为重栱造。转角铺作三个方向出跳，角华栱上施由昂托宝瓶、角梁。外跳的斗、栱为木构，扶壁斗、栱均为砖构。斗栱承木构腰檐，檐上盖瓦。塔刹由覆钵、宝珠、露盘、七重相轮等组成。

五、六和塔

六和塔，坐落在杭州钱塘江北岸的月轮山。六和塔始建于北宋开宝三年（公元670年），宋咸淳《临安志》记载："慈恩开化教寺，开宝三年吴越王就南果园建寺，造六和宝塔，以镇江潮。宣和毁于兵，绍兴二十二年北僧智昙以衣钵募缘重造，十载始成。隆兴二年赐今额。"㉗据记载，塔初成时高九级，50余丈，撑空突兀，跨陆俯川。北宋宣和三年（1121年），塔寺俱毁。南宋绍兴年间，僧智昙募缘重建，"绍兴岁在壬申（1152年），天子忧之，思所以制其害者，在廷之臣首以复兴斯为请。诏赐：可下有司计度，意将官给金币，应工治材，而都下守臣择可主持斯事，得僧智昙，蔬食布衣，戒行精法，道业坚固，可任以干，……自癸酉（1153年）仲春鸠工，至癸未（1163年）之春，五层告成。是年岁晚，则七层就绪，巍然揭立。"宋人描述说，塔"栋楣层缘，面面门敞，宝纲鸣铎""外则规勒壮丽，气象雄杰"，内则蹬道以登，环壁刊金刚经，列于上下，及塑五十三善知识，备尽庄严，至于佛菩萨众，各以次位，凡所以镇山川，护持法界，洞伏历境者，莫不阁而存焉。此后，六和塔历经兴衰，清道光三十年（1850年）外檐又毁，清光绪二十六年（1900年）朱智重修。现在的塔身系南宋绍兴年间的旧物，塔刹为元重铸，木构外檐是光绪时修复的。因此，全塔的主要部分仍为宋代遗存。

六和塔平面八边形，高7层，59.89米。塔体结构为双套筒形制，从外至里，分别为外墙、回廊、内墙、塔心室，登塔楼梯设于回廊中。塔四面设门，各转角有圆形倚柱。回廊两侧壁，隐作倚柱、楗柱、阑额、由额，阑额上施补间铺作两朵，倚柱头施转角铺作，均为单杪四铺作。每层有塔心室，原供奉有佛像。塔心室施补间铺作两朵，与转角铺作同为五铺作双杪单栱计心造，上承砖叠涩藻井。在塔内须弥座上，雕刻着一组组图案花纹，内容极为丰富，有海石榴、宝相花、牡丹花、绣球花，斗艳争妍，有凤凰、孔雀、鹦鹉、仙鹤，栩栩如生，有狮子、麒麟、狻猊、獬豸，奔驰跳跃，有飞仙、乐伎，姿态优美，还有回纹、云纹、如意团花等图案，与《营造法式》所载如出一辙。塔外部13层木檐，是清末加建的，其中7层与砖塔身内部相通，6层为封闭暗层（图5-1-8～图5-1-10）。

六和塔在构造上继承了五代吴越八边形双套筒楼阁式塔的做法，斗栱、砖雕装饰等细部反映了宋代建筑的特点。形体巍峨高大，主体仍为南宋原物，具有很高的历史、建筑和艺术价值。

六、飞英塔

飞英塔，在湖州城北部，有内、外相套的两座塔。内塔为石结构，外塔砖木结构。据宋《嘉泰吴兴志》记载，唐咸通年间（公元860～874年）创建资圣寺，后改名上乘寺。石塔始建于唐中和四年（公元884年），后毁，南宋绍兴年间重建，塔身刻有绍兴二十四年、二十五年（1154～1155年）题记。外塔始建于北宋开宝年间（公元968～976年），南宋绍兴二十二年（1152年）被雷击毁，南宋端平年间（1234～1236年）重建，后代多次修缮（图5-1-11、图5-1-12）。

内塔为石结构仿木构楼阁式，八面5层，塔顶已毁，残高14.55米。基座刻九山八海，其上为须

图5-1-8 杭州六和塔

图5-1-9 杭州六和塔局部1

图5-1 10 杭州六和塔局部2

图5-1-11 飞英塔旧照

图5-1-12 飞英塔残状（1981年）

弥座，刻有仰、覆莲，缠枝花卉，狮子等。塔身由平坐、正身、腰檐等构成，转角隐作瓜楞倚柱，阑额上饰七朱八白，当心间设欢门形实榻大门或佛龛，门上雕门钉，门的上部为直棂窗。塔檐用橡子、飞子，上盖筒瓦。檐下斗栱为五铺作单杪单下昂偷心造。平坐下斗栱为双杪重栱计心造。建筑构件雕刻精细，形制规整，石刻斗栱采用偷心造，其形式较古老。尤其是塔身转角雕出梭形瓜楞状倚柱，覆盆式柱础，此种做法为宋代常见。塔身各面均辟欢门状佛龛，内雕佛传故事及千佛造像，构图严谨，刻画入微。须弥座束腰雕刻的狮子群像，造型生动，呼之欲出，整座石塔不失为一件庞大的宋代雕艺术珍品（图5-1-13、图5-1-14）。

外塔为砖木混合结构楼阁式塔。7层八面，通高55米。底层设副阶，塔身逐层收分。沿内壁设登塔扶梯。第二、三、四层围绕着内石塔设回廊。上三层设楼面，六层有十字交叉的千斤梁，承托刹柱。塔身外壁腰檐、平坐下均施斗栱，其中檐下补间铺作一朵，单杪单下昂重栱计心造。平坐补间铺作两朵，为双杪（图5-1-15、图5-1-16）。

飞英塔的内、外塔形制是国内古塔中仅存的案例，虽然经历代重修，但保存了原有的结构形制，以及基本保存了宋代外塔的砖身和内石塔。具有很高的建筑、历史价值。1988年1月，被国务院公布

图5-1-13 飞英塔内塔斗栱

图5-1-14 飞英塔内塔佛像

图5-1-15 湖州飞英塔

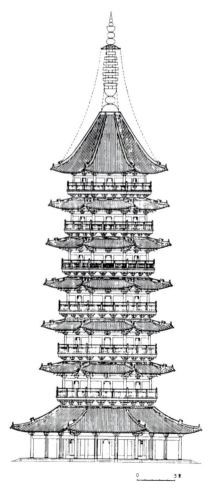

图5-1-16 湖州飞英塔立面图

为全国重点文物保护单位。

七、普陀多宝塔

多宝塔，又称太子塔，建于元元统二年（1334年），清《普陀山志》记载："太子塔在普济寺南之左，元元统中，诸王宣让者施钞千锭，为住持孚中禅师建，高九丈六尺，俱用太湖美石，制造坚固，雕琢精巧。凡五层，每层四面，各安佛像，变化不一，瑞容妙丽，眉目顾盼如生。旁栏柱端俱，刻守护天神、狮子、莲花，极工巧生动，至今苔藓不生。"[28]塔身上有元统二年题记。

塔高18米余，平面方形，立面3层，塔身下有两层高台。两层台基均用花岗石块垒砌，下层台基高2.88米，底边长11.96米，逐渐向上收分，顶部四角有向外伸出的螭首。上层台基高3.13米，底边长6.53米，顶部四角亦有向外伸出的螭首。两层台基顶部边缘均设置栏杆。栏板上刻有花卉等题材的精美图案。

塔身用太湖石砌筑，最下面是基座，其下半部素面，上半部雕刻图案，有三个层次，自下而上分别为海水、如意祥云、须弥山，即佛教九山八海。基座之上是塔身，3层，逐级收分。塔身各面设壶门形佛龛，内雕造结跏趺坐佛像，后有背光，虽然头部、手部均被毁坏，身佩璎珞仍清晰可辨。一层塔身高3.6米，四角各置一蟠龙柱，腾云驾雾，栩栩如生。西侧佛龛壶门上有题记："佛弟子殷必胜同妻女僧人朱氏妙清元统二年十月吉日志"，南侧佛龛壶门上有题记："大明万历二十年常州府无锡县泰伯乡信人周祖德重修捐产报亲同弟周祖庆助银五两"。北侧佛龛壶门上有题记："佛女弟子孙三娘法名妙清助"等，但已模糊不清[29]。二层塔身高2.5米，平坐边缘设栏杆。塔身四面有壶门形佛龛，各雕造结跏趺坐佛一尊，下有莲座。造像毁坏严重，除底部莲座及背光外其他难以辨认。三层塔身高度2.3米，平坐边缘置栏杆。塔身同二层，造像同样毁坏严重，难以辨认。塔身上为仰莲等三重檐逐级向外挑出，顶部四角置山花蕉叶。各层外檐四周均雕刻有藏文"六字真言"，塔顶由基座、覆钵、须弥座、仰莲露盘、宝瓶等组成（图5-1-17、图5-1-18）。

八、仙居安洲山塔

安洲山塔，又称管山塔，位于县城东南部五里的安洲山上。安洲山塔的建造，据明万历《仙居县志》卷二安洲山条曰："万历间，知县汪梦说建塔于上。"查县志，汪梦说乃万历二十六年至万历三十年（1598～1602年）任仙居知县，因此该塔营建于1598～1602年间，为明代后期的建筑。塔底层北面的踏道，据铭刻在踏道垂带石一侧的建踏道题记所载，

图5-1-17 舟山普陀多宝塔

图5-1-18 普陀多宝塔旧照

为清嘉庆十九年（1814年）增设，并非明代原物。

安洲山塔高22.72米，平面六边形，底边长2.07米，是一座形制特殊的古塔。立面虽作7层处理，却只有四层檐，第二、四、六层无腰檐，仅挑出平坐。塔用块石砌筑，外观仿木结构形式。基座为须弥座，高1.75米。在基座的北面设置踏步，由此可进入塔中。内部中空，沿内壁悬出条石踏跺，盘旋可登至顶层，这种结构不多见。

塔的第一、三、五、七层出檐，作仿木构瓦檐形式；二、四、六层无檐，其中第二层的阑额上挑出仰莲，承上一层平坐。第四层的阑额上以条石叠涩挑出承平坐。第六层则直接在阑额上置平坐。檐下施斗栱，皆作斗口跳。除第七层平身科一攒外，其余各层平身科都有二攒。撩檐枋是月梁形。斗栱用材9厘米×8.5厘米，接近方形，显然小于前二塔用材，反映出鲜明的时代特征。

底层北面辟门，甬道两侧龛内各立一尊天王像，塔内南壁龛中有一尊坐佛。塔外壁各层龛内或雕刻佛像，或置供养人等。

仙居安洲山塔外观形式灵活多变，独具一格，而不拘泥于古塔通常的立面造型，具有很强的地方风格色彩[30]。

九、平湖报本塔

报本塔在平湖市东湖边，初建于明嘉靖四十二年（1563年），由刑部主事陆杲发起，历经三年建成，并建报本塔院。塔初为7层，清顺治十六年（1659年）倾圮，同年年底重建，终因软土地基的缘故，至清康熙二十五年（1686年）塔又倾危，清康熙二十七年间（1688年）再次重建，改7层为5层。此后，清乾隆、道光间又多次修葺。清咸丰十年（1860年）寺院毁于战火，宝塔独存。

塔为楼阁式，砖身木檐，塔高49.39米，平面呈八边形，立面5层，为壁内折上式结构，底层外径8.97米，内径3.58米。每层有砖叠涩平坐，其上设木构护栏，登塔者可凭栏远眺。各转角处均施擎檐柱。塔檐用菱角牙子砖和平砖相间叠涩挑出，其上

图5-1-19　平湖报本塔

图5-1-20　平湖报本塔局部

再承木瓦檐，翼角悬风铃。塔壁内设蹬道，沿此可拾级登至塔顶。各层有塔心室，亦为八边形，上为穹隆顶。塔顶置铁刹，由覆钵、宝珠、仰莲、七重相轮、葫芦等组成。原塔刹因已破损，近年修缮更换。塔身每面设券门或龛，转角隐出圆形倚柱，柱间施大、小额枋。内、外壁都有多处小龛。塔基以木桩、条石、块石组成，厚度大约超过3米，基础向塔外延。报本塔是浙江省清代古塔中的佼佼者，具有较高的历史、科学价值（图5-1-19、图5-1-20）。

第二节　经幢

一、安国寺经幢

安国寺经幢，在海宁市盐官镇。宋咸淳《临安志》记载："安国寺，在县西北二百五十步，唐开元元年建，名镇国海昌院。会昌五年废，大中四年复置，名齐丰。祥符元年改今额。熙宁七年僧居则

建大悲阁。苏文忠公题梁明年为之记。藏殿后有唐会昌石经幢二，寺门东有咸通石幢一，在殿下者二，无岁月字画类。"㉛清《两浙金石志》记载盐官安国寺有三座经幢，分别建于唐会昌二年（公元842年）、会昌四年（公元844年）和咸通六年（公元865年）。㉜显然，宋志记载的另两幢此时已无存。20世纪70年代寺院被拆，仅存三座经幢。安国寺经幢于2006年5月被公布为全国重点文物保护单位。

会昌二年经幢，高5.8米。基座为双层须弥座，下层须弥座束腰八边形，隔一面分别在壸门内雕跌坐的菩萨，另一面为托举状的力士。上层束腰圆形，高浮雕盘龙。幢身八边形，上刻《佛顶尊胜陀罗尼经》。幢身上为圆形宝盖，周边饰帷幔。其上八边形短柱，每面壸门内刻天王或供养人。其上为云纹托座、宝珠、云纹托座、仰莲座及雕有佛像的八边形短柱、八边形略作起翘的华盖、如意纹托座、瓜楞形连珠，再上面可能缺失一些构件（图5-2-1）。

会昌四年经幢，高6.2米。基座为双层须弥座，破损严重，下层须弥座束腰圆形，高浮雕盘龙。上层束腰八边形，隔一面分别在壸门内雕跌坐的菩萨，另一面做托举状的力士。幢身八边形，亦刻《佛顶尊胜陀罗尼经》。其上分别为八边形托座、雕有佛教故事的八边形短柱、仰莲、短柱、云纹托座、宝珠、仰莲、连珠、云纹托座、火焰宝珠。该幢较前者更细长一些（图5-2-2）。

咸通六年经幢，高7米。下面是三层须弥基座，最下层束腰八边形，每面壸门内有雕像，转角力士。二层束腰圆形，高浮雕盘龙。上层下部为仰莲座，其上是用勾片造栏杆围护的八边形托座，上设八边形短柱，每面壸门内有佛教故事雕刻，其中有一座庑殿顶小建筑。短柱上为宝盖、仰莲平坐，再上即为幢身，刻《佛顶尊胜陀罗尼经》。幢身上是转角饰兽首的宝盖，其上为仿木结构腰檐，檐下施补间铺作和转角铺作，补间一朵，斗栱均出单跳华栱托单斗承橑檐枋，补间与转角铺作间施正心鸳鸯交首栱。出檐深远，施用檐椽、飞椽，翼角略作起翘，这是浙江现存经幢中最早使用仿木构腰檐的实例。檐上是如意纹托座、瓜楞形连珠、云纹托座、仰莲、短柱、华盖。雕刻精美，比例适度（图5-2-3、图5-2-4）。

二、法隆寺经幢

法隆寺经幢，在金华市三江街道金钱寺弄。明《金华府志》云："法隆寺，在县通济桥南岸三里，寺前经幢高可五丈，刻云唐大中十一年立，其幢

图5-2-1 海宁安国寺经幢（会昌二年）

图5-2-2 海宁安国寺经幢（会昌四年）

图5-2-3 海宁安国寺经幢（咸通六年）

累石为之，青绿色制琢精奇。幢下石隙周匝有大金钱，径二寸许，以杖举之，宛转其中，竟莫之得，俗呼金钱寺。"㉝法隆寺久废，建于唐大中十一年（857年）的经幢仍保存。

经幢平面八角形，幢顶部分缺失，残高6.3米。下部是两层须弥基座，底层须弥座束腰浮雕金刚力士像，作双手托举状，怒目圆睁，勇猛无畏，目前该部位被土埋。现仅见上层仰覆莲须弥座，束腰刻捐建者姓名。其上为用勾片造勾栏围护的托座，上部是覆莲，承八边形幢身，幢身高1.75米，刻《佛顶尊胜陀罗尼经》及建幢记。幢身之上有转角饰兽首的宝盖，瓜棱形连珠，每瓣凸珠上雕有迦陵频伽，上面是丰满重瓣的仰莲、勾栏托座，雕刻有文殊、普贤等佛教内容的短柱，雕饰有舒展飘逸飞天的华盖、云纹托座、勾栏托座、连珠。法隆寺经幢造型雄浑饱满，端庄稳重，雕刻洗练娴熟，线条粗犷有力（图5-2-5～图5-2-7）。2006年5月被公布为全国重点文物保护单位。

图5-2-4 海宁安国寺经幢（咸通六年）檐部

图5-2-5 金华法隆寺经幢

图5-2-6 金华法隆寺经幢局部1

图5-2-7 金华法隆寺经幢局部2

三、惠力寺经幢

惠力寺经幢，在海宁市硖石镇。宋咸淳《临安志》记载"惠力寺，在县东北六十里紫微山下，晋朝建，旧名志愿，大中祥符二年改今额。"[34]清《海宁州志稿》云："惠力寺〔万历府志〕在县东北硖石紫微山下。〔许志〕俗名西寺。〔硖川志略〕东晋宁康间尚书张延光舍宅建，赐额志愿。……山门外旧有遐观楼，久废，惟石经幢尚存。"[35]寺院经历代修缮，1926年再次毁于大火，仅剩大殿及寺前经幢。

经幢共两座，均建于唐咸通十五年（公元874年）。两幢相距13米，高约5米，平面呈八角形。基座为双层须弥座，浮雕仰覆莲、蟠龙及狮子。幢身通高1.2米，上镌刻《佛顶尊胜陀罗尼经》及建幢记，字迹漫漶不清。幢身上为八角形转角饰兽首的宝盖、瓜楞形连珠、雕饰有飞天的华盖、瓜楞形连珠、重瓣仰莲、八边形矮柱及连珠。

据《两浙金石志》记载，两座经幢"同立于咸通十五年，按僖宗以咸通十四年七月即位，至明年十一月始改元乾符，故此幢犹称十五年也。"[36]经文由书家俞宗厚书，"古茂极似六朝"。两幢的建造时间、大小、形制和镌刻图案基本一致，目前均有不同程度的损坏。两座经幢造型优美，整体雕凿丰满、细部雕刻精致，线条流畅（图5-2-8、图5-2-9）。2013年3月公布为全国重点文物保护单位。

四、龙兴寺经幢

龙兴寺经幢，位于杭州市区延安路与灯芯巷交叉口，建于唐开成二年（公元837年），是浙江现存

图5-2-8 海宁惠力寺经幢

图5-2-9 海宁惠力寺经幢局部

最早的经幢。龙兴寺创建于梁大同二年（公元536年），盛时"广袤九里有余"。至清末寺院规模已很小，1959年扩建延安路时拆除，仅存一座经幢。

经幢现高约4.2米，由两层须弥座、仰莲、雕饰单勾栏的托座、幢身、腰檐、镌刻佛像的短柱、上檐、幢顶相叠而成。经幢基座为二层须弥座，八角形，下层束腰转角处高浮雕八尊托举力士。八角形托座每壁面雕有单勾栏，刻云拱蜀柱，华板雕菱形规矩花纹。短柱雕有16尊造像，即四佛、八胁侍、四力士，形态各异，造型丰满。幢身高1.7米，边宽0.27米。幢额用篆书题"佛顶尊胜陀罗尼微妙救危济难之宝幢"16字。幢身刻有《佛顶尊胜陀罗尼经》和建幢记，字迹清晰，运笔流畅，遒劲有力，镌刻精湛，出自书家胡季良之手。上、下檐子翼角起翘甚高。据分析，须弥座幢基、幢身及短柱为唐代旧物，托座及下端的仰莲石约为五代修缮时更换，上面的两重檐子及顶是清代重修时的遗物。

五、梵天寺经幢

梵天寺经幢，位于杭州凤凰山东麓，共有两座，南北对峙，相距13米，高15.76米，是浙江现存经幢中最高的两座。

梵天寺为五代吴越国名刹。据《吴越备史》载，梁贞明二年（公元916年），钱镠迎鄮县（今鄞州区）阿育王寺释迦舍利塔到杭州，建城南塔珍藏。后城南塔毁于火。乾德三年（公元965年），吴越国王钱弘俶重建，后改名梵天寺。寺久废，寺前经幢尚存，目前破损严重。

经幢下部有两层雕饰九山八海的基台，其上为三层须弥基座，束腰部位分别雕刻高浮雕盘龙和佛教造像等。基座上为幢身，左幢身刻《大佛顶陀罗尼经》，右幢身刻《大随求即得大自在陀罗尼神尼经》，幢身均刻有建幢记，末尾题："乾德三年乙丑岁六月庚子朔十五甲寅日立，天下大元帅吴越国王钱俶建"。幢身之上有宝盖、腰檐、山花蕉叶、连珠、重瓣仰莲、雕有造像的短柱、华盖、云纹托座、重瓣覆莲、日月宝珠等构件。华盖下部浮雕为伽陵宾伽，上端饰如意云纹，刻画生动。腰檐仿木构建筑形制，檐下施斗拱，每面补间铺作一朵，各角施转角铺作，均为六铺作双杪单下昂偷心造。檐口出椽子、飞子，并刻脊兽、勾头、滴水。每层短柱上有壸门式壁龛，龛内雕刻佛像或佛传故事，造型生动、线条流畅（图5-2-10～图5-2-12）。

梵天寺经幢就其形制、高度以及精美而言，均属少见，是五代吴越经济文化高度发展的产物，也是佛教艺术和建筑艺术相结合的重要代表。

六、灵隐寺经幢

灵隐寺经幢，在杭州灵隐寺天王殿前。据宋咸淳《临安志》记载，灵隐寺"在武林山，东晋咸和元年梵僧慧理建。旧名灵隐，景德四年改景德灵隐禅寺。"[37]经幢建于五代吴越国末期的开宝二年（公元969），幢身上《新建佛国宝幢愿文》云："……天下大元帅吴越国王建，时大宋开宝二年己巳岁闰五月日。灵隐寺住持传法慧明禅师延珊于景祐二年十一月内移奉先寺废寺基上石幢东西二所，归寺前，添换重建，止四年十月毕工。"[38]可知该幢原在奉先寺，北宋景祐二年（1035年）由灵隐寺方丈延珊迁置于此。

两经幢均为八边形，东幢残高7.17米，西幢残高约11米。底部为两层基台，镌刻"九山八海"图案。幢基为三层须弥座，其束腰分别浮雕盘龙、坐

图5-2-10 杭州梵天寺经幢

图5-2-11 杭州梵天寺经幢雕龙

图5-2-12 杭州梵天寺经幢旧照(引自关野贞等著的书作)

图5-2-13 杭州灵隐寺经幢（西）

图5-2-14 杭州灵隐寺经幢（东）

佛（菩萨）、一佛四侍。其上幢身，东幢幢身上刻《大佛顶陀罗尼经》，西幢幢身上刻《随求即得大自在陀罗尼经》及建幢记。幢身上有宝盖、腰檐、山花蕉叶、连珠、重瓣仰莲、短柱、宝盖、华盖、云纹托座、宝珠等构件。腰檐为仿木构形式，檐下每面施补间铺作二朵，转角铺作各一朵，为双杪单下昂六铺作，第一跳偷心。短柱四面雕刻佛像或佛传故事。灵隐寺经幢的石刻精美细致，人物形象逼真生动，是五代吴越佛教艺术中的珍品（图5-2-13～图5-2-15）

图5-2-15 杭州灵隐寺经幢檐部

注释

① 宋嘉定．赤城志·卷二十八：寺观．

② 宋《重建四圣塔捐砖碑》："罗浮山西晋元康五年曾立浮屠，至大宋元丰甲子浔七百九十载，重建四圣塔。丙寅季冬工第二级，本乡檀越蔡仁贵、弟仁奕为君考六郎、妣亲陶氏烧砖四千片，结第二虎座。然元康之号既浔之于古砖，故蔡君之施不可不书。"

③ 宋嘉定《赤城志》卷二十一："赤城山，在县北六里。……绝顶有浮屠七级，梁岳阳王妃所建。"

④ 宋咸淳《临安志》卷八十："神尼舍利塔，在飞来峰顶……仁寿二年遣僧慧诞神尼所属舍利於此造塔……"

⑤ （清）阮元《两浙金石志》，嘉庆十年（1805年）成书．

⑥ （清）陆心源．吴兴金石记·卷四．

⑦ （清）朱彝尊．书钱武肃王造金涂塔事//曝书亭集·卷46．

⑧ （南宋）志磐《佛祖统纪》卷四十三《法运通塞志十七之十》："吴越王钱俶，天性敬佛，慕阿育王造塔之事，用金铜精钢造八万四千塔。中藏《宝箧印心咒经》，布散部内，凡十年而讫功。"

⑨ （清乾隆）钱泳著．金涂铜塔考．

⑩ 台州地区文管会，黄岩市博物馆．浙江黄岩灵石寺塔文物清理报告．东南文化，1991，(5)；苏州市文管会，苏州博物馆．苏州市瑞光寺塔发现一批五代、北宋文物．文物，1979，(11)．

⑪ 宋咸淳．临安志·卷七十六：梵天寺．

⑫ （清）阮元．两浙金石志·卷十：宋．

⑬ 浙江省文物管理委员会．金华市万佛塔塔基清理简报．文物参考资料，1957，(5)．

⑭ 藏于临海市博物馆的元淳具《捐建多宝塔发愿文》砖铭："元大德三年二月杭州灵隐寺僧淳具为追荐亡考泮秀才行已、亡妣陈氏、亡翁宣教公、亡婆车氏"而捐资建造．

⑮ 右绕佛塔功德经．

⑯ 刘敦桢主编．中国古代建筑史．中国建筑工业出版社，1980．

⑰ 刘淑芬著．灭罪与度亡——佛顶尊胜陀罗尼经幢之研究．上海古籍出版社，2008．

⑱ 浙江省文物管理委员会．金华市万佛塔塔基清理简报．文物，1957，(5)．

⑲ （清）阮元．两浙金石志·卷三．

⑳ 明成化．宁波郡志·卷之九：寺观考·鄞县：781．

㉑ 宋宝庆．四明志·卷十一：寺院·报恩光孝寺．

㉒ 宁波市文物考古研究所．浙江宁波唐国宁寺东塔遗址发掘报告．考古学报，1997，(1)．

㉓ 浙江省文物考古所编．浙江文物简志．浙江人民出版社，1986．

㉔ 梁思成．浙江杭县闸口白塔及灵隐寺双石塔//梁思成文集（二）．中国建筑工业出版社，1984．

㉕ 清顺治．松阳县志·卷七：寺观．

㉖ 杨新平．松阳延庆寺宋塔初步研究．古建园林技术，1991，(4)：36-41．

㉗ 宋咸淳．临安志·卷七十七：寺观三·寺院．

㉘ 清乾隆．普陀山志·卷之一：形胜．

㉙ 陈舟跃．普陀山多宝塔．四川文物，2007，(6)：64-69．

㉚ 杨新平．仙居三塔及其文化内涵//东方博物（总第二期）．浙江大学出版社，1998．

㉛ 宋咸淳．临安志·卷八十五：盐官县·安国禅寺．

㉜ （清）阮元．两浙金石志·卷三：唐．

㉝ 明万历．金华府志·卷二十四：寺观．

㉞ 宋咸淳．临安志·卷八十五：寺观十一·寺院·盐官．

㉟ 清道光．海宁州志稿·卷六：寺观．

㊱ （清）阮元．两浙金石志·卷三：唐·惠力寺经幢．

㊲ 宋咸淳．临安志·卷之八十：寺观六·寺院．

㊳ （清）阮元．两浙金石志·卷五：宋·宋云林寺经塔二．

浙江古建筑

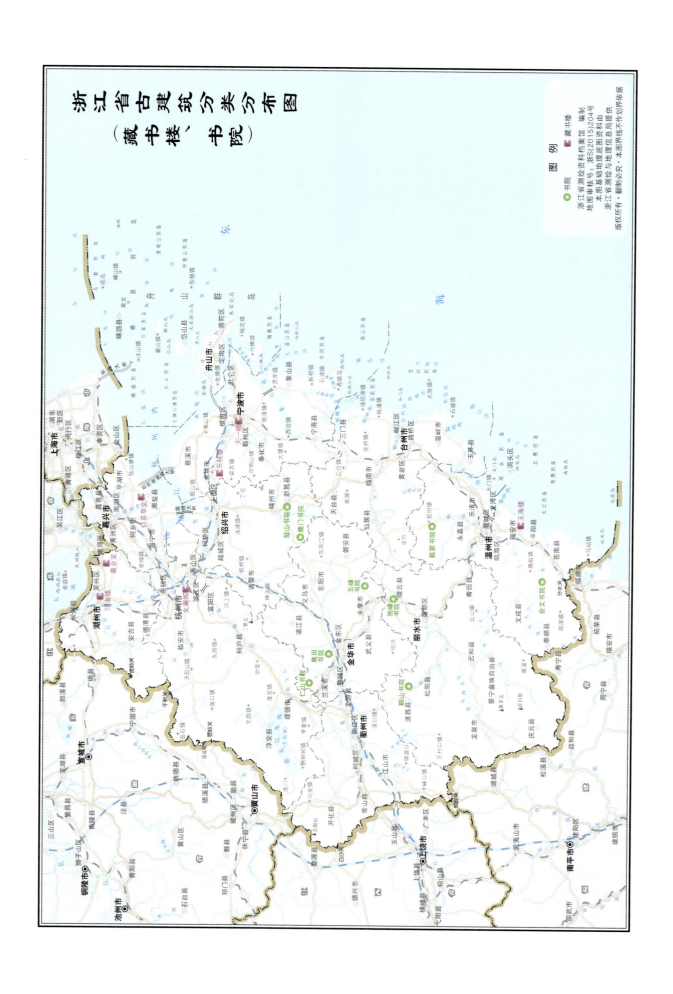

一、藏书楼

（一）藏书的发展

在浙江藏书史上，以私家藏书为主，书院、寺观、官府藏书亦有相当的规模和成就。浙江私人藏书兴起于魏晋南北朝时期，三国时范平为浙江最早的藏书家，南齐吴兴武康人沈约是南朝中国藏书第一大家。五代十国时，由于雕版印刷术的兴起，吴越王钱镠家族多藏书家。宋代，浙江藏书家为全国之首。两宋时期，全国藏书逾四万卷的有8人，其中浙江有4人。元代，浙江私家藏书在全国仍处于领先地位，当时万卷以上的藏书家全国有51人，浙江最多，为13人，如湖州赵孟頫、鄞县（今鄞州区）袁桷、山阴杨维桢。明代，浙江藏书家人数仅次于江苏，名列第二，藏书名家层出不穷，宋濂、项元汴、范钦、祁承㸁皆名重一时。清代，浙江私家藏书进入全盛时期，曹溶、朱彝尊、黄宗羲都为一时大家。天一阁、知不足斋等因修四库而献书多而闻名全国。清末四大藏书楼浙江有其二。民国时期，浙江私人藏书流风余韵，嘉业堂、密韵楼、适园、约园皆一时名楼，嘉业堂藏书达60万卷，为当时私人藏书家第一。

浙江历史上藏书家的数量，据范凤书著《中国私家藏书史》统计，历代藏书家共计1062人，占全国藏书家总数的22%，比江苏高2.5个百分点，名列第一。浙江图书馆的研究统计，自三国至近代以来（1949年前），浙江有据可查的藏书家有1276人。他们公布的浙江历代藏书家名录为：嘉兴331名、杭州270名、宁波189名、绍兴121名、湖州111名、温州100名、金华70名、台州56名、衢州18名、丽水11名，从中可以看出浙江藏书分布的基本情况。

（二）藏书楼的分布、特色

据统计，浙江有名可稽的藏书楼约在460个，其中杭州地区有100余个，湖州地区有40个，嘉兴地区有120余个，宁波地区有90个，绍兴地区有30余个，金华地区有30余个，温州地区有20余个，台州、衢州、丽水等地区近30个。[①]藏书楼主要分布于浙北和浙东地区，这些地区经济文化相对发达，交通便利，官宦、文人聚集较多，地处浙南的温州地区和浙中的金华地区次之，目前，浙江保存的藏书楼也主要在浙北、浙东。浙江的私家藏书楼自两宋开始有较快的发展，至清朝达到鼎盛，大约四分之三的藏书楼建于这一时期。清中叶，乾隆修《四库全书》，杭州鲍氏"知不足斋"、汪氏"开万堂"、吴氏"瓶花斋"、孙氏"寿松堂"、汪氏"振绮堂"、宁波范氏"天一阁"都以献书多而获奖赏，乾隆对进书500种以上者，赐《古今图书集成》一部，浙江的"知不足斋"、"开万堂"和"天一阁"都获得了这一奖励，闻名全国。乾隆还将宁波天一阁作为皇家藏书楼建筑的范本，浙江的私人藏书楼在全国声名远扬。

浙江保存了一些著名藏书楼，如现存最早的私家藏书楼天一阁（图6-0-1）、收藏《四库全书》七阁之一的文澜阁等，其中4处藏书楼已被列入全国重点文物保护单位。浙江藏书楼建筑设计颇为科学、合理，充分考虑了藏书的防火、防潮、防霉功能。古代藏书，自然因素的破坏主要有水、火、虫三害。浙江藏书建筑防火，主要表现在建筑的规划选址和预防措施上，一般选择山林闲旷之地，高墙围护，尽可能远离火患，同时多采用封火墙，以隔离火源，天一阁、玉海楼、五桂楼都是如此。在预防上，或以水环绕，或凿池蓄水，以备急用，如嘉业堂、玉海楼、天一阁、曝书亭、文澜阁

图6-0-1 宁波天一阁

（图6-0-2）。防虫蠹霉变，则主要反映在藏书楼的高敞通风上。浙江的藏书楼，一般都是楼屋，书籍都放置楼上，以远卑湿。同时室近池水，引湿就下，溯不入书楼，具有较好的防潮功能。藏书楼又往往前后能开窗通风，并能让阳光入室，以防湿防霉。

浙江藏书楼的环境设计多清幽、雅致，往往成为园林的重要组成部分，如曝书亭、嘉业堂（图6-0-3）、天一阁、文澜阁等。

二、书院

（一）书院的发展

书院是我国古代重要的教育组织形式，始于唐，兴于宋，并一直延续至清。书院在组织管理形式、教育教学制度和方法等方面，与官立的太学、郡县学相比有许多显著的特点。浙江是中国书院最发达的地区，书院数量众多，名师大儒或主持书院，或讲学，人才辈出，学术传承有绪，又富有创新精神，对古代教育的发展产生了重要影响。

书院之名始于唐代中期，东西二都丽正书院、集贤书院为最早的官方书院，而书院制度形成于北宋，并得到较大发展。南宋由于大儒提倡，尤其是朱熹重修白鹿洞书院，各地争相效仿，相继建立书

图6-0-2　杭州文澜阁前水池

图6-0-3　湖州南浔嘉业堂藏书楼前的园林

图6-0-4 嵊州鹿门书院

院,两宋时浙江书院发达,尤其是南宋,有书院191所。书院藏书丰富,重视供祀孔孟儒家先圣先师和理学大师,著名学者多在书院讲学。朱熹、吕祖谦、薛季宣、陈傅良、叶适、陈亮等都在书院讲过学,而杨简、袁燮、沈焕等人则主持书院,开门传授陆学,浙江书院的名师讲学、认真问学、勇于创新、不守师说,求同存异、兼取诸家之长,反对空谈心性、注重经世致用,其良好学风在当时堪称楷模。

入元,南宋的儒者多不仕,退而建立书院,授徒讲学,故元初私立书院发达。元代浙江的书院有了进一步发展。据统计,元代浙江共有书院90所。多由著名学者任山长或讲学,如马端临、程端礼、桂彦良、袁桷、金履祥,他们的讲学活动,对于元代浙江文化的发展和程朱理学在浙江的传播产生了重要的影响。

明初以官学结合科举制度推行程朱理学,书院一度处于沉寂状态。成化之后,由于科举腐败,教育空疏,书院才渐渐复兴,至明嘉靖年间盛极一时。明代浙江有书院301所,出现了一批万松书院、崇文书院、蕺山书院、证人书院、丽泽书院、五峰书院等著名书院,特别是经王阳明和"王门弟子"的提倡,讲学之风大盛。

清雍正年间,清政府认为书院是"兴贤育才"的途径之一,下令各地建立书院,书院得到较大发展,清代浙江书院增至近568所。②清代浙江书院名师讲学,对继承古代文化、交流和发展学术思想、培养人才发挥了显著作用。清初黄宗羲主讲绍兴、宁波两地证人书院,创建了浙东学派,培养了大批人才,晚清俞樾主讲德清清溪书院、杭州诂经精舍,蔚然为东南大师,培养了章太炎、戴望、黄以周、朱一新以及日本学者等。

清末光绪年间,书院向学堂改制,完成了它的历史使命。

(二)书院建筑与分布

书院具有讲学、祭祀和藏书三大功能,因此,书院建筑主要由讲堂、祭殿、藏书楼建筑构成,另外还有斋舍及其他生活设施等。书院建筑的选址大抵皆择于山水秀丽之地,因其环境宁静,景色秀丽,其清颖之气,足发圣贤玄奥,以利澄心治学。书院建筑总体格局遵循纲常礼教的严谨秩序,以讲堂为中心,中轴对称,庭院天井组合,布局严整。主轴线上一般有三、四进建筑,即大门、讲堂、祭殿和书楼,如新昌鼓山书院、缙云独峰书院;或较为自由的院落组合布局,如宁波甬上证人书院、嵊州鹿门书院(图6-0-4)。斋舍多在中轴两侧,或前或后，相对独立，以满足居学读书的需要，规模大小不等。其他还有亭、廊、台及辅房等，各种配置，不拘一格，总体体现书院的功能定位。同时书院建筑又有园林特色，环境开敞，取景于自然，不求雕饰和华丽，讲究宁静、清幽、雅淡，把儒家士大夫们自然恬淡的心境和宁静幽美的山水悠然合一，又体现了儒家之道的超越性。景点命名，多富诗意，成为历代诗人吟咏对象，文人气息十分浓郁。

浙江历史上拥有众多的书院，然而能够保存下来的却很少，目前这些书院分布在宁波、绍兴、金华、丽水、温州、湖州等地（图6-0-5）。

图6-0-5 永嘉芙蓉书院

第一节 藏书楼

一、天一阁

天一阁有"南国书城"之誉，是我国现存最早的藏书楼，也是世界现存最古老的三个家族图书馆之一。它位于宁波月湖西面的芙蓉洲，由明兵部右侍郎范钦建于1561年，至今已有430余年了。范钦，字尧卿，号东明，浙江宁波府鄞县人，明嘉靖十一年（1532年）进士。他酷爱读书、聚书、藏书。每到一地为官，悉心收集，广泛购抄，罗致海内奇书，藏书盛时达7万卷。

天一阁为范钦精心设计，书楼位于住宅东面，占地面积千余平方米。藏书楼为一排六开间的两层木结构楼房，坐北朝南。书楼前后开窗，以通风防潮；楼上为一大通间，用书橱隔而为六，正中悬明隆庆五年（1571年）郡守王原相所书"宝书楼"匾额；楼下并列六间。楼前有一水池，作防火之用。清康熙四年（1665年），范钦后人范文光在书楼前后用山石堆砌成"九狮一象"之景，并植竹养鱼，使书楼更增添了浓郁的江南园林特色（图6-1-1～图6-1-3）。

图6-1-1 宁波天一阁藏书楼

图6-1-2 天一阁藏书楼二楼

图6-1-3 天一阁庭院

天一阁在建筑和管理上别具特色。"以水克火，火不入阁"。书楼上通为一，下分为六，皆有精义，盖取"天一生水，地六成之"之意，寓以水克火。书楼与住宅相分隔，四周留有空地，楼前凿池，又禁止烟火入内，以隔绝火源。"代不分书，书不出阁"。范钦为防书籍流散，制订了代不分书、子孙共享共有、共同管理的家规，保证了书籍传承十三代之久。"芸香防蠹，英石去潮"。在书籍的措理上，采用广西大瑶山芸香草防蛀，用广东英石吸潮，加之以每年六月六的曝书，有效解决了南方藏书的虫蛀、霉变的问题。

天一阁独特的建筑模式和管理制度对中国藏书文化作出了重大贡献。清朝乾隆修《四库全书》时，为储藏《四库全书》，下令模仿天一阁样式仿建南北七阁，并以天一生水、以水喻文之义，命名七阁。民间藏书楼也竞相仿效，抱经楼、文选楼、测海楼都式如天一。天一阁的管理制度也得以推广。天一阁还保存了一批独特的文献，尤其是明代地方志、科举录、政书为全国独有。

天一阁是目前历史最悠久、最古老的藏书楼，从建立至今近450年，连续发展，从未中断，藏书楼基本保持了原貌原样从未解体，这是个奇迹。目前，天一阁藏书达30万卷，占地30000平方米，为全国重点文物保护单位、全国古籍重点保护单位，成为名副其实的"南国书城"。

二、曝书亭

曝书亭位于嘉兴市王店镇中心百乐路1号，系朱彝尊于清康熙三十五年（1696）所创建，在清初曾名重一时。朱彝尊（1629～1709年），字锡鬯，号竹垞，嘉兴人，为清代文学家，是浙西词派的创始者，诗与王士禛齐名，时称"南朱北王"。又是清初著名学者，"遂于经，淹于史，贯穿于诸子百家"。③他是清初一位大藏书家，藏书达到8万余卷。

朱彝尊一生酷爱青竹，"徙宅十余次，必择有竹之地以居"，并以"竹垞"自号，他有诗吟竹云："昨天疾风吹拔木，老夫嗟喜竹平安"。朱氏原故居总称"竹垞"，旧有南垞北垞之分，现存者仅为南垞一隅。历史上屡次修葺，现园林大致保持清嘉庆元年（1796年）浙江学政、著名学者阮元主持修复时的格局。亭园占地6532平方米，亭园中花、木、虫、鱼有数百种之多。原有桐阶、菱池、荷池、青桂岩、落帆步、曝书亭等十二景，现大多湮灭。曝书亭为十二景之冠，留存至今。1963年被公布为省级文物保护单位。

园中正厅叫潜采堂，为朱彝尊读书、写作、藏书之处（图6-1-4）。现陈列朱氏所用之端砚、曝书亭全景图、朱氏亲书条幅、楹联等，墙上刻朱氏画像。梁悬"研经博物"横匾，原为康熙御笔，现为张宗祥重书。潜采堂之东，便是曝书亭，亭占地

图6-1-4 嘉兴曝书亭之潜彩堂

图6-1-5 嘉兴曝书亭

图6-1-6 嘉兴曝书亭水榭

36.39平方米，矩形，单檐歇山顶，飞檐翘角，外檐四根角柱为石柱，其余皆木柱，四面畅通。石柱上镌有文字，西北两石柱刻有阮元所书楹联："会须上番看成竹，何处老翁来赋诗"，乃集杜甫诗句而成。亭由阮元寻访曝书亭旧址重建（图6-1-5），悬朱彝尊同年、著名学者严绳孙题书旧额。据朱彝尊《曝书亭著录》自序所载："池南有亭曰曝书，既曝而藏诸，因著于录。录凡八卷，分八门焉"，由此可见，曝书亭既是藏书之所，亦为晒书之处，与现建筑纯为亭子有所区别。园中原有六峰阁，后毁，1962年大修时在其旧址上新建一亭，称六峰亭，为园中之最高点。从六峰亭而来，过荷花池曲桥，右拐为娱老轩，为朱彝尊晚年娱乐之处。由娱老轩往西，为一座水榭，三面临池，推窗可观荷、赏鱼，传为朱彝尊聚友吟诗之处（图6-1-6）。

朱氏祖上藏书颇富，后毁于清初兵祸。朱彝尊自青年时游学四方即注意聚书。其藏书多钞本。他曾向禾中曹溶、昆山徐乾学等借书，晓夜钞撮，录成副本，收为己藏。后又因偷抄史馆藏书被贬官，时人誉之"美贬"。其藏书总数达8万卷。其藏书中镌白文十二字"购此书，颇不易，愿子孙，勿轻弃"，可见热爱之极。朱彝尊还竭力主张刻书，化一为千。他曾和纪映钟、钱陆灿、魏禧、汪楫等人联合发起《征刻唐宋秘本启》，倡议刻书。还将自己的珍秘籍推荐给有力者，刊刻流传。曝书亭藏书在朱彝尊生前"有借失者，有窃去者"，即有流失，但在官修《四库全书》时尚进呈101种，《四库全书总目》著录朱氏藏书计33种，388卷，对四库工程作出了一定贡献。

三、文澜阁

文澜阁位于杭州西湖孤山南麓浙江省博物馆内，是清乾隆为珍藏《四库全书》而建的七大藏书阁之一，也是江南三阁中仅存的一阁。

《四库全书》是清高宗弘历下令纂修的一部大型丛书，基本上包括了乾隆以前中国古代的重要典籍，被称为中国古籍的"渊薮"。清乾隆三十八年（1773年）正式开设四库全书馆进行编纂，至清乾隆四十七年（1782年）头份全书缮写告成，总计3457部，79070卷，36000册。此前，乾隆曾指派专人到四明考察范氏天一阁的建筑，仿其阁式，在紫禁城内构建文渊阁，以存放四库全书。后又陆续抄缮成三份，分藏于承德避暑山庄内的文津阁、圆明园内的文源阁及盛京（今沈阳）故宫内的文溯阁。这就是所谓的内廷四阁。因江浙为"人文渊薮"，清乾隆四十七年（1782年）高宗下令续缮三份全书，分藏扬州大观堂之文汇阁、镇江金山寺之文宗阁及杭州圣因寺之文澜阁，这便是南三阁。

文澜阁于清乾隆四十九年（1784年）建成，清光绪七年（1881年）重建。此地原为清康熙行宫。清雍正五年（1727年）改为圣因寺，清乾隆十六年（1751年），分圣因寺为二，复建行宫。清乾隆五十七年（1792年）将圣因寺旁原藏《古今图书集成》之藏经阁改建。书阁室内三层，外观两层。阁前假山园池，池中植巨石，名仙人峰。阁东有御碑亭，阁西为游廊，四周围墙环绕，有垂花门可供出入。咸丰十一年（1861年）文澜阁焚毁，部分藏书散失。清光绪七年（1881年）重修，原址筑阁三层复其旧观，增建二宫门、东西角门、左右边门、待漏房等，并添造假山一座，上有露台、趣亭。阁之东另筑屋三楹，名太乙分青室，四周筑围墙。太乙分青室前有罗汉堂，原为圣因寺建筑，移址于此。后把散失、残缺的书籍收集、补抄起来；辛亥革命后又几经补抄，文澜阁的《四库全书》才恢复旧观。建的总面积1710平方米。

文澜阁是一处典型的江南庭院建筑，据记载："阁在孤山之阳，左为白堤，右为西泠桥，地势高敞，揽西湖全胜。外为垂花门，门内为大厅，厅后为大池，池中一峰独耸，名'仙人峰'。东为御碑亭，西为游廊，中为文澜阁"。[4]具体而言，其园林布局的主要特点是顺应地势的高下，适当点缀亭榭、曲廊、水池、叠石之类的建筑物，并借助小桥，使之互相贯通。园内亭廊、池桥、假山叠石互为凭借，贯通一起。主体建筑仿宁波天一阁，是重檐硬山式建筑，共两层，中间有一夹层，实际上是三层楼房，面阔六间。步入门厅，迎面是一座假山，堆砌成狮象群，山下有洞，穿过山洞是一座平厅，厅后方池中有奇石独立，名为"仙人峰"，是西湖假山叠石中的精品。东南侧有碑亭一座，碑正面刻有清乾隆帝题诗，背面刻颁发《四库全书》上谕。东侧亦有碑亭一座，碑上刻清光绪帝题"文澜阁"三字。平厅前有假山一座，上建亭台，中开洞壑，玲珑奇巧。方池后正中为文澜阁，西有曲廊，东有月门通太乙分清室和罗汉堂。全部建筑和园林布局紧凑雅致，颇具特色（图6-1-7、图6-1-8）。

文澜阁的《四库全书》在1861年太平军攻占杭州时，所藏库书散落民间，后经杭州著名藏书家丁丙、丁申兄弟的努力，抢救回了全书的四分之一，于1881年再度存入修复后的文澜阁，并清浙江境内著名的藏书家到天一阁藏书补抄。至1888年，基本恢复了原貌。1915~1925年期间，又先后组织过两次规模较大的补抄，称为"乙卯补抄"和"癸亥补抄"，使全书基本补齐。抗日战争爆发，文澜阁藏的《四库全书》开始了漫长的漂泊岁月，从1937年8月4日离开杭州，至1946年7月5日自贵阳迁回，经历了长达9年的"抗战苦旅"。

四、五桂楼

五桂楼坐落在余姚市梁弄镇学弄路，因四周山峦连绵起伏，有七十二峰环抱，又名"七十二峰草堂"，是清嘉庆年间黄澄量的藏书处。因五桂楼历

图6-1-7 杭州文澜阁

图6-1-8　杭州文澜阁御碑亭

史上有"浙东第二藏书楼"之称。黄澄量，字式筌，号石泉，余姚梁弄人。他笃志力学，于书无所不窥，性喜藏书，积至5万余卷，因梁弄地处偏僻山区，兵戈罕至，于清嘉庆十二年（1807年）在此筑书楼以贮之。黄澄量因慕远祖宋时号五桂者昆季五人并著清望，遂以五桂名楼。1989年被公布为省级文保单位。

五桂楼共占地279.91平方米，建筑坐北朝南，面阔三间，二层楼房，楼顶有暗阁防漏。一楼是楼主与朋友会文讲学之处；二楼不分间，分列着20个高2.2米、宽1.5米的大橱，用以藏书。另有4个大书橱专贮手抄本及书画碑帖。阁楼暗间中至今保存有"柱百竿"一根，在长9.8米的竹竿上记注着建造时的各种尺寸数据及梁架构件的符号，起到建筑图纸的作用。楼四周筑有3米高的封火墙。庭院广可亩余，植有桂花树和柿子树，入秋丹桂飘香，环境古朴典雅（图6-1-9、图6-1-10）。

五桂楼的藏书部分得自于慈溪鹳浦郑氏二老阁，二老阁藏书部分得自于黄宗羲续抄堂，续抄堂藏书多借抄江南著名藏书楼，或收集名楼散出之书，并悉心系统收集明代资料。五桂楼藏书中有一部黄澄量所编的《今文类体》（不分卷）138册，仿黄宗羲《明文海》的体例，选辑明代诗文集和奏议等书，用明刻本原页剪裁，然后分门别类，汇录成册。这部书保存了明代400多家文集奏议，异常珍贵。

黄澄量留下了"黄氏经籍，子孙是教，鬻与假人，即为不孝"的训诫，成为五桂楼藏书四代不散

图6-1-9 余姚五桂楼

图6-1-10 余姚五桂楼山墙

图6-1-11 瑞安玉海楼外门

的重要原因。黄澄量之子黄肇震能继父志,使藏书增加到6万余卷。太平天国期间,藏书稍有散佚。黄澄量之孙黄联镖、曾孙黄安澜多年搜罗,至清同治年间,恢复旧观。

五桂楼是浙江藏书家爱书以德、服务社会的一个典范。黄澄量构建五桂楼的目的在于嘉惠后人。他说:"余既构楼三间,以藏此书,盖欲子孙守之,后世能读楹书,可登楼展视,或海内好事愿窥秘册者,听偕登焉。"⑤他把藏书向外开放,凡有文人学士前来查阅,悉供方便,打破了一般藏书家只藏不阅的陋规。由此,吸引了许多学人不辞远途劳顿,跋山涉水来到梁弄,以一睹五桂楼为快。

五、玉海楼

玉海楼位于瑞安市金带桥北,由孙衣言、孙诒让父子建于清光绪十四年(1888年),借宋王应麟《玉海》书名以名楼。孙衣言(1814~1894年),字劭闻,号琴西,晚号逊叟,瑞安人,向以陈(傅良)、叶(适)嫡传自居,阐扬永嘉之学,章太炎称他为"晚清特立之儒",其子孙诒让(1848~1908年),字仲容,号籀庼,是晚清学术大师,在经学、文字学、文献学、目录学、校勘学等领域卓有建树。孙诒让去世后,家境渐趋衰落,书遭盗卖,楼作人居。新中国成立后,孙氏后人将玉海楼遗珍捐献国家。现为全国重点文物保护单位。

玉海楼总面积达1600百余平方米,三面有水。它融合了浙南民居和私家园林的特色。楼前有水池、小桥、门台,门楣嵌"玉海楼书藏"五字。书楼建筑分前后两进,结构形式相同,均为五间木构重楼。书楼正中"玉海楼"三个大字,为清末著名藏书家潘祖荫手书,并有行草跋云:"琴西世丈以深宁叟名其书颜其藏书楼,且以公诸乡里后生之能读书者",其用意深厚。门台与前楼间有天井,楼与楼间亦有天井及东西回廊,形成封闭院落。西首"百晋匋斋"为五开间木结构平房;其北有丁字形雨廊;南有"颐园"花园及荷花池等(图6-1-11~图6-1-15)

图6-1-12 瑞安玉海楼

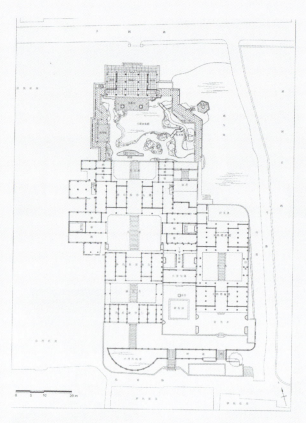

图6-1-13 瑞安玉海楼之百晋陶斋

图6-1-14 玉海楼总平面（采自李刃主编《水木清嘉》，2005年1月版）

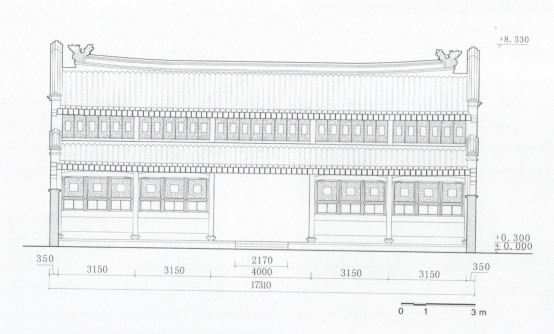

图6-1-15 玉海楼前楼立面（采自李刃主编《水木清嘉》，2005年1月版）

玉海楼落成后，孙衣言尽徙旧藏庋之楼上，而以所刊《永嘉丛书》4000余版列置楼下。初创时，玉海楼有藏书八九万卷，此后20年间又续增加5万余卷，别庋于玉海楼东之经微室，金石碑帖则分别陈列于百晋精庐、百晋匋斋、五凤砖研斋、一盉庵。

玉海楼藏书多抄本，且精审绝伦。对不少力不能得的好书，孙氏父子就雇人抄写，孙家抄书曾盛极一时，"乡里寒士赖以为生者无虑数十家"。多名家批校本，所藏故家秘笈经名家校阅的为数不少，如吴槎客、卢文弨等。孙氏父子尤精校勘，批校的乡先哲遗著及古籍批语校记总数达数千条，具温州地方特色。孙氏父子推崇永嘉之学，积极搜辑乡邦文献，这是玉海楼藏书最突出的特色。

六、嘉业藏书楼

嘉业藏书楼位于南浔镇西南，东侧毗邻刘氏家庙与小莲庄，是刘承干的藏书楼，始建于1920年，落成于1924年，占地20亩，斥金12万。因1914年刘承干捐巨资为光绪皇陵植树，清逊帝溥仪在书楼建成时赐以"钦若嘉业"九龙金匾（图6-1-16）。

刘承干（1882~1963年），字贞一，号翰怡、求恕居士，晚年自称嘉业老人。吴兴县（今湖州市）南浔镇人，年28时即笃志芸编，有志聚书。历20年，盛时藏书达1.3部，18万册，60万卷，被誉为民国私人藏书第一人。

书楼是一座中西合璧、平面呈"口"字形的两层建筑，砖木结构，建筑面积1936平方米。前后两进，每进面阔七间，左右厢房各六间，共五十二间。前进楼下中间为正门，门楣"嘉业藏书楼"五个金字为刘廷琛手笔，题于壬戌夏五月（1922年）。东三楹"宋四史斋"，吴昌硕篆匾，珍藏宋椠《史记》、《汉书》、《后汉书》、《三国志》，并陈列书楼自印典籍样本，亦为刘承干会客之所。西三楹"诗

图6-1-16 湖州南浔嘉业堂"钦若嘉业"匾

萃室",杨钟羲书匾,储刘紫洄所辑《国朝诗萃》与刘承干所辑《续国朝诗萃》稿本及所据以引用的2000余种清人别集。楼上中央一室为"求恕斋",不置书籍;东侧藏宋元刻本,明初精椠亦择优附之,几乎集中了刊本之菁英(图6-1-17);西侧三楹,左右为卧室,中藏珍秘钞本,如煌煌42册之《永乐大典》、北南诸阁之四库佚存本、名贤手稿本等。后进底层正厅为"嘉业堂","钦若嘉业"九龙金匾高悬堂中,置十三经注疏、南北监本二十一史、汲古阁十七史、武英殿二十四史、同文局石印二十四史、新阳赵氏刊二十一史等;堂后藏抄本;堂东储铅印石印新书;堂西置史部及书楼自印书。"嘉业堂"的楼上为"希古楼",郑孝胥1922年书匾,匾上并有文字云:"翰怡京卿以丁巳二月进呈所纂《纶旅金鉴》,蒙赐御书'抗心希古'匾,遂名斯楼以记恩遇。壬戌九月郑孝胥。"储殿本桃花纸印《图书集成》、明万历间抄《明实录》、民国初年抄《清实录》以及《全唐文》、《全唐诗》等。背系"黎光阁",傅增湘题书,藏明人别集总集、日本缩印《藏经》、光绪石印《会典》等。"希古楼"东侧前储史子书,后储总集诗文评词典类书,西侧前储史子书及明人以上别集,后储杂书及字画碑帖等。"希古楼"与"求恕斋"隔天井相望,有回廊相通。两庑上下各六楹,上储丛书,下储地方志(图6-1-18)。

各斋室楼堂皆摆饰画屏楹联、书橱书箱书架、桌椅几凳。楹联用银杏,画屏以红木嵌大理石为多,也有螺钿玉石镶,上面雕刻山水禽鸟花卉及书法作品,既是装饰品,又是艺术品。庋藏图书的书橱、书箱、书架、书匣及桌椅几凳做工细致,书橱用柚木,庋宋元椠本者则采用楠木,桌椅等皆用椐木。

书楼东侧筑有平房四进,面积777平方米,与书楼之间用围墙隔断。前三间曰"抗昔居",邓孝先书匾,为书楼编校人员工作休息的地方;后三进是贮藏板片的库房,兼作刻印工匠起居室。为防止潮气,屋基筑得颇高。

书楼正门朝南,面对小花园,园中花木扶疏,藤萝漫布。花园正中有一方约三、四亩大的莲池,周环假山,中垒石岛。岛上有亭翼然,名"明瑟"。亭背竖立一石,高约二米,形似虎踞,中腹一孔,吹之声如虎啸。石上有清代著名学者阮元题"啸石"隶书二字,其下腹有张廷济(叔未)题句。此石为阮元故物,传原为朱瑞莹述园之物。岛两端各有石桥通池岸,岸边亦各有亭,曰"浣碧"、"障红",遥与"明瑟"相犄角。

书楼与花园的外围河道环绕,以一衣带水替代围墙。楼外有园,园外有河,使书楼建筑、花园景物与四周村野浑成一体。东侧有桥临水,桥内设拱形大铁门,以通出入。洋式牌楼的头门横额上,里面"苑囿经籍"四字,题于壬戌孟冬(1922年),外面"藏书楼"三个字是刘廷琛辛酉仲春(1921

图6-1-17 湖州南浔嘉业堂藏雕版

图6-1-18 湖州南浔嘉业堂内院

年）所书。

嘉业堂藏书，合流众长，兼收并蓄，集萃北京及江浙等地藏书家之精华。"诸收藏家多佚出之本，无不归之。"据统计，嘉业堂宋椠元刻有藏印可考者39家，稿抄本来自110余家公私藏书，真是琳琅满目，美不胜收。嘉业堂藏书典籍宏富，缥缃满架，精椠秘笈，世间不经见之书插架森森。宋椠元刻、明刊本、稿抄本及地方志书为嘉业堂藏书的四大特色。有宋本38部，元本68部，明刊本约有2000部，稿本、抄本、校本约有2000种，全盛时期地方志书有4000部1192种，令人叹为观止。

嘉业堂藏书楼对防火、防潮、防虫、通风等周密设计，精心构筑。外围河水环绕，利于防火、防盗。楼四周墙基高约五六尺，用花岗石砌就，异常坚固又防白蚁孳生。一楼房间皆用专窑烧制的青砖铺地，青砖下铺垫专烧瓦钵，钵下再铺细沙，青砖离地一尺多高，加上层层阻隔，地下潮气难以上升。一楼一底层高均四五米，既通风，又隔热。珍藏之各善本书盛于木匣中，匣内复衬夹板，也是防潮的有力措施。面向天井的库房全部装落地长窗，利于通风、采光。中间天井是夏季晾晒图书安全而又理想的场所。专设消防室，配有价值千数百元的震旦灭火喷水机。

2002年，嘉业堂被公布为全国重点文物保护单位。

第二节　书院

一、独峰书院

独峰书院坐落在缙云县的倪翁洞景区内，面临好溪，为宋代理学家朱熹讲学的纪念地。

南宋淳熙八年（1181年），浙东地区饥荒严重。朝廷派朱熹提举浙东常平茶盐。朱熹拜命，"上请赈粮，下通有无"，深受老百姓爱戴。南宋淳熙九年（1182年）八月十八日，朱熹在巡历浙东若干县后，来到缙云。赏玩仙都美景、赋诗留念，并在独峰前设帐篷讲学授道。缙云陈邦衡等人向朱熹拜师求学，永康陈亮弟子徐子才闻讯，也赶来拜师求学。朱熹离开后，他的学生建读书堂于仙都岩。宋宝庆三年（1228年）在青田进士叶嗣昌的提议下，在鼎湖峰对面的伏虎岩下创建礼殿，用以作为读书人讲贯之地。宋咸淳三年（1267年）缙云进士户部尚书潜悦友拨款扩建，并取名为独峰书院。

书院经三毁三建，于清同治十二年（1873年），由缙云知县何乃容改址在好山脚下的"晦庵先生弥节于此"之处，重建了这座独峰书院。"千年学府、弦歌不绝、文化根系、枝繁叶茂"。可以说，古迹得以保存至今，得益于对先人朱熹文公的怀念和崇拜之情。

书院整体上秉承了晚清"整齐、规范、朴素、庄重"的建筑风格，其占地共1200平方米，为三间三进，左右厢房共20间。书院门额刻有同治举人赵保滋所书"独峰书院"。向里望去，另一道门上书有"孔祠"两字。院门左侧有一大门，上悬鄞州籍书法家沙孟海先生的"晦翁遗迹"四个大字，即书院所在。书院正厅比较雄伟，仰视可望上面高悬朱熹亲书的"独峰书院"。书院为一正两厢房，南北对称，由卷洞圆门和小门相连。其间花园、天井、围廊浑然一体。院内有椤木石楠、银杏、桂树、山茶、金钱松、芭蕉等名花名木。院内正厅主位为朱熹坐像，仪态雍容，坐像正上方的"正气"匾额乃朱熹亲笔，周围有"理学名宗"、"为人师表"等匾额，内大门上方有"鹿洞重开"等匾额。院内展览以纪念朱熹为中心，并陈列仙都自然风光、人文历史、文学艺术作品，以及仙都恐龙化石图片，供游客观赏、品味。礼圣殿则供奉孔子和他的四个弟子。这些保存完好的晚清建筑，古朴庄重（图6-2-1、图6-2-2）。

独峰书院是南宋哲学家、教育家朱熹（1130～1200年）留居讲学之地。据《缙云县志》记载："朱子持常平节，道经缙云，爱独峰山水，留居讲学。"⑥这期间，面对远道赶来的众多求学者，他开堂授课，畅谈理学，传道授业解惑。朱熹在此写下了大批歌颂仙都的不朽之作，完成了《朱子家训》、《四书集注》等一系列鸿篇巨制，同时广收门

图6-2-1 缙云独峰书院之孔祠大门

图6-2-2 缙云独峰书院中厅

图6-2-3 嵊州鹿门书院外观

徒开坛讲学,来自各地学子多达500余名。

独峰书院是浙江保存较为完好的书院之一,被公布为省级文物保护单位。

二、鹿门书院

鹿门书院由吕规叔建于南宋淳熙初年。南宋淳熙(1174～1189)初,吕规叔从婺州迁居鹿门,创建鹿门书院,传播理学文化,成为南宋理学浙东学派的代表人物。清光绪三十年(1905年),推行新政的光绪下令"废除科举,广设学堂"。作为旧式教育的鹿门书院从此消亡。现建筑为清嘉庆三年(1798年)重修,2010年政府再次重修。

吕规叔建书院"卜筑贵门",费了番心思。鹿门书院在贵门村的最高处,为一座檐廊相连的四合院。四合院落为二层建筑,坐北朝南,下层是石砌的台基,中有天井,上边是四围的古建,这般城堡兼四合院式的建筑形态,在全国也颇为鲜见。二层楼的古建筑,东西两厢分别是书院和演武厅,书院正中竖立着吕规叔的木刻造像。正堂内部,如今已经改建成为记载着贵门吕氏以及鹿门书院有关事迹的陈列馆(图6-2-3、图6-2-4)。

在一楼的石基,在南北两面各开有单拱券洞

图6-2-4 嵊州鹿门书院建筑

门,楼下洞门曾为连接嵊州与金华的古道,在南门上书"古鹿门",北门上题"贵门","贵门"二字大如斗,是清朝人仿当年朱熹笔意重书。"瘦健苍古,别具神锋"。在南北两侧门洞内侧,分刻"隔尘"、"归云",为清朝慧眼识珠、提携过林则徐的婺东书法家赵睿荣复题。

鹿门书院有着"兼容并蓄"的态度,不管何种学派,都可来书院学术交流。大哲学家朱熹至嵊赈灾,访吕规叔于鹿门,并在鹿门书院讲学。一时间,鹿门书院名声大振,绍兴、宁波等地的学生纷纷慕名而来。

书院传到吕规叔之子吕祖璟,进行教学改革。吕祖璟乃一介书生,面对南宋的疲弱而投笔从戎,官至淮南安抚使。因与宰相韩侂胄不合,也辞官。宋宁宗写诗送行,准许他演武训兵,并赐建更楼。于是吕祖璟把练武纳入教学之中。从此,鹿门书院成了培养文武全才的地方。其时,东侧是更楼,西侧是书院,南面是演武场,贵门到白宅墅的乡路是骑马射箭的场所。鹿门书院既是通向婺州的要道,也是攻守关口。乱世盗匪蜂起,吕祖璟招募乡勇把守鹿门天堑,因为平贼有功,后来又被宋宁宗加封为武功大夫。

三、鼓山书院

鼓山书院坐落于新昌县城西隅的鼓山西南坡,为新昌人石待旦创办于北宋天禧间(1017~1021年),称石溪义塾。后石待旦次子、景祐元年(1034年)进士石亚子弃官归隐,读书于鼓山,称石鼓书堂。宋末及元代,石鼓书堂后续记载极少。

鼓山书院正式见诸可靠文字记载的,为明嘉靖十三年(1534年)书院落成,状元出身的知府洪珠所撰的《鼓山书院碑》记。后又圮。清嘉庆二十三年(1818年)《重建鼓山书院碑》记载,知县涂日曜称"余每于视事之暇,课诸南明书院,院逼西城,盖前令曹公自乾隆中创也,其地湫隘嚣尘……肄业者日众,院舍不能容,余欲因先哲遗址重建山中,以为挹名山之秀……"⑦于是访得知鼓山书院旧址,自捐官俸,石氏捐地址,意欲重建。时有乡绅陈氏恭人(中宪大夫吕周绪之妻、大夫吕保之母)"令其孙乔柯、乔荫投状愿独建"。后吕氏"费万有余金",凿山拓基,宏其规制,于1816年秋告蒇。前立讲堂,后立先生(指石塾)座,旁列学舍50余间,"灿烂炳焕,辉映云山"书院告竣后,吕氏又"捐田三十亩为修葺费"。⑧鼓山书院于清光绪二十三年(1897年)又作大修。

书院形制布局较为规整,依山而建,原占地面积5328平方米,今存书院东侧部分建筑,约1200平方米。书院建筑均为小青瓦屋面,封火山墙,梁架为抬梁、穿斗混合式,硬山顶。依山势而建,高低错落有致。建筑布局上,采用传统中轴线布局形式,对称稳重。

院门以内,总体布局为纵轴线上三进,横轴线上三进。纵轴线上由南向北有前厅、讲堂、藏书楼,逐进递升;两侧为学舍。前厅一层三间,明间作通道;讲堂、藏书楼、学舍均为两层楼房。院落曲房别院,纵横有序;以天井相隔,用作采光排水;房舍间以廊互连,结构紧凑联系方便。东侧书房建筑部分、书院西侧部分建筑毁于20世纪60年代。书院前原有泮池、四柱三间冲天牌坊(图6-2-5~图6-2-7)。

旧志称,鼓山书院"尝延程夫子明道(颢)讲学于此"。后与理学家朱熹友善的"理学名臣","石子重(塾)晚年亦讲学于此,著《中庸集注》,朱

图6-2-5 新昌鼓山书院讲堂

图6-2-6 新昌鼓山书院侧院

图6-2-7 新昌鼓山书院旧影（新昌县博物馆提供）

熹尝采其说。清乾隆年间，书院聘会稽茹芬（后中状元）长院。书院肄业诸生，探究理学，取科第达官者众。"其时盛极一时的程朱理学创始人和代表人物都或多或少与书院有关。书院在新昌历史上培养了大批人才。

四、戴蒙书院

戴蒙书院又称"明文书院"，位于永嘉县溪口。该书院是由南宋理学家戴蒙和文字学家戴侗父子共同创办，又称"蒙公书塾"。戴蒙，南宋理学家，字养怕，南宋绍定三年（1230年）进士，授丽水尉，官太子侍读，封朝议大夫，为"戴氏八进士"之一，跟朱熹学理学，研究"六书"。辞官回乡后创办戴蒙书院，培养士子。戴侗（1200～1285年），字仲达，淳祐元年（1241年）进士，由国子监主簿知台州。德祐初由秘书郎迁军器少监，辞病不起，继承遗志，研究"六书"，成为著名的文字学家，有《六书故》传世。

据《戴氏宗谱》记载，溪口戴氏始祖戴天旭自北宋仁宗皇祐年间（1049～1054年）自仙居蟠滩迁居于永嘉县合溪（今溪口）定居，人才辈出，官儒盈门，著名的理学家"二戴"和"一门四代六进士"都出现在这一时期。元明以来，虽然未曾再有如此辉煌，但书院尚存，读书风气尚在，"遗风余韵，元明间时有所闻"。[9]由于书院办学成绩斐然，声名显赫，明朝廷赐额"明文"二字牌匾，因而改名"明文书院"。现存书院地基仍为宋时所建，地面建筑为清代风格，于乾隆年间重建。

明文书院在建筑型制上与当地的民居建筑毫无差别。整座书院南北长约36米，北端略呈箭矢形，东西宽约28米，南端宽约22米，占地面积约400平方米。书院为二层楼阁式建筑，呈"工"字形，正脊南北走向。正屋为五开间，穿斗式梁架结构，悬山顶。南北两端前后出轩，形成东西院落。建筑四面开敞，在面对院落的方向设廊。两个院落皆有开向外的门。东北门通向村内，西南门通向村口。两轩的屋顶向西为单檐歇山式，翘角飞檐，小青瓦阴阳合铺。从西侧村口望去，屋顶轮廓生动，线条明畅。正间有太师壁，供奉至圣先师孔子。房屋的花板、门窗等雕刻非常精美，或龙或凤，或花鸟或人物，栩栩如生。

故居平面大致呈三合院形式，天井较大，院落地面铺砌大块卵石。门台侧开，与书院相向设门。正屋面宽五开间，前厢面宽三开间，后厢面宽一开间，分列正屋两侧。梁架结构大致同书院。屋面施小青瓦，正脊两端饰金鸡状正吻，造型生动（图6-2-8～图6-2-10）。

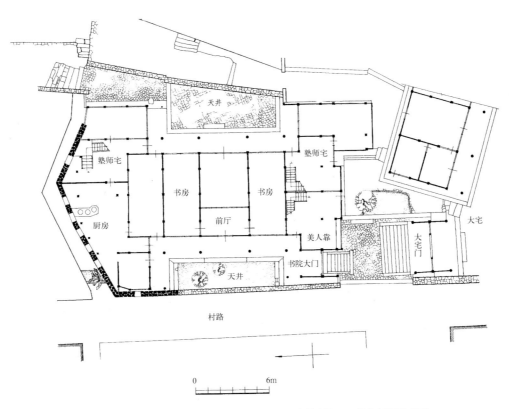

图6-2-8 永嘉戴蒙书院平面图（引自李秋香主编《乡土瑰宝系列——文教建筑》，三联书店2007年6月）

图6-2-9 永嘉戴蒙书院与戴氏故居入口

图6-2-10 永嘉戴蒙书院内景

图6-2-11 兰溪仁山书院外观

耕读文化是楠溪江传统文化中不可或缺的一部分,耕则禀赋深厚,读则瞩望高远。在耕读风气弥漫盛行的楠溪江畔,书院林立,讲学成风,各类私塾更是星罗棋布,遍及各村落,反映了楠溪江居民"读可荣身,耕以致富"的追求和向往。2005年,戴蒙书院被公布为省级文物保护单位。

五、仁山书院

仁山书院位于兰溪市黄店镇桐山后金村,始建于宋末元初,为金履祥隐居仁山下著书讲学所筑。金履祥（1232~1303年）,字吉父,号次农,又称仁山先生。自幼好学,饱经世志,通晓天文、地理、礼乐、刑法、田乘、律历等,是我国古代著名的哲学家、教育家和文学家,也是浙东学派（金华学派）的中坚。他见权奸当道,不愿做官,遂隐居教学,著书立说。《光绪兰溪县志》载:"仁山书院,宋金履祥筑,北山何基为题仁山书堂匾。"[10]书院经历代修建,保存完整,现存建筑约为晚清重建。

书院坐北朝南,前后三进建筑及两厢、侧房,占地960平方米,建筑面积约600平方米。前院东西两侧各设一外门,为单开间单批顶建筑。第一进,面阔三间,进深为七檩,明间梁架五架梁前后单步,为方木直梁,明间前檐柱和四根金柱均为青石方柱。天井两侧为厢廊。第二进为讲堂,面阔三间,进深七檩,构架同一进,但用圆木直梁,前檐均用方形石柱,后金柱间穿枋上悬一木匾,上书"仁山书院",落款为"中翰林慈溪王斯来书"。二进后檐明间与三进前檐明间设过廊。第三进祭堂,面阔五间,进深为五檩,明间梁架三架梁前后单步,两侧各设三间厢房,自成小院落（图6-2-11~图6-2-13）。

"道学溯渊源上接程吕何王之说,文章本伦理酿成金兰邹鲁之风";"筑室鸡鸣山不观不闻微参诸子之学问,设帐儒源理吾徒吾与相承一脉之心传",这是书院的二副楹联,道出了金履祥的学术成就和书院的贡献。金履祥绝意仕进,专意著述,著有《尚书表注》、《大学疏义》、《论语孟子集注考证》、

图6-2-12 兰溪仁山书院内景

图6-2-13 兰溪仁山书院祭堂

《廉洛风雅》等，在儒学上独树一帜，为浙东学派、金华学派的中坚。他又是一位教育家，创办仁山书院，以淑后进，许谦、柳贯、吴师道等大儒皆出其门，对传承中华文化的贡献是多方面的。

仁山书院建筑基本保存完整，具有较高的历史文化价值。2005年被列为省第五批文物保护单位。

六、鞍山书院

鞍山书院位于遂昌县云峰镇长濂村南部的马鞍山，建于明万历年间。因慈溪士人杨守勤曾在此执教、后高中状元而出名。据记载，杨守勤于明万历丁酉年（1597年）乡试中夺得经元后，外出游历。明万历三十年（1602年），杨守勤远游至长濂村鞍山书院，见此景色秀丽，环境清幽，为读书佳地，便留此执教，边讲学边读书。明万历三十二年（1603年），杨守勤赴京城参加第二年甲辰科会试，次年会试夺得会元，殿试夺得状元。村人闻讯，不胜心喜，引以为豪，以杨守勤曾"流寓于此"，引为同乡，称书院宝月楼为"状元楼"，以状元乡自居。清光绪《遂昌县志》卷一，学校：在四都长濂马鞍山，里人郑姓创建。前明万历甲辰殿元杨守勤未遇时，流寓于此，设教有年，有戏题池上小舟诗，云："碧水浮新沼，儿童芥作舟，有帆常不捲，无棹任漂流，去去沙为梗，行行石又留，遥知蔽日舰，须向尾闾游。"⑪

鞍山书院在离村约0.25公里的马鞍山缓坡上，坐南朝北，三面环山，风光秀美，远离世纷尘嚣，适宜学子"一心只读圣贤书"。前后三进建筑，占地近700平方米。大门面阔三间，17.8米，硬山顶，明间设门，前设四级条石台阶。出前廊，在次间设美人靠。两边搭厢，梁上悬匾，书"名教乐地"。一、二进间有天井，块石地面，中栽花木。两侧有厢房，左右几个小间。每间有方桌与椅子。第二进为"敬爱堂"，面阔三间，明间梁架为五架梁前后廊。此厅是讲学场所。两侧的板壁上有院规。穿过后门，便是宝月楼，又名"状元楼"。因状元杨守勤在此讲学而得名。该建筑为两层单间楼阁，重檐歇山顶，楼上供奉樟木精雕而成的"至圣先师"孔子像；一层既为过厅，又是休憩之处，两侧柱间设有靠座。楼后部与最后一座三开间建筑相连，两侧又各有一小院厢房，为师长住所。二、三进建筑之间，即宝月楼两边，各有一小池。一、二进建筑左外侧，为狭长的小花园，是师生游憩之所（图6-2-14～图6-2-16）。

鞍山书院环境优美，建筑格局完整，虽规模不大，却是浙江保存较好的古代书院，已被公布为省级文物保护单位。

图6-2-14 遂昌鞍山书院入口

图6-2-15 遂昌鞍山书院宝月楼

图6-2-16 遂昌鞍山书院讲堂

七、甬上证人书院

甬上证人书院，又称"白云庄"，位于在宁波西门外管江岸，是中国17世纪伟大的思想家黄宗羲讲学的地方，也是清代浙东学派的发祥地，2006年被国务院公布为第六批全国重点文物保护单位。

白云庄原是甬上万氏的产业。万氏家族在明代为甬上望族，有明一代世袭指挥佥事，"有事则著武功，承平则显儒术"，人才辈出。明末清初的万泰与黄宗羲、陆符从学于蕺山刘宗周，与诸子激扬名节，扶掖后进，开明末清初宁波学风，为浙东学人领袖。黄宗羲见抗清之事不可为，转而著述、讲学，而"生平师友，皆在甬上"，加之清初甬上学子已有结社论学之风和请谒行动，黄宗羲对甬上学子抱有厚望，以为薪火之寄。清康熙六年（1667年）五月，黄宗羲首次来甬讲学，将甬上青年组织的"策论之会"改名为"证人之会"。同年又改为"讲经会"。清康熙七年（1668年），黄宗羲再次来甬讲学，"遂以证人名之"，创"甬上证人书院"。甬上证人书院会讲地点不一，曾在城内广济桥高氏祠、延庆寺、城西白云庄、黄过草堂（张氏宗祠）、陈夔献家等处会讲。而白云庄是黄宗羲在甬上讲学时间最长、最为固定的场所。[12]

清朝末年，书院废圮。1934年甬人杨菊庭（贻诚）等访得书院和故居旧址，集资恢复。重建白云庄与修墓立碑同时举行，至1935年6月完成。重建之白云庄，占地半亩，按家谱所载，墓舍二进，正屋三楹，后进平屋三间，唯将墓舍由原向西改为向东，出南侧门数十步即到墓区。因重建时恰逢宋儒王应麟祠堂因马路改造需拆迁，故移建为书院，也算是一种文化因缘。自民国以来，白云庄一直作为纪念万氏先贤和黄宗羲的建筑而存在。1963年3月，浙江省人民委员会公布白云庄为省级文物保护单位。1980~1984年，分二期对白云庄进行了维修。二期为在紧邻墓舍之南重建万氏原祠，系迁建原佑圣观的一座清代建筑，坐北朝南，五开间。1989年春，由旅居海外的万氏后裔出资对万邦孚墓进行了维修，政府出资征用土地4.95亩。1991年下半年，利用拆迁的清代建筑，移建至万氏原祠南，也为五开间，与万氏原祠形成一相对独立的二进院落。白云庄的建设始成今日规模（图6-2-17~图6-2-19）。

甬上证人书院在中国书院史上具有重要地位。

图6-2-17 甬上证人书院大门

图6-2-18 宁波甬上证人书院内院

图6-2-19 宁波甬上证人书院一侧万氏墓园

首先其教育方法别具一格。当时会讲的形式是：里中诸贤一月群集两次，集会时皆衣冠楚楚，手执经书，有序就座。讲经会先由司讲者就某一论题进行阐述，一俟讲毕，与会诸生即展开讨论和争辩，互相商榷与探讨，气氛热烈。中午与会者在讲堂用便餐，唯有两菜，更没有酒，简约、俭朴。诸家子弟凡年龄在十岁以上者，均跟随听讲，以增知识。而黄宗羲则时至甬上解惑释疑。时人以"言论丰采，翕然可观"、"讲道论心，极一时师友之盛"等赞语相评价。[13]办学宗旨为"经世致用"。所习课程有经学、史学、文学、历算等。其次是清代浙东学派发祥地。甬上证人书院前后听讲的有100多人，其中有弟子66人，被黄宗羲推许者有18人，或长于经学，或长于史学，或长于文学。自此开创浙东学派。这个学派远承宋元以来浙东史学的优良传统，近受王阳明、刘宗周哲学思想的启蒙，倡导经世致用，并通过著书讲学，师友相传，为浙东地区培养了一大批有识之士。自清顺治年间始，中经康熙、雍正，直至乾隆，先后连续四朝，涌现了黄宗羲、万斯大、万斯同、邵廷采、全祖望、邵晋涵、章学诚等杰出的学人，成为清代最有影响的学派，在中国学术史上占有重要地位，产生了重大影响，其学术精神和学风，还一直影响到近代。

注释

① 赵美娣，叶杭庆. 影响浙江私家藏书楼发展的几个因素分析. 图书馆研究与工作，2012，(1).
② 宋至清浙江各朝书院数量均引自张彬主编. 浙江教育史. 浙江教育出版社，2006.
③ 朱彝尊. 曝书亭集. 世界书局，1937.
④ 丁申著. 武林藏书录. 古典文学出版社出版，1957.
⑤ 黄安澜编. 姚江黄氏五桂楼书目. 光绪二十一年（1895）梓.
⑥ （清）汤成烈总纂. 缙云县志. 道光九年木刻本.
⑦ （清）朱庆莩等纂修. 新昌县志. 清同治十一年刻本.
⑧ （清）吕邦树等. 新昌吕氏宗谱. 嘉庆二年木刻活字本.
⑨ （清）永嘉菰田. 明文戴氏宗谱. 乾隆六十年木活字本.
⑩ （清）秦簧纂. 兰溪县志. 光绪十五年木刻本.
⑪ 清光绪. 遂昌县志·卷一：学校.
⑫ 虞浩旭著. 书院圣地白云庄. 宁波出版社，2003.
⑬ （清）黄炳垕撰. 黄宗羲年谱. 中华书局，1993.

浙江古建筑

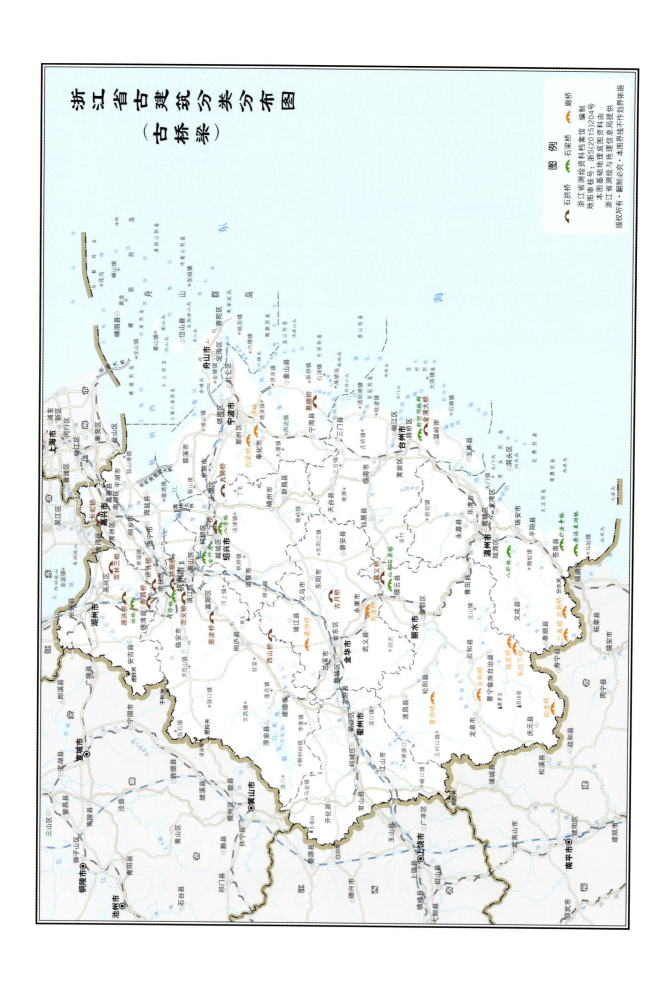

浙江地处江南水网地带，素有"传统桥梁博物馆"的美誉（图7-0-1、图7-0-2）。20世纪60年代，浙江省交通部门经调查统计，公布的资料，全省约有10万座民间桥梁。据2011年浙江省第三次全国文物普查统计，全省仍保存古桥梁约1万座。无论是浙北水乡，还是浙中、浙南丘陵山区，座座古桥越流横空，不仅发挥着重要的交通作用，也以其丰厚的历史文化内涵记录着浙江的历史足迹，以其优美的艺术造型点缀着浙江大地（图7-0-3）。

一、宋元桥梁的发展及特点

根据掌握的资料，浙江现存最早的桥梁是建于北宋元祐三年（1088年）的苍南护法寺桥（图7-0-4）。目前全省约有宋、元时期的桥梁数十座。从地域分布看，以温州以及湖州地区为多，宋桥多于元代古桥。

浙江现存宋、元时期的桥梁，从其构造上可分为两大类，即梁桥（图7-0-5）和拱桥（图7-0-6），其中梁桥占绝大多数，因其工艺简单、取材方便而成为当时最为普遍的一种桥梁结构。梁桥有单孔和多孔之分，单孔梁桥较为简单，用若干根条石架于河道两岸即成。多孔梁桥形式较丰富，主要有：柱形梁桥，即用条石并排直立作为桥墩，如宋代建的苍南鹰齿桥、瑞安人桥、瑞安八卦桥、平阳八角桥和元代建的奉化广济桥（图7-0-7）等；墩形梁桥，即用块石垒砌作桥墩，如南宋绍兴八字桥；混合形梁桥，即柱形与墩形的结合形式（图7-0-8），如建于南宋咸淳三年（1267年）的苍南五洞桥，为五孔四墩梁桥（图7-0-9），其中两个主孔为带分

图7-0-1　八字桥全景

图7-0-2　桐乡崇福司马高桥

图7-0-3　湖州双林三桥

图7-0-4　苍南护法寺桥

图7-0-5 瑞安八卦桥（蔡永烈摄）

图7-0-6 德清寿昌桥拱券

图7-0-7 奉化广济桥

图7-0-8 八字桥主孔桥墩

图7-0-9 苍南赤溪五洞桥（金亮希摄）

永尖的墩形桥墩，两侧孔用柱形桥墩。

拱桥的拱券结构形式有弧边形和折边形两种，现存均为单孔结构。弧边形拱桥有德清寿昌桥、杭州忠义桥、绍兴光相桥（图7-0-10）和上虞九狮桥等，前两桥建于南宋时期，后两桥为元代所建。拱券有两种做法，即并列砌置与纵联砌置；折边形拱桥是梁桥向拱桥过渡的一种形式，由于其更接近拱桥构造，故仍作为拱桥的一种类型。实物有义乌古月桥（图7-0-11）、建德西山桥，均为南宋建造。

根据浙江现存的宋、元桥梁实例，以及有关文献史料，这一时期的桥梁特征主要有：

1．类型丰富、异彩纷呈。从所存的实物看，有各种不同的类型，见于文献记载的更是丰富，有浮桥、亭桥、廊桥、拱梁结合桥、堤梁结合等，细分之，则不胜枚举。

2．材料的多样性。浙江现存宋、元桥梁基本为石桥，但从记载上看同时也有木桥、砖桥、土桥及混合材料建的桥梁。

3．因地制宜、合理布局。结合地形，灵活设计，如绍兴八字桥（图7-0-12）。

4．施工及管理技术日臻完善。宋、元时期建桥，普遍重视先期的设计，据记载，当时已有较为完整的设计和建造程序。首先是审视地势，选择桥址；其次"度高下，量深广、摸水情"，确定桥式、墩位，选材施工；如果是大型工程或咸水文复杂，还制作木样，模拟检验，即今天的可行性研究；进入施工阶段，重视工程管理，周密筹划，选择"廉而才"或"练实、有威望者"主持工程。

5．重视对桥的维护、保养。措施有三：一是盛行建造廊、亭，以避风雨；二是设立庄田、义田，岁得收入，用于维修；三是延请专人巡查看护。

6．功能趋向多样化。这一时期由于经济发展，商业繁荣，盛行在桥上或桥头设市；一些桥还设龛礼佛供神；另有部分桥还兼水利功能，即桥上行人，桥下设闸，如温岭的闸桥群（图7-0-13）、义乌新吴桥等。新吴桥"淳熙四年县丞胡沃建，桥下

图7-0-10　绍兴光相桥拱券

图7-0-11　义乌古月桥拱券

图7-0-12　绍兴八字桥

图7-0-13 麻糍闸桥

图7-0-14 景宁清代廊桥

图7-0-15 泰顺永庆桥

置闸，以节绣湖水利"便是最好的例证。

绍兴八字桥、义乌古月桥、瑞安八卦桥、德清寿昌桥、上虞九狮桥和奉化广济桥可称是现存浙江宋、元古桥的珍品，具有很高的历史艺术价值。

二、明清桥梁的发展及类型

浙江境内保存的古代桥梁中数量最多的是明、清时期的古桥（图7-0-14），不仅平原水乡地区有大量的留存，在丘陵和山区也保存有许多的桥梁。这一时期浙江的桥梁与前代相比，在造桥技术上更加成熟，在类型上也更丰富多彩。

明清古桥梁的类型，从构造大类上看主要是梁式结构和拱券结构。

其中廊桥（图7-0-15）最富个性特色，以浙南山区为多。规模小的廊屋桥仅单间或三五间，长十数米，而大型的廊屋桥却有几十间，长达百米以上，现存最长的廊屋桥是建于清康熙五十七年（1718年）的永康西津桥（图7-0-16、图7-0-17），

图7-0-16 永康西津桥

图7-0-17 永康西津桥内部

全长163米，上建廊屋59间，气势恢宏，如长龙横卧于永康江之上。廊屋桥桥身有长廊式，屋式、亭式等，桥体构造有拱券结构的、梁式结构的、木构的、石构的和木石混合结构的。浙南庆元县的月山村（图7-0-18），是一个山区小村落，目前仍保存着4座廊屋桥，其中以如龙桥（图7-0-19）最具代表性。该桥建于明代，现在桥上还有"明天启五年……重新修造"的墨书题记，单孔木拱，全长28.2米，宽5.1米；拱券外侧呈八字形，内由两组木拱组合。构成折边形拱架。与宋画《清明上河图》中的虹桥类似，桥廊9间，北端为三重檐的钟楼，南端是重檐桥亭。该桥是浙江保存最早的木拱廊桥之一，风格古朴，别具一格。

廊屋桥除了具有桥梁本身的功能之外，又是一种颇具艺术效果的景观建筑，兰溪通洲桥（图7-0-20）位于石塔乡塔山村梅溪上，它"下临百

图7-0-18 月山村桥梁分布图

图7-0-19 庆元如龙桥

图7-0-20 兰溪通州桥

图7-0-21 余杭广济长桥

尺之长坡，上建甘橡之水榭"。给山水增添了无限画意。桥的两端各有重檐桥头门楼，飞檐翘角，桥头大树参天。浓荫遮蔽。桥下潺潺溪流，是人文遗产与自然造化的有机结合。

在继承宋、元时期做法的基础上，这一时期的石拱桥又有很大的发展，弧边形拱券技术进一步成熟，构造类型更为丰富，出现并大量使用纵联分节并列式结构，薄墩联拱石桥在平原水网较宽阔的水域被普遍采用。如余杭塘栖的广济长桥（图7-0-21），是大运河上保存至今规模最大的薄墩联拱石桥。桥长约80米，七孔，拱券即为纵联分节并列砌置。此桥重建于明弘治年间（1488~1505年），清康熙间（1662~1722年）重修。浙江的拱桥绝大多为实腹拱结构，但此时在浙北也有我国北方常见的空腹拱结构出现，如余杭通济桥（图7-0-22）、富阳恩波桥。通济桥位于余杭市余杭镇西苕溪上，建于东汉熹平年间，历代屡毁屡建，明洪武元年重建。桥长46米，宽8.8米，三孔拱桥，在两分水墩台之上各设一空腹小拱，以利于苕溪洪水的宣泄。

图7-0-22 余杭通济桥空腹拱（贾晋妍摄）

图7-0-23　嵊州玉成桥（马彭峰摄）

图7-0-24　绍兴广宁桥（钟建华摄）

弧边形拱桥中最常见的是半圆拱、马蹄拱等，在浙东山区，还有一种甚为罕见的椭圆形拱券的拱桥，其学名为悬链线形拱。嵊州玉成桥（图7-0-23）、新昌迎仙桥即为悬链线形单孔拱桥。玉成桥在谷来镇碑头村，建于清道光十六年（1836年）。平面呈曲尺形，净跨12.5米，矢高6.3米，由块石垒砌。该桥独特，为完整的悬链线形拱券结构，受到我国著名桥梁史专家唐寰澄先生的高度重视和充分肯定。折边形拱券在明、清时期的桥梁中运用更为广泛，技术上也有较大进步，在绍兴保存了较多的折边形拱桥，虽然仅为单孔，但也有如广宁桥（图7-0-24）这样规模达60米的长桥。广宁桥为明万历二年（1574年）重修，拱券呈七边形，每一折边之间以横锁石纹接，拱券更接近弧边形拱的构造，宋代折边形拱券的肋骨拱构造此时已不再有。

由于梁桥结构相对较为简单，随意性大可适应不同的地形、地貌，以及大河或小溪，因此这一时期梁桥仍然占据桥梁的主导地位。类型也更为丰富，布局往往因地制宜，不拘一格，有曲尺形、弧形、T形、Y形等。绍兴栖凫三脚桥位于两条呈T字相交的河道汇合处，因此桥的平面设计成Y状，这样建一座桥便沟通了三地的交通问题，既节省了空间又节省了材料。在桥型上，木构悬臂式梁桥较为突出，以龙泉永和桥为例，该桥长125.7米，下有5座条石桥墩，墩台之上圆木纵横层叠悬挑出际，上架数根木大梁及桥面板和廊屋。

我省还有一些颇具地方特色的桥梁，如碇步桥、闸桥、纤道桥等。浙南山区沟谷纵横，溪流交错，一年之中水文情况常有变化，不宜建造跨河大桥，为解决两岸交通，一些地方因地制宜建造了最简易的桥梁——碇步桥和漫水石梁桥。位于泰顺县仕阳镇溪东村的仕水碇步，初建于清乾隆六十年（1795年），嘉庆二十五年（1820年）重建；碇步总长130米，分为223步，每步由高低两块条石构成，以便行人交会，两组碇步之间相距0.6米，在碇步的上下游两侧，用卵石砌成护坦，护坦中相隔数十米深埋木桩，并用横木相连，以加固坦基，在碇步桥的基础上架石板，形成漫水石梁桥，如缙云仙都桥，更便于行旅（图7-0-25）。在萧绍运河上，有些河段河面较宽，风急浪高时，有碍船只正常航行，若是逆水行舟，则需步行拉纤，近岸处弯弯曲曲，拉纤十分不便。古人便兴建了一条与运河并行的长桥——纤道桥。绍兴纤道桥（图7-0-26）至迟建于唐代，现桥是清光绪年间（1875～1908年）重修的，纤道桥由低架梁桥为主体，间以高敞的拱桥或梁桥组成。纤道桥规模不大，却绵延上百里，历史上就有"白玉长堤路"的美称。

在桥型设计中，除了对水陆交通的考虑外，还注意到一桥多用，充分发挥它的综合作用，最典型的便是闸桥。钱塘江、钱清江和曹娥江汇合处的三江口是绍兴和萧山两地水流的主要出口，明嘉靖间淤积十分严重，给三江平原带来深重灾难。绍兴知府汤绍恩于此建立了二十八孔的三江闸桥（图7-0-27），有效地起到了排洪、蓄水的作用，同时它也是一座联系两岸交通的多跨石梁桥。

三、桥梁文化

桥梁是理性和浪漫主义相结合的结果。古代匠师在造桥时很注意把桥梁的实用和传统文化、传统艺术有机地结合起来，除了结构和功能需要外，运

图7-0-25 仙都石梁桥全景

图7-0-26 绍兴古纤道桥

图7-0-27 绍兴三江闸桥（钟建华摄）

图7-0-28 绍兴春波桥（钟建华摄）

用借景、对比、烘托、隐语等建筑美学和民间文学、掌故、传说等，使一座座古桥既便利交通，又极大地丰富空间艺术景观，蕴藏了深厚的文化内涵。浙江历史悠久，人文渊薮，不少名人的活动都与古桥有着密切关系。《晋书·王羲之传》有云，一天王羲之路过绍兴某桥，见一老妇在桥边卖扇，他提笔在扇上写了五个字，老妇对此很不高兴。他却说，你就说字是王右军所写，要"百钱"一把，老妇照此一说，果然大家竞相购买。从此，该桥改名为题扇桥。绍兴沈园前的春波桥（图7-0-28），即"伤心桥"。南宋词人陆游在沈园与旧日情人唐琬重逢，赋《钗头凤》；再过四十年，年近古稀的陆游又到沈园，唐琬早已去世，触景生情，赋诗两首，其中两句是"伤心桥下春波绿，曾是惊鸿照影来"，由此得名伤心桥。湖州潘公桥由明代治理黄河水利的专家潘季驯于明万历十三年至十八年（1585～1590年）所建，该桥为三孔石拱桥，长57.5米，宽6.6米，主孔净跨15.5米，是湖州城北重要的古桥。

浙江传统桥梁上常有对联，如绍兴荫毓桥西侧间壁上刻有一幅对仗工整的联句："一声渔笛忆中郎，几处村酤祭两阮"，有机地将桥的环境景观与东汉音乐家蔡邕的柯亭笛和东晋时期"竹林七贤"中的阮籍叔侄二人联系在一起。在这些传统技术的构筑中，融入了丰富的历史典故，漫步其间，令人遐想。

我省桥梁的形式有朴实简洁的平桥，有驼峰高耸的拱桥，有韵律有致的廊桥，还有紧贴水面的纤道长桥，它们无不显示出古桥之美！

第一节　石梁桥

一、护法寺桥

护法寺桥地处温州市苍南县望里镇护法寺前（图7-1-1），因寺而建，桥东西向横跨荪湖河。苍南原属平阳县，据民国《平阳县志》载：护法寺始建于唐代大中（847～866年）年间，是当地著名寺院。明、清都有重修，清光绪二十八年（1902年）最后一次重建，民国33年（1944年）毁（一说平阳县长张韶舞为镇压大刀会起义而烧毁钱库老街、护法寺及周围村庄）。其遗址至今仍清晰可辨，规模颇大，仅遗塔、桥与寺院山门。

护法寺桥系三孔石梁桥，长10.85米，宽2.05米，三孔四墩，计2.25米+3.75米+2.25米。中孔两墩用柱形墩，每墩四柱，东侧主墩中柱直立，上承短梁，梁开槽，石柱上端卡入槽内，十分稳定；两侧边柱高于中柱，明显向中柱侧脚，卡入盖帽梁榫卯，两侧向内挤压下层短梁，东墩盖帽石断面较大，显得厚重；西侧主墩中间两柱顶两层短梁上承盖帽梁，盖帽石断面较薄，为了预防承梁石中部断裂而在下部增加一根短梁。两墩构造略有不同，或是用旧构件改造，或是后期维修拼接所致，想方设法增强结构稳定性，虽经千年，桥墩横竖柱梁如搭积木状，依然严丝合缝（图7-1-2）。边孔桥墩柱形墩砌入河塍石壁，合二为一，共同受力，因而柱形墩减为两柱承一梁。桥面铺设长条石板，两端用五块石板平行铺设，中间石板较宽，用四块。中孔北首桥板外侧刻有边框、题记，直书阴刻，"时元祐三年岁次戊辰十二月癸酉朔初二日建"，清晰完整，十分难得地记录了建桥确切年代。

桥东侧沿河建有护法寺塔，据传寺前原有7塔，现遗3座，仅左边一座基本保存宋代原构，另两座

图7-1-1 苍南护法寺桥塔

图7-1-2 苍南护法寺桥墩

图7-1-3 绍兴八字桥（钟建华摄）

近年做过较大修补。塔建于北宋年间，原塔残高4.20米，青砖叠筑，由台基、塔身、塔顶组成。台基砖雕祥云如意，覆莲瑞兽，塔身呈宝瓶状，正面开壸门，檐下施砖雕斗栱，用转角和铺间铺作各一朵，均出一跳华栱，单拱素枋，上承六面菱角牙子叠涩出檐，飞檐翼角，筒瓦层面，塔顶已毁。

二、八字桥

八字桥地处绍兴市区东南部八字桥直街东段（图7-1-3），位于广宁桥与东双桥之间。据《嘉泰会稽志》记载："八字桥，在府城东南，两桥相对而斜，状如八字，故得名"，说明八字桥至迟在宋嘉泰年间（1201~1204年）已建，后圮。主孔下石壁柱上刻有"时宝祐丙辰仲冬吉日建"的正书题记，即南宋宝祐四年（1256年）或重建或大修；清乾隆四十八年（1783年）重修。虽经多次维修，仍保持原平面布局。

该桥地处三条街、三条河的交汇处：主桥南面东侧为"东双桥东河沿"，西侧为"东双桥西河沿"，桥北东侧接"广宁桥直街"，主桥西通"八字桥直街"，主河稽山河南北向流经市区，在主桥南侧分别与东西向的都泗河、无名小河（现为断头河）呈丁丁字形相交。主桥横跨稽山河，南侧桥身东西桥身分别开两桥孔，横跨都泗河与无名小河，南去五云，北通都泗门。三桥孔均用梁式结构，正桥净跨4.5米，桥高约5米。桥下设有纤道，桥基用条石砌筑，盖桩石上开有石槽，每侧用九根整条长方形石柱并列砌筑插入石槽，紧贴桥墩，石柱侧脚明显，上承巨大的条石压顶，再上为长达4.85米的石梁，石梁上安装桥面板，桥面起拱，向两侧散水，桥面两侧设石栏，用望柱栏板（图7-1-4），望柱雕覆莲，古拙厚重，望柱上多刻有不同时期捐资者姓名，栏板用单钩栏，上部为寻杖荷叶宝瓶，下部用短柱、素面栏板相间。东双桥西河沿付桥直接在南北向桥身踏步下开桥洞，桥洞高2米余，净跨约3米，条石砌筑，上架大型石梁承托上部桥身踏步；东双桥东河沿主桥落坡下也开有桥洞，架设石梁，方便小河里的船只来往主河道。八字桥一桥横跨三条河，连接三条道路，同时还要满足行舟拉纤，在最窄憋的空间里，不拆房不拓地，用"状如八字"的平面布局，因地制宜，巧妙地解决了复杂地形条件下多维度的交通需求，被称为中国最早的水上"立交桥"，八字桥建成距今已有700多年，具有确切的纪年和文献记载，是研究我国古代桥梁史的重要实物史料。

三、八卦桥

八卦桥位于瑞安市陶山镇陶峰村（图7-1-5），南北相向横跨陶溪上，五孔梁式石桥，桥长25.44米，桥面宽2.35米，五孔跨度16.2米，计3.13米+5.20米+6.42米+5.20米+3.13米，每跨铺桥板石5条，桥面刻有花纹。中孔两缝桥墩用一主二副的构造，桥面架在主墩上，主墩用方形石柱5根，中柱直立，左右2根石柱侧脚明显，上承石梁、桥面，副墩低于主墩20余厘米，立于主墩两侧，辅助主墩免受水流直接冲击，副墩构造与主墩接近，亦为五柱上承一横梁，柱梁用榫卯连接，当地推测原副墩上可能有建筑物，抑或为庙宇之类，从构造关系与构件痕迹看，副墩上有建筑的可能性不大（图7-1-6）。副墩应该主要起到辅助支撑主墩的作用。这种构造形式是八卦桥独特之处，从苍南北宋元祐三年（1088年）的护法寺桥，到南宋淳熙年间（1174~1189年）的八卦桥，历经百年，这种结构

图7-1-4　绍兴八字桥栏板

图7-1-5　瑞安八卦桥

图7-1-6 瑞安八卦桥副土敦

图7-1-7 德清社桥桥墩构造

的梁桥经历了由简到繁的发展过程。

八卦桥建造年代虽无直接史料记载，但根据其用材粗犷、构造简单、风格古朴等特征，与瑞安仙降林洋大桥等同类几座宋代石桥相近，同时，当地民间一直流传：此桥由张声道捐资建造。据《瑞安县志·张声道传》：张声道为南宋淳熙（1174～1189年）间人，世居陶峰，官至广东提刑。由此可以佐证八卦桥应建于南宋年间。该桥保存较好，跨度大，结构独特，未经后期改动，是此类宋桥的典型代表，1997年被列为浙江省第四批文物保护单位。

四、德清社桥

德清社桥（图7-1-7），位于德清县洛舍镇龙山漾口村。明嘉靖《武康县志》载："社桥，县东北二十九里，吴王元年（元至正十六年，即1356年）邑人朱寿建。"清道光《武康县志》载："社桥，明初吴王元年邑人朱寿建，北有社坛，因名。上市东西两埠之水，与兼济、吴堂诸桥来水会焉。"查"吴王元年"只有元末至正十三年（1353年）张士诚起兵反元，国号大周，张士诚于元至正十六年（1356年）自称吴王，"吴王元年"应为元至正十六年。社桥中孔排柱上尚存"皇庆"题刻，印证了现存社桥的始建年代应为宋皇庆年间，元末重修。

社桥为五孔石梁桥，全长42米，面宽2.8米，中孔跨度6.4米，孔高6.4米，其他孔跨度、高度依次递减。桥身全用武康石砌筑，通体呈红褐色，石质细密坚硬。社桥由基础、桥墩、桥面板组成。基础一般分两部分：水下密打杉木排桩，加固河床，上部河床用条石或块石做弹石护底；桥基部位用大块条石做基础，最上部桥基多用整块条石，中部开槽，插入并列的三石板柱，柱顶横置的长石梁，用上下石梁联锁三石板桥柱。石梁厚0.28米。中孔桥梁两端均为0.31米，逐渐向中间增厚至0.51米，外侧凿成弧形，使桥面略呈弧形。桥面两侧设护栏，用厚0.25米、高0.48米的条石凿成须弥座式的栏板，桥栏两端用抱鼓石固定。望柱为圆头方柱，柱头镌仰覆莲瓣。桥梁两端各设踏跺8级，踏跺两侧用宽厚的垂带石。桥中孔排柱镌有"□□□财□□□□□皇庆（1312～1313年）□年□初九日乙未重□□□□"题记，桥梁正中阳刻桥名。社桥造型高大，风格独特，其构件风格与湖州市郊射中村长寿桥极为相似，该桥有"大德二年"题刻。其须弥座桥栏、仰覆莲式的望柱、刻有卷云纹的抱鼓石与德清县三合乡的寿昌桥风格相近。

五、新河闸桥

新河闸桥群现存4座：分布在浙江温岭新河镇，麻糍闸位于南鉴村（图7-1-8、图7-1-9），中闸（图7-1-10）位于新河镇中闸村，北闸位于新河镇

图7-1-8 麻磁闸

图7-1-9 麻磁闸局部

图7-1-10 中闸

图7-1-11 下卢闸

北闸村，下卢闸（图7-1-11）位于新河镇城北村瓜箩山附近。

温岭西南负山，溪流短而急，难以潴蓄；东南濒海，受潮汐顶托，宣泄不畅；新河地处中部平原，低洼有"釜底"之称，洪涝干旱交替频繁，古人早已开展农田水利建设，宋代以前，多筑"埭"（坝）蓄水。据记载："官河流径八乡，有之泾九百三十，埭二百。"埭，有利于蓄水，不利宣泄，导致积涝频发，北宋元祐间（1086～1093年），提刑罗适视事，有感于地势低洼，蓄泄不均，农无数岁之丰收，创建黄望、周洋、永丰三闸，实现了双向调节：旱则闭以蓄水，潦则开以泄水，民众称便。

宋淳熙九年（1182年），朱熹提举浙东，相度滨海形势，兴修水利，奏请筑迂浦、金清、六闸、鲍步、长浦、蛟龙、陡南（其中迂浦、金清二闸在温岭境内），议修永丰、黄望、周洋三闸，明年，西蜀句龙昌泰相继成之。据《嘉庆太平县志·地舆志·叙山》披云山条载：朱熹筑六闸时，在山上树立准则，观察潮水退至闸底，即扬旗发铳，令水则各闸齐平。实现了较大区域的统一调配水资源，综合治水。

历任地方官员"以治水为养民第一义"，接力治理，"元大德三年（1299年），诸闸岁无损坏，而知州韩国宝以治水为养民第一义，乃建周洋新闸，并修金清、永丰、黄望等闸。明洪武九年（1376年），命主簿孙斌修理诸闸。二十四年（1391年）又派人筑，并有增置。永乐十二年（1414年），通判陈岩加修"。以后各代，屡有修建，故新河境内，闸桥成群，水利备兴。

闸桥群以麻糍闸结构最为复杂、古朴。据《光绪太平续志》载："朱文公建。俗传桥石将断，仙人以麻糍粘之"得名。桥闸合一，东西走向，桥面长约17.55米，宽3.68米，两孔跨度均为4.60米。桥墩厚1.59米，长5.59米（包括分水尖）。闸槽宽180毫米，深110毫米，闸板长4.78米。桥墩比例硕大，仿木构，有宋代遗风，桥墩条石砌筑，分三段：下层较大，用船型墩，南北均设分水尖，中部前后内收，为矩形石墩，前后立面隐砌方形石柱与蹲形柱础，上顶单斗只替，托重拱，每侧每级共设6拱，向东西挑出1080毫米，拱顶压横条石，开有槽口，托垫木之用，侧面加工成斗形，承托桥面板。两侧桥台依河塥而设，石壁墩式，与中墩构造相呼应，因高度降低而简略；前后与八字形金刚墙相接驳岸。每孔桥面由2块桥梁和4块桥面板组成，桥梁宽300毫米，厚470毫米，长4.74米，桥面板宽590～615毫米，厚210毫米，桥面中部设活动桥板，用于启闭闸板。石活用蛎灰粘结，桥面条石用铁水浇筑的银锭榫连接。

中闸、北闸为朱熹所建六闸中的两处，分别位于新河镇中闸村、北闸村，北闸二孔，中闸三孔，构造相近。以中闸为例：南北走向，桥面长约22.2米，宽3.97米，中孔跨度为4.64米，南、北孔跨度为3.75米。桥墩分两段，下方前后设分水尖，上部为条石伸臂梁式结构，共挑出665毫米，桥墩每侧设10拱，仿木拱叠涩悬挑，拱顶压横条石，侧面錾为斗形，开有槽口，承托木之用，上承桥梁，桥墩厚1.55米，长约5.03米（包括分水尖）。闸槽宽180毫米，深110毫米，闸木长4.85米和3.95米。桥台为石壁墩式，后砌翼墙。每孔桥面由2块桥梁和4块桥面板组成，桥梁宽300～390毫米，厚300～335毫米，长2.08～4.14米，桥面板宽490～640毫米，厚260毫米。

下卢闸位于新河镇城北村瓜篓山附近，东西横跨小河，二孔，桥面长约17.84米，宽3.43米，净跨分别为4.15米和4.60米。桥墩为石伸臂梁式结构，做法与中闸相近。

新河闸桥群经唐宋罗适、朱熹选址建设，掀开了温黄平原水利史新篇章；历代维护尤勤，惠民千年，形成有机的水利网络，浙江境内实属罕见。

新河闸桥群经历了由埭到闸到闸桥结合的演变，见证了古代治水技术的发展轨迹，由单一的以蓄为主，到蓄泄兼顾，双向调济；从局部治理到区域治理，统一调度，说明了地方治理与管控能力水平的提高。

对区域地理环境水文规律的认识达到一定水平，特别是掌握了潮汐规律、环境演变的规律，创造出适合温黄平原特殊地理水文环境的治水经验与水利设施，沿用千年，发挥着巨大的作用。

新河闸桥群闸桥结合，以闸为主要功能，兼具陆路交通作用，用十分经济的手段，发挥着双重作用。

新河闸桥群保留较多早期水工建筑特点，如较早采用分水尖、船型墩、伸臂梁式等做法，同时保留仿木构建筑元素，如斗栱、槏柱、柱础等，历史信息丰富，对研究水工构筑物与宋元建筑，具有较高的价值。

六、古纤道

古纤道全长近百里（图7-1-12），与浙东运河堤岸平行，似"白玉长堤"，蜿蜒分布于运河上。纤道始建于唐元和十年（公元815年），清末民国初年水运被铁路运输取代，纤道功能渐废，维护不力，逐渐塌毁。萧山西兴至余姚牟山湖之间河道上仍断断续续保存部分段落，长则数公里，短则数十米，其中以绍兴前清、柯桥太平桥段、绍兴大滩段等保存尚好。

纤道，顾名思义是纤夫们躬行背纤挽船的道路，故唐宋时期称"运道塘"，明清以后称"纤道"。初为官府主持修建，后多民间捐资维修，始以土塘为主，明弘治年间"资以石"改为石板筑塘。据嘉庆《山阴县志》卷二十记载："官塘在县西十里，自西郭门起至萧山县共百里，旧名新堤，即运道塘。唐元和十年观察使孟简所筑。明弘治

图7-1-12　绍兴古纤道-太平桥

图7-1-13　古纤道题记

中，知县李良重修，资以石。后有僧湛然修之。国朝康熙年间，邑庠生余国瑞侣修，首捐资产，远近乐输万金，数年工竣。"随后，咸丰、光绪维修不辍，民国36年（1947年），更是成立"绍兴县修筑官塘委员会"专司对古纤道的保养维修。纤道的维修是巨大的工程，当地民间捐资修塘形成传统，有钱的捐修数里，钱少的捐一仓一石；一代代接力，守望相助。清同治年间（1862~1874年）重修《纤道桥碑记》云："自太平桥至板桥止，所有塘路以及玉、宝带桥计贰百八十一洞。光绪九月八日，乡绅士章文镇、章彩彰重修，匠人毛文珍、周大宝修（图7-1-13）。"

纤道分两型：单面靠岸、双面临水。前者为实体河堤塘路合一，河堤上铺毛石板，增加摩擦力，便于纤夫负重砥砺前行；后者为特长型石礅石梁桥。太平桥位于柯桥与板桥之间，现存长度879.4米，约281孔，分两段：一段全长386.2米，由115跨石墩石梁桥构成，一段全长近500米，每组由高拱石桥与低梁桥组合，大部分以低跨平梁桥为主，高出水面尺余，一般净跨约2米左右，桥面用三块石条拼成，宽1.5米，桥墩用粗糙条石干砌，偶尔有一两跨略高的平桥或拱桥，可通小舟，方便纤道内外船只往来，如古纤道东端第45跨较高。桥面上隔一定距离原有茶亭，民间善人舍茶掌灯，供纤夫路人歇脚避暑，现多已塌毁。

纤道顺运河延伸，遇大的渡口庙宇或集镇城市，会建丁字形或十字形桥梁，连接两岸，方便纤夫旅人过往。太平桥是横跨古纤道、连接两岸的典型十字形桥梁，建于清咸丰八年（1858年），由一孔石拱桥与八孔石梁桥组成。拱桥高耸，紧邻南岸，纤道穿越桥拱，行船、拉纤与过河均可同时进行。梁桥呈阶梯状降低向北岸延伸。

第二节 石拱桥

一、古月桥

古月桥地处义乌雅治街村外西龙溪拐角处（图7-2-1），呈东北—西南走向，横跨龙溪上，紧邻义乌通东阳的古道上。清嘉庆《义乌县志》中记载："大桥：县南四十里，一洞高二丈，广丈余，修亘五丈，跨龙溪之上，去野墅西里许。"桥临古道，通往野墅，即明代"野墅市"，民国前属二十五都，处义南与东阳的交通要道，两县村民商品交易活跃。该桥未见更多的史籍记载，当地民间相传为南宋工部侍郎、邑人徐侨（文清公）所筑。

古月桥单孔五折边石拱桥，全长31.2米，桥面宽4.5米，跨度15米，矢高4.15米，两侧引桥长8.1米，引桥坡度平缓。桥台及左右河墩用条石、卵石驳砌，桥基由粗大的条石砌筑，承重石拱直接架设在桥基上，自拱脚用条石板砌筑金刚墙。拱圈采用纵联分节并列砌置，与后世折边形拱做法不一，更多地保留汴梁虹桥木拱桥遗风，用六道条石肋拱平行排列，拱与拱之间用四道横锁石，横锁石长约4.75米，宽0.58米，高0.30米，两侧肋拱嵌入横锁石，靠粗糙的榫卯连接，形成桥梁整体受力与框架结构，肋拱以上用规格不一的长方形石板横铺，形成弧形平坡桥面，表面用灰砂和块石填缝，防止雨水渗漏，减缓石梁风化。桥面两侧设有宽0.5米、高0.4米的压栏石。十分可贵的是在东南第三行肋骨拱最外侧石梁上刻有"皇宋嘉定癸酉季秋闰月建造"题字，阴刻楷书，记载了该桥建于南宋嘉定六年（1213年），是我国至今发现最早有确切建造年代的折边形拱桥，为鉴定同类型的桥梁提供了实物依据。古月桥采用五边形肋骨拱，拱骨之间填以块石的做法，与明清时期的密排折边拱壁不同。折边形拱券结构肇始于汉代，滥觞于两宋，并在此时大量运用于桥梁建筑中，著名宋画《清明上河图》中的虹桥即为木构折边形拱券的拱桥。此后这类拱桥就被密排折边拱壁的拱桥所代替而逐渐消失，仅在浙江绍兴一带以及浙南、闽北地区有所保留。胡桥是目前所知时代最早的肋骨拱拱券结构的折边形石拱桥，对研究我国古代桥梁的类型及其演变具有重要的意义，具有很高的历史和科学研究价值。

二、寿昌桥

寿昌桥又名上渚桥（图7-2-2），为单孔石拱桥，位于德清县三合乡二都村。据明嘉靖《武康县

图7-2-1 古月桥

图7-2-2 德清寿昌桥

图7-2-3 德清寿昌桥桥面

志》记载:"寿昌桥,宋咸淳间邑人姚智建。"该桥用武康石砌筑,通体褐色,造型古朴,气势雄伟。

寿昌桥全长35.2米,顶宽2.8米,坡脚宽3.5米,矢高7.19米,单孔净跨17.5米。桥墩金刚墙用块石水平错缝砌筑,逐层收分,使之坚固稳重。桥拱拱券分节并列砌置,共11节,每节三弧形条石,每块条石长约2.3米,厚约0.4米,宽约0.5~1.3米。拱券底宽3.75米,顶宽2.5米,收分较大,使整座桥横剖面呈梯形。桥顶部用长约1.5米、宽约0.4~0.7米石板平铺,无定心石。桥面两坡用阶梯踏跺上下,每侧踏跺13级。仰天石每块长约3米,厚约0.3米,宽约0.7米。栅阶每阶间隔0.3米,长约0.3米,突起约0.04米,宽约0.1米。仰天石下的压券石贯穿整桥,外缘饰乳钉纹,乳钉直径约0.08米,两端各饰卷云纹。两侧设桥栏,实榻须弥座式(图7-2-3),以厚0.25米、高0.48米的条石凿成,桥栏两端尽头用抱鼓石固定。共用12根望柱,柱高0.75~0.9米,宽0.2~0.3米,厚0.24~0.27米。均为方柱圆头,柱头雕仰覆莲瓣。每根望柱下的金刚墙上,均有伸出金刚墙的半圆形长系石,共2对4块,左右对称,略呈梯形。金刚墙隐砌一对明柱,明柱上无字迹。桥正中券脸石上,自左至右阴线双钩楷书"寿昌"二字。在拱圈内侧由下往上第四节中间的券石上,镌有宋元风格的图案,中有题记,惜风化严重,字迹大部漫漶不清。

三、惠德桥

宁海惠德桥,俗称四狮桥(图7-2-4)。桥小地偏,疏于记载,年代失考,长年静卧于长街镇的

图7-2-4 宁海惠德桥

西岙村口山脚之西岙溪上，为青藤杂草覆盖，在北侧正中，有采用双线阴刻的"惠德桥"三字。从建筑风格看，却保留宋代作法，鲜有扰动，实属难得。

惠德桥为单孔薄拱石拱桥，桥长11米，桥面宽4.34米，净跨6.95米，矢高3.38米，拱券弧心角为176.8度。[①]桥台沿河岸砌筑，因河道淤塞，桥台与桥基构造不明。惠德桥拱圈结构特殊，采用四道分节并列券，两券之间相距74厘米，券与券中间用长方形块石平行排列填平。两侧金刚墙用大块条石砌筑，与拱脚垂直部位上端压长系石，出头雕狮头，故俗称"四狮桥"；立柱位于长系石外侧，上承压栏石；桥面弧形，坡度平缓，由两侧压栏石、桥中长条石与前后长系石构成"田"字形框架，内填六块长条石板，相互间用燕尾槽扣实，形成整体。桥面两边设望柱桥栏，现存4个望柱，柱头雕覆莲，望柱之间设实榻须弥座式栏板，高47厘米，厚22厘米，随桥面弧形弯曲，用素面云纹抱鼓石收尾，抱鼓石颜色、材质与桥栏、拱券石不一，疑为后改。西边桥堍尚残存三级块石踏步，东面桥堍因路面抬高无法确认是否存在踏步。在北侧锁拱正中，采用双线阴刻的"惠德桥"三字，至今仍依稀可辨。西岙村历史悠久，晋代已见诸文献记载，南宋右承相叶梦鼎、淮浙转运使郑霖、国子监祭酒周成童、翰林学士王良宠等出自同村并同朝为官；据《光绪宁海县志》记载，叶梦鼎致仕后，曾在距西岙不远的上宅建造归锦桥；郑霖捐资兴建横跨胡陈港的登台桥，是宁海古代最大的桥梁工程，史誉"瓌名茂德，为世津梁"。里人捐资造桥蔚然成风。惠德桥虽无确切纪年，但该桥拱券结构独特，大部分构件保存较多早期特征与宋元风格，根据方志记载的相关历史信息推断，建于宋元时期的可能性最大。

四、光相桥

光相桥位于绍兴市城西北部环城北路内侧（图7-2-5），横跨城河，分别与上大路、下大路相接。因桥邻光相寺而得名。《嘉泰会稽志》记载："光相桥"。桥上望柱题刻："隆庆元年（1567年）吉日重修"。杜春生《越中金石记》收录"光相桥题记"："古有光相□□颇祀妨碍经行今自备已资鼎新重建光相洞桥以图永固时辛巳至正元年闰五月吉日上虞县石匠丁寿造"。综合文献与题记等历史信息，光相桥应建于南宋嘉泰元年（1201年）以前，元至正元年、明隆庆元年、清乾隆、嘉庆年间屡有维修，1982年绍兴文物处整修，2013年5月国务院以"绍兴古桥群"之名，将八字桥、光相桥等13座代表性桥梁公布为全国重点文物保护单位。

光相桥为单孔石拱桥，全长29.55米[②]（一说：30.28米，净跨8.5米，宽6.9米），拱高4.2米，净跨8.0，宽6.0米，拱券条石砌筑，用分节并列砌筑，尚存早期分节并列券的遗风。接近半圆拱，在拱肩部设横系石一对，出头两端分别雕兽头；拱券石上镌刻莲花座图案，内刻"南无阿弥陀佛"、至正题记等。桥身金刚墙用大块条石错缝砌筑，分别设置长系石、天盘石及明柱各一对，桥面两坡用踏步21级，踏步两侧用垂带，每面设望柱6根，分别夹设须弥栏板，望柱头雕覆莲，少数原构件古朴厚重，有宋元遗风；大部分栏板望柱经后代维修，按原样替换。

图7-2-5 绍兴光相桥

五、广宁桥

绍兴广宁桥位于绍兴越城区广宁桥直街东段（图7-2-6），横跨漕河，与著名的八字桥遥遥相望。此地原本无桥，乡人集资建桥，百姓广受其惠，故名广宁桥。据《嘉泰会稽志》卷十一桥梁载："在长桥东，漕河至此颇广，民居鲜少，独士人数家在焉，绍兴中有乡先生韩有功复禹为士子领袖，暑夜多与诸生纳凉桥上……桥上正见城南诸山也。"说明该桥建于南宋嘉泰以前，明万历二年（1574年）重修，桥北端西侧立有《重建广宁桥记》石碑一通，桥身有万历二年题记足以为证。

广宁桥全长60米，桥南长25.30米，用16级踏步，北侧桥长26.30米，共用20级踏步，桥宽5米，净跨6.10米，为单孔七折边形石拱桥。拱券为纵联分节并列砌筑，拱券顶部高浮雕"鲤鱼跳龙门"、"金龙伴玉兔"等六幅圆形石雕，桥墩伸入河床，用大型条石砌筑。纤道绕桥身穿桥洞两侧挑出，纤夫长年负重背纤从桥下通过。广宁桥坡度平缓舒展，金刚墙用大块条石砌筑，用长系石2对，对联石每面4根，对联石之间金刚墙内进近20厘米，桥身刻有捐资者题刻。《绍兴县志余辑》对广宁桥有较为详细的记录："（广宁）桥，方向东西，一圆洞，高三四丈，长十余丈，桥面广度为二丈，上有石栏甚坚，有碑亭，是越中大工程。"

图7-2-6　绍兴广宁桥

六、恩波桥

恩波桥又名永济桥（图7-2-7），位于富阳城关镇，东西向横跨富春江支流苋浦。苋浦，是富阳皇天畈区域重要的河网水系，呈扇形覆盖富阳城

图7-2-7　恩波桥

郊，全长57米，宽6.2米，敞肩式石拱桥，采用三大孔两小孔构造，计14.0米+15.7米+14.0米，小孔净跨2.4米。③采用江南地区较为少见的厚墩敞肩半圆拱（图7-2-8），是目前保存明代中晚期结构独特、规模较大、文物价值较高的石拱桥。

桥梁敦实厚重，高大壮观，跨越水流湍急近50米宽的苋浦，桥身用条石错缝砌筑，三孔两墩，桥墩用长条石砌筑，带分水尖。两座桥墩墩台上部各用条石砌筑敞肩半圆拱，用于洪峰泄流，主拱用纵联分节并列券，分七节。金刚墙条石错缝砌筑，桥面用块石铺墁，呈缓坡弧形，便于行人车辆通行。两侧设望柱栏板，望柱栏板为不同时代遗物并存，造型各异，高低略有不同，有雕刻垂莲、莲蓬、芙蓉及狮子等。望柱之间用实榻素面青石板，正中栏板镌刻"恩济桥"。

据明万历《富阳县志》：桥旧名苋浦，初为木桥，明嘉靖四十四年（1565年）县令施阳"得以石易木，整固宏壮，左右加以石栏，为一县之冠"。清光绪《富阳县志》记载更为详细：恩波桥，始建年代不详，宋太平兴国九年（公元984年）圮。治平二年（1065年）邑人孙道长重建，改名"通济"。

图7-2-8　富阳恩波桥拱券

绍兴四年（1134年）县令王衷重修，更名"惠政"。嘉定间县令程珌于桥下放生，改名"恩波"。明嘉靖四十四年（1565年）县令施阳得以石易木，改建为石桥。清顺治、康熙年间两度重修。

七、广济长桥

广济桥位于塘栖镇广济路北端（图7-2-9），一桥飞架，南北向横跨京杭大运河，连接塘栖繁华的水南街、水北街。

图7-2-9　余杭广济长桥

据清光绪《唐栖志》卷三"桥梁"载："通济长桥在塘栖镇，弘治二年（1489年）建。"又"弘治间鄞人陈守清募建，桥计七洞。嘉靖庚寅（1530年）桥裂，里人吕一素捐金修。丁酉（1537年），复舍金重修。万历癸未（1583年）、天启丁卯（1627年）及清康熙乙巳（1655年）屡圮屡葺，辛卯（1711年）北塊又圮，吴山海会寺朱皈一与如意庵僧大生募建，甲午（1712年）十月竣工"。广济桥为七孔实腹拱，采用薄墩薄拱联拱结构，是基于江南水网地带软土地基而发展起来的拱桥技术，构造科学，成本经济，造型美观，具有很强的地域性和独特性。拱券采用纵联并列分节砌置法，全长89.71米，计5.33米+8.23米+11.65米+15.80米+11.65米+8.23米+5.33米④，中孔高13.65米，跨度最大，孔径高敞，便于通行较大的船队，以中孔为轴，左右对称，向两侧依次递减，可满足不同大小的船只通行需要，逐渐减低桥面坡度，便于行人过桥。主孔拱圈分七节，每节由11块并列长条石组成，节与节之间贯以通长长条石（龙筋石）用榫卯联结。拱券两侧各置一道长系石，出头分别减地浮雕如意或宝相花等图案，长系石下设对联石柱，下雕莲花图案；每道拱券上加一道伏券石，上下券石之间横贯龙筋石。桥墩采用松木桩基，上承石水盘、分水盘（长桩帽）条石基础，逐层扩大面积扩大受力。沿桥墩上下游约40米河道内密打松木排桩，加固河床，保护桥墩。桥面两端宽9米，顶宽5.24米⑤，收分明显，桥芯千斤石中部减地浮雕圆形牡丹团花，四角留有柱洞，当有桥亭，供行人歇息。两坡各用80级踏步，台阶上刻有网纹，防止雨天路滑。桥面两侧设望柱栏板，桥面东侧设31根，西侧用32根，望柱头雕饰覆莲；望柱之间用实塌素面栏板，栏板两端用卷云纹抱鼓石固定。两侧山花墙用长方形花岗石块石错缝砌筑，广济桥拱券券石上刻有大量善男信女捐资许愿题记，反映了当地民间募捐修桥积德行善之风俗，对研究塘栖明清时期社会经济状况具有参考价值。

广济桥屹立大运河上近五百年，造型优美，"长桥月色"更是堪称一绝，在清时即被誉为栖溪十六景之一。诗人吴钟琰曾作"溪河夜泊"，云："市门相向锁长虹，画舸奔云趁晚风。箫歌声喧春梦查，两廊灯火映溪红。"光绪《唐栖志》记载："唐栖官道所由，风帆梭织，其自杭而往者，至此少休；自嘉秀而来者，亦至此而泊宿，水陆辐辏，商家鳞集，临河两岸，市肆萃焉。"清曹屺《栖水文乘》记载："栖里（指塘栖）自张士诚开浚大河，风气未聚。得建此桥，然后行旅无褰裳之苦，间阎有锁钥之依，渐成名镇。"光绪《塘栖志》也载："明设县佐驻此，实官道舟车之冲。市帘沽旗，耀映溪泽。丝绣粟米于此为盛，此镇宋时所无，而今为市镇之甲，亦于此为盛。""河开矣，桥筑矣，市聚矣。"⑥依托大运河，经明清持续稳定发展，塘栖发展成与苏州盛泽、嘉定枫泾等齐名的江南十大名镇。

八、拱宸桥

拱宸桥位于杭州大关以北（图7-2-10），横跨京杭大运河下塘河上，明清时期成为大运河进入杭州的地标性建筑物，成为该地区经济、文化迅速发展的历史见证。拱宸桥全长97.94米，为三孔石拱桥，计11.9米+15.8米+11.9米。中孔高16米，略大于半拱，拱券石为纵联分节并列砌筑，采用薄墩薄拱，主孔边孔高度相差较大，通航半径大，是杭嘉湖平原水乡软土地基通航河道上通常采用的拱桥

图7-2-10 拱宸桥边的运河景象

图7-2-11 拱宸桥拱券与金刚墙

类型。主孔可通过轮驳船队，边孔可通行较小的船队。桥身坡度较大，两坡设踏步，桥身用细条石错缝砌筑，桥面顶宽5.9米，两端桥堍宽12.2米，平面呈喇叭形，收分明显，结构稳定（图7-2-11）。

元明时期，拱宸桥一带人烟稀少，"为丛葬之地"。元代开杭州塘取代上塘河为江南运河主河道，过往船只大幅度增加，这一带成为杭州北部重要集散码头，服务于航运的各种服务业迅速集聚，促进了沿线经济发展，周围人口迅速增加，为方便两岸交通，公元17世纪中叶（明崇祯四年，1631年）兴建拱宸桥。从此，受到地方政府与社会民众的精心维护及时修缮；康熙、光绪年间两次大修；2005年杭州市政府再次出资维修。如今拱宸桥保存了这四个时期的历史信息，仍在发挥城市交通作用。

拱宸桥采用适宜江南软土地基条件下的薄拱薄墩，减轻桥身自重，适应本地区的地质条件；采用柔性墩基础，拱券与石柱、长系石构成框架体系，结构稳定，石材坚固，经济耐用；采用高拱型石桥（陡拱），桥下通航净空大，利于大货运量的船只通航，并且拱脚推力小。大跨度石拱桥的修建，代表了我国古代高超的桥梁技术，印证了《国际运河名录》中关于中国古代高拱石桥的记载。

九、长虹桥

"虹影卧澄波，登高供远瞩，南浮越水白，北接吴山绿"，长虹桥因远望如长虹卧波而得名（图7-2-12）。桥东西向横跨京杭古运河，精工构造技术反映了中国清代江南地区的工程技术水平，是中

图7-2-12 长虹桥

国工程技术发展的一个历史标本;轻盈秀丽的造型是反映江南水乡文化特征的重要实物例证;大量文献记载,清晰的历史演变过程,记录了丰富的历史信息,是大运河进入江浙的标志性建筑。

长虹桥地处嘉兴王江泾镇一里街东南200米,桥面水平长度72.8米,是江南水乡的软土地基上现存较大规模的拱桥,在中国桥梁史上具有重要地位。采用三孔实腹薄孔薄墩拱,计9.3米+16.2米+9.3米,中孔矢高10.7米,东西边孔拱矢高7.2米。拱券用纵联分节并列砌筑,中孔分九节,边孔七节,主孔拱券两侧各用天盘石、长系石一对,次孔靠中孔用长系石一,另一侧用长系石与天盘石各一;水平贯穿桥身,伸出桥身,端部加工成圆弧形,分别雕刻如意、卷草等图案。纤道自闻店桥逶迤穿越桥孔,东侧一度设轮船停靠码头。近桥墩附近上下游河道密打松木桩,加固河床,防止水流冲刷。

桥面两端宽4.9米,中央渐收,东西两坡有踏步57级,米黄色花岗石条石砌筑,桥心千斤石浮雕云纹。两侧桥栏用实塌内弧形长条石霸王靠,弧形流畅,敦实厚重,可供行人小憩。每侧用16块素面栏板,石板之间不设望柱,仅用榫卯与糙面相接而成,东西栏板各两端用抱鼓石收头。桥身用花岗石条石错缝叠砌,桥身每侧各设6根对联石柱,均刻有楹联,楷书阳文,南面桥联:"劝世成善,愿天作福";"淑气风光架岭遥登彼岸,洞天云汉横梁稳步长堤"。北侧桥联:"千秋来庆,万古长龄";"福泽长流物阜民安国泰,慈航普渡江平海宴河清"。南侧中孔顶部桥额"重建长虹桥",两边饰莲花纹饰。

王江泾镇是吴江入浙水路咽喉,相传春秋末,吴在此筑设襄城以御越,吴越激战于此。宋代以闻川市著名,元时因王、江大户兴起,改称王江泾，鼎盛于明中期，"其市愈盛"。⑦长虹桥彰显了王江泾明清经济繁荣，文化昌盛：明万历三十九年（1611年）至天启元年（1621年），嘉兴知府吴国仕建长虹桥，清康熙五年（1666年），嘉兴知府王鏛率里人朱麟世、张应麟等重建。嘉庆十七年（1813年），里人唐秉义、谢丕勋、陈嗣昌等募资重建。咸丰庚申之乱，毁桥栏石，光绪六年（1880年），唐佩金捐修。清钱仪吉书《重筑长虹桥碑记》，《虹桥画舫图》（清咸丰六年，1856年）描绘了当时长虹桥及运河周围的繁盛景象。⑧

十、金清大桥

金清大桥又名寺前桥（图7-2-13），位于浙江省温岭市新河镇披云山南，横跨金清港，故名。金清港宽水深，船只密集，为温岭主要航运排涝河道，贯通泽国镇、松门等镇，连接椒江、路桥等地，是台州重要的海运港口；一桥飞渡，连接两岸街巷。"海口锁钥，往来冲要，通县之桥，以此为巨"。⑨

金清大桥最早见诸于明嘉靖《太平县志》，仅载："寺前桥，在净应寺前。"⑩未载规模、构造等其他信息。乾隆四十年（1775年），绅士李粲英、金兑玉、蔡良蔚等竭力募建金清大桥，费数千缗，知县李汝麟记之。嘉庆初年（1796年），改平桥为拱桥，蔡翔翰、陈见山、蔡友多等重募造之。知县舒其绍有记。金清大桥长约64米，五孔不等跨圆弧石拱桥，⑪中孔净跨15.4米，第二、四孔12米；两边孔8.4米；桥面净宽4.15米，拱券为条石纵联分节并列砌筑半圆拱。桥墩厚薄适中，用花岗石条石错缝砌筑，每墩均用明柱、长系石，长系石出头雕兽头。桥面纵剖成波浪形，拱顶处略高，桥墩处较低，随拱券高低起伏，"主要为减少亏工数量，减轻基础荷载。"⑫桥面每孔用长条石板铺砌，拱顶用方形千斤石，中心浮雕莲花水禽；次孔龙门石浮雕花鸟。桥面两侧设石雕栏板，每侧施望柱28根，望柱头分别雕狮子、仰覆莲、莲蓬。栏板分两式：一种为单勾栏，荷叶净瓶栏板，浮雕各种图案；另一种用整块石板为栏板，浮雕各种花卉动物，桥栏两端用抱鼓石，造型生动，工艺精湛。

桥塊两端各设桥亭（图7-2-14、图7-2-15），平面进深面宽均为3.76米，石柱木梁，外檐斗拱补间施两攒，四角攒尖顶，檐下悬匾，南为"人无病涉"，北"水不扬波"。大桥南侧为寺前街，北侧为寺前桥街，为"一河一街"格局。民居夹河临街而建，前店后埠，货物进出便利；楼下开店，楼上住人，经济紧凑，反映了小镇以家庭作坊为主的商贸特色。

当地民谚"新河所，所四门，门门走马。寺前桥，桥五洞，洞洞行船"，一语道出金清大桥的特点：该桥地处潮汐水文条件复杂的内河入海口，河宽浪急，结构科学，规模颇大；洞洞通行船，桥随拱起伏，巧妙地兼顾水陆航运交通；石作规整严密，雕刻传神，工艺精湛。

图7-2-13 金清大桥

图7-2-14 金清大桥桥头建筑空间

图7-2-15　金清大桥桥亭

十一、双林三桥

湖州双林塘穿镇而过，在相距150米的双林塘上自西向东并列分布着万魁、化成、万元三桥（图7-2-16），跨河而建，如三道长虹卧波，在如此近距离内接连建三座规模如此之大的石拱桥，可见当年双林镇人口密集，经济发达。双林，早在距今三四千年前的新石器时代晚期，就有先民在此繁衍生息；汉唐时期已成聚落，名东林；南宋，北方商贾随宋室南迁定居于此，又名商林。明永乐三年（1405年）与西林村合并而名双林镇。明清时期，以盛产绫绢遂成江南水乡商埠巨镇。东、西市河穿镇而过，沿河分布米行埭、港北埭、西荡埭、坝桥埭、木匠埭、油车弄、财源弄、九思弄以及永平里、天成里、陆府前等街巷，人口密集。据《东西林汇考》记载，双林曾有桥梁125座，其中宋代4座，元代1座，明代13座，清代35座，现虽湮废过半，镇区仍存21座之多，除尚存的望月、虹桥、金锁、耕坞、永丰、镇安、积善等桥外，以镇北万元、化成、万魁三桥最为著名，一水之上，三桥并列，万魁桥与化成桥相距50米，化成桥与万元桥相距100米，三桥鼎峙，均为三孔薄墩薄拱实腹石拱桥，墩孔比约为0.064。[13]

图7-2-16　双林三桥分布图

图7-2-17 双林桥拱券结构

图7-2-18 双林三桥望柱石狮

图7-3-1 奉化广济桥桥墩

万魁桥清康熙乙酉年（1762年）重建，乾隆癸丑年（1793年）续建竣工，全长51米，桥面宽3.67米，中孔净跨11.9米，拱矢高6.72米，次孔净跨7.15米，拱矢高4.32米。

化成桥为明嘉靖年间建（1522～1566年），万历、崇祯年间后修，清乾隆四年（1739年）重建，全长46.6米，桥面宽4.3米，中孔净跨12.15米，拱矢高6.23米，次孔净跨7.64米，拱矢高3.85米。

万元桥清道光庚子年（1840年）重建，全长53.5米，桥面宽3.5米，中孔净跨12.6米，拱矢高6.19米，次孔净跨7.6米，拱矢高4.32米。

双林三桥体量接近，造型一致，结构相同，俗称姐妹桥，是浙北水乡最重要的古代石拱桥，是双林古镇的文化地理标志。

第三节 廊桥

一、广济桥

广济桥（图7-3-1），在奉化市东北江口街道南渡村，横跨奉化江上。此地历史上是温台通达宁绍的重要驿道。桥始建于宋初，始建为土桥，后改成木桥，南宋绍熙（1190～1194年）再改为石桥，并覆以廊屋。方志记载，桥在"县北二十五里，俗名南渡桥，在市中。皇朝建隆二年僧师悟始建土桥，其后邑士徐覃易之以木。皇佑中令王泌重建，长三百尺，阔三丈，高视阔倍之，中圮。绍圣四年主簿李肃重建，久复圮。绍熙改元，邑人修职郎汪伋捐己资又新之，甃两岸俱立石柱，布板其上，覆以厦屋，高广坚丽，履之如平地，望之若晴虹，乃潮生潮落，舟人率舣缆于此。"⑭元至元二十三年（1286年）重建，在桥墩的石柱上有"至元廿三年岁在丙戌四月廿九日乙丑甲时重建"等题记（图7-3-2），明、清时期几次修缮。桥上还保存数方石碑。桥为石梁柱式结构（图7-3-3），上部覆15间廊屋，全长51.68米，宽6.6米。四孔五墩，桥墩用6根条石立柱及其上的横锁石构成。桥墩之间架原木纵向木梁，上面铺木板，建木构的廊屋21间，

图7-3-2 奉化广济桥题记

图7-3-3 奉化广济桥廊屋梁架结构

廊屋构架为五架梁带左右单步，构造简洁。廊屋经历代修缮，现为清代遗构。广济桥为浙江现存最早的木石结构廊桥。

二、如龙桥

如龙桥在庆元县举水乡，横跨举溪（图7-3-4），呈南北走向，始建于明天启五年（1625年），桥长28.20米，拱跨14.10米，桥宽5.09米，拱高6.80米，采用浙南闽北山区常用的木拱廊桥（图7-3-5），共用13排拱骨，分为两套系统，交替组合。第一套系统为三节苗，两端开榫，插入大牛头锚固，用材粗大；第二套为五节苗，用材相对略细，插入小牛头，拱脚上枕方木，固定拱脚，向上立柱，直通桥面，为桥头廊屋的柱子，作用十分关键，起连接桥拱与廊屋、稳定整座桥梁的作用。大小牛头上立排柱，撑托地梁，既是廊屋一榀梁架的基础，固定柱子，又是承托桥面板的横梁；桥面建廊屋9间，用四柱七檩五架梁带前后单步廊，中间行路，两廊设凳，供行人小憩。廊北端累石为台，建方形三重钟楼；南接桥台重檐歇山桥亭，桥廊不长，但立面轮廓高低起伏，错落有致，造型丰富。桥头及桥中间用重（三重）檐歇山顶，檐口及梁架施斗栱（图7-3-6）。当心间北侧廊设神龛，祀奉大禹神主，神龛上方悬匾"如龙桥"，遒劲有力；当心间随脊枋上有"明天启五年岁在乙丑四月十二月乙丑谷良旦吴门从新修造"等二十五字墨书题记。整座桥檐柱外侧用风雨板，为行人遮风避雨，保护木构免遭风雨侵蚀。风雨板上每间上层开窗孔，有桃形、扇形等，用作通风采光。

如龙桥具有确切纪年，是我国现存最早的具有虹桥遗风木拱廊之一，是研究此类廊桥传播演变的重要实物史料；在桥廊不足三十米长度内，建有高低错落的廊、阁、楼，并与木拱架连成整体，结构复杂，反映了古代桥工高超的施工技术与组织能力；亭廊楼阁平面变化灵活，大木构架穿插自如；斗栱造型丰富，特别是45°斜拱，江南较少使用，是我国现存木拱廊桥中不可多得的典型范例，具有很高的历史、艺术和科学价值，2001年被公布为第五批全国重点文物保护单位。

更为庆元难得的是举水乡月山村，自古就浙闽通衢，有古道通往闽北寿宁、福安、政和以及本省的平阳、泰顺等地；沿古道交通繁忙，商铺林立，带动经济发展，明末至民国初年曾升为"逢源镇"、"举水市"；吴氏人口繁衍，崇文尚礼，景宁潘云著

图7-3-4 庆元如龙桥

图7-3-5 庆元如龙桥拱架

图7-3-6 庆元如龙桥廊屋斗栱

文"采风问俗……必首推吴氏而以东庄为最"。邑侯关学优赞为"濛州第一庄",一个小小的月山村名列仕籍者多达200余人,村内古迹众多,因地处古道,环村两华里的举溪上尚存古桥4座,密度之大,十分少有;有吴文简祠、圣旨门等重点文物保护单位;历史环境与氛围浓郁。

三、普济桥

普济桥建于松阳县玉岩村南,掩映在茂盛的风水林下(图7-3-7),形成村落层次丰富,独具魅力的水口景观,寄托着村民们的风水观念;溪流飞溅,古桥飞架,"溪桥避雨"成为玉岩十景之一,清杨光淦的诗生动的描述:"黑云翻墨乍遮山,赖有村桥屋数间。大雨挟风如注镞,坐看溪水涨前湾。"

普济桥,始建于明正德年间,屡有修缮,明清遗物并存。长桥飞跨大源坑,东西走向,为双孔石墩双向伸臂式木梁廊桥,桥长26.5米,宽5.5米,孔跨6.5米。河岸用卵石砌筑,桥台与河岸齐平,用条石丁顺错缝砌筑,有意加固,以承荷载。双孔,设一船型墩,用条石丁顺砌筑分水金刚雁翅墩,迎水面分水尖高挑,桥墩宽3米,石墩上纵横累木五重,左右悬挑木梁两层,上承木梁7根,大梁上置方形枕木承托桥板。桥面上建廊屋,通面阔25.9米,九开间,用四柱七檩五架梁带前后单步梁(图7-3-8),桥头面宽三开间,略大于其他开间,单檐檐歇山顶。明间亭阁重檐飞椽,四根金柱伸出屋面,正立面金柱之间用丁头栱和一斗六升上托额枋、平板枋,平板枋上施平身科四攒(山面平身科施三攒),柱头科各一攒,外拽为七踩双翘单下昂偷心造,内拽为七踩"卍"字栱,上承天花(图7-3-9)。明间檐柱施丁头重栱和十字栱,承托挑檐檩,其他开间用简化的斜撑承托挑檐檩,屋面覆小青瓦。廊内两边设木护栏、长凳,供行人休息,

图7-3-7 松阳普济桥

图7-3-8 松阳普济桥梁架

图7-3-9 松阳普济桥藻井斗栱

图7-3-10 泰顺北涧桥

外设挡雨板，保护桥面及大木构件阻挡风雨侵蚀。

普济桥伸臂梁桥，丰富了浙南廊桥类型；具有确切的建造年代，保留明代斗栱、月梁等遗构，对研究古代桥梁与建筑演变具有重要的史料价值，2013年公布为全国重点文物保护单位。

四、北涧桥

北涧桥位于泗溪镇下桥村，两溪交汇处，因桥跨北溪之上（图7-3-10），因故得名。始建于清康熙十三年（1674年），嘉庆八年（1803年）修建，道光二十九年（1849年）重修。[15]桥长约50米，宽5.2米，拱跨31米，[16]为木拱桥，采用浙南闽北常用的"蜈蚣桥"两个结构体系，第一系统五节苗并列八组木拱，第二系统三节苗并列九组木拱，两组穿插交替使用，分别用四个小牛头和两个大牛头，联系并固定木拱；牛头上立排架，支撑桥面结构与重量，排架上顶横梁为桥面廊屋的地梁，桥屋梁架立于其上。廊屋21间，用柱84根，每缝梁架用四柱，最大跨空用五架梁带前后单步，联系金柱与檐柱的穿插枋挑出较大，上端立短柱，承托挑檐檩，加大出檐，遮挡雨水侵蚀桥身木构。桥内中部三间为重檐歇山亭阁，亭阁后廊正位设神龛（图7-3-11），每间两侧用隔扇，中部用壸门，其上悬匾。檐柱外侧设素面桥栏板，栏板以下用挡雨板，遮风避雨，保护拱骨；桥面铺设一寸厚木板两层，桥东首地势较高，村民视为"桥头"，有台阶16级，从溪傍渡口拾阶而上，接村道，穿桥而过；西为"桥尾"，地势较低，有踏步26阶。桥头两端设单檐桥亭，平面呈"工字形"，用歇山顶，山花迎面。北涧桥既是下桥村水口要津，历来为古渡，桥下有埠头，埠头一侧还有一条与北涧桥平行的提梁桥；又是连接村内村外的要道，商旅不断，两端沿桥头廊屋各建有一组错落有致的楼屋，一层为店铺，为过往行人提供服务，二层为店家居住，桥头古树参天，村民闲暇时，便在桥头休憩，聚首闲聊，买卖交易。

北涧桥，曲拱如虹，一桥飞架青山碧水之间，桥亭飞檐走兽，如飞如翚，红桥黛瓦，绿树掩映，倒映北溪，相互辉映，构成一幅层次丰富，乡土气息浓郁的生活画卷。

五、永和桥

永和桥，位于龙泉市安仁镇（图7-3-12），历来是浙闽商旅必经之路。永和桥初建于明成化年间（1465~1487年），原名"永宁桥"，由里人刘养怀、项舜恭募建，清顺治年间毁于火。康熙五十七年（1718年）由刘灿、项镐倡募三千金重建，改名"永和桥"。清咸丰五年（1855年）洪水毁二墩，六年重修；光绪十六年（1889年）洪水冲坏石墩2座，里人项募修，刘高怀督工重修，耗金千余元，历经一年竣工；宣统三年（1911年）山洪暴发，再次冲圮二墩，次年重修加固；民国3年（1914年）知县杨毓琦拨款重修；新中国成立后政府曾多次拨款修理。桥头立有民国4年的《修筑永和桥志》碑。

桥全长125.7米，桥墩高约13米，桥中阁内宽6.4米，廊屋内宽为5.55米，四墩五孔，桥墩用条石砌筑，迎水面做金刚雁翅分水尖，墩上用伸臂木共三重，层层挑出，构成悬臂（图7-3-13），每孔承托九道跨桥巨松，中径40~60厘米许，上覆硬木桥面板。桥面有重檐廊屋42间（图7-3-14），其中桥东廊屋15间，西26间，中设神龛，供奉三尊桥

图7-3-11 泰顺北涧桥廊屋神龛

图7-3-12 龙泉永和桥

神，居中为关公，两侧分别为关平和周仓，桥两端各有一座四柱七楼桥头门楼（图7-3-15），檐下施斗栱，下檐翼角起翘，如斯飞翚。桥身用风雨板，开条窗，通风采光；廊内两侧檐柱间设长条坐凳，供行人小憩，两端桥头累石为台，用条石踏垛，东台26级，西头27级，拾阶而下，连接街坊，桥头悬"永和桥"匾。

永和桥是浙江规模较大、建筑精美、保存较好的伸臂梁廊桥，是研究古代桥梁的重要实物史料。

六、通洲桥

兰溪通洲桥地处县城东北梅江镇塔山村（图7-3-16），横跨兰江支流梅溪上，"下临百尺之长波，上建廿橡之水榭"，为古时金华、义乌通往严州的咽喉要津，桥堍古樟蔽日，颇具气势。根据《兰溪县志》和该桥碑刻记载：康熙年间通州桥是一座木桥，乾隆二十三年（1758年）改为石桥，嘉庆五年（1800年）被洪水冲垮，暂布木桥，光绪十二年（1886年）易木为石，"道光三年（1823年）重筑水榭二十一间，桥长八十公尺，宽四公尺，六垛五洞，青石桥面，石栏高一公尺，风雨堪遮，下临百尺之长波，浅深无虑"。桥六墩五孔，桥身全长84.8米，桥面宽4米，各孔净跨9米，高8米，等跨圆弧形厚墩石拱廊桥，桥墩用条石砌出分水尖金刚雁翅墙，拱券为纵联砌置结构。桥面铺长条石，两侧设石护栏，桥上建廊屋长55.4米，共21间，两端为重檐歇山式门楼，中悬通洲桥匾（图7-3-17），桥中部设重檐歇山顶敞阁，内置神龛，内供神像，不远处的后山上，建有文昌阁。桥阁相望，点缀着美丽的田园。

通州桥造型敦厚坚实，等跨拱券，富有韵律；桥屋檐牙高琢，雕梁画栋，廊庑重阁，错落有致；是浙中古桥梁中的典型代表，具有较高的文物价值。

七、永康西津桥

西津桥位于永康城区西南，桥址原为浮桥，名下浮桥，后废。明弘治年间（1488～1505年）设渡

图7-3-13　龙泉永和桥桥墩

图7-3-14　龙泉永和桥廊屋构架

图7-3-15　龙泉永和桥桥头

图7-3-16　兰溪通州桥

图7-3-17　通州桥桥头

口，为"西津渡"。正德九年（1514年）曾修过一桥，后被洪水冲毁。清康熙五十七年（1718年），僧知和募建木桥。雍正初年（1723年），倡议捐建石桥，覆以廊屋。乾隆初年（1736年后），县令张朱梅任上改木为石。嘉庆五年（1800年），再次毁于洪水。嘉庆十二年（1807年）年重修，建成石桥墩木结构的廊桥，长七十丈，宽一丈五尺，桥面建廊屋65间，形成现存西津桥。咸丰六年（1856年），再次维修桥身。相传民国十一年（1922年）桥的部分木结构曾被洪水冲走。民国19年（1930年），桥体被大火烧毁，修缮时拆去二墩三孔，1950年、1988～1989年、1997～1998年、2005～2006年间多次维修西津桥。

现存西津桥为嘉庆时期重建，南北向跨永康溪，连接江滨南路与龙川中路，桥全长原为206.3米，1989年维修时拆除两墩三孔，桥长改为166.4米，共用十四墩十三孔，最大孔净跨12米，最小为7.15米，桥面净宽2.25米，中间设五开间重檐歇山顶亭阁，左右廊屋共58间，桥墩采用石构船形墩，迎水面做分水尖，上架木梁，铺桥板，做木结构重檐廊桥，桥屋各柱之间，顺面宽方向每隔一间安有桥凳。西津桥的北面比南面高约0.42米，呈北高南低的走势。另外，桥身直指上游，弧形向下游微曲，一反"河欲曲，桥务直"的传统思想，在廊桥一头遥望不到另一头，别具一番构思。

注释

① 章国庆．关于宁海惠德桥的几点想法．

② 唐圜澄．中国科学技术史（桥梁卷）第四章．科学出版社，2000．

③ 唐寰澄．中国科学技术史（桥梁卷）．科学出版社，2000．

④ 唐寰澄．中国科学技术史（桥梁卷）第四章．科学出版社，2000．

⑤ 浙江省交通厅编．浙江桥梁·民间桥梁．

⑥ （清）光绪．塘栖志．

⑦ 徐霞客游记．

⑧ 嘉兴博物馆藏．

⑨ （清）嘉庆太平县志．

⑩ 明嘉靖．太平县志·卷之二：舆地志下·津梁．

⑪ 茅以升．中国古桥技术史：第四章拱桥．

⑫ 浙江省交通厅编．浙江桥梁：（第二部分）民间桥梁．

⑬ 茅以升主编．中国古桥技术史：第三章拱桥．北京出版社，1986．

⑭ 宋宝庆．四明志．卷第十四．奉化县志·卷一：叙水．

⑮ （清）道光．北涧桥碑．

⑯ 茅以升主编．中国古桥技术史．北京出版社，1986：106．

浙江古建筑

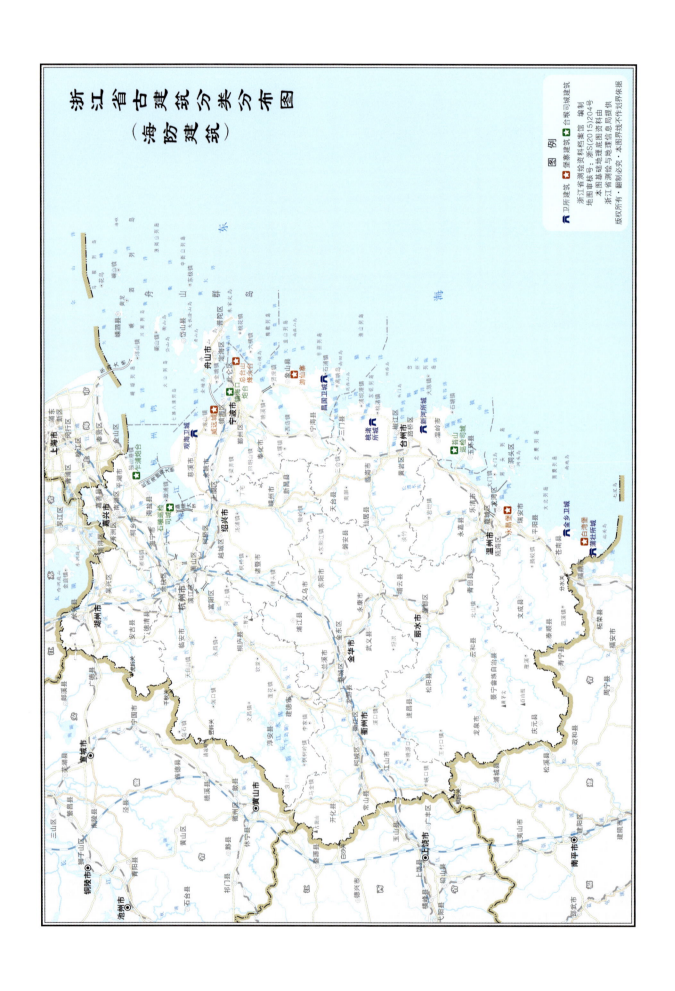

一、海防建筑的发展及分布

我国拥有绵延万里的海岸线，自古是一个海洋大国，沿海地区与岛屿都有新石器时代的遗址发现，说明我们的先民们早就生活在这片土地上。到了历史时期，沿海的活动开始增加，《尚书》"立政"就有"方行天下，至于海表"的记载。辽阔的海域既是历代生民辛勤耕耘的场所，也是天然的东部防线，"陆耕海渔"，以海为堑。两浙一带，从春秋越国开始，就开始充分利用海洋、航行于海上，《越绝书》说：越人"以船为车，以楫为马"[①]；《吴越春秋》记载越王勾践派舟师通过江海水路进军吴国，"范蠡、泄庸率师屯海通江，以绝吴路"。[②]到了秦汉，海上航行更加普遍，秦始皇南巡会稽，归途时取道沿海航路，北上琅琊。顾祖禹《读史方舆纪要》说："浙江以海为境，东南必备之险也。三国吴永安末，魏将王雅浮海略句章而去；五代时，吴越与淮南相攻，屡以海道为角逐之所。又吴越入贡，每自海出登、莱，抵大梁"。[③]自两宋以来，由于海上交往的增多，海上航行技术的提高，来自海外的威胁也随之逐渐增加，朝廷开始在沿海设置一些兵卫、要塞。雍正《浙江通志·海防》说："（南宋时）防海道为亟，水军始设。其后元人南下渐逼，海上险隘处，益设战舰"。如南宋绍兴二年（1132年）开始，沿海地方设立"沿海制置司"，其职责是"肃清海道，节制水军"；制置司下辖水军，分别设置在各沿海重要要塞，如两浙地区有定海水军、许浦水军、澉浦水军、金山水军以及浙江水军；福建及两广地区也有相应的水军布置。水军主要负责海上的警戒，每月出海探哨、巡逻，所谓"沿海诸军置水斥候"。此外，沿海陆上建立了大量的烽堠，昼则燃烟，夜则举火，用于相互传递警讯、通报敌情。元代时，也在沿海、江口部署有军队，应对海寇的侵扰。但真正具有规模的海防体系，应该是在明清两代才出现的，清人蔡方炳《海防》说："海之有防，历代不见于典册；有之，自明代始；而海之严于防，自明之嘉靖始"。其中，明代的海防重点区域，主要在两浙一带，明郑若曾《筹海图编》说"自倭奴入寇东南，惟浙为最甚"。郑晓《今言》说："洪武年间，倭奴数寇东南傍海州县，其时浙江一省，既遣信国公汤和筑城，又遣魏国公徐辉祖、安陆侯吴杰练兵，又遣都督商暠、杨文、刘德出战，又遣都督于显出海巡倭。此皆上公元侯，谋臣宿将"[④]，浙江在明初时在海防方面的地位之重要，可见一斑。到了嘉靖年间，当时负责东南备倭的浙江总督张经"总督南直隶、浙江、山东、两广、福建等处军务"，"敕令节制天下之半"，可见当时的浙江海防，事关大明半壁江山。

从明初开始，鉴于倭寇对沿海一带的侵扰日渐严重，朝廷开始在浙江沿海一带整饬要塞，布置防卫设施，设置卫所。洪武十七年（1384年），信国公汤和在浙江沿海主持建造了一批沿海卫所，"度地浙西东，并海设卫所，城五十有九"[⑤]。由此也奠定了浙江沿海卫所的基本布局。到了明代的嘉靖年间，倭患加剧，海防也成为攸关国计民生的大事，沿海的防卫设施进行了新一轮的增置、建设，卫所寨台烽堠的布置也基本定形、完善。据《明史·兵志》记载，北迄辽东，南达两广，沿海卫所据统计约有卫49处、所85处，基本上是濒海一带间隔一定距离就有卫所设置，形成一条南北连贯的军事防御链。浙江沿海北起乍浦、南至蒲门，共设置有卫11处、守御千户所31处。郑若曾《筹海图编》列有沿海卫所的名次如下：

金乡卫，蒲门所，壮士所（图8-0-1、图8-0-2），沙园所；

温州卫，海安所，瑞安所，平阳所；

盘石卫，宁村所，蒲岐所，盘石后所；

松门卫，楚门所，隘顽所；

海门卫，新河所，海门前所，健跳所，桃渚所（图8-0-3）；

昌国卫，爵溪所（图8-0-4），钱仓所，石蒲前后二所；

定海卫，大嵩所，霩𧒽所，穿山后所，舟山中中、中左二所；

图8-0-1 苍南壮士所城平面（引自"百度地图"）

图8-0-2 苍南壮士所城城墙

图8-0-3 临海桃渚城瓮城

图8-0-4 象山爵溪所城城墙

观海卫，龙山所；

临山卫，三山所，沥海所；

绍兴卫，三江所；

直隶都司：海宁所；

海宁卫，澉浦所，乍浦所。

卫、所以外，还有关、寨、台（瞭望台）、烽堠等设施，以及巡检司等。瞭望台、烽堠配置有旗军，"瞭望声息，昼烟夜火，互相接应"，以传递消息；关既有水关，也有陆上关隘，所谓"津陆要冲，置为关隘"，水关则设置兵船，加以巡查、防守。兵寨"皆屯兵置舰，以为防守"。在卫、所之间还设置巡检司，所谓"卫之隙置所、所之隙置巡检司"。

沿海卫所都配备有军船，巡逻海上，"春夏出哨，秋冬回守"。嘉靖《宁波府志·海防》记载军船出哨的情况："初哨三月三日，二哨以四月中旬，三哨以五月五日，由东南而哨，历分水礁、石牛港、崎头洋、孝顺洋、乌沙门、横山洋、双塘、六横、双屿、乱礁洋，抵钱仓而止。"为杜绝敷衍作弊，"每哨抵钱仓所，取到单、并各处海物为证验"。"由西北而哨，历长白、马蓦、龟鳖洋、小春洋、两头洞、东西霍、抵洋山而止，哨至亦取海物为证"；军船巡逻完毕后，大船回港修整，仅用小船巡逻，"至六月哨毕，临观战船则泊于岑港、定海战船则泊于黄崎港、昌国战船则泊于石浦关，仍用小船巡逻防守"[6]。

到了清代，海防制度多沿袭明代体系，但规模制度与人员配备都有所裁减。如明代时宁波卫指挥使司辖五千户所，有旗军五千六百，外加运粮军余3178名；屯军100名。清代时设中前后左右五营，额兵5000名，马三步七，战守各半。如穿山守御千户所明代额定旗军1120名，清代时穿山所城汛设兵155名，等等。兵员配置多的才有明代时的一半，少的不足十分之一，原因是这时期海上的环境相对平和，明代非常猖獗的倭寇这时期销声匿迹，因此，许多明代卫所所在的海防要地，到了清代以后，人员、军制等都有所降格，或干脆不复设置。

清代晚期随着西方列强的入侵，海防制度为之大变，以前的以冷兵器为主的防御体系已经完全不适应西方列强的"坚船利炮"，海防体系开始近代化，海防的重点主要集中到沿海城市、中心港口一带。"师夷长技以制夷"的思想逐渐运用在海防设施中，仿西方的炮台建筑、掩体坑道、机械火炮开始出现并大量运用。

从目前掌握的情况看，浙北、浙东一带的嘉兴、宁波、台州、温州等地的海防设施还不同程度地有所留存。其中，卫城、所城多被破坏，十一个沿海卫城已无较完整保存者，多数只保存一些城门、城墙段落，如观海卫（图8-0-5）、昌国卫等；千户所城的保存情况同样如此，原来的31处所城，仅有2处保存较完整，即位于苍南县的蒲壮所城（图8-0-6）和位于临海市的桃渚所城，其余如三门健跳千户所、慈溪龙山千户所、象山石浦千户所和乐清蒲歧千户所（图8-0-7）等，仅保留有部分城墙、城门遗址；巡检司城、寨城、关隘等也大部分被破坏，仅有几处得以保留，如浙江苍南龟峰巡检司城、象山游仙寨等，其他如浙江慈溪三山巡检司城、三门蒲西巡检司城、海宁石墩巡检司等，都已保存不完整，仅留有一些门、墙遗址。民堡中除了浙江温州的永昌堡保存较为完整，其余如浙江瑞安山皇堡、乐清寿宋堡等还有所保存。烽堠、瞭台等原来数量最多，由于地处荒僻的山冈高处，人为破坏较少。

总体来看，浙江是明代海防的重点区域，无论是明代初期、中期或中晚期的嘉靖及以后时期，海

图8-0-5　慈溪观海卫平面（引自百度地图）

图8-0-6　苍南蒲壮所城东门

图8-0-7　乐清蒲岐所城门

图8-0-8 浙江海防图（引自清康熙《浙江通志》卷之首）

图8-0-9 临海桃渚城（下旧城）

防的重点区域一直在两浙一带，海防卫所的布置密度、巡海副使、备倭都司、备倭把总的设置设立，无不与浙江的海防形势相关联，尤其是嘉靖年间的海防，重要事件多发生在浙江，包括海防重要官员、著名将领、重要战役、主要倭患事件等。因此，浙江的海防建筑无论是从建筑质量、建筑类型、布置密度等方面，都具有比较明显的典型优势（图8-0-8）。从保存状况来看，除了卫城保存欠佳，千户所城、寨城、巡检司城、关隘、民堡、瞭台、烽堠等，都有保存较好的个案存在，其中比较突出的如临海桃渚所城，其城墙、城濠、城内街道、城内水系等都保存比较完整，城内原来的谯楼、旗纛庙、天妃宫等的位置，都基本没有变动。由于浙江沿海在清初时曾经有过一次比较彻底的迁界，沿海卫所的大部分木构建筑多遭拆除之命运，包括桃渚城城内的建筑，虽然不是明代或清初时期的建筑，但大多也是清中晚期或民国时期的建筑，风貌保存得也比较完整。此外，桃渚所除了后期使用的城池，其所城位置曾经历经三次迁址，而之前两次建造的所城遗址还不同程度地有所保留（图8-0-9），这既丰富了桃渚所城的建筑规制与遗址内涵，也为研究明代沿海卫所选址理念、海防思想提供了实物例证。其他如海防烽堠，虽然普遍建造相对粗率，但却有相当数量保存着原貌，较少被人为扰动。因此，无论是整体的质量，还是类型的丰富性以及各个类型中典型建筑的保存方面，浙江明代海防建筑都具有极强的典型意义与较充分的研究价值。

二、海防建筑的类型、特点

浙江海防建筑的类型主要有卫城、千户所城、寨、堡、瞭远台、烽堠、烟墩、缘海巡检司等。

1. 卫所

《明史》"兵志"说："明以武功定天下，革元旧制，自京师达于郡县，皆立卫所。"卫所"外统之都司，内统于五军都督府"[7]，其基本构架为五军都督府（大都督府）、都指挥使司（都卫指挥使司）、卫指挥使司、守御千户所，以及百户所、总旗、小旗等，形成自上而下的军事建制体系。五军都督府是中央机构，各省的机构称为都指挥使司，简称都司。浙江都司最早建立于洪武三年（1370年），当时称为"杭州都卫"；到了洪武八年（1375年），杭州都卫改为浙江都指挥使司。都司的长官为都指挥使，为地方最高军事将领。

浙江都司下辖杭州前卫、杭州右卫、台州卫、宁波卫、温州卫、临山卫、松门卫、金乡卫、严州千户所、湖州千户所等，形成浙江主要的军卫系统。卫所的官员设置：卫指挥使司设指挥使一员，正三品；指挥同知二员，从三品；指挥佥事四员，正四品以及镇抚、经历、知事等职员。千户所设有正千户1人、副千户2人，以及镇抚、吏目等官员。千户所下辖百户所10个，共有百户10人，下有总旗20人，小旗100人。在外独立的千户所称为守御千户所或军民千户所，其所设官员与千户所相同。

到了正统年间，因为倭寇入犯增加，又在沿海各省设立备倭都司，专门负责海防军务。备倭都司是都指挥使司的派出机构，或称行都司，《明史·职官五》说："行都指挥使司，设官与都指挥使司同"，"凡备倭、守备行都指挥事者，不得建牙、升公座"⑧。备倭都司只设都指挥一员，负责协调沿海各省的海防事务。此后，又设立备倭把总。备倭把总的设立也在正统年间，它是介于备倭都司、海防卫所之间的一级备倭官员，位居行都司之下，节制沿海卫所，增强各卫所之间的统一调度与联系。浙江最初设四把总，是指位于浙西的海宁把总，以及位于浙东的定临观把总、松海昌把总、金盘把总等，嘉靖年间倭患爆发，又细化设立为六把总，以加强对沿海卫所的统辖、调度。邓钟《筹海重编》说："浙洋沿海旧设四总，后增为四参六总。四参者，杭嘉湖一、宁绍一、台金严一、温处一也。六总者，定海、昌国、临观、松海、金盘、海宁也"⑨。后又为了增加备倭把总的权威，又增加备倭把总"钦依"、"以都指挥体统行事"的头衔。备倭把总衙门设把总指挥1员、总哨官1~2员、哨官多至20员，以及军兵、军船等。

嘉靖年间倭寇大爆发，浙江成为倭患的重灾区，朝廷新设总兵、参将等，参与海防备倭，《明史·兵志》说："自世宗世倭患以来，沿海大都会各设总督、巡抚、兵备副使及总兵官、参将、游击等员"。到了嘉靖后期，由于两浙普遍设立总兵、参将，使得备倭都司、备倭把总事权压缩，海防事务主要由总督统揽，文官方面有巡海副使、兵备副使提督，武将方面多由总兵、参将分区负责，浙江都司以及备倭都司形同虚设。而卫所方面，由于作为正规军的旗军"逃故严重"，战力衰弱，在后期备倭战役中，沿海卫所的旗军往往不被重用，或干脆弃之不用。谭纶、戚继光等有识之士相继招募民兵作为剿倭主力，一时间，浙江的义乌矿兵、处州坑兵逐渐成为备倭新军，并因之而屡创佳绩，募兵及兵营制度由此大量出现，卫所制度日渐式微。到了明代晚期，营兵制逐渐成为海防主要军制。

2. 寨堡

寨属于兵寨，按照制度有旱寨、水寨之分，所谓"岸可列寨，水可泊船"。水寨主要驻泊军船，如沈家门水寨、黄华水寨等，由于军船数量多寡不一，故水寨的军员人数也没有一定之规。旱寨即陆上兵寨，是卫所之下的基本军事单位，一般驻守旗军一百人，也有略少或略多的，如万历《绍兴府志》说：兵寨"委官一员，旗军五十名"；与一些关隘驻军人数相当，加之两者职能交叉，故许多地方把兵寨与关隘归类在一起，

一般驻守"津陆要冲"的多以关、隘名之，否则，则以兵寨名之。也有方志把瞭台、兵寨合一归类的，称为"台寨"。

堡多为民堡，多为民间兴建的抗倭城堡，以浙中南的温台地区民堡较多，北部地区较少。自卫性的民堡虽然不属于政府直属的海防体系，但却是以政府为主导的海防体系的重要补充，是当时海防系统的重要组成部分。故部分民堡的兴建，直接由政府主导，由县令创建或助建，如浙江乐清鄂渚堡，"嘉靖间（县）令欧阳震建"；瑞安梅头堡，"嘉靖三十八年（县）令余世儒建"。有些得到了当地政

图8-0-10 温州龙湾永昌堡城门

府的支持,如瑞安山黄堡,"明嘉靖乡民因倭患,签给官帖,招赀筑守"。有些民堡则成为政府抗倭体系的一部分,如温州永昌堡,"嘉靖三十七年邑人王叔果王叔杲议筑,以防倭患,奏迁中界巡检司于堡内守御"⑩(图8-0-10),但也有许多是乡民自卫而筹资兴建。

民堡在明代时可能数量较多,据乾隆《温州府志》,浙江温州平阳有民堡7处、乐清有8处,等。现在浙江省内留存的大约不到10处。城堡体量根据当地居民人数情况而大小不一,大的约与千户所相当,小的略同于兵寨。

3. 台堠

台堠分别指瞭远台、烽堠。

瞭远台多与烽堠一起布置,用于警备瞭望,嘉靖《宁波府志》"海防书"说:瞭望台"设旗军以瞭望声息,昼烟夜火、互相接应"。其中,浙西的海宁卫、乍浦所、海宁所等由于所处平原,地势平缓,为了便于瞭望,瞭台建造尤多。后期许多瞭台因为区位特殊而需要单独设置,于是形成独立的瞭远台设置,"所望独远,故设总台",其中"郭衢之三塔山、舟山之朱家尖"可能就是属于这一类。

烽堠的主要作用是传递警讯、观察敌情,"置烽堠以瞭视,遇警则狼烟亟发,远近相应"。正德《明会典》规定:"凡边防去处,合设烟墩,并看守堠夫,务必时加提调整点。须要广积秆草,昼夜轮流看望。遇有紧急,昼则举烟,夜则举火。接递通报,毋致损坏,有误军情声息。"烽堠烟墩汛月时由5名旗军驻守,平时则每2名为一班,轮流守候,守墩军士不能随意借故离开,尤其是倭寇容易来犯的春汛时月,更是如此。

烽堠的营建制度,正德《明会典》也有规定:"筑烟墩,高五丈有奇,四围城高一丈五尺,外开壕堑、钓桥,门道上置水柜,暖月盛水,寒月盛冰。墩置官军守瞭,以绳梯上下"⑪,这可能是北方的烽堠建造方法,浙东一带烽堠多不筑"围城",嘉靖《山阴县志》有记载:烽堠"高二丈三尺,筑亭于上,以瞭远";"台高二丈三尺,筑亭其上,每处置军士五人守之"。《纪效新书》记载,每处烽堠按照规定应有烟火草架3座,以及一些必要的武器装备等,还配备有军士住宿的营房、饮用水缸、炊事的锅灶以及点火的火种等,以备日常之需。每处烽堠配备旗军5名,旗军由各卫所调遣派出(图8-0-11、图8-0-12)。

4. 缘海巡检司城

万历《明会典》说"洪武二十六年定:天下要冲去处,设巡检司,专一盘诘往来奸细,及贩卖私盐犯人、逃军、逃囚、无引面生可疑之人,须要常加提督。或遇所司呈禀设巡检司,差人踏勘,果系紧要地面,奏闻准设,行移有司,照例于丁粮相应人户内,佥点弓兵应役……凡军民人等往来,但出百里者,即验文引……"⑫,明太祖朱元璋曾表述过其设立巡检司的初衷:"朕设巡检于关津,扼要道,察奸伪,期在士民乐业、商旅无艰"⑬。巡检司的任务是盘查缉拿犯人,维护地方治安。巡检司的上级单位是各所在地的州县政府。

巡检司设立之初,额设弓兵一百名或数十名,所谓"弓兵",是民兵、土兵之别称,专指巡检司应役之兵。巡检司的长官称为巡检、副巡检,但各巡检司只设官员一员,巡检、副巡检的级别"俱从九品",其职级虽低,但由于是负有维持地方稳定的重要职责,在明代初期一度受到朝廷的重视,顾炎武《日知录》说:"巡检……洪武中尤重之,而特赐之敕。"此后由于国家的渐趋稳定,巡检司的地位也大为降低,其巡检官员也"改为杂职"。

浙江的巡检司与卫所一样,也有内地、沿海

图8-0-11 苍南南堡烽堠（金亮希拍摄）

图8-0-12 苍南大渔烟墩山烟墩

之分。沿海巡检司主要任务是防海、防倭。《太祖实录》说："缘海卫所，戍兵以防倭寇……置巡检司……分隶诸卫，以为防御。"可见作为海防体系的一部分，巡检司也"分隶诸卫"，军事上受卫所节制、调度。这些沿海巡检司与沿海卫所一起，组成了明代沿海的主要防倭体系。沿海巡检司多创建于洪武初年（1368年），当时多不濒海，洪武二十年（1388年）汤和整饬浙江海防，将沿海巡检司都迁建于海口，以发挥其防海、备倭的作用。如台州府临海县的蛟湖巡检司，原来在"县东一百二里二十三都"，并不靠海，洪武二十年（1388年）汤和迁建于濒海处："徙海口陶屿，东临大海"；温州府乐清县的北监巡检司"元在玉环乡三十五都北监"，洪武"二十年为防御事，巡检仲文斌移创今址（山门乡十八都蔡奥）"，等等。为了备倭防海，沿海巡检司还配置军船，用于海上巡逻、捕盗。《太祖实录》说："诏滨海卫所 百户置船二艘，巡逻海上盗贼，巡检司亦如之"，方志中也有类似记载，万历《杭州府志》记载说："海宁独设巡检司二，曰石墩，曰赭山。旧各领官兵一百名，捕倭船一只"，台州府宁海县明初有沿海巡检司八处，每个巡检司都配置有兵船一只，说明各巡检司军船配制还是比较普遍的，多为"官兵一百名，捕倭船一只"。

巡检司城平面多为方形布置，如绍兴三江巡检司城"为方一里二十步"，黄家堰巡检司"为方一百四十丈"等。城圈周长一般在一百四十丈左右，约合450米，也有比较小的，如象山县赵奥巡检司"城六十八丈"，城圈周长约合220米。有的则略大一些，如绍兴府三江巡检司城"为方一里二十步"。与卫所城对照，一般卫城周长在五里左右，千户所城周长在三里左右，由此看来，其卫城、所城、巡检司城大约为五里、三里、一里之等级递减制度。巡检司城墙高约一丈五尺左右，约合4.8米，如绍兴府黄家堰巡检司"高一丈三尺"，约合4.2米；海宁县石墩巡检司城"高二丈"，约合6.4米，其高度与许多千户所城相当。一般城墙只开一门，门上建城楼，门外设瓮城，如绍兴黄家堰巡检司"环以月城"，但瓮城制度可能并不普遍。有的设置有女墙，绍兴三江巡检司城"旧无女墙，嘉靖二年（1523年）有倭寇，始增治之"；城内并有谯楼、更楼等。与卫所城堡类似，还设置有穴城、窝铺、演武场等。

第一节 卫所建筑

一、昌国卫城

昌国卫原来位于舟山定海，后来迁到象山。初建于洪武十二年（1379年）八月，"置浙江昌国守御千户所"（《太祖实录》），到了洪武十七年（1384年）汤和经略沿海，昌国所升为昌国卫。嘉靖《宁波府志》记载："昌国卫指挥使司……洪武十二年于昌国县（今舟山定海）置守御千户所，十七年改昌国卫，二十年罢县，徙卫于象山县天门山，二十七年以卫治悬海，徙今处。指挥武胜筑城，成之。为左、右、中前、中后四所，外辖爵溪、钱仓、石浦前、后四千户所"⑭。昌国卫内辖四千户所，外辖爵溪、钱仓、石浦所。雍正《浙江通志》说："本卫坐冲大海，极为险要。"下辖南堡寨，以及烽堠9座，分别为仁义、赤坎、黄沙、前山、后山、崎头、嵩岙、何家槛、乌石烽堠。

现在的昌国卫城原来的遗存保存并不很丰富，城墙基本不存，仅部分段落还有基址存在。城内的基本格局还在，如现城内十字大街等等；城内还保存有一些明末清初的古建筑，以及天妃宫、旗纛庙等宗教建筑。

二、金乡卫城

位于温州平阳县，据万历《温州府志》："金乡卫在金舟乡，周围一千四百二十余丈，洪武二十年信国公汤和奏立。"⑮《太祖实录》也说："洪武二十年二月……置定海、盘石、金乡、海门四卫指挥使司于浙江并海之地，以防倭寇。"⑯内辖五千户所，外辖蒲门、壮士、沙园三千户所，下辖兵寨11处，即庙背、屿门、肥艚、大岙、炎亭、大濩、小濩、石塘、石坪、小渔埠、大渔埠等，以及烽堠15

座：半塘、尖山、白崎、马迹、凤凰、猫头、上洋、毕湾、东冈、岭门、东山、兰头、肥艚门、奠山烽堠等。地理位置比较险要，"去海七里，东北江口、肥艚、炎亭海洋直冲南麂外洋，并为险要"。

金乡卫城南北长九百八十步，东西宽九百步，周长九里三十步，计一千四百二十余丈。城墙以条石包砌，内填黄土砾石，墙高一丈九尺，墙基宽二丈，原有垛口、窝铺等。现在的金乡卫城基本格局还依稀可辨，城墙与城濠还有相当部分留存，原有四座城门，今尚存来爽门、望京门，1987年做了修缮。北城门、西城门和南、西水门及城墙遗址尚存。围绕城墙的护城河也基本保存（图8-1-1～图8-1-3）。

三、蒲壮所城

位于温州苍南县，是省内明代沿海卫所城池中保存比较完整的实例之一。城内有蒲门、壮士两千户所，初建于洪武二十年（1387年），后因倭寇入犯壮士所，遂将两所合并，但何时归并各书记载不一，弘治《温州府志》说："壮士千户所洪武二十年置于平阳小洋孙，后因倭夷登岸，归并蒲门城内"，可见至少弘治时两千户所已经归并。蒲门所下辖菖蒲洋寨、程溪寨、水竹台等，以及悬中烽堠、四表烽堠、南堡烽堠。壮士所下辖高洋台、雷岙烽堠、尖山烽堠、时家墩烽堠等。

蒲壮所城城墙保存比较完整，基本保存着明代建城时的所城格局；该城平面北圜南方，周长五里，北面依山，东、西、南面辟城门，门外设瓮城；城墙用不规则块石包砌，有收分，中间夯土，墙高约五米，宽四米；城内道路还保留旧有格局，以横向道路为城内的主道，贯通东西两门，十字形道路的交叉口北侧是谯楼位置，跨街而设；南北纵向的小街与东西主街连接，大的格局没有太大变化。部分城濠虽然经过后期较大修整，但也还基本保存（图8-1-4～图8-1-7）。

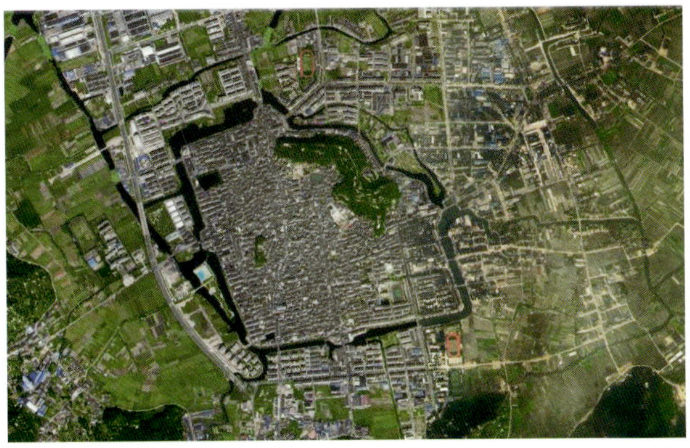

图8-1-1　苍南金乡卫平面（引自"百度地图"）

图8-1-2　苍南金乡卫城门

图8-1-3　苍南金乡传统院落

图8-1-4　苍南蒲壮所城远眺

图8-1-5（a） 苍南蒲壮所城南门

图8-1-5（b） 苍南蒲壮所城南门瓮城

图8-1-6 苍南蒲壮所城城墙

图8-1-7 苍南蒲壮所城内后英庙

原来各城门皆建有城楼，城门外设瓮城、吊桥等。1996年蒲壮所城被国务院公布为全国重点文物保护单位。

四、桃渚所城

位于台州临海市，也是省内明代沿海卫所城池中保存比较完整的实例。初建于明洪武二十年（1387年），明正统八年（1443年）重建，有旗军一千一百十二，设千户等官十四员，下辖瞭望台一：桃渚；烽堠十二：石柱、停屿、长跳、涸井、苍埠、大荆山、狮子山、屿头、肥孛头、下旧城、望火楼、中旧城等。所城的保存情况相对较完整，城圈周长约1350米，与记载中的"周围三里"大致符合（蒲壮所城规模略大，与额设两千户所有关）；平面略呈方形，北面依山，辟东、西、南三门，门外设瓮城；城墙为不规则块石包砌，内夯黄土；城墙高4.5米，宽约5米，与记载中的"二丈一尺"（约合7米）有一定距离，即使加上女墙，也不超过6米；城门洞用条石券砌，为纵联并列砌成，每券用条石4块，不用拱顶石，制度简陋；现城楼、垛口等已废，城墙的山上部分还有部分遗迹，但也经过晚近修缮，原物保留不多。

城外原东、西、南三面设有壕沟，现仅存东、南面两段，现濠阔3～5米；城濠用大块卵石或不规则块石垒砌而成；现东门外城濠有石桥一，南门外无桥，记载中原来都是吊桥，现东门桥可能是清代建造，伸臂式两孔石梁桥，伸臂部分做成斗栱形状，从形制看可能是清早期的作品。

城内主要道路呈十字形布置，横向道路贯通东西两门，是城内的主道，宽约5米，其他纵向的小路都与此道相通；十字形道路的交叉口北侧是谯楼位置，跨街而设。道路多用条石结合卵石铺设。横向主道北侧约百米有与之平行的内河一道，通过东北侧的水门与城濠连通，内河宽约2米，卵石驳岸（图8-1-8～图8-1-10）。

原来的所署、旗纛庙等的位置与其他卫所相同，在城内东北侧；演武场设在西门外；其他如圣

图8-1-8 临海桃渚城平面（引自"百度地图"）

图8-1-9 临海桃渚城东门

图8-1-10 临海桃渚城内老街

妃祠、佛寺等还有遗迹保留。桃渚城在2001年被国务院公布为全国重点文物保护单位。

五、健跳千户所城址

健跳千户所城建于明代。据雍正《浙江通志》："健跳所，洪武二十年（1387年）建。去海五里。三面阻山。"[17]初隶台州卫，千户尚膺筑城创建；后隶海门卫。辖高湾台，及烽堠五（茅头、拆头、后沙、小渔西、大渔西），巡检司五（曼岙、窦岙、越溪、长亭、铁场）。清代设健跳汛，据记载，健跳所依山筑城，平面呈马蹄状，城墙高二丈三尺，周围三里二十七步。现山上部分城墙尚存，其余已毁。残墙最高约10米，宽5~8米，由不规则块石包砌。原有四门，今山上北门尚有遗迹存在。

浙江原有沿海卫所42处，除了桃渚、蒲壮以外，多数卫、所城已经荡然无存，仅存一些城墙段落或单个城门，比较而言，健跳所城城墙还有近半保存；且因为所处在山上，较少人为干扰，遗址的原真性较好。其对于浙江海防历史研究有相当价值。

第二节 寨堡建筑

一、永昌堡

永昌堡位于温州市瓯海区。城池规模与千户所相当，建于明嘉靖三十七年（1558年），是民间为抗倭而自筹资金建造。嘉靖年间王氏族人王沛、王德先后为抗倭而亡。嘉靖三十七年（1558年）王叔果、王叔杲兄弟率众筑永昌堡。嘉靖四十年（1561年）遭台风毁，王叔杲修葺。城堡平面呈长方形，城墙南北长757米，东西阔449米，总面积33.98万平方米，与记载中的"九百三十丈"（约合3000米）有差距，但比桃渚所城、蒲壮所城都要大一些。城墙块石包砌，残高8米，基阔4米。城外筑濠。设城门4座，水门4座，敌楼12座，垛口900余，城内有东西向主道一，以及南北向的各支路；有东西向内河，沿道路布置支河，形成一河两路、一河一路格局。

堡内古建筑有王氏祖祠、布政司祠、世大夫祠、都堂第、状元第，这些建筑原建于明代，因为清初迁界，遭到毁坏，现存建筑均为清代重建。城内另有清、民国年间民居30余座，以及古代石桥等（图8-2-1~图8-2-4）。永昌堡在2001年被国务院公布为全国重点文物保护单位。

二、山皇堡

山皇堡位于瑞安市。据嘉庆《瑞安县志》："山黄堡城在县西南四十里三十九都，明嘉靖乡民因倭患，签给官帖，招赀筑守。"城堡城圈周长约1200米，东西较长，南北略窄，城墙由块石包砌，残高3~5米，上收下放有明显收分，基宽约3米，顶部宽约2.5米。垛墙由青砖砌作，于西、南两面辟城门，门外置踏跺。

图8-2-1 温州龙湾永昌堡水门

图8-2-2 永昌堡王氏宗祠

图8-2-3 永昌堡城内水系、民居

图8-2-4 永昌堡民居斗

图8-2-5 象山游仙寨

图8-2-6 象山游仙寨城墙遗址1

三、白湾堡

白湾堡位于苍南县赤溪镇白湾村，原属平阳县。三面环山，北临赤溪海湾，东望时家墩堠，西望雷奥堠，北望尖山堠、大渔寨、大渔烟墩。白湾堡属民间自发建造，历来史料上记载极少。清初浙南沿海复界后，白湾的百姓没有一人回迁，只有外来人员迁入，所以，清代以前的史料无法佐证。清乾隆十五年（1750年），白湾堡被设为次要海口。

现白湾堡城墙和堡门保存完整，城内外古建筑均为清代建筑。

四、游仙寨

游仙寨位于象山县爵溪镇，明正统八年（1443年）建，原属爵溪所，驻军二百五十名，设指挥一。寨城依山面海，地位险要，嘉靖《宁波府志》"海防"说，宁波府所属山寨"凡二十五"，"若湖头渡、沈家门水寨、游仙寨最为要害，自昔至今尤致严焉"[18]。游仙寨平面呈长方形，东西宽120米，南北深160米，城墙块石包砌，现内外砌石大部已拆，留梯形泥墩。内坡高平均7米，外坡高平均8米，各面城墙顶残宽1.2~2.1米不等。西南正中辟门，瓮城已坍。绕城有濠，距墙9米。宽4.3~5.3米，深2米。城内纵横有路，鹅卵石铺成，两侧兵营建筑遗迹可辨。寨内四隅皆有井，现存北角一井，已干涸（图8-2-5~图8-2-7）。

游仙寨于1981年被浙江省政府公布为省级文物保护单位。

图8-2-7 象山游仙寨城墙遗址2

图8-2-8 宁波镇海威远城城内

图8-2-9 镇海威远城内藏碑

五、威远城

位于宁波镇海区招宝山顶,创建于明嘉靖三十九年(1560年),是明清两代重要的海防军事设施。地理位置冲要,清雍正《浙江通志》说:"招宝山高耸海口,极为要害,山巅筑威远城,屯扎军兵。有掎角之势。"[19]威远城石砌而成,南北向狭长布置,两端城门保存情况尚好,制度规整;其周圈的女墙多有欠阙。城内现有碑刻多通(图8-2-8～图8-2-10)。

图8-2-10 威远城铁炮

第三节 台堠建筑

一、三塔山瞭望台

三塔山瞭望台，位于宁波北仑区郭巨镇总台山顶，是洪武十七年至二十年间（1384~1387年）汤和整饬浙江海防时兴建的海防设施之一。雍正《浙江通志》说："霩𩇕所：辖台一：三塔山台。烽堠五：盛岙烽堠，高山烽堠，梅山烽堠，观山烽堠，虾束烽堠。"郑若曾《筹海图编》也有相似记载。嘉靖《宁波府志》说："定海置烽堠一十三，穿山烽堠十，霩𩇕烽堠六……咸设旗军以瞭望声息，昼烟夜火、互相接应。若郭衢之三塔山、舟山之朱家尖蠢屿最高，所望独远，故设总台，多拨旗军，戒严尤至。"嘉靖《宁波府志》并称其为"三塔堠"。按照当时制度，瞭望台往往与烽堠一体布置，或者瞭望台也配置有烟墩，以便于传递讯息。从遗址现状看，瞭望台台基平面呈方形，立面呈梯形，上边长7米，下边长8米，高3.7米。台基四周墙体用块石垒筑，中间用沙土夯筑。台基中部建石屋，面宽2.8米，进深2.5米，高1.82米。9根石柱直接埋入台基内，柱顶开卯口，上托条石檩条。屋顶为悬山顶，屋面用条石盖铺。条石跟石檩条接触处，一律开凿凹槽。石屋四壁用乱石垒筑，南面开门。现整体保存比较完整。

二、公屿烽堠

建于明代。《筹海图编》称之为"公屿"烽堠，嘉靖《象山县志》记载：爵溪千户所"烽堠四：公屿堠，沙岭堠，中路堠，惠泉岭堠"。嘉靖《宁波府志》则称之为"公岙堠"："公岙堠：所治北一十里"[20]，隶属爵溪千户所。清代时继续沿用，可能也做过修缮。

烽堠呈梯形，由不规则块石叠砌而成，高5.6米，南北底边长10.6米，东西底边长10米，南北顶边长5.9米，东西底边长6.3米。烽堠顶部之间略显凹陷，可能是燃放烽烟之处。烽堠西侧有乱石堆积，可能是原来守护烽堠的军士营房遗址。按照《明会典》"凡烽堠，遇有警急，昼则举烟，夜则举火。烟墩置官军守瞭，以绳梯上下"，说明当时从利于防守角度考虑，都不设踏跺，而用绳梯上下。

公屿烽堠现状保存比较完整，虽然驻守军士的营房已毁，但遗址还有保存，真实性较好，也是省内保存比较完整的明代海防烽堠遗存之一。

三、金鸡山炮台

位于象山县石浦镇金星村下金鸡村。约建于清代晚期，扼守箸渔洋，与高塘岛隔洋相望，地理位置险要。炮台平面呈长方形，立面略呈梯形，东西底宽8.5米，顶宽7.5米，南北底长13.5米，顶长7.6米。外表由条石包砌。其北侧台身挑出石板阶梯，以供上下。

清代晚期炮台多布置于沿海重要城镇，如宁波的招宝山、金鸡山炮台，乍浦的天妃宫炮台、南湾炮台等等，现已保存不多。象山金鸡山炮台是象山县现存唯一一处清代小型炮台，保存比较完整，真实性较好，对研究明清浙江海防尤其是浙江清代晚期海防具有一定价值。

四、镇海口炮台

位于宁波镇海区。保存有明清海防遗址共有30多处，主要分布在以招宝山为轴心的甬江口2平方公里两岸范围内，保存完整的主要有吴杰故居、俞大猷生祠碑记、梓荫山吴公纪功碑亭、泮池（裕谦殉难处）、威远城、月城、明清碑刻、安远炮台（分布在镇海区招宝山街道）、金鸡山瞭台、靖远炮台、平远炮台、宏远炮台、镇远炮台、戚家山营垒（分布在北仑区）等14处，组成了一个完整的镇海口海防体系。与其他地区海防遗迹相比，镇海口海防遗址具有范围大、遗迹多、类型广、保存好等特点，且海防遗迹与不少著名自然、人文景观浑然一体，成为了我国人民反抗外来侵略的历史见证。

五、乍浦炮台

位于平湖市乍浦镇。现存包括南湾炮台和天妃宫炮台。南湾炮台位于乍浦镇东南1公里的灯光山和西常山之岙。据民国《平湖县续志》记载，炮台建于甲午战争以后的光绪二十二年（1896年）。

南湾炮台坐北朝南，面向大海，现尚存东南向炮台2座，占地207平方米。炮台残高分别为4.15米和4.45米。炮台间置后膛铁炮一尊，重16.7吨，并附有炮座、炮架和机械传动装置，炮身铸有"江南制造总局光绪戊子年（1888年）造"铭文及团龙纹饰。

天妃宫炮台位于乍浦镇海塘街南端，始建于清雍正七年（1729年）。炮台坐北朝南，濒临海岸，垒石为基，现尚存现尚存三合土浇筑的扇面形掩体一座，长约56米，内部分割为4间，各安置铁炮1尊，其中中间一尊铁炮重7吨，并附有炮架和机械传动装置，炮身铸有"江南制造总局光绪甲申年（1884年）造"铭文及团龙纹饰（图8-3-1～图8-3-3）。

图8-3-1 平湖乍浦炮台1

乍浦炮台曾在第一次鸦片战争中为抗击英军入侵乍浦发挥过作用。

第四节 缘海巡检司城

一、石墩巡检司城

石墩巡检司城在海宁市，现仅剩城圈遗迹，以及外围的部分城濠。城墙残垣高2～4米不等，呈坡状堆积，墙身栽植桑树；东西豁口原为城门，有瓮城痕迹；城外辟门处有濠环绕，但大部分城濠已经湮塞。现在的城内遍植桑树，包括地面等迹象都已不明。据万历《杭州府志》：石墩巡检司"在（海宁）县东南六十里。洪武二年（1369年），除授宁希于硖石镇开设，十二年（1379年）移置今所。二十年信国公汤和提督沿海，巡司俱筑城，于是缘以城垣二十三年海潮冲毁廨屋，俱圮尽。见在营房九间，城周围一百四十丈，高二丈。有门二，门之上有楼。其下之外为池，周围丈数与城等。阔二丈，深一丈五尺"。

石墩巡检司位于海边，地理区位重要，在备倭战役中多次被倭寇攻陷，并一度成为倭寇的据点之一，是明代海防巡检司中的重要实例（图8-4-1、图8-4-2）。

二、苔山巡检司城

原称温岭巡检司城，位于今台州玉环清港镇苔山村。依山势而建，于山顶平坦处筑城。城圈周长约600米，略呈不规则圆形。城墙由不规则块石砌筑，残高1～2米不等，近半墙基已不存。城内现被开垦种植，原来的遗迹已多遭破坏。城外东侧近百米处有水井一，约为原驻军饮用水来源。据永乐《乐清县志》："温岭巡检司在本县瑞应乡十六都苔山。国朝初置，在台州府黄岩县三十七都温岭。洪武二十七年（1394年）安陆侯吴杰奏准移址今址，巡检臧善创，仍隶黄岩县"。成化五年（1469年）设太平县，温岭巡检司划归太平县，后改名三山巡检司，弘治《赤城新志》："三山巡检司在（太平）县西瑞应乡，旧名温岭巡检司。"[21]

图8-3-2 平湖乍浦炮台2

图8-3-3 平湖乍浦炮台3

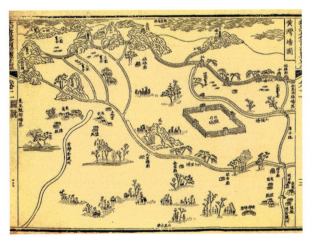

图8-4-1 海宁石墩巡检司城（引自《钦定重修海盐县志》）

图8-4-2 海宁石墩巡检司城遗址

三、太平岙巡检司城

位于今宁波白峰镇西南太平岙岙口，坐西朝东，周长约240米，占地约2500平方米。现城垣轮廓比较清楚，南侧、西侧城墙保存相对较好，用不规则块石包砌。城墙底宽约4米，残高2～3米。原来南开一门，上建谯楼。现城门和谯楼已毁。据成化《宁波郡志》"上岸太平嶨巡检司：县南六十里，地名上岸，大明正统十三年（1448年）创建石城一座"。雍正《浙江通志》"太平巡司，弓兵一百名。在今镇海县南六十里。正统十三年（1448年）置，名束头隘，左右乌礁山、东山相夹，易于防守"。《宁波府简要志》记载为"上岸太平岙"，而嘉靖《宁波府志》"公署"记为"太平巡检司"。

四、龟峰巡检司城

位于苍南县马站镇三墩洲村，初建于明洪武年间，额设弓兵100名。康熙《平阳县志》有记载。雍正《浙江通志》说：金乡卫"辖寨十一：庙背寨，屿门寨，肥艚寨，大岙寨，炎亭寨，大濩寨，小濩寨，石塘寨，石坪寨，小渔埕寨，大渔埕寨。烽堠十五：半塘烽堠，尖山烽堠，白崎烽堠，马迹烽堠，凤凰烽堠，猫头烽堠，上洋烽堠，毕湾烽堠，东冈烽堠，岭门烽堠，东山烽堠，蒙湾烽堠，兰头烽堠，肥艚门烽堠，奠山烽堠。巡检司二：肥艚巡检司，龟峰巡检司。"[22]《筹海图编》"沿海巡检司"也有记录："温州府：龟峰，肥艚，江口，仙口，梅头，中界，馆头，蒲岐，三山，小鹿，沙角。"原来位于平阳县井门，后因为偏于海边，孤立无援，于宣德三年（1428年）迁建于龟峰，因名之龟峰巡检司，《宣宗实录》有记载："初建，各（巡检）司皆傍海，后缘海居民尽入内地，而巡检司皆孤立，奏请移置。"[23]到了嘉靖年间，龟峰巡检司裁革。

图8-4-3　苍南龟峰巡检司城遗址1

图8-4-4　苍南龟峰巡检司城遗址2

现存的巡检司城遗址东、北两面依山坡，西面为天然峭壁，现巡检司城墙还有基址保存，城内地面被改造为菜地，但规模和轮廓俱在。龟峰巡检司南临蒲门所至壮士所的交通要道，扼守要道，与周围烽堠遥相呼应，地理位置十分重要（图8-4-3、图8-4-4）。

注释

① （汉）袁康. 越绝书. 卷8：外传·记地传.
② （汉）赵晔. 吴越春秋·卷3：夫差内传第五.
③ （清）顾祖禹. 读史方舆纪要·卷89：浙江一.
④ （明）郑晓. 今言·卷3："二百三十九"条. 上海古籍出版社，1995.
⑤ 明史·卷171：列传第14：汤和.
⑥ 嘉靖. 宁波府志·卷22：海防书.
⑦ 明史·卷89、志第65：兵一.
⑧ 明史·卷76、志52：职官五.
⑨ （明）邓钟. 筹海重编·卷5：浙江事宜.
⑩ 万历. 温州府志·卷2：舆地下·城池.
⑪ 正德. 明会典·卷114：兵部九·关津一·烽堠.
⑫ 万历. 明会典·卷238：兵部二十三·关津.
⑬ 太祖实录. 洪武十三年二月丁卯.
⑭ 嘉靖. 宁波府志·卷8：兵卫.
⑮ 万历. 温州府志·卷6：兵戎.
⑯ 太祖实录. 洪武二十年二月甲辰.
⑰ 雍正. 浙江通志·卷98：海防四·台州府.
⑱ 嘉靖. 宁波府志·卷22：海防书.
⑲ 雍正. 浙江通志·卷97：海防三.
⑳ 嘉靖. 宁波府志·卷8：兵卫.
㉑ 明弘治. 赤城新志·卷8：公廨.
㉒ 清雍正. 浙江通志·卷95：海防一.
㉓ 明、宣宗实录. 宣德三年二月己巳.

浙江古建筑

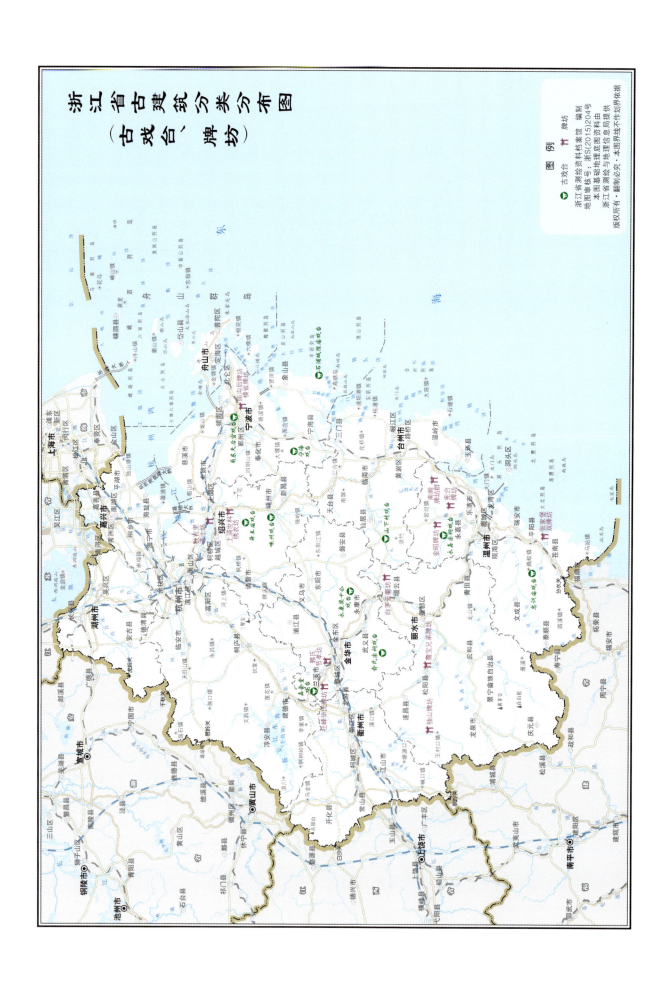

一、戏台

（一）戏台的产生、演变与发展

我国戏曲起源于上古时期的原始宗教祭祀活动以及民间的歌舞祀神活动。早在四五千年前的浙江新石器时代良渚文化的瑶山和汇观山遗址，均发现有祭台（坛），这是一种方形或长方形土筑高台（图9-0-1），据考证此为良渚先民祭天礼地的祭台。中国古代文献中常有关于"台"的记载，如《山海经》、《国语·楚语上》、《诗经·大雅》中有帝尧台、帝舜台、共工台、轩辕台等，屈原《九歌》中有不少楚国祭祀歌舞的描写。1982年在浙江绍兴城南坡塘狮子山发现的306号战国墓曾出土一件方形四坡顶的伎乐青铜屋，室内有乐师、歌者等6人，各司其职，构成一套完整的伎乐班子，其生动形象的造型，反映了春秋战国时期南方伎乐歌舞的表演情况（图9-0-2）。从原始宗教的敬神到酬神，再到娱人，由歌舞祀神的宗教祭祀活动发展出民间人神共娱的迎神赛会，是宗教祭祀歌舞的一大转变，在神圣的祭坛上培植出世俗的戏曲艺术本体的生成及其发展。

戏台是伴随着神庙祭祀演剧的发展而出现的产物。我国戏（舞）台的发展演变，唐以前的戏（舞）台基本是一种露台式的平台，没有前后台之分，形制上还比较简单。宋金时期虽然露台仍大量存在，但已出现亭式戏台，反映出乐舞和戏曲开始走向独立与成熟。随着戏曲艺术的发展，到了金元时期，三面敞开，另一面作后台的典型的戏台形式出现了。明代以后，戏曲艺术广为流传，城乡庙会、演剧活动十分盛行，各种祠庙广泛建有戏台，其建造工艺精良，飞檐翘角，美轮美奂。

我国最早成熟的戏剧——南曲戏文，就是诞生在浙江的永嘉。早在隋唐时期，温州一带就"尚歌舞"、"多敬鬼"。浙江山阴人徐渭在《南词叙录》云："南戏始于宋光宗朝（1190～1194），永嘉人所作《赵贞女蔡二郎》、《王魁》二种实首之。"王国维在《宋元戏曲考》中断定："南戏之渊源于宋殆无可疑"，宋代温州南戏剧目有：《王魁》、《赵贞女蔡二郎》、《张协状元》、《韫玉传奇》等。元代后期戏剧中心南移，很多杂剧作家活跃在以杭州为中心的江浙一带。元明之际，著名的四大声腔中余姚腔、海盐腔均在浙江。明代徐渭"词曲尤奇"，他的杂剧《四声猿》被称为"天地间一种奇绝文字"（王骥德《曲律》）。明末清初著名的戏曲理论家李渔是浙江兰溪人，《闲情偶寄》便是流传至今的戏曲理论名著。清康熙年间，剧坛上著名的南洪北孔之"南洪"，便是浙江钱塘人洪昇，他的代表剧作《长生殿》不仅包含着深刻的意蕴，而且具有高超的艺术造诣，"以绝好题目，作绝大文章"（梁廷《曲话》），称雄于清代剧坛。

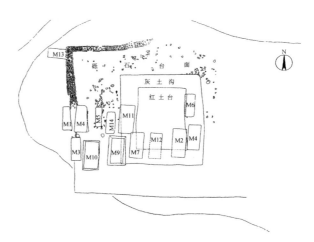

图9-0-1 余杭良渚文化祭台（引自《文物》1988年第1期）

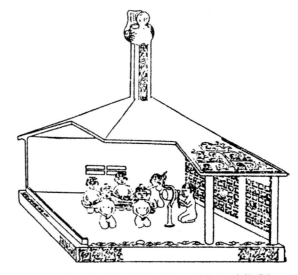

图9-0-2 绍兴出土战国青伎乐铜屋（引自《文物》1984年第1期）

浙江的越剧、绍剧、甬剧、婺剧、瓯剧、姚剧等众多的地方戏剧，构成了浙江这个戏剧之乡异彩纷呈的艺术氛围。各种地方戏的产生、发展和繁荣，造就了全省城乡大量演剧类建筑的涌现。

（二）戏台建筑类型

浙江传统戏台不仅数量多，而且类型也很丰富，从建筑的功能上看，主要有庙宇戏台、祠堂戏台、会馆戏台以及一些公共的独立戏台、临时戏台等。

1. 庙宇戏台

浙江民间的传统庙宇很多，明清时期一般有庙就有戏台，大体有城隍系列、孔庙文庙系列以及民间诸神系列等。

城隍庙内基本都建有戏台，多数戏台位于大门内的庭院中，城隍庙早期演戏主要是为娱神，在城隍诞日、"三巡会"期间演戏给神看，到了后来，娱神的功能逐渐萎缩，庙内戏台演戏成为娱人的主要活动（图9-0-3）。象山县石浦镇城隍庙内前后有两座戏台，分别建于大门和大殿之后，这种一庙双戏台的形制，在我省城隍庙中是非常少见的。嵊州城隍庙戏台在庙中仅门内侧，为重檐歇山顶建筑，这在浙江的古戏台建筑中并不多见。该戏台壁间尚存清嘉庆九年（1804年）、道光五年（1825年）和十五年（1845年）安徽戏班到此演出的题记，具有较高的史料价值。

浙江有种类繁多的民间信仰，因此庙宇及祭祀活动也很多，有自然神，更多的是有德于民或有灵于人的人神。除了在庙中的戏台之外，还有部分庙宇的戏台设在庙外，如永嘉岩头塔湖庙戏台、兰溪姚村戏台（图9-0-4）和桐乡乌镇修真观戏台。

我国古代各府县均建有孔庙或文庙，各种祭孔活动，是孔庙中的固定礼制，而孔庙大成殿前的佾台，则是祭孔乐舞的地方。孔庙佾台是一种露台式舞（戏）台，高出院落地坪，三面用栏杆围护，背后是大殿，前部及两侧设有踏道。衢州孔氏南宗家庙的大成殿、杭州孔庙大成殿以及黄岩孔庙大成殿前均有宽大的佾台（图9-0-5），每逢祭孔大典，有一整套严谨、规范的佾舞表演。

2. 祠堂戏台

浙江民间宗祠中多建有戏台，是为了敬祖酬神演戏用的，因此，宗祠也成了传统村落中娱乐的中心。以诸暨同山边村祠堂为例，祠建于清光绪二十二至三十二年（1896~1906年），中轴线上自前至后有门厅、戏台、享堂、过厅和后寝，主轴线之外另有"腹笥书屋"等附属建筑。戏台与门厅相连并向后突出，为单檐歇山顶建筑，平面呈方形，三面透空，台后部设木屏风墙。戏台面对享堂，最初这样布置目的显然是为了请祖宗看戏，发展到后来则是娱今人了。天井两侧是左右看楼。根据第三次全国文物普查数据，越剧发源地嵊州，保存了210座古戏台，其数量之多当居省内前茅。崇仁镇

图9-0-3 金华府城隍庙戏台

图9-0-4 兰溪姚村戏台

图9-0-5 衢州孔氏家庙大成殿前俯台

的玉山公祠戏台是其代表，祠堂建于清代后期，系裘氏宗祠。该祠前后三进建筑，戏台设在门厅之后，面对天井和享堂。"南戏"的故乡温州永嘉，许多传统村落的宗祠内都设有戏台（图9-0-6），渠口村叶氏宗祠碑记载："族人致祭，岁时伏腊，团结一堂，演剧开场，以古为鉴。仲忠孝节义之心，杖触而油然以生。"可见戏台的功能和作用。这一带祠堂的戏台多为三面通透的凸字形布局，华丽的装修在祠堂各建筑中首屈一指。此外，还有一类祠堂是官府或民间为名人建造的纪念祠，其性质虽与民间宗祠不同，但它也举行祭祀活动，这类祠堂中往往也设有戏台，如台州椒江戚继光祠，即在门厅后建有一座戏台，台前非常宽敞，可容纳很多观众看戏，符合该祠作为公共纪念性建筑的特点。

3. 会馆戏台

会馆作为传统商业、手工业行会或同乡会聚会的场所，因为商务活动以及敬神等的需要，在其建筑群中多建有戏台。虽然在建筑上会馆戏台与其他类型建筑的戏台没有什么大的差异，但是不同性质的建筑所祀的神祇不同，宗祠祭祀宗族祖先，庙宇祭祀各种民间杂神，而会馆则根据行业不同，各有所尊，如建筑业祀鲁班祖师，丝绸、纺织业祀机神等，因此会馆戏台的演剧更多带有功利的目的，如开市、拜师、宴庆等。浙江经济发达，商贸繁荣，外地来浙经商或地区间的贸易往来十分频繁，各地建有不少会馆。号称"八省通衢"的兰溪，就有闽商会馆、江西会馆、新安会馆、四明会馆、越郡会馆、台州会馆、稠州会馆、东阳会馆、永康会馆等，其中建有戏台的会馆不在少数。宁波是重要的对外通商口岸，北洋舶商于清道光三十年（1850年）集资十万两银子兴建了庆安会馆，由于舶商信奉天后神，因此会馆又称甬东天后宫。会馆占地面积3900平方米，有大门、前厅、正厅、戏台（图9-0-7）、后厅等建筑，其中后戏台位于正厅之后，为重檐歇山顶，内顶藻井精工细作，华丽无比，台宽5.3米，深5.5米，前戏台在神龛对面，久圮，近年重建。

4. 独立戏台

这类戏台一般不附属于其他建筑，是相对独立的戏台，在类型上可称之为公共戏台。它们多位于

图9-0-6 永嘉埭头陈氏大宗祠戏台

图9-0-7 宁波庆安会馆戏台

图9-0-8 象山爵溪街心戏台

看戏；一些城镇的闹市区往往也建有独立戏台，它们平日为亭，演出时搭上台板即为戏台，此又称为戏亭。象山县爵溪镇旧有"沙船城"之称，而象征此船"桅杆"的恰是位于十字街口的重檐戏台，据记载该戏台建于清乾隆年间（1736～1795年），东、南、西三面为大路，北面是五间后台，是供演员们化妆、休息的地方（图9-0-8）。天台县城应台门旁旧有一座戏台，台前有小广场。新昌镜澄埠戏台、兰溪姚村戏台、仙居山下村戏台则是传统村镇中建造的独立戏台，它们或坐落在村的中心，或位于主要村道旁。此类戏台没有专门的观剧设施，在台前设有较宽敞的广场，即戏坪，供村民看戏休闲。

（三）戏台建筑构成与布局形制

浙江演剧场所的基本构成是戏台的主台、后台、看楼（廊）以及露天戏坪，复杂一点的戏台还设有耳台等。

戏台的主台是演剧场所的核心，前面叙述的各类戏台的主台建筑大多为方形，并向院内突出，屋顶外观几乎都作歇山顶形式，内顶以圆形或方形、八角形藻井为主（图9-0-9、图9-0-10），部分戏台还彩绘描金，是整个组群中最为华丽的建筑。金衢一带的戏台主台与其他地区不同，就在建筑内的明间，并不向外突出（图9-0-11）。主台一般为三面通透，背后设屏风板，左右两侧各开一小门，是演员出入的通道，部分戏台在通透的三面设有低矮的围栏。

后台是演员化妆、候场的地方，在主台的屏风墙之后（图9-0-12）。最简陋的则没有专门的后台，利用屏风墙后的很小的空间或台下后部的空地作后台用。多数戏台的后台是在与之相连的门厅二楼，有较大的空间及回旋余地。

耳台位于主台两侧，其台面一般高于主台台面（图9-0-13），主要供乐队使用，实例有兰溪长乐嘉会堂戏台、桐庐深奥某戏台。耳台的出现和设置，反映出戏台的功能区分更加明确和专业。

看楼或侧廊是观众看戏的室内场所，看楼绝大多数在戏台前院落两旁，三间或五间、七间，两坡

水边、街心、路旁、村落中心等地。明清时期水乡绍兴盛行社戏，常于水边构筑固定或临时戏台，鲁迅先生在其小说《社戏》中说的"水乡舞台"就是这些戏台。东安村的戏台、宾舍村的戏台、任家桥村的戏台等均为水边固定独立戏台，村民可在船上

图9-0-9　戏台方形藻井

图9-0-10　戏台圆形藻井

图9-0-11　不向外突出的戏台

图9-0-12　戏台的后台

图9-0-13　戏台主台及耳台

顶，分别与前厅、正厅相连，组成院落，看楼朝院内一侧设有栏杆或美人靠。也有少数的看楼建在戏台正对面，如椒江戚继光祠，戏台在大门内，台前有宽敞的戏坪，跨过横卧水池上的小桥，便是依山而筑的与戏台遥遥相对的看楼，看楼两侧各有一座六边形重檐翼楼向前突出。诸如这类强化和突出演剧功能的戏台布局，在浙江还非常少见；侧廊仅是单层的进深较浅的建筑，一或三开间，如长乐嘉会堂戏台前的侧廊。

露天戏坪为一般观众看戏的主要地方，若在祠、庙、会馆建筑中，戏坪的存在形式就是两进建筑间的天井。独立戏台前的戏坪，往往是空间较大的广场，可容纳很多的观众。

建筑布局大体上有几种类型：其一是凸字形布局，即戏台的主台与门厅（或其他建筑）后檐相连并向院内突出，这是浙江戏台布局的主流，主要分布在浙北、浙东和浙南等地区，如绍兴舜王庙戏台、嵊州崇仁玉山公祠戏台、宁波秦氏支祠戏台（图9-0-14、图9-0-15）、平阳忠训庙戏台、庆元大济卢福庙戏台。此外，还有一种丁字形平面的戏台，即主台建筑前伸两间，类似过厅形式，与正

图9-0-14 宁波秦氏支祠戏台

图9-0-16 台前建筑与正厅相接

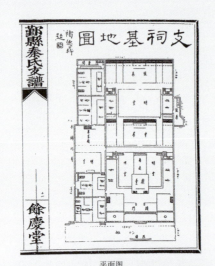

平面图

轴测图（民国14年）

图9-0-15 秦氏支祠平面、轴测图

图9-0-17 设在仪门内的戏台

图9-0-18 活动台板的戏台

厅相连接或不连，形成台前的室内观剧空间，在浙东宁海县有数例（图9-0-16）。其二是主台设在建筑群的大门或仪门内（明间位置），在金华、衢州一带多见，如衢州周宣灵王庙戏台、衢县车塘吴氏宗祠戏台、常山樊氏宗祠戏台、建德新叶等（图9-0-17）；其三是露天戏台，如孔庙大成殿前的佾台、水边的一些戏台等。

浙江传统戏台建筑的形制，主要有固定式和活动式。固定戏台的建筑和主台都是专门的、固定的，不论演出与否；活动戏台或在别的建筑中临时搭台演戏，或戏台中间的台板是活动的，平日走人，需要时架上木板即可演出（图9-0-18）。

（四）戏台建筑特点及文化内涵

浙江的戏台具有一些显著的特点：

1. 从空间看，通透、开放。各类戏台从主台建筑的三面开敞到观众席的流动性、通透性，以及台上台下皆透明的演剧和观剧形式，反映出戏台不论是建筑还是演剧形式上均是开放式的。

2. 从布局看，前置、独立。浙江绝大多数的戏台是在庙宇、宗祠和会馆建筑中的，这种戏台虽然具有依附性质，但从其建筑布局上看，却在建筑群中占据着重要的位置，即几乎所有的戏台都位于大门内侧，重要厅堂前面，并与之形成良好的空间组合以及相互间的对话。在建筑上戏台又是相对独立的。

3. 从装饰看，精致、华丽。浙江的戏台常常是建筑群中装修最华丽的建筑，外观飞檐翘角，歇山屋面，内顶穹隆藻井，匠心独运，或遍施彩绘，或精雕细刻。

戏台本身是一种文化类建筑，戏剧、表演是直接的精神文化的体现。在浙江一些古戏台中，还保存了不少清代、民国时期戏班留下的题记，如龙游县后邵村邵氏宗祠戏台东厢有数处墨书题记，最早的是清中期的，"乾隆三十五年二月二日集秀班在此六叙沈德华童德文二人。"二月初二是传说中的土地神的生日，土地神在中国民间受到广泛的信奉，百姓请戏班演剧酬神，已是一种传统的祭祀活动。德清新市刘王庙戏台后台墙上有大片清同治、光绪的题记（图9-0-19）。嵊州城隍庙戏台保留一些清嘉庆、道光年间的题记，如："嘉庆九年荣华班到此三日五子登科"，"道光五年安徽大如意班四月初四、初六日内好不可也"等，反映了徽班到绍兴的演剧情况，具有较高的史料价值。

浙江的传统戏台多书有楹联、匾额，其内容大多贴切点题、富于哲理，具有画龙点睛的效果，如"咫尺地五湖四海；几更时三皇五帝"，"一弹流水再弹月，半日江风半日宏；新声谱见未义出，古调弹出成渔所"，"一声片烬秋江月；万舞齐开春树花"，"俨然是一幅有声图画；原来乃满篇无字文

图9-0-19 戏台后台的演剧题记

章"，"凡是莫当前，看戏何如听戏好；为人须顾后，上台总有下台时"。观剧之余，仔细品味这些楹联，感慨人间万象皆浓缩于此台了。

二、牌坊

牌坊源于我国古代里坊制之坊门，至明清时期已演变成为一种标志性、纪念性的建筑，其意义是颂扬封建伦理道德下的典范，达到树立良好风尚、稳定社会秩序、维护封建统治的目的，即具有标榜功德、颂扬节烈、褒奖孝义、表彰忠勇等象征意义。牌坊广泛见诸于城镇、乡村及传统建筑组群的前端和陵墓、桥头等地。在建筑中牌坊具有前导和分隔空间的作用。浙江历史上尤其是明清时期曾建造过大量的牌坊，这可从各地的府志、县志上的记载得以证实，时至今日它们大多已不存在。

（一）牌坊的性质

浙江的牌坊根据其建坊目的可以分为功名坊、道德坊、墓坊、纪念坊、门坊等几种性质的牌坊。

1. 功名坊，是用来旌表某人在科举、军功、为政等方面取得突出成就而建造的牌坊。如科举方面，当地某人考取进士、举人或被推荐为贡生，便可建坊。松阳县西屏镇下马街的进士牌坊，是为明弘治丙辰（1496年）科进士詹宝而立的四柱三间五楼石牌坊；富阳市渌渚乡袁家村的登云坊，即为明永乐癸卯（1423年）举人袁亨所立。为政方面是为表彰官员的政绩而建的牌坊，如仙居县杨府乡断桥

村的攀龙附凤坊是朝廷为表彰林应麒为官勤政爱民，刚直不阿，政绩显著而建造的（图9-0-20）。林应麒是仙居断桥人，明嘉靖十四年（1535年）进士，累官至广东惠州府同知，因忤权奸严嵩等被劾。牌坊为四柱三间三楼石坊，高9.82米，宽9.23米，坊的正面题刻"攀龙鳞"，背面刻"附凤翼"，顶均刻有"恩荣"二字。坊身镌刻人物、鸟兽，造型优美、神态生动，具有较高的艺术价值。

2．道德坊，是封建社会中表彰情操高尚、忠贞不渝、敬老爱幼、扶贫济困、乐善好施等方面突出者而建的牌坊，这类牌坊数量最多，分布最广，其中又以节孝坊占绝大多数。以兰溪为例，该市27座牌坊中有24座为节孝坊，约为总数的89%，可见一斑。在兰溪的这些节孝坊中，以灵洞乡洞源村节孝坊最为著名，此坊是清乾隆四十年（1775年）"为章学礼妻郭氏立"，四柱三间五楼石结构，坊身遍镌人物、花卉、飞禽、走兽等浮雕，技法娴熟，工艺精湛。苍南县平等乡张东村的双牌坊，是一对并排而立的道德坊，一为节孝坊，"为故监生杨植存妻章氏立"；另一为孝女坊，"为故贡生杨焕长女系处士方成松元聘妻杨新铨立"。两坊均为清咸丰五年（1855年）所建，系四柱三间冲天石牌坊。诸暨市斯宅乡螽斯坂村青龙山南麓崖壁上，有一座摩崖石刻而成的牌坊，清道光十二年（1832年）为表彰斯元儒"赈济饥民、庇佑学士"之举，旨准建造的"乐善好施"坊，然而当时未能及时建坊，现坊是宣统二年（1910年）其曾孙斯迟香镌建的。坊高5.5米，宽6.2米，横额上镌"乐善好施"和"为义士登仕郎斯元儒立"等楷书大字及"闽浙总督程、浙江巡抚富具奏"、"道光十二年建"题款，立柱上刻有楹联："活十万户饥民不让义田种德，庇廿四乡学士允称广厦树功"。额枋下刻有一篇《义士斯翙圣公坊记》，记述了斯元儒的生平几及其立义塾、赈饥民的种种善举，并云由于与斯元儒同时准建

图9-0-20　功名坊

者"若赵元度、骆名高、陈之垣诸公,已先后伐石如例,惟公年久,贞珉未勒,慕义之士憾焉"。于是斯氏曾孙斯迟香于宣统二年(1910年)镌刻而成(图9-0-21)。

3. 墓坊,是立于陵墓之前表示纪念、标识作用的牌坊。在浙江许多历史名人或官宦人物墓前多建有牌坊,如位于绍兴会稽山麓的大禹陵,在陵区百米长的甬道前端即立有一座四柱三间的冲天石坊(图9-0-22);我国著名书圣王羲之的墓,在嵊州市金庭镇瀑布山,该墓屡经修葺,现存墓坊为清道光二十九年(1849年)遗物,二柱一间,横额上书"晋王右军墓道"等字;绍兴市南郊安葬着一位曾经为古代绍兴社会发展做出过重大贡献人物:马臻,墓前石坊肃立,上刻"利济王墓",坊柱上刻有:"作牧会稽,八百里堰曲陂深,永固鉴湖保障奠灵窀穸,十万春祈秋报,长留汉代衣冠"对联,阐述了后人对太守马臻修筑鉴湖水利工程,使得万顷黄茅白苇之地变成了稻麦丰熟的良田这一巨大功绩的歌颂和追念;位于曹娥江畔的曹娥墓、庙,是为纪念东汉上虞孝女曹娥建造的,庙立南部,墓在北端,墓前有一座清雍正十年(1732年)建的三间四柱石牌坊。

4. 纪念坊,是为纪念某事件或某人物而建的牌坊,事件及人物或大或小。桐乡乌镇昭明太子读书处纪念坊则是纪念历史名人的典型牌坊,昭明太子,即为南朝梁武帝长子萧统,他曾师事尚书沈约,常随沈约回桐乡乌镇祭扫先人墓,并于梁天监三年(公元504年)建书馆。后沈氏先人墓迁葬金陵,萧统舍馆为寺,曰贤德寺,又改密印寺。后人为纪念萧统,在寺前建石坊,坊额上书"六朝遗胜"四字,龙凤花板上镌刻"梁昭明太子同沈尚书读书处",该坊已成为一处凭吊历史名人的遗迹(图9-0-23)。在我省民间也建有一些纪念坊,如泰顺县三魁镇秀溪边村的贞寿坊是为乡耆邱士琳妻赖氏102岁寿辰请旨旌表,奏准而建的牌坊,故又称"百岁坊"。牌坊四柱三间,高5.75米,宽6.32米,青石结构,额枋正面书"贞寿之门",背面刻

图9-0-21 道德坊

图9-0-22 墓坊

图9-0-23 纪念坊

"旌表乡耆邱士琳妻赖氏一百有二岁七代五世同堂坊"。我国是礼仪之邦,具有尊老的优良传统,为旌表高寿老人建的人瑞坊,早在宋代就已见史书记载,《宋史·郎简传》云,郎简为官有实绩,常向

人们施医舍药，89岁时无疾而终，朝廷"榜其里门曰德寿坊"。明代知府林春泽，104岁时，获"人瑞"称号，旌表建坊，为此他写有《谢建百岁坊》诗。清康熙四十二年（1703年）朝廷曾颁文："百岁老民给予'升平人瑞'匾额，并给银建坊；节妇寿至百岁者，给予'贞寿之门'匾额，仍给建坊银两"，可见泰顺百岁坊是依此而建的。

5．门坊，这是牌坊最原始、本质的功能。它是建筑群空间序列中第一道象征性大门，其布局与建筑群空间组合不可分割，牌坊在空间上似分非分，流动穿透，又具有装饰、象征作用。在浙江门坊多见于村落、宅第、祠庙、桥头之前，或安装有可开启的门扇。见诸于各地的孔庙，大门外两侧一般分别建有两座牌坊或于中轴线上建棂星门坊，这已成为孔庙前的标志，这些牌坊以高大崇峻的形象使人在精神上受到压抑进而产生崇拜，让人们以虔诚的心情进入庙内。衢州孔氏南宗家庙前原即有"德配天地"和"道冠古今"坊，而慈城孔庙前则建有棂星门坊。我省一些传统村落的入口处往往也建有牌坊式的门，坐落在楠溪江中游的永嘉苍坡村，是一座视"耕为本务，读可荣身"的典型的传统耕读文化村落，其村南的入口即建有三开间的木结构坊门。祠堂前建牌坊比较多见，如兰溪三泉世德堂、兰溪旧宅覃恩堂和永嘉花坦村乌府祠堂前均有牌坊，世德堂前为四柱三间五楼的砖雕门楼式牌坊，覃恩堂前为二柱二楼石坊，乌府前则为三开间木门坊。住宅前的牌坊，多与建筑结合在一起，做成门楼式牌坊，因此又称之为砖雕或石雕门楼（图9-0-24、图9-0-25）。

（二）牌坊的形制及材料

浙江牌坊的形制根据其建筑特点大体可分为：

1．二柱一间无楼式，如嵊州王羲之墓道石坊、苍南张琴墓道石坊等，这类牌坊是最为简单的一种；

2．二柱一间一楼式，如鄞州区庙沟后牌坊，此形坊现存实例很少；

3．二柱一间三楼式，如富阳登云坊、建德陈公坊、龙游马氏节孝坊、江山进士坊、兰溪覃恩堂石坊、上虞上浦牌坊等；

4．四柱三间无楼式，如绍兴大禹陵墓道坊、苍南张家堡双牌坊、鄞州朱陛牌坊等；

5．四柱三间三楼式，如兰溪下潘节孝坊、浦江岩头孝义坊、仙居断桥村攀龙附凤坊等；

6．四柱三间五楼式，这是现存牌坊中数量最多的一类，如松阳詹宝兄弟进士坊、兰溪洞源节孝坊、金华锁园石坊等；

7．亭式坊，即建筑形式是一座亭子，但性质上却是牌坊。这类亭式坊目前保存很少，且均为晚清遗构，歇山顶（单檐或重檐），基本为石结构（个别屋顶为木构盖瓦），体量都较小，亭内都立有

图9-0-24 住宅门坊

图9-0-25 村落门坊

一方建坊石碑，如兰溪社峰毕氏坊、鄞州龙观节孝坊等；

8．其他坊，还有一类牌坊的柱网不是一字排列的，是有前后柱的牌坊，如永嘉岩头进士坊、苍坡村门坊、兰溪竹塘进士坊、庆元月山门坊、缙云衢坊等，这些牌坊大多数是木结构的，单间或三间。

牌坊又可分为门楼式、冲天式以及牌楼门式，前者柱不出头，有楼；冲天式柱出头，而牌楼门式则与建筑大门结合，多数也为砖结构形式。浙江未见五间以上的大型牌坊。

在牌坊的组合中，虽然大多数牌坊是单独建造的，但也有成对成组布局的。海宁盐官海神庙大门外东西两侧相对而立着两座三间五楼石牌坊（图9-0-26）；湖州南浔小莲庄刘氏家庙前也有一对石坊；兰溪社峰积庆堂前的小广场上有两座布局较为自由的牌坊，一横一纵，分列在广场两边。苍南张家堡双牌坊，则是并列布置的两座牌坊。绍兴秋官里牌坊则为一主两副三座牌坊的布局。最为壮观的要属乐清南阁村的牌坊群，在村中主要街道上5座牌坊纵向一字排列，历史上该牌坊群共有7座，其中的2座已毁，这是浙江省现存最大的牌坊群。

若从牌坊材料上分，则有石牌坊、木牌坊、砖雕坊、木石坊等，由于石材易保存，因此现存牌坊中，石牌坊的数量是最多的，其中颇为独特的是摹刻在山崖上的牌坊，这在我省已发现2处，即诸暨斯宅乐善好施坊和缙云双港桥贞节坊；砖雕坊因大量与住宅或宗祠建筑结合在一起，也保存的比较多；历史上木牌坊很多，但遗存至今已屈指可数了，以明代永嘉岩头金昭进士坊、花坦宪台坊和缙云云衢坊等最为珍贵。

（三）牌坊的装饰艺术

牌坊既是一种标志性、纪念性的建筑，又是具有很强艺术性的建筑小品。浙江牌坊的装饰艺术主要体现在雕刻技法和装饰内容上。牌坊的雕刻即石雕和木雕，包括高浮雕、浅浮雕、透雕、线刻等技法，无论在技术上，还是在艺术表现上都达到了较高的水平，如松阳詹宝兄弟进士坊、兰溪洞源节孝坊和遂昌独山石牌坊。

装饰内容上有人物故事、历史传说、植物花卉、飞禽走兽、自然山水、建筑器具等，应有尽有，美轮美奂。往往采用具有象征或隐喻的图案来反映主人的身份、荣誉或表达其愿望、祝福。因此，牌坊中经常能够看见诸如龙、凤、狮子、蝙蝠、鹤、鹿、鱼、莲花、芙蓉、牡丹、喜鹊、瓶、松、竹、梅、如意等象征性图案。如狮子象征力量和权威；蝙蝠、鹿、鹤寓意福、禄、寿；莲花表示气节、纯洁；松、竹、梅"岁寒三友"，象征健康和坚贞不屈；如意则为称心如意、万事如意。

第一节 戏台

一、宁海戏台

宁海县位于浙东宁波与台州之间的一个小县，依山襟海，历史上宁海一带民间戏剧发达，演剧活动十分活跃，宁海平调始于明，盛于清，是浙东富有特色的地方剧种，因此，明清时期的宁海戏台建造达到高峰，据统计，目前宁海仍保存了120多座戏台。宁海戏台以宗祠戏台和庙宇戏台为主，一般包括主台、后台、看楼以及台前观剧空间等。戏台内顶都设华丽的藻井。2006年，崇兴庙戏台、岙胡胡氏宗祠、魏氏宗祠、潘氏宗祠、双枝庙戏台、城

图9-0-26 双牌坊形制

隍庙戏台、陈氏宗祠、俞氏宗祠、大蔡胡氏宗祠、加爵科林氏宗祠十座戏台（宁海古戏台）被公布为全国重点文物保护单位。①

1. 城隍庙戏台，宁海城隍庙建于唐永昌元年（公元690年，南宋隆兴三年（1164年）重建，清嘉庆二十四年（1819年）、光绪年间及1935年先后修建。建筑群坐北朝南，由照壁、东西辕门、仪门、戏台、泛轩、正殿、过廊、后宫和东西厢楼、总曹殿、无常殿等建筑构成，建筑面积1600平方米。戏台位于建筑群前部，主台与仪门后檐相连，向院内突出，面阔5.25米，进深5.15米，台高1.66米，单檐歇山顶，翼角嫩戗发戗，内顶为圆形螺旋式藻井。台边有低栏围绕。仪门的二楼是戏台的后台。台前天井宽阔，可供很多人观剧；对面为三开间单檐硬山顶的泛轩，院落两侧是看楼，形成了整个戏台的院落空间（图9-1-1、图9-1-3）。

2. 崇兴庙戏台，在西店镇五市溪北岸石家村与后溪村之间。庙始建于元末，清道光二十一年（1841年）迁于现址。建筑坐西向东，主要包括大门、戏台、连廊、正厅以及看楼等，总面积970平方米。大门面阔五间，单檐二层。戏台与大门后檐相连。主台面阔5.43米，进深6.15米。主台建筑向前延伸两间，成为室内观剧空间，并与大门形成丁字形布局。阑额之上的木构均施以彩绘。正厅面阔七间，进深九檩。两侧看楼各五开间（图9-1-4）。

该戏台的一个重要特色是主台及台前各间的内顶均设有一穹窿藻井，即所谓的"三连贯藻井"。其中主台藻井最大，圆形，中间的藻井为八角形，第三个仍是圆形藻井，戏台满绘彩画（图9-1-5、图9-1-6）。这种三个藻井纵向相连的构造，在其他地方几乎未见，虽然宁波保国寺大殿前槽也有三个藻井，却是横置的。在宁海还有几处实例。

3. 岙胡胡氏宗祠戏台，位于梅林街道岙胡村，宗祠初建于清嘉庆二年（1797年），咸丰四年（1854年）族人进行扩建。宗祠坐东南朝西北，主要建筑包括大门、戏台、连廊、正厅、看楼。戏台

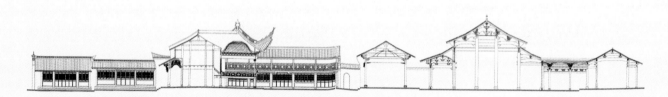

图9-1-1 宁海城隍庙纵剖面（引自徐培良等著《宁海古戏台》，中华书局2007年11版）

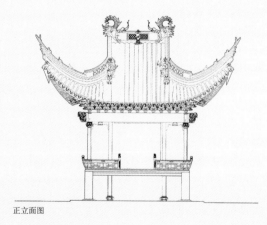

正立面图

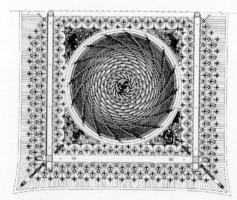

藻井仰视图

图9-1-2 宁海城隍庙戏台主台正立面、藻井仰视图（引自徐培良等著《宁海古戏台》，中华书局2007年）

图9-1-3 宁海城隍庙戏台

图9-1-4 宁海崇兴庙戏台

图9-1-5 崇兴庙戏台三连贯藻井

图9-1-6 崇兴庙戏台圆藻井及彩绘

图9-1-7 宁海胡氏宗祠戏台

图9-1-8 宁海胡氏宗祠戏台与正厅

主台面阔4.8米，进深4.9米。戏台主台向前延伸二间，并与正厅衔接，形成由三个穹窿顶构成的三连贯藻井。戏台及整个宗祠木构均施以木雕及彩绘，色彩绚丽（图9-1-7、图9-1-8）。

4. 下浦魏氏宗祠戏台，在强蛟镇，下浦村由后舟和下洋两村合并而成，魏氏宗祠位于后舟与下洋村之间，清光绪十六年（1890年）建大门、戏台、看楼等建筑。宗祠坐西朝东，主要建筑有照壁、大门、戏台、连廊、正厅、看楼（图9-1-9、图9-1-10）。

二、嵊州戏台

嵊州是重要的戏剧艺术的发祥地之一，也是越剧的发源地，戏台建筑遍及城乡，现在嵊州境内尚存210座古戏台，数量位居全省前列，其中列入各级文物保护单位的有18座。嵊州戏台包括祠堂戏台和庙宇戏台。戏台在这些祠庙中发挥着祭祀、酬神功能的同时，也见证和记录了嵊州戏剧的发展与兴衰。②

1. 玉山公祠戏台，位于崇仁镇六村玉山公祠内。该祠是清乾隆五十六年（1791年）崇仁望族裘氏兄弟为纪念先父玉山公而建。宗祠坐北朝南，占地995平方米，前后三进，通进深53米。中轴线上依次有照壁、门厅、戏台、享堂、后寝，东西侧设厢房。门厅面阔五开间，两层，主台背倚门厅，面对正厅，面阔4.2米，进深4.32米（图9-1-11、图9-1-12）。

2. 城隍庙戏台，在嵊州城区西部鹿胎山。据宋嘉泰《会稽志》记载："城隍庙在县西五十步"。嵊州的城隍神曾是一位三国时期有功于当地的陈姓地方官；后城隍神改为嵊县人、明代兵部尚书俞安性。城隍庙规模很大，有照壁、溪山第一楼（大门）、仪门、戏台主台、大殿、后殿，东侧有乡主庙。后大殿、后殿、乡主庙等毁，近年又重建。戏台主台为重檐歇山顶建筑（图9-1-13），总

图9-1-9　宁海魏氏宗祠戏台

图9-1-10　宁海魏氏宗祠戏台看楼

图9-1-11　嵊州玉山公祠戏台与正厅

图9-1-12　嵊州玉山公祠戏台后台

图9-1-13 嵊州城隍庙戏台

高13.34米,面阔、进深均为5.18米,内顶为八角藻井。许多构件上均有雕刻,题材广泛,有神话故事、戏曲人物、花鸟鱼虫、飞禽走兽、器皿博古等。戏台的后台设在仪门的二楼,原两侧的看楼及主台正对的正殿均为2001年重建。城隍庙戏台还为越剧的发展做过重要贡献,施银花、屠杏花、姚水娟、筱丹桂、傅全香等越剧名家均在此演出过。至今戏台上还留有清道光、嘉庆等年间的题记。

3. 施氏宗祠戏台,在甘霖镇施家岙村。施氏宗祠建于清嘉庆年间(1796~1820年),建筑坐东朝西,占地面积仅408平方米,包括门厅、戏台主台、享堂和看楼。主台面阔、进深均为4.42米,台高1.68米,为单檐歇山顶建筑,内顶置八角藻井。施氏宗祠是女子越剧诞生地之一,1923年嵊县人王金水与金荣水在施家岙村八卦台门创办了第一个女子越剧科班,女子越剧在赴上海成功演出后返乡,在施氏宗祠戏台首次演戏,剧目包括《双珠凤》、《玉连环》、《三官堂》等。因此,八卦台门和施氏宗祠成为越剧诞生地。施氏宗祠戏台是越剧发源的重要场所,现已成为省级文物保护单位(图9-1-14)。

图9-1-14 嵊州施氏宗祠戏台

4. 神堂戏台，位于金庭镇华堂村两横两竖四条街的中心，是一座街心戏台，约建于清代。台为方形，单檐歇山顶。戏台装修华丽，内顶置八角藻井，各角施斗栱，层层出跳，收缩至顶。藻井外沿四周设船篷轩。台前有开阔的戏坪，可供观剧，后台依托一座两层楼房。戏台面对五开间硬山顶的神堂。

三、庆安会馆戏台

庆安会馆，又名"甬东天后宫"，位于宁波市区江东北路156号，始建于清道光三十年（1850年），咸丰三年（1853年）建成，为甬埠北洋船商捐资创建，既是行业会馆，又是祭祀妈祖的场所，为浙江规模较大、保存较好的会馆建筑群。

会馆坐东朝西，建筑面积约为5062平方米，平面布局呈纵向长方形，沿中轴线依次为大门、仪门、前戏台、正殿、后戏台、后殿等建筑。前、后戏台两侧均有两层的看楼。建筑大量使用砖雕、石雕、木雕装饰，体现了宁波晚清时期很高的传统工艺水平。一个建筑组群中建有两座戏台（图9-1-15、图9-1-16），在浙江非常少见。该建筑群具有重要的历史文化和艺术价值，2001年6月被国务院公布为第五批全国重点文物保护单位，现开辟为宁波海事民俗博物馆。

四、舜王庙戏台

舜王庙位于绍兴市柯桥区（原绍兴县）王坛镇双江溪村的舜王山上。宋嘉泰《会稽志》记载："舜庙在县东一百里。《述异记》云：会稽山有虞舜巡守台，下有望陵祠。"③《述异志》一书有南朝祖冲之本和任昉本，可知至迟在南朝，绍兴会稽山已有祠，而南宋在此处已建舜庙。现存舜王庙建筑，据庙内碑刻记载，为清代咸丰、同治年重建。

建筑坐北朝南，布局以门厅、戏台、正殿、后殿为中轴线，两侧设二层看楼和配殿。五开间的山门与看楼、配殿围城一体，把面阔三间的正殿和后殿融入一组四合院式的封闭式建筑群内。此外，为了使用功能和造型构思需要，又在看楼外围另设二层楼的东、西外厢房，形成内外二重的建筑环境空间。

戏台主台坐南朝北，为重檐四角攒尖顶建筑，它后部与门厅后檐相接，面对正殿，东、西、北三面突出于天井，与两侧看楼、正殿保持着良好的视线距离。戏台内顶为螺旋形穹窿顶，制作精美。飞檐翘角的重檐屋面造型，打破了多为平直、规矩的划一线条，给以硬山造为主的舜王庙建筑群外观轮廓，平添几分秀姿。门厅的二楼作为戏台的后台，得以充分利用。看楼九开间，南侧与门厅相连，北

图9-1-15 宁波庆安会馆前戏台

图9-1-16 宁波庆安会馆后戏台

部直抵正殿后侧。看楼檐高约5米余，分上下两层，前檐透畅以宜观戏，二楼以高约1米的栏板作空间隔断，又符合实际功能需要，观瞻的俯视与仰视上都恰到好处。它以空间构图艺术寻找和创造了建筑艺术境界（图9-1-17）。

五、永嘉塔湖庙戏台

塔湖庙戏台，在永嘉县岩头镇丽水湖南端琴屿。庙建于明嘉靖年间，坐西朝东，背靠汤山。现存建筑为清代重建，庙前后三进两院落，面阔三间。戏台在庙前小广场东侧，与庙相对。主台平面方形，单檐歇山顶，内顶置方形藻井。柱头间有月梁形额枋，其上置平身科两攒，外拽单翘双下昂七踩，里转双上昂托两异形栱，承藻井。与主台后檐相接有一简陋的硬山顶小建筑，作后台之用（图9-1-18～图9-1-20）。

类似这种在主体建筑外设戏台的布局，在浙江比较少见，桐乡乌镇庙前也设有庙外戏台，此外，在传统村落中也偶有所见。

六、平阳忠训庙戏台

忠训庙戏台，在平阳县腾蛟镇薛岙口忠训庙内。忠训庙是乡人为纪念南宋初年抗金人士薛昌荣于清康熙二十六年（1687年）兴建的。

图9-1-17　绍兴舜王庙戏台

戏台主台与大门后檐相连，为单檐歇山顶建筑，三面通透，后部用屏风隔断。内顶用斗栱、垂莲柱、枋木等构成穹隆顶，并遍施彩绘。该戏台出檐舒展，比例匀称，造型优美，面朝正殿，是我省保存较好的一座清代戏台（图9-1-21）。

七、兰溪嘉会堂戏台

嘉会堂是兰溪长乐金氏嘉会房派的支祠，初建于明前期，宗祠大门正中悬有"象贤"匾额，落明天顺六年（1462年）款，故俗称"象贤厅"。宗祠通面阔13米，通进深53米，前后四进，坐南朝北，从北至南依次为门厅、戏台、正厅、过厅、后寝。

图9-1-18　永嘉岩头塔湖庙及戏台

图9-1-19　永嘉塔湖庙戏台

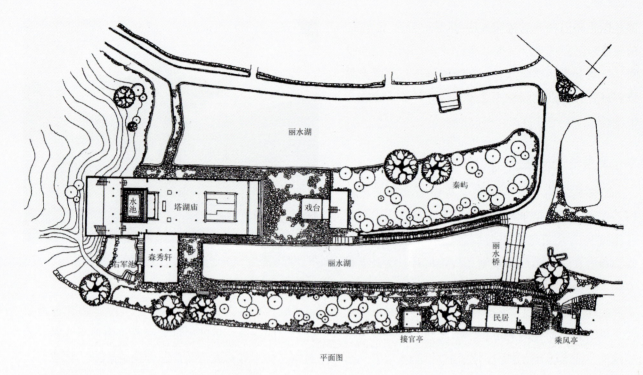

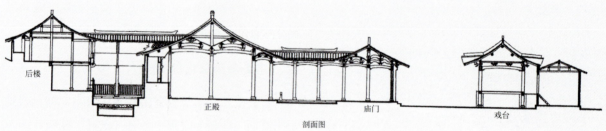

图9-1-20 永嘉塔湖庙及戏台平面、剖面图

图9-1-21 平阳忠训庙戏台

门厅三开间，设前廊，立面作牌楼形式，过门厅为天井，天井两边有侧廊，经两侧廊便是戏台的后台。

戏台，面对正厅，明间为主台，其后部设屏风板，上部悬"人生境"匾额。屏风墙两边各有供一演员进出的小门。后台狭窄，两侧有楼梯上下。两次间后部是耳台，耳台楼面略高于主台面，为乐队、演员候场等用。戏台与正厅之间有一较大的天井，面对高大的正厅。正厅是族人祭祖、议事的重要场所，也是看戏的主要空间。天井两侧有厢廊连接前厅与正厅，两侧廊也是看戏的重要室内场所（图9-1-22、图9-1-23）。

正厅与后进寝室明间之间有过厅相连，形成工字形平面。整个建筑群用高墙围合。

图9-1-22 兰溪长乐嘉会堂戏台

图9-1-24 永康梁十公祠戏台

图9-1-23 兰溪嘉会堂戏台后台

图9-1-25 永康梁十公祠戏台二楼

八、永康梁十公祠戏台

梁十公祠戏台在永康市古山镇金江龙村梁十公祠内。宗祠建于清道光二十四年（1844年），21世纪初进行了全面修缮。宗祠占地970平方米，坐北朝南，前后三进建筑，两侧设有厢房。大门面阔五间，进深九檩，后檐与戏台主台相连。主台为重檐四角攒尖顶建筑，上下二层，下层即演剧舞台，后台及休息室设在上层和大门的二楼。戏台主体建筑为二层构造的在浙江其他地区少见，而永康较多，如芝英街道下柏石村的陈氏大宗祠戏台、古山镇坑口村的成三常祠堂戏台。主台面对宗祠享堂，因此享堂是观剧的最佳场所。两侧是二层的看楼。第三进是寝堂。二、三进建筑均为五开间单檐（图9-1-24、图9-1-25）。

第二节 牌坊

一、东钱湖庙沟后牌坊

庙沟后牌坊在宁波市鄞州区东钱湖镇韩岭村庙沟后山坡地上，坐东向西，依山就势。庙沟后牌坊为二柱一间一楼仿木结构石坊，通面阔3.29米，总高度6.16米。牌坊制作的石料采自鄞州区西部产的"梅园石"。屋顶为单檐歇山顶形式，翼角起翘，前檐整个屋面刻出瓦陇，另三面仅檐口刻瓦陇，其余部位皆为素平做法。柱子方形抹角，柱头卷刹，柱脚无基座，也无夹杆石扶持，直接插入地下。柱头施阑额与普柏枋，斗栱为六铺作单栱出双杪单下昂，补间铺作两朵，柱头铺作即转角铺作。

庙沟后牌坊为墓道牌坊，牌坊出檐深远，形制古朴，不同于明清时期南方常见的三开间三楼或五楼的石牌坊，该坊虽为石结构，却忠实地模仿木结构形制，与江南明清石牌坊部分仿木坊形式迥然不同，是我国牌坊由木结构形制向石结构坊转型过渡时期的重要实例。牌坊许多做法如斗栱、柱脚形式、屋顶、瓦兽件等与宋《营造法式》及一些宋、元建筑相吻合，其中斗栱的几种列栱形制具有较高的研究价值。牌坊的细部做法具有不少江南宋元时期的地方特点，如高耸的翼角、上昂形斜撑等。该牌坊的建筑年代约为南宋至元朝时期，是目前所知保存最为完整、时代最早的仿木结构石牌坊[④]（图9-2-1～图9-2-3）。

二、横省牌坊

横省牌坊，在宁波市鄞州区五乡镇横省村，牌坊二柱一间一楼，面阔3.03米。结构与庙沟后牌坊相近，但横省牌坊柱头不施普柏枋，而阑额位置低于柱头，斗栱仍然为双抄单下昂，第一跳偷心，但补间铺作的第一跳华栱不是从栌斗中跳出，而是阑额中跳出，第二跳开始从栌斗跳出。柱头铺作没有栌斗，四个面的两跳华栱均从柱内跳出，即为重丁头栱；柱头铺作中两令栱交叠，即连栱交隐，并刻出栱头，而庙沟后牌坊并未刻出栱头。此外，阑额上还刻有七朱八白装饰。这些都与《营造法式》的规定相同。横省牌坊的建造时代当与庙沟后牌坊基本相同。但该坊曾严重破损，2007年修复（图9-2-4、图9-2-5）。

三、永嘉金昭牌坊

金昭牌坊在永嘉县岩头镇，是为明嘉靖四十四年（1565年）金昭进士及第时建造的。金昭

图9-2-1 宁波庙沟后牌坊

图9-2-2 宁波庙沟后牌坊转角铺作

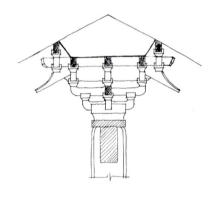

图9-2-3 宁波庙沟后牌坊补间铺作剖面图

图9-2-4 宁波横省牌坊正面

图9-2-5 宁波横省牌坊侧面

（1516~1581），字茂卿，号霞峰，擢明嘉靖乙丑进士第，官历大理寺左侍，升江西瑞州知府。牌坊三间三楼，悬山顶，除了明间两柱石构外，其余柱、梁、枋、斗栱等皆为木结构，坊高7.63米，总宽9.9米。平面呈横向"工"字形布局，即次间边柱的外侧又纵向设有两柱，此为浙南木坊常见的结构做法。明、次间柱子之间施月梁形大、小额枋，柱头和大额枋上都有斗栱，明间平身科两攒，双翘双下昂九踩，蚂蚱头做成下昂形式，其后尾与上一跳下昂后尾延伸至脊檩下端，第一跳下昂后尾端部置一小斗并托上一跳下昂昂身后部。正心瓜栱托替木及月梁形素枋，其上正心瓜栱托月梁形素枋。明间柱头科四翘单下昂十一踩，下三翘为丁头栱。次间平身科一攒，双上昂五踩，正心瓜栱托弯月梁形素枋，其上正心瓜栱托素枋。次间柱头科同明间。最外侧柱头科为异形单翘三踩，正心瓜栱托素枋。下昂昂头、蚂蚱头均为象鼻昂形。大额枋与柱交接处，设丁头栱，小额枋与柱交接处设丁头栱托雀替及额枋。柱脚前后有靠背石，下为条石台基（图9-2-6~图9-2-9）。

牌坊的上昂、丁头栱、长下昂、月梁形额枋等均为宋代建筑的做法，这类构件的滞后性在浙南古建筑中经常能够见到。

四、松阳詹宝兄弟进士牌坊

詹宝兄弟进士牌坊，在松阳县城。为弘治丙辰（1496年）科进士詹宝而立。据《松阳县志》载，詹宝，字天球，明弘治丙辰登进士，官授新昌县令，著有《静斋集》。其兄詹雨，字天泽，为明代成化丙戌（1466年）科进士，官至广东左参政。[⑤] 兄弟俩均中进士，同朝为官，科第门户，为时人敬慕。

詹宝兄弟进士坊为石结构，四柱三间五楼，歇山顶，通面阔6.35米，明间面阔3.45米，次间面阔1.45米，坊高8.5米。明间枋上前后分别刻有"兄弟进士"和"父子贤科"各四字，左侧竖刻小字"赐弘治丙辰"、右侧竖刻小字"进士第詹宝"。正楼石匾竖刻"恩荣"二字。明间额枋花板东、西两面浮雕精美的飞凤奔鹿和双狮戏球图，上额枋花板透雕凤凰牡丹图，藻头为结带花草纹。次间额枋花板浮雕人物故事，平板枋刻连续的莲瓣纹。檐下均

图9-2-6 永嘉金昭牌坊

图9-2-7 金昭牌坊斗栱

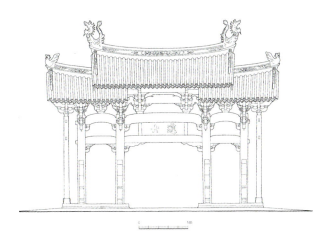

图9-2-8 金昭牌坊立面图（引自李秋香主编《文教建筑》，三联书店2007年6月版）

五、秋官里进士牌坊

秋官里进士牌坊位于绍兴市柯桥区陶堰镇陶堰村，牌坊建于明弘治年间（1488～1505年），是为陶怿和陶谐两位明代进士而建。计有三座牌坊组成，平面为一主两副"凹"字形布局，中间是主牌坊，左右各立一副坊，均为石结构。

主牌坊坐北朝南，四柱三间三楼。明间方柱抹角，呈小八角式，柱身高7.10米。明间下额枋上施四攒一斗三升平身科斗栱，柱头间上额枋之上施四攒平身科斗栱，出四跳，单翘三昂七踩，承三幅云，其中第一、二跳偷心。柱头科斗栱向前、后及正侧三个面出跳，前后面同平身科，侧面为重翘单上昂（即重丁头栱托隐刻斗栱化斜撑[6]）。次间檐下平身科两攒，结构同明间，柱头科斗栱侧面斜角向两个方向出跳，结构同平身科。屋面为歇山顶，翼角起翘。牌坊横枋上多处雕刻，采用浅浮雕、高浮雕等不同手法镌刻，题材有花卉、飞禽、瑞兽、花卉等，形象生动。主牌坊正面圣旨牌上端刻"赐进士"三字，中间横枋上楷书阴刻"秋官里"三字，边款题弘治年间字样。背面刻"湖山毓秀"四字。

左右两副坊结构较为简单，两柱一间，柱间施三道横枋，顶上置天盘石，枋上刻凿仙鹤、麒麟、祥云等。柱内侧与枋下间用丁头栱托隐刻上昂再承雀替。左辅坊上刻有"弘治乙卯科解元陶谐"字样，右辅坊正面上刻"丙子科乡进士诏诰"八字，背面刻"庚戌科进士陶怿丙辰科进士陶谐"十四字。

秋官里进士牌坊的建筑结构、细部雕刻艺术形式，都是典型的明代做法，主、副坊的布局形式在现存牌坊中颇为少见，具有较高的建筑和艺术价值。

六、上虞上浦世科—绣衣牌坊

世科—绣衣牌坊包括世科坊和绣衣坊两座牌坊，位于绍兴市上虞区上浦镇渔家渡村，建于明正德二年（1507），东坊"世科"，西坊"绣衣"，是为弘治十八年（1505）会元连捷榜眼的渔家渡人董玘建造。据清《会稽县志稿》记载：董玘，字文玉，弘治辛丑乡试第二，乙丑会试第一，廷对第

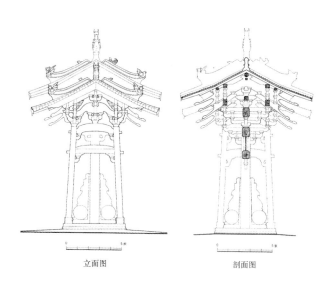

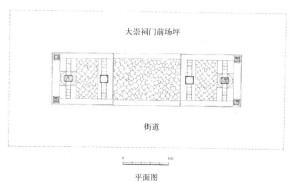

图9-2-9 金昭牌坊平面、立面、剖面图（引自李秋香主编《文教建筑》，三联书店2007年6月版）

施斗栱，其中明间主楼平身科二攒、角科二攒，出三重昂六踩，次楼平身科一攒、角科二攒，重昂五踩。次间平身科一攒、角科二攒，重昂五踩。次间上下枋间亦施有斗栱，平身科一攒，单翘四踩，靠柱子侧为重丁头栱。此外，明间柱枋间有形为卷云纹的"丁头栱"承托雀替，次间则为丁头栱托雀替。明间柱上端各有二跳长杆形斜撑承托次楼外侧底部，而内侧底部则由出自平板枋的单翘单上昂形斜撑承托。该牌坊斗栱形式颇为复杂、丰富。柱子为方形抹角，明间柱高5.16米，柱子断面为42厘米×42厘米，次间石柱高4.07米，柱子断面为40厘米×40厘米。柱前后用靠背石扶持，靠背石雕卷草纹，线条流畅。整座牌坊石雕工艺精湛，技法娴熟，体现了成熟的明代建筑特色（图9-2-10、图9-2-11）。

图9-2-10 松阳进士坊

图9-2-11 松阳进士坊局部

图9-2-12 上虞上浦世科坊

二，授翰林编修，后官至吏部左侍郎。建中峰书院于东山间，四方从游讲学者甚众，号中峰先生，有《中峰文集》。[⑦]牌坊系石结构，两坊形制基本相同，均为二柱一间三楼，歇山顶，通高均约6.5米，"世科"坊面阔为2.83米，"绣衣"坊面阔为2.75米。牌坊横跨于村内道路上，相距40米。

世科坊，主、次楼檐下均施斗栱，其中主楼平身科两攒、柱头科两攒，为三重昂七踩；次楼平身科、柱头科各一攒，亦为三重昂七踩斗栱。柱间设三道横枋，其上有平板枋。下枋正面高浮雕两麒麟，背面雕双狮戏球。柱枋间的雀替无存。上枋正面雕双凤朝阳，一站一飞，形象逼真，反面雕莲花、荷叶、莲蓬、水鸟，栩栩如生。花枋两面均刻请旨建坊的官员名字，以及建坊时间"正德丁卯季冬之吉立"。平板枋两侧承次楼、斗栱，中间设花板。花板上置上层平板枋，承主楼，中间置竖刻"恩荣"字匾，石匾饰云纹、龙首。翼角起翘（图9-2-12）。

绣衣坊，建筑结构与世科坊基本相同。仅主楼檐下斗栱的正心部位改为短柱，正心瓜栱作隐刻上昂形丁头栱。花枋正、反两面均刻请旨建坊的官员名字。相关刻字虽有些风化，但基本可辨。上枋一面高浮雕牡丹凤凰，另一面雕飞鹤腾云，栩栩如生。主楼下书"榜眼"两大字，右边竖刻有"赐进士及第荣禄大夫太子太保礼部尚书兼武英殿大学士谢迁为"等小字，左边竖刻"弘治乙丑科进士及第董玘书"等字；另一面写"绣衣"两大字，右边竖刻有"贵州道监察御史董复"等字（图9-2-13）。

七、遂昌独山牌坊

独山石牌坊，位于遂昌县焦滩乡独山村，为明工部营缮司署员外郎叶以蕃之父叶弘渊建于明隆庆三年（1569年）。牌坊用花岗石建造。牌坊四柱三间五楼，歇山顶，这座牌坊高8.4米，宽7.3米。柱前后置抱鼓石，下有条形柱基石，檐下施三翘六踩斗栱，以承屋面。主楼枋上立"敕立"字牌。中额枋刻"洊膺天宠"四大字，左侧有"遂昌县知县池裕德主簿荣辉典史主汝平"款，右侧刻"隆庆三年三月吉日立"。上额枋前刻双龙戏珠，后刻凤凰牡丹图。下额枋镂雕双狮戏球，次间额枋雕瑞兽图。龙门枋下用三道大额枋，镂雕双狮戏球图。次间额枋上刻浮雕双鹿、麒麟，圆润生动，雕刻精美。独山石牌坊保存完好，体形较大，是重要的明代石牌坊，具有较高的建筑价值。独山叶氏约在南宋时由松阳县迁此，村落传统风貌保存较好，仍有明嘉靖

图9-2-13 上虞上浦绣衣坊

图9-2-14 遂昌独山牌坊

建的南寨墙及谯楼、大片传统民居、宗祠、古井、卵石路面等（图9-2-14、图9-2-15）。

八、南阁牌坊群

南阁牌坊群，在乐清市仙溪镇南阁村，原有七座牌坊，现存五座，沿南阁村直街由南至北依次排列，前后坊相距约150米。牌坊建于明正统至嘉靖年间（1436～1566年），后代多有修缮。五座牌坊分别名为"会魁"、"尚书"、"方伯"、"恩光"、"世进士"。五座牌坊建筑形制基本相同，均为一开间三楼木石坊，悬山顶，主楼高于次楼，悬挑部分遮盖次楼，屋面阴阳合瓦，脊饰龙吻。梁架木构，中柱为石柱，中柱前后各有一根木辅柱。中柱柱头卷杀，柱间施用大、小额枋，大额枋上置平身科斗栱两攒，其中世进士坊、恩光坊出两翘五踩，第二翘为异形大栱，承上部檐枋；方伯坊、尚书坊、会

图9-2-15 遂昌独山牌坊局部

魁坊则出三翘七踩，以承檐枋。各牌坊均悬挂红底金字匾。柱下为独立的纵向条石基座（图9-2-16～图9-2-18）。

牌坊虽多次修缮，但主体仍保留着明代建筑风格及做法，具有鲜明的浙南地方建筑特色，但周围

图9-2-16 乐清南阁牌坊群

图9-2-17 乐清南阁牌坊局部

图9-2-18 乐清南阁牌坊斗栱

历史环境已有较大改变。

九、兰溪郭氏节孝坊

郭氏节孝坊，位于兰溪市灵洞乡洞源村村口，建于清乾隆四十年（1775年），为章学礼妻郭氏而立。清光绪《兰溪县志》卷五记载：章学礼妻郭氏，20岁夫亡，孝事其姑，教育遗腹，守节40余年，乾隆三十九（1774年）年旌。[8]

节孝坊四柱三间五楼，石结构。通面宽6.57米，通高8.76米。明间面阔3.64米，中柱高4.73米，为方形讹角青石柱，边长为0.39米。次间面阔1.465米，边柱高3.73米，柱边长0.37米。柱前后置抱鼓石，双面雕刻龙首喷水图案。柱下设条形须弥基座。

明间平板枋高0.325米，宽0.52米，中柱上榫插入平板枋两端。平板枋东西两面均雕刻卷草、祥云图案。上承托正楼及左右次楼，正楼前后檐下各立镂空雕双龙戏珠石匾一块，东面竖刻楷书"旌表"，西面竖刻楷书"恩荣"二字。大额枋下置镂空雕双凤朝阳花板一块。左右次楼下各置镂空雕双龙戏珠花板一块。正楼屋面为歇山顶，两端为鸱鱼吻饰，中心置宝瓶，翼角起翘。次楼屋脊左右两端也为鸱鱼吻饰，翼角起翘。

明间龙门枋下依次为上花枋、大额枋、小额枋及下花枋，大小额枋之间置蝴蝶石，中间置二块，左右两端各半块。上花枋两面均浮雕八仙过海及祥云海水图案。大额枋宽0.52米，厚0.8米，两面分别刻有"节孝"和"清标彤管"大字。小额枋两面均自右向左刻有"为章学礼妻郭氏立"楷书八大字。花枋两面均浮雕雄狮及母子三狮抢球及祥云图案。柱枋间置昂形丁头栱托雀替。次间平板两面雕刻卷草、祥云图案。上各置如意状斗栱二攒以承托边楼。边楼屋顶为歇山顶，玲珑镂空脊，两端各饰鸱鱼吻饰，翼角起翘，边楼下置双龙戏珠镂空花板各一块。两次间平板枋下依次为上花枋、额枋及下花枋。额枋及下花枋两端各承以卷草纹雀替。上花枋两面均浮雕双鲤跃龙门图案。额枋双面镂空雕仙鹤祥云图案。

十、苍南张家堡双牌坊

张家堡双牌坊，位于苍南县龙港镇张家堡村。牌坊建于清咸丰五年（1855年），包括两座并排的牌坊，北为节孝坊，南为孝女坊，相距20米，东西向设立，构造形制、尺寸和雕刻纹饰基本相同。

牌坊为青石结构，四柱三间冲天式，通面阔7.10米，通高5.30米，柱下设条形基座，每柱前后置抱鼓石，饰卷草纹。四柱柱头均置蹲狮（已缺失）。明间定盘枋上左右置镂雕双龙，正中均嵌有刻"钦旌"字额。中枋楷体刻"皇清咸丰五年岁次乙卯大吕月吉旦"，下枋镂雕四狮戏球，两边环绕如意纹饰。明间中枋上侧设穿枋高栱柱，穿枋高栱柱上左右分别刻和合二仙及花篮等饰，穿枋高栱柱中间、左右两边均置花板，中间花板阴刻"节孝"，两旁花板浮雕人物故事。中枋下侧花枋楷体阴刻有"为故监生杨植存妻章氏立"。两侧次间各置下枋、花枋、中枋、上花枋、定盘枋，定盘枋上镂空雕飞凤，上花枋浮雕人物故事，花枋浮雕花草、鹤、鹿等等。下枋下面两侧设雀替，雕刻花纹。

孝女坊亦为三间四柱冲天式，通面阔7.10米，通高5.30米，柱脚垫基座，每柱侧脚置石抱鼓，抱鼓饰卷草纹，前后合抱，原四柱柱头均置蹲狮（现被盗缺失）。明间定盘枋上左右置镂雕双龙，正中均嵌有题刻"钦旌"两字御碑。明间中枋均阴刻"皇清咸丰五年岁次乙卯大吕月吉旦"，明间下坊镂空雕四狮戏球，两边环绕如意纹饰。下枋下面两侧设雀替，雕刻花纹。明间中枋上侧穿枋高栱柱，穿枋高栱柱上左右分别刻和合二仙及花篮等饰，穿枋高栱石柱中间、左右两边均置花板，中间花板阴刻"孝女"，两旁花板浮雕人物故事。中枋下侧花枋楷体阴刻有"为故贡生杨焕长女系处士方成松元聘妻杨氏新铨立"，两侧次间各置下枋、花枋、中枋、上花枋、定盘枋，定盘枋上镂空雕飞凤，上花枋浮雕人物故事，花枋浮雕草、鹤、鹿等等。

双牌坊保存完整，雕刻精美，具有较高的艺术和历史价值。

十一、兰溪社峰毕氏牌坊

社峰毕氏牌坊，在兰溪市永昌镇社峰上宅村，建于清咸丰九年（1859年）。毕氏牌坊为亭式坊，平面正方形，坐北朝南偏东12度左右，石结构，单檐歇山顶，通高4.64米，宽1.46米。檐下置斗栱，除各转角施角科外，其中两侧面平身科各一攒，均出三翘七踩。正脊两端饰鸱鱼吻，正中置宝瓶，翼角起翘，青石讹角方柱。檐下正反面各置盘龙"恩荣"立匾。亭内立石碑一块，碑高1.65米、宽0.61

米、厚0.08米。碑中间刻"奉上谕旌节故儒吴大业妻毕氏",右边竖刻"兵部右侍郎兼都察院副都御史巡抚浙江等处水陆水陆事务胡兴仁钦命礼部右侍郎提督浙江全省学政张锡庚",左边刻"大清咸丰九年岁次己未八月"等文字。正面两石柱有对联:"卅年苦节锡彤管,一字荣褒慰素心"。⑨

毕氏牌坊体量不大,结构不复杂,且几乎不作雕饰,这类亭式坊目前在浙东也有少量保存。

注释

① 徐培良,应可军著. 宁海古戏台. 中华书局,2007.

② 王荣法,王鑫君著. 嵊州古戏台. 中国文史出版社,2014.

③ (宋)嘉泰. 会稽志·卷六:祠庙. 会稽县.

④ 杨新平. 宁波东钱湖庙沟后牌坊探析. 见清华大学建筑学院《建筑史》2003年第1辑。

⑤ (民国)松阳县志·卷九:人物.

⑥ 张十庆. 南方上昂与挑斡作法探析//建筑史论文集(第16辑),2002.

⑦ (清)道光. 会稽县志稿·卷八:人物乡贤.

⑧ (清)光绪. 兰溪县志·卷五:列女节妇.

⑨ 陈星. 浙江兰溪明清牌坊群研究. 中国名城,2011,(8):36-39.

浙江古建筑

一、木结构

（一）发展、分布

浙江历史悠久，木结构经历了漫长的发展过程，在浙江中部新石器时代早期，距今约10000～8500年前的上山遗址，已发现带有成排木柱洞的房屋建筑遗迹。7000年前的河姆渡文化遗址，发现大量的木结构榫卯构件和干阑式建筑遗存。根据考古遗迹分析，河姆渡遗址聚落依山势而建，一排排干阑式长房子由西南向东北扩展，还有储藏食物的窖藏，饲养家畜的圈栏。[①]河姆渡文化的田螺山遗址同样也发现了干阑式建筑遗存（图10-0-1）。良渚文化距今约5200～4300年，考古发现了城址、宫殿区、聚落、墓地、祭坛、水坝、河埠等遗址。据研究，良渚时期居民过着较稳定的定居生活，在不少聚落遗址中，都发现有房屋等遗迹。如余杭卞家山聚落遗址南部为良渚晚期河道、居址及相关的木构埠头遗存，共发现木桩140余个，大致呈曲尺形分布，多数木桩东西向分布于岸边，排列规整，其中西端有一批木桩密集成行往南部水域伸展，宽约1米，长度达10米，木桩两旁各有一排人工打入的苇秆，排列紧密。专家分析极可能是当时的码头。[②]这一遗迹现象展现了临水而居的水乡生活景象。绍兴印山越国王陵是春秋晚期越国大型墓葬，巨大的棺椁为木构三角形结构（图10-0-2），对研究早期木结构有重要意义。浙江宋代以前的木构建筑仅存一些遗迹，目前最早木结构建筑是宁波保国寺大殿，建于北宋大中祥符六年（1013年），其后还有金华天宁寺元代大殿、武义延福寺元代大殿等。省内保存的木构建筑基本为明、清遗物，且以住宅、宗祠、寺庙等为主。

浙江木结构建筑仍是古建筑的主流，从地域分布上来看，目前全省多少均有保存，其中浙中、浙西南、浙南的金华、衢州、温州、丽水等地保存的较为集中，如龙游、江山、兰溪、武义、缙云、松阳、永嘉、泰顺、宁波等县、市较多。

（二）类型与特点

浙江木结构建筑类型，大体可以分为寺院、庙宇建筑和乡土建筑。前者主要是指宗教类建筑和有一定规模的庙宇建筑，此类建筑用材考究、制作精良、规模较大，如宁波天童寺、宁波阿育王寺、天台国清寺、海宁盐官海神庙、绍兴大禹庙等（图10-0-3、图10-0-4）。还有少数建筑或由朝廷赐建，或受官式建筑影响较大，结构规矩、官式特点显著，如绍兴大禹庙、盐官海神庙、普陀法雨寺、杭州文澜阁等；乡土建筑则是广泛分布在乡村的各类民间木构建筑，如住宅、宗祠、民间小庙、木牌坊等。大多数规模较小，用材随意，更多地反映了地域文化和建筑特色，有部分建筑风格上体现了明显的滞后性。

浙江民居中厅堂一般开间数为三间，常常采用

图10-0-1 余姚田螺山遗址木构

图10-0-2 绍兴印山大墓三角木构墓室

图10-0-3　宁波阿育王寺

抬梁式和穿斗式的混合使用，明间通常使用抬梁式以获得厅堂内部的较大开敞空间。至于房屋尽端的构架，则常常中柱落地，局部采用双步梁、三步架的穿斗式样。除了官式建筑外，民居住宅部分建筑使用斗栱，但是民居中的斗栱往往比较简单，一般在门头处略微使用。明式建筑中使用丁头栱是一个特点，襻间也常常使用斗栱。

图10-0-4　海宁盐官海神庙

浙江木结构建筑中，寺庙建筑的遗构相对较少，从目前保留的宋元遗构来看，制作比较规整，但也充分体现了地方建筑特色。大量保留下来的是乡土建筑。由于浙江地区山多地少，以丘陵地带为主，属于缓坡地带。民居建筑顺应地形，做出了许多非常有特色的木构建筑。与北方平原地区的方正与简单不同，也与四川等地的山高坡陡形成的吊脚楼建筑不同。民居中使用抬梁与穿斗混合的较多，这种做法对地形的适应性很强。通过运用简单的木构架，可以创造出灵活的平面及多种形式的空间组合，并给外形带来丰富的变化，又给设计与施工带来很大便利。③

浙江的木结构建筑具有不同的地方特点，浙江中、西部金华、衢州（以及历史上的严州）及浙东部分地区，多丘陵山地，地缘上与皖南徽州接近，民居建筑虽有自身的特点，但与徽州建筑在不少方面有共同之处。诸如传统聚落建筑多为两层合院，以高大的粉墙围护，内部天井较小，厅堂用材粗壮，注重装饰，从大门门楼到室内隔扇漏窗，从梁架节点到基础勾栏，无不精雕细琢，装饰华丽。典型代表有兰溪诸葛村、长乐村、芝堰村、武义俞源村、东阳卢宅、白坦村、义乌黄山八面厅、龙游三门源村、建德新叶村、李村等。浙北杭嘉湖与浙东北宁绍地区，基本为平原多水地形。过去的交通主要靠水运，因此，无论城镇，还是村落，一般均依水而建，这些村镇都自然地形成了沿河带状布局，有的在河一侧，有的夹河而建。房屋相互毗邻，朝向多依河而定。河边设有不少公用或私用码头、河埠。建筑也往往做成骑楼或廊棚形式。如湖州南浔百间楼，就以上百间相连的临水骑楼民居而著称。嘉善西塘在明清时期已形成了富有特色的沿河长廊。在绍兴、湖州等古城和桐乡乌镇、绍兴安昌、慈溪名鹤等古镇，仍保留了不少水边历史街区及传统的临河民居建筑，它们或两街夹一河，或一街一河，或有河无街。建筑少则一、二进的普通百姓住宅，多则四、五进的官僚大户宅院。虽然一般结构较简洁，少繁缛装饰，但一些大宅做工考究，尤其是厅堂前后廊常做成卷棚轩，形式多样。室内悬以匾额，并用罩、屏风等分隔成若干空间。绍兴地区，旧时属古越地，建筑朴素、简洁，很少有花哨的装饰构件，保留了不少古制、古称，如明堂、台门、应门以及上昂形丁头栱、鹰嘴形瓜柱等。浙南温州、丽水以及台州南部地区，属瓯越文化圈，乡土文化、耕读文化氛围浓郁。永嘉楠溪江流域散布着数百个古村落，在这些纯农业村落，村民们男耕女织，过着自给自足的生活。在这深受宗法制影响的村落里，村民们根深蒂固的生活理想是"耕读传家"。耕是生活之本，读是农民攀登社会阶梯的唯一途径。因此，楠溪江古村落的文风很盛，浓厚的文化气息弥漫在山水之间，造就了楠溪江的乡土文化，成为楠溪江乡土建筑的一个重要特点。这一区域的民居，建筑形制古拙，结构简朴，不注重装饰，保留许多早期做法，反映了偏远山区建筑文化的滞后性。民居天井一般都比较大。东部的温州民居的围护墙多用板壁，而西部丽水民居则常见夯

土墙。此外，在温州泰顺，还保留了以往见于闽南、粤东北及赣南地区的土楼民居建筑，但规模不太大，二或三层楼，其中以罗阳镇交阳土楼（当地人称为"仓楼"）最为著名，该楼为曾姓村民所建，四周环以水渠，夯土墙高大厚实，仅在一面开门（图10-0-5～图10-0-7）。

浙江传统木构建筑的遗存以清代为主，并有部分明代建筑，这些建筑无论在构造上还是细部方面都传承了不少宋、元时期甚至更早期的做法，明显地表现出建筑的滞后性。如浙南丽水、衢州、温州一带的清代民居、宗祠的正厅中仍较多地使用宋、元常见的减柱造做法，一般多减去明间前金柱；浙江宋、元建筑的构架与《营造法式》所载的两大类梁架构造即厅堂造和殿阁造，有较大的区别，采用彻上明造、内柱升高的做法，更多地体现出地域的独特之处。宁波保国寺大殿、武义延福寺大殿和金华天宁寺大殿均为八架椽屋前三椽栿后乳栿用四柱，月梁造。其中内槽皆为平梁加四椽栿，前内柱升至上平槫，后内柱则在中平槫处。与北方甚至同属江南的苏南同时期的建筑都不一样。然而，这一内槽梁架的做法却在浙中明代民居建筑中保留下来了，金华七家厅中厅、永康厚吴村的一处明代民居中厅以及东阳卢宅肃雍堂均为此种构架，直至清代浙中少数民居仍有此做法，体现出滞后性及显著的其地方建筑特点。另外梭柱、月梁、斗栱等均有滞后现象。

二、砖石结构

（一）发展与分布

浙江砖石材料用于建筑的历史悠久，尤其是石材，良渚古城发现了采用大量块石为城墙基础的做法。汉及之后墓葬中大量使用砖砌或砖石结构墓，砖石砌筑技术得到快速发展，海宁长安的汉画像石墓，墓墙体为石构，而上部是用砖发券构成。浙江现存最早的石构建筑是几座唐代经幢和它山堰水利工程建筑。唐代砖构建筑，在浙江除了墓葬外，仅存一座佛塔，即宁波天宁寺塔。砖石技术的发展，

图10-0-5 浙中丘陵建筑

图10-0-6 浙北水乡建筑

图10-0-7 浙南山地建筑

浙江在唐以前远落后于中原地区。五代及至宋，随着人口的增加，浙江经济文化得到较大的发展，这一时期砖石建筑无论在数量上还是技术上都在快速发展进步，建造了大量的砖石结构的佛塔、经幢、桥梁以及城墙、建筑围护墙体等。塔的平面有方形、六边形、八边形，高度可达50～60米，如杭州六和塔、天台国清寺塔。八边形在楼阁式塔中，一种是塔身用砖造，外围的平坐及腰檐用木构，这比较常见；另一种是全部用砖或石砌筑，尤其是石砌塔而形式完全仿木构，颇为罕见，如杭州白塔。元代随着喇嘛教的扩展，有许多宗教题材的砖石构筑，如杭州灵隐著名的飞来峰造像。明清砖石使用更为普遍，如多样化的桥梁、多样化的牌坊和门楼等。

浙江的砖石塔较多，在浙江境内分布很广，宋代、元代的塔皆有。比如杭州六和塔，始建于北宋开宝三年（公元970年），南宋绍兴年间重建，清光绪时重修塔外木构。塔内部砖石结构分7层，外部木结构为8面13层。另外杭州还有五代的白塔，石构仿木；杭州的保俶塔，始建于北宋年间，后屡毁屡建，现为6面7级实心砖塔。另外，临安功臣塔，五代始建，单壁筒体砖塔，颇具唐代遗风，还有杭州灵隐寺双塔（五代吴越）、杭州理公塔（明）、杭州香积寺石塔（清）（图10-0-8）。

民居建筑整体采用砖石结构几乎没有，但是外围护砖墙、石墙非常普遍，分布各地。在宁波、绍兴、台州一带传统民居用材最具特色的是石板墙，宁波地区主要用于内墙窗门底下；绍兴地区主要用于窄巷的外墙上，横向搁置；台州地区为石坎墙；温州地区的则用无序的卵石干砌墙，具有很强的地方特色。

（二）类型与特点

山地和沿海地区民居中砖石建筑较多，既有木结构承重砖石作围护结构的，也有砖石墙承重上架木檩条加屋盖的做法。浙江温岭石塘的清代砖石建筑基本是院落式的，但是院落较小，主体建筑采用木构，外墙采用整齐的块式砌筑，许多还有石砌的碉楼。由于多采用硬山做法，且木结构体量小，外观整体看上去就是石头建筑，层层叠叠非常壮观。浙江更多类型的砖石建筑主要就是山墙和坎墙的砌筑变化。在浙江可以看到少量的有石亭，也很少可以看到整体建筑结构采用石柱和石梁，更多的是檐柱和檐枋采用石构的做法（图10-0-9）。

宋代是中国砖石塔发展的高峰，形式丰富，结构多样，构造做法进步。浙江保留至今的砖石塔很多，是砖石建筑的重要类型。保留更多的是石桥、石牌坊，石牌坊在古建筑中运用普遍，在寺庙、官府、民居中都常见到。石桥浙江留下来的非常多，既有拱桥也有梁桥。比如绍兴被誉为桥乡，除了桥的数量多，更重要的是桥的类型非常多。宋代八字桥，石墩长桥古纤道，七折边石拱桥广宁桥、宝珠桥、迎恩桥、谢公桥及海口古闸桥三江闸桥等。此外，石砌的堰坝也是一种类型，如宁波鄞州区它山堰（图10-0-10）。

图10-0-8　杭州理公塔

图10-0-9　温岭石塘石屋

图10-0-10　宁波它山堰

砖石建筑砌筑手法多样，石材通常堆砌，即不规整形状的干砌，用在山墙上较多；也有规整砌法，通常将石块打磨成规整形状，用于建筑正立面或者门楼做法较多。卵石墙的基本做法：用大块毛石打基础，分内外两皮，之间互相挤压，使之稳定，墙体自下而上逐渐减薄，缓慢收分。砖的砌法有更多种，总体可以分为实砌和空斗砌，山墙一层用实砌较多，二层用空斗砌较多。砖的种类有厚薄、大小，砌法变化有顺丁变化、有眠无眠之分。绍兴石桥营造技艺高超，被列入非物质文化遗产名录。桥身坚固，造型美观，建造技术包括石梁桥、折边拱、半圆形拱、马蹄形拱、椭圆形拱、准悬链线拱等。

砖石构件在古建筑中很多，虽然主体梁架是木结构，但是柱子有石柱，柱础大都是石构；围护山墙多为砖构，大门围墙也非石即砖，抱鼓石、旗杆石皆石构，石库门运用普遍，石墙在民居中也非常多。抱鼓石是较有特点的石构件，一般官府、祠堂、大宅第较多用，置于门轴之前，大多数是圆的类似鼓形，基座通常做成须弥座，点缀出建筑的地位，类似于在大门前放狮子的做法，但是更偏于民间做法。

三、建筑装饰

（一）发展

在浙江地区的建筑装饰中，广泛使用三雕技艺，并留下许多杰作。由于经济和文化的发达，为建筑雕刻装饰提供了丰厚的经济和文化基础。又由于雕刻装饰不受封建等级制度的限制，在民居中广泛的使用，从而促进了三雕艺术的发展。特别是明、清两代，不仅技艺精绝，形式活泼，而且题材非常广泛。木雕装饰用于建筑上虽然历史悠久，但只是文献上的记载而已，在汉代以前的已无实物可考。宋《营造法式》的出现，是对宋以前木雕技术的概括和总结。明清以来，在继承以前各代的基础上，木雕技术有了进一步发展，在采地雕的基础上又经演进而出现了嵌雕和贴雕。浙江东阳的木雕古朴典雅，技法娴熟，题材广泛。从战国到汉代已有石柱础、石阙和石墓等，在一些构件上出现了简单的石雕花纹装饰。魏晋南北朝时期，佛教建筑如佛塔、石窟的大量出现，为石雕技术的应用和发展创造了条件，隋唐时期石雕技术已达到相当高的水平。砖雕的起源可追溯到汉代画像砖的形成和发展。南北朝时，由于佛教盛行，大量砖造佛塔随之而建，一些宗教题材的花纹图案常被雕刻在腰檐及壁面上。隋唐时期，砖造佛塔寺庙等建筑的大量出现，为砖雕技术的发展创造了条件。到了元代，砖雕装饰不仅限于基座部分，而且扩展到屋脊和其他部分，如元代临海千佛塔，满身均为砖雕佛像。明、清两代的砖雕风格迥异，明代砖雕风格古拙朴素，在表现形式上以浮雕或一层浅圆雕为主，线条造型优美，题材以花鸟为主；清代的砖雕风格趋向繁复细腻，注重情节和构图，向立体化发展，题材也由花鸟变成以人物山水为主[④]（图10-0-11～图10-0-13）。

浙江建筑装饰总体分布特点是浙北地区相对简单，浙西南地区最为繁复。浙江东阳木雕因其主要产于浙江东阳市而得名；宁波朱金木雕，因雕后上朱漆、贴金箔而得名，相似于广州金漆木雕，它随汉、唐以来建筑装饰而生。浙江砖雕每个地方都有，但是因为各地住宅的形制、立面处理、装饰重点部位、生活习惯、文化观念不同而有差别。整体上讲，砖雕门楼多分布在杭嘉湖一带，砖雕门罩以浙中、浙西为多，浙南民居砖雕位置主要在大门和围墙的转接处，形成眉檐，还有漏墙、漏窗也十分生

图10-0-11 临海千佛塔砖雕佛像

图10-0-12　明代砖雕门楼

图10-0-13　清代砖雕门楼

动。浙东砖雕最引人注目的部位是大门，青田、缙云、温州一带山区有大量石墙，石墙各式各样，砌法也不同。绍兴、萧山等地都通行横向排列的石板墙做法，在丽水地区城镇里讲究一点的宅第也是多用整齐的块石砌筑。浙江民居中的石花窗较有特色，是浙江中南部山区民居中常见的一种构件，雕刻简单粗犷又不失精美，特别是绍兴、天台等地的更具特色，这里的石雕漏窗以石材薄、雕工细而著称。

（二）类型

按题材分，大致归纳如下几类：

1. 以人物为主的题材。有神话故事、民间传说、戏曲人物、民间风俗等。

2. 祥禽瑞兽类。有龙凤、狮子、麒麟、鹿、鹤、喜鹊、蝙蝠、松鼠、鱼等。

3. 植物纹样。常用称为"岁寒三友"的松竹梅，称为"四君子"的梅兰竹菊等。

4. 器物组合图案。有鉴赏性的古董类，还有家具、琴棋书画，组合构成风雅的图画。

5. 锦纹图案。有丁字锦、回文锦、龟背锦、雷纹、云纹等。

6. 字类图案。有福寿字、双喜字、万字等，或单独，或组合，如万字蝙蝠组成"万福"。

7. 以暗八仙和佛八宝为雕刻题材，在木雕中使用最多，变化无穷。

按材料分，有木雕、砖雕、石雕。木雕是古建筑装饰的重要手段。自古以来，人们常用"雕梁画栋"来形容建筑装饰之美。寺庙建筑中雕刻往往多于民居中，通常民居厅堂建筑中雕刻较多，其中的戏台又是重点部位。雕刻题材融故事性和艺术性于一体，变化繁多。砖雕俗称"砖花"，是在水磨砖上进行雕刻的一种艺术形式。砖雕图案装饰性强，布局严谨，凹凸处理灵活，常用于建筑外观装饰，如建筑入口处八字门、砖雕门头、照壁都是常见的，砖雕花窗更多，寺庙建筑中屋脊、脊兽常用。石雕装饰在浙江古建筑中使用较多，如石雕栏杆、抱鼓石、柱础石、石漏窗、石牌坊，以及园林中的石花台、书条石等都使用石雕装饰。既有石狮、抱鼓石等独立的，也有照壁、门楼等整体装饰建筑，也有石坎、基座等装饰部件，寺庙或文庙等雕刻石柱也有[5]（图10-1-14）。

（三）特点

檐廊是人们经常出入的地方，也是人们的视线最容易看到的部位，一般都作重点装饰处理。除了门窗隔扇上施雕以外，在撑拱等支撑构件上进行雕刻已成普遍做法。檐廊天花多用贴雕方式进行装饰，栱眼、栱枋等处也都进行不同程度的雕镂，与门窗配合，使檐廊形成一条装饰带。此外，住宅的内天井周围的楼层栏杆，是重点装饰所在，更是集中雕刻的地方。梁架雕刻要以不破坏构件的稳定性为原则，一般的做法是，在梁的两端稍加雕饰做成花梁头的形式，梁上则沿着梁边线雕线脚，但也有的梁上采用满布式雕刻，不过是采用浅刻及浅浮雕

图10-0-14 嵊县城隍庙木雕檐廊

图10-0-15 住宅中的挂落

方式进行。挂落是室内隔断最普遍使用的装修类别，采用各种上好木材，雕刻要求细腻精致，以满足近观的要求（图10-0-15）。隔扇上的裙板、夹堂板是集中雕刻的地方，种类繁多，题材丰富，花鸟山水、人物风情、器物走兽应有尽有。

门罩是普通住宅的大门装饰，一般是在大门门框上部用水磨砖砌成垂花门的形状，两边有垂莲柱，下端雕成莲花状，两垂莲柱之间有横枋连接，在横枋上有各种雕饰。门楼是把大门砌成牌楼的形式，梁枋采用华丽的砖雕装饰，一般大的宅第使用。此外常见的有砖雕照壁、墀头、匾联、门景等。墀头又称朵头，是建筑外观装饰的重要组成部分，多做细清水砖。砖雕匾额常用在洞门之上，与洞门一起成为建筑庭院艺术中的点缀。门景，是门框满嵌做细清水砖。方形门景的上端常做成各种形式的角花，简单的做海棠纹，复杂的雕成云纹、回纹等形式。

柱础上亦常见各种雕刻，花纹充满整个柱础表面。在石栏杆的望柱头和栏板上进行雕刻已是普遍做法。抱鼓石又称砷石，用于大门的两侧，多做成鼓形，常用的花纹有二龙戏珠、如意云等。

第一节 木结构

一、梁架

在浙江，大木构架的基本种类以抬梁式和穿斗式为主。厅堂、寺庙殿堂建筑中，抬梁式往往用在明间，为了争取更大的空间；而穿斗式往往用在山墙面，以加固结构，同时节约木材。民居建筑中常用的是穿斗和抬梁的组合式，即非每根檩条承柱，也非大跨度四架梁，而是结合中柱的双步梁、三架梁等。通常殿阁厅堂建筑为单层通高，梁架宏大。民居楼屋厅堂通常一层较高，重点装修，楼上梁架简单；但是也有楼上厅做法，二楼空间高敞，梁架雕刻精美，如兰溪民居中较为常见。屋面坡度一般是"四分水"至"六分水"，约相当于21~35度，故屋面常略微举折。大型住宅屋檐有升起，一般每间升起约10厘米，梢间山墙要更多一些。屋面构造是在檩上置椽，椽上挂瓦，做法简单、经济，高级住宅则在椽上挂望砖或竹、杉皮、芦苇等垫层以后，再挂青瓦（图10-1-1）。

宋代木结构建筑的宁波保国寺，在结构、细部做法上与《营造法式》的许多方面非常吻合。保国寺大殿重建于北宋大中祥符六年（1013年），虽经历代维修，仍不失为北宋建筑之精华。其显著特点是进深大于面阔，采用"厅堂构架制度"，内柱为四木合成的瓜棱柱，梁架采用"月梁造"，两肩卷杀。斗栱为"双抄双下昂单栱造"，用材粗壮，依据所处位置不同，组合多变，颇有创意，堪称海内孤例。阑额上留有"七朱八白"彩画遗迹（图10-1-2）。

元代建筑同样反映了典型的时代特点，延福寺

图10-1-1 兰溪芝堰孝思堂

图10-1-2 宁波保国寺大殿

大殿重建于元延祐四年（1317年），为江南已发现的最早元代建筑。大殿平面呈正方形，明代曾建了下檐，成为现在的重檐建筑。元代部分面宽和进深均11.8米，五开间。整体梁架结构制作规整，梁架与斗栱结合有序。柱子均作梭形，前檐柱与金柱之间用三椽栿，上置瓜柱，柱下端刻作鹰嘴状（图10-1-3）。金华天宁寺大殿的构架，继承了保国寺大殿的形制，亦为八架椽屋前三椽栿后乳栿用四柱，但用材明显小于保国寺大殿。

浙江民居的木结构具有显著的滞后特点，就是明代的建筑具有宋代、元代的特点，如梭柱、减柱造，如斗栱的比例偏大，形式类宋等特点。如温州浙南一带民居特别明显，温州祠堂构架比较其他地区祠堂的构架更接近《营造法式》，不仅在于它每柱上都有栌斗，而且在于结构作用的月梁不是插入柱身，而是架于栌斗上，明乳栿虽一端插入柱身，但另一端必置于檐柱栌斗内，而江南一带的厅堂普遍不是这样做法。另外，民居、祠堂中有柱与屋脊的生起及柱的侧脚现象，这些都已不见于近世的官式做法，而却于永嘉民间得以保存⑥（图10-1-4）。

明清的民居具有不同的地方特点，浙中、浙南地区受徽州建筑的影响明显，浙东、浙南与福建的建筑类似，浙北与江苏南部地区类似，建筑各有特点。温州民居的构架一般以疏朗的穿斗式为主体，结合抬梁式结构。所谓疏朗即区别于每根槫都由通柱承担，穿、柱密排的做法（多见于四川、福建山区）。永嘉的楼居底层皆设前廊，而且近世的民居其下层廊轩做法更为接近苏南一带，即檐柱、前步柱之间穿轩月梁，上置斗架荷包梁，中间作扇面雕花，其上承轩篷。阑额做成月梁形，在徽州、苏

图10-1-3 延福寺大殿构架

图10-1-4 永嘉西岸村祠堂

南、浙东也很普遍剳（图10-1-5）。

在江南现在的实例中，苏州玄妙观三清殿（宋）与金华武义延福寺大殿的剳牵极为相似，徽州地区在类似位置，也有这样的构件，但多演变为独特的"象鼻子"，失去了结构意义，而浙江东阳、兰溪一带更进一步夸张这种屈曲的意向，几乎成为卷草形，更加突出它的装饰性。兰溪民居的构架体系，是抬梁和穿斗并用。三开间的房屋。明间为抬梁结构，次间为用中柱以及穿枋的穿斗式构造。偏房和等级很低的建筑，亦用穿斗构造的做法。梁大体有两种类型，即"月梁"和"直梁"，前者无论是在住宅还是祠堂中都普遍使用，是主要梁架类型。梁头弧曲度比较大，与江西景德镇民居相似（图10-1-6）。

二、斗栱

斗栱在寺庙和宗祠类建筑中使用较多，能反映出一定的时代特征。如保国寺大殿的斗栱为双抄双下昂单栱造斗栱，表现出典型的宋代特征。斗栱里转跳东侧为四跳，而西侧为五跳。元代重建的金华天宁寺大殿的斗栱，外檐斗栱明间用三朵，次间用一朵，都是六铺作单抄单下昂、单栱素枋偷心造，里跳用上昂，上承第一跳的下昂后尾，既节省了大量的木材，又方便施工。这种做法实例罕见。元代的延福寺斗栱为单抄双下昂六铺作，是典型的元代偷心造做法，结构体现了典型的受力特征，所以建筑出檐较大，时代特征明显（图10-1-7）。

宋代的砖塔中有许多仿木的斗栱制作精美，比例线条俱佳。如杭州六合塔的塔心砖雕斗栱，虽然只是出一跳的较简单斗栱，但是斗和栱的线条及比例都非常精确、典型。还有杭州五代闸口白塔，全部用白石分段雕凿而成，雕工精美。每层转角处设倚柱，柱头卷杀。每层檐下雕五铺作斗栱，单抄单下昂，偷心造，体现了宋代风格。湖州飞英塔内塔为宋石塔，平坐及其斗栱等构件雕刻精细，形制规整，均合法式制度。斗栱也采用了偷心造。明代建筑斗栱明显改变，受力出挑功能减弱，但是仍然较

为粗壮，梁架上采用斗栱较多，但以丁头栱或者一斗三升等较为简单的为主。清代的斗栱日趋繁缛，其结构意义逐步成为一种纯装饰性的构件。不过浙江古建筑中采用的异形栱并不多，通常由晚期斗栱中的昂头做成（图10-1-8）。

图10-1-5　兰溪长乐金氏大宗

图10-1-6　兰溪芝堰民居梁架

图10-1-7　天宁寺大殿转角

图10-1-8 延福寺斗栱

除了官式建筑外,民居住宅建筑使用斗栱也较多,但是民居使用斗栱往往比较简单。明式和清代早期民居建筑梁架和柱头中使用斗栱较多是一个特点,襻间也常常使用简单的斗栱。不过也有些厅堂、门楼斗栱出挑较多,用材粗大。另外属于特例的是楠溪江流域和浙南丽水地区的斗栱制作,往往出挑较多,栱和斗的比例等方面表现出一定的宋代风格。这是因为工匠技术传播滞后的缘故。浙江民居中斗栱的部位、做法、风格因地而异。整体而言,浙南的斗栱与福建的做法相似,注重实用,风格朴素有古风,其他地方的斗栱做工繁冗、华丽,细分浙西、浙北、浙东、浙中也有差别(图10-1-9)。

浙西民居(以兰溪、龙游为例),很少使用外檐出跳斗栱。宗祠建筑则外檐斗栱较丰富,有些宗祠正厅的前檐,往往做出高于次间的牌楼式门,大量使用外跳斗栱,且做得很华丽,多的达三跳七

图10-1-9 兰溪长乐象贤厅

踩，都仅仅只有外拽部分，主要起装饰作用。浙西民居内檐普遍使用斗栱，主要用于梁架节点和天花下，有十字科、丁字科、单栱雀替、异形上昂等，梁与柱枋间常用丁字栱。用斗栱作梁架的连系节点，是浙西兰溪、龙游一带的一个显著特点。在一些讲究的民居和宗祠过厅，往往采用天花板，若是明构，往往用斗栱承之，此处斗栱做得古朴，但只有里跳（图10-1-10）。

浙中民居往往不受官制限制，凡厅堂住宅大都使用斗栱。甚至在门坊、照壁、照墙上，也做出砖斗栱。外檐斗栱大多不出踩，如出踩，以五踩为多，柱头上带用瓜棱形斗、海棠形斗。斜撑栱为装饰重点，形多为流云、卷草（明代）甚至繁冗的圆雕（清代）。内檐斗栱除梁栿斗栱做成十字栱外，均不出踩。施斗栱的厅堂，一般平身科明、次间各施二攒，部分大型住宅施三攒、四攒。斗栱的风格，随着年代的推进由古朴粗硕向小巧华丽、花板形发展。明代早、中期做法是在额枋上置普柏枋，再上承斗栱，栱瓣砍杀明显；清末演化成镂空花板（图10-1-11）。

斗栱在温州民居中的运用是十分普遍的，而且不同于其他地区民居的斗栱，这里的斗栱十分发达，甚至带有僭越的嫌疑，这一点在国内也堪称独一无二。柱头有明显卷杀，柱顶坐栌斗，檐柱上多用圆栌斗，这种栌斗宋时出现，后来发展出各类瓜棱形斗，海棠形斗，在东阳等地的民居中多见。而这种质朴的圆栌斗似乎仅于温州一带能见。永嘉民居中还大量保留了逐跳偷心插栱的做法，这类插栱做法在江南极为罕见。这种插栱多用于民居的宅门及村寨的溪门，以及牌坊上，逐跳偷心，不施横栱，气势颇大。在诸如苍坡溪门、花坦宪台牌坊、敦睦祠门上多次出现了结构性的多重下昂，昂头修长，多作凤头象鼻，昂间贯以覆莲销（图10-1-12）。

三、装修

建筑的装修和装饰是房屋的精华所在，它不仅有实用的功能，而且是艺术创作的结晶。浙江古建筑的装修与装饰雕刻精美、工艺考究，具有较高的

图10-1-10 兰溪芝堰民居襻间斗栱

图10-1-11 东阳卢宅梁架斗栱

图10-1-12 温州永嘉岩头金昭进士牌坊

文化内涵。建筑装修具体讲是指除梁、柱等大木结构之外的门、窗、隔断等小木作而言。建筑装饰是指对建筑构件的艺术加工，就是常说的细部处理。

装修分天花、门窗、隔断、墙面、地面等部位的做法，天花分有吊顶和无吊顶两种，寺庙官府等公共建筑采用吊顶较多，民居采用吊顶较少。有吊顶的建筑藻井处理往往是重点，保国寺大殿的吊顶非常精彩，民间的戏台吊顶普遍很精彩。有些吊顶上会有彩画。无吊顶的天花处理分为望砖和望板两种，民间望砖用在高等级的建筑上。普通民居许多直接在椽子上铺瓦的，称为冷摊瓦。廊轩部分往往会吊顶，做成船篷轩等式样，上铺望砖，结合柱头、梁头装饰，成为檐下精彩部位。如浙江金华、东阳一带木雕最为流行，大型住宅在外廊处采用天花吊顶，用木板做顶面，周围镶木板条，每开间用木条分隔成方形或长方形浅天花井。在天花井中，镶贴雕刻好的纹样，组成各种图案。有些天花与轩顶结合使用（图10-1-13）。

建筑装修按其部位划分为外檐装修和内檐装修。外檐装修是房屋与室外分隔的构件，起着围护、遮拦、通风、采光等功能，并起到丰富建筑立面和美化外观的作用，同时，也是形成建筑风格的重要部位。内檐装修是为了分隔室内空间和组织空间而设置的，可以造成各种不同的室内气氛，加强室内的艺术效果。外檐装修包括门窗、挂落、栏杆及花罩，内檐装修有纱隔、花罩及屏（图10-1-14）。

门窗装修是建筑重点部位，有通长隔扇门窗，也有槛窗，还有景窗等。门窗装饰花样繁多，有些结合山水画、有些结合人物花鸟戏文，窗格的花样有些结合文字做花心的。采用灵活的门窗装修构件，以满足不同时间对使用空间大小，以及通风、采光方面的不同要求，如可装卸的隔扇门窗、板壁、屏门，以改变室内面积大小；大量采用空透的门窗，加强通风换气效果，如各地广泛使用的窗栅、门栅、廊栅、栏杆，透雕的门窗棂格、大花窗、檐下的气窗、编竹门障等；临街采用可卸的板门、使居室可进行商业及服务性操作。如湖州南浔的小莲花后楼、南浔张宅等。浙东民居常使用"一门三吊榻式"，就是一间为一组，板门装在一边，其余部分装半窗，窗下用槛墙，通过窗的开启，可改变室内光线与通气。有的地方做双开门，形式是中间两扇板门（或长窗），两侧各装一樘大花窗，窗下是木板槛墙。如天台、仙居等地民居（图10-1-15）。

栏杆是中国古代建筑装修重要构建之一，主要功能是起围护作用。浙江最早的栏杆（勾栏）大概就是唐代经幢上所见的勾片造勾栏（图10-1-16）。在廊栏间，栏杆和挂落常常同时使用，上下呼应，以加强柱间分隔室内外空间的界线，有规限而又不封闭视线，同时挂落以适度的比例使之产生一种韵律和节奏，丰富了建筑立面。普通栏杆根据栏板的式样不同，有很多样式，如灵杖式、冰片式、万字式、竹节式、如意式等，这些形式多样的栏杆，有的雕镂细致精美，有的简洁而有风韵。坐凳栏杆比普通栏杆稍低，上设坐槛，供人坐息，或称鹅颈椅，在栏杆上部加一个通长向外弯曲的靠背，人可

图10-1-13　湖州南浔小莲庄天花藻井

图10-1-14　平湖莫氏庄园挂落

图10-1-15　仙居高迁民居门窗

图10-1-16　唐代金华法隆寺经幢勾栏

以依凭，有安全感。挂落是装在建筑外廊的构件，构图讲究对称，一般是中间和两端向下突出，对称中显得有变化。常用的有万字川、藤茎和冰裂纹三种形式。浙江民居有些于外廊处使用花罩代替挂落和栏杆，一般用料较为粗壮，雕刻手法粗犷、简练（图10-1-17）。

内檐装修中，隔断在建筑中使用较多，寺庙内结合佛像布置，常用隔断背光等做法，官府和民居厅堂往往采用背屏做法，上面挂上书画对联，定置匾额，点出主人地位和品位。背屏前面排列布置家具。背屏两边或者后面常常有挂落或者隔断以分隔空间，采用几腿罩或者落地罩的皆有。纱隔多用于开间的分隔上，北方称为碧纱橱。形状、做法与长窗相同，不同之处在于用料及做工更为考究和精细。内心部分，花纹更纤细精美，在棂条后面糊纱、绢等纺织品。罩是装饰性极强的室内装修，使空间似隔非隔、隔而不断、相互渗透。按其形式分为飞罩和落地罩。飞罩不落地，简单的飞罩比挂落花纹稍复杂，除万字纹、回文外还有以枝叶、花鸟为题材的。落地罩分为纱隔式落地罩、自由式落地罩、洞门式落地罩。洞门可呈圆形、八角、方形等，门四周可布置各种纹样。内檐可使用空透的隔扇门、博古架隔断等，做到隔而不断，里外贯通，既有围护功能，又不妨碍通风效果。浙江园林建筑中也是非常普遍使用透空隔断的。通常隔断在楼屋当中使用更加频繁，有的结合居室床罩。总之，利用可移动、可装卸构件的灵活性来改变或调节室内空间的形状、大小、开合、通塞，以适应使用要求，如平湖莫氏庄园、南浔小莲庄及张宅等（图10-1-18）。

图10-1-17　唐代海宁安国寺经幢勾栏

图10-1-18　平湖莫氏庄园隔断

第二节 砖石结构

一、砖石砌筑技术

砖石砌筑手法多样，石材通常堆砌，即不规整形状的干砌，用在山墙上较多；青田、缙云、温州一带山区有大量石墙（图10-2-1），石墙各式各样，砌法也不同。常见样式有：一是乱石墙。大小不等的乱石随意砌成，墙的断面一般为渐变墙，即墙体石块下大上小逐渐收分。二是人字墙。石块大小相对均匀，呈狭长形，倾斜砌筑，块与块相互紧扣，呈人字形，砌得比较考究点的人字墙看上去像玉米棒子，所以有叫"玉米墙"的。三是自由组合墙。石块大小不作均匀的渐变，也不求规整，人字组合自由，也有上部用人字，下部自由的，叫自由人字组合。四是席纹组合墙。上为小卵石垒成席纹状，下为一般卵石墙组合的墙。五是突变式墙。下部用大小均匀的卵石，高1.2米左右，上部全部用均等的小卵石，没有过渡段。

卵石墙的基本做法：用大块毛石打基础，分内外两皮，之间互相挤压，使之稳定，墙体自下而上逐渐减薄，缓慢收分。有的做成内凹的弧面，底部放出。每垒到门或转角处，用大块蛮石砌筑，用交替砌筑，使墙角厚重且结实牢固。卵石墙不用砂浆、灰泥或其他填充料。

也有规整砌法，通常将石块打磨成规整形状，这种做法较多用于建筑正立面或者门楼。以天台为代表的石板建筑是把石板竖向排列做建筑外墙（板长200～240厘米、宽60～90厘米、厚6～9厘米），手法简洁巧妙，下层平铺一层石板作墙基，板顶开燕尾榫，用木杆和梁柱系统联结成一个整体。石板墙一般是每隔几块石板开一个漏窗，花纹种类很多，从简单的直棂窗到很复杂的仿木窗格都有。在黄岩、温岭一带，也常常将石板竖向砌置，作建筑的下墙，但不像天台那样放在柱子外面并隔一段距离，而是在两柱之间。石板下端出榫插入基墙，上端嵌在额下的凹槽中，这样便牢固地卡在两柱中间。

绍兴、萧山等地都通行横向排列的石板墙这种做法。墙的做法是在基石上立断面为"工"字形的石柱，两柱间嵌入横向石板，一般叠至二到三块，最高可以叠到五块，板上加横梁，梁上砌砖墙。这种墙也是不承重的围护墙，但它表面有很粗壮的框架柱子，显得厚重坚固，像一些大建筑的勒脚。有的临水民居，下房用淡黄色的石板墙，每隔一段距离做一凹廊式的码头，外加黑色木栅栏，上层砖墙白粉刷，屋面用黑色小青瓦，效果很是规整宁静（图10-2-2）。

图10-2-1 永嘉卵石墙

图10-2-2 绍兴传统建筑石板墙

砖的砌法有更多种类，总体可以分为实砌和空斗砌，山墙一层用实砌较多，二层用空斗砌较多。砖的种类有厚薄、大小不同，砌法有顺丁变化。实砌墙体用在寺庙和官府中较多，通常外面还要粉刷，看不到砖的纹理，很少做清水墙。民居中空斗砌法比较普遍，砌筑方法分为有眠空斗墙和无眠空斗墙。侧砌的砖称斗砖，平砌的砖称眠砖。有眠空斗墙是每隔1～3皮斗砖砌一皮眠砖，分别称一眠一斗、一眠二斗、一眠三斗。无眠空斗墙只砌斗砖而无眠砖，所以又称全斗墙。无论哪种砌法，上下皮砖的竖缝都应该错开，以保证墙体的整体性。传统民居中多用特制的薄砖，砌成有眠空斗形式，有的还在中空部分填上碎砖、炉渣、泥土或者草泥等，以增强稳定性和改善热工性能。虽然墙不承重，但是考虑到稳定性，与木结构也会采用一些拉接的办法（图10-2-3）。

叠涩是砖石结构常用砌法，用砖石，通过一层层堆叠向外挑出或收进，向外挑出时要承担上层的重量。叠涩法主要用于早期的叠涩栱、砖塔出檐、须弥座的束腰、墀头墙的拔檐，常见于砖塔、石塔、砖墓室等建筑物。叠涩和拱壳穹隆有很大区别，叠涩顶形式很多，有对角脊、多角形和圆形穹隆等。实例有杭州凤凰寺大殿，由三个穹隆顶相连成长方形砖结构无梁殿顶，外观做成三个攒尖顶。四壁全部用砖砌成，四壁上端转角处砌菱角牙子叠涩收缩，这是典型的中西文化混合。砖穹隆的做法来自西域阿拉伯文化。砖石券砌法较为常见，有桥洞、门洞、墓道等。典型砖墓室的构造形式有两种，一是大型空心砖砌成，一种是小型的长方形砖砌成，一般由墓门、甬道、墓室等部分组成。实例有乐清市东晋墓群，墓壁用单砖错缝平砌，墓顶用楔形砖起券，地面铺成人字形，墓底铺有排水管道（图10-2-4）。

二、砖石建筑构件

砖石构件在古建筑中很多，虽然主体梁架通常是木结构，但是浙江古建筑中有许多例外，如建筑外檐柱用石材的情况非常多，这与浙江多雨的气候有关。石柱或方或圆，方柱一般都会抹角，有些寺庙和祠堂的石柱会做雕刻，或盘龙，或云纹，如绍兴舜王庙和诸葛村丞相祠堂。浙江有些建筑的梁和枋也有采用石构件的，通常这些石构件会做成木构的形式，如梭柱、月梁。柱础是随着木结构体系而产生的构造形式。自古以来，对柱础的造型就是慎重推敲。浙江古建筑中石柱础采用普遍，柱础形式丰富多彩，各具一格。有鼓形、瓜形、覆钵形、覆莲形、覆斗形、八角形等。础石与柱身紧密相连，造型完整。早期的如宋代的柱础常用覆钵形的，饰面简单，讲究的寺庙殿堂在上面刻上莲花，更复杂的采用仰覆莲组合形的柱础[7]（图10-2-5）。

大门围墙及门楼也非石即砖，砖石构件非常丰富，除前面提到的抱鼓石之外，还有门槛、门轴石

图10-2-3 仙居高迁砖墙

图10-2-4 温州平阳宝胜寺双塔叠涩

图10-2-5 绍兴舜王庙石柱

图10-2-6 仙居高迁石库门雕饰

等构件。如果是大户人家讲究的，或者官府、寺庙等建筑，常用八字形大门，墙的基座通常是条石，高级的雕刻成须弥座。八字墙面也是装饰重点部位，有时是磨砖对缝斜拼图案，有时是用砖雕出一些山水人物图案，也有的用整块石材雕刻图案，不一而足。门楼通常是砖雕精品，常常包含有仿木的砖制斗栱，雕了人物、故事、花草等的砖面，还有石或砖刻出的门匾题字等，民间常用的是福（蝙蝠）、禄（鹿）、寿（仙鹤）等图案。石库门为普通农舍采用，大户人家也有，它的做法是用条石做一个门框（受力构件），内装两扇木板门，底装一条石门槛。普通人家的石库构件基本就是素平，可是大户人家就会进行一些装饰，常见的有对上梁进行雕刻处理，雕刻或简或繁，复杂的会在梁上刻上二龙戏珠、狮子抢绣球等圆雕；也算常见的有将上梁雕出月梁形状，或者干脆做成石头仿木的月梁（图10-2-6）。

石质的栏杆、台基等是高等级的寺庙建筑常见的，也是官府、文庙等官式建筑常用的做法，园林建筑中使用也较多，民居中使用不多。寺庙建筑常常利用地形，台基变化较多，须弥座台基栏杆是常见的。在寺庙内部，佛像基座通常也是石质须弥座。台基寺庙大殿一般比较讲究，通常会结合一些雕刻，有别于皇家常用的龙纹，常会用一些云纹图案。浙江石质的栏杆花样也与其他地区基本相同，由望柱、栏杆及华板组成，材质讲究的采用汉白玉，普通的采用当地石材，雕刻繁简差别主要在华板处，从素平到圆雕皆有。望柱头的处理也是一大看点，简单的就是四方磨角磨边，复杂的雕刻狮子等动物（图10-2-7）。

门窗楣框处理影响整个外观构图，浙江古建筑提供了许多具体处理手法，如加工槛框外形轮廓，涂饰彩画边框，贴制磨砖门额、门匾，砌出专制楣檐，挑出门檐、窗檐、雨搭，抬高墙顶，加设花墙，以及大宅中砌制垂花门楼等。天台、黄岩一带石材甚多，也使用在门窗楣框加工方面，加以薄石板做门框，抹棱石板做挑檐等，造成一种清秀挺拔的外观。石花窗是浙江中南部山区民居中常见的一种构件，官式建筑使用不多，通常是在建筑的一层，位置偏高一点的地方，有点类似与现在的高窗。经过雕刻的石花窗既美观，又可以阻挡视线及防盗，同时满足通风采光，一举多得。石花窗的形式多样，或大或小，或圆或方，其花样也或直或曲，或动物或卷草，总体较为粗犷简洁，不似门窗繁复（图10-2-8）。

有些建筑构件，如抱鼓石，是较有特点的石构件，一般官府、祠堂、大宅第较多用，置于门轴之前，大多数是圆的类似鼓形，基座通常做成须弥座，点缀出建筑的地位，类似于在大门前放狮子的做法，但是更偏于民间做法。在祠堂或一些大宅前面通常还可以看到一些石头的方墩状构件，中间一般有小的圆洞，这是用来插旗杆的，叫夹杆石，也是一种礼仪需要，过去家族、家庭重大活动往往要升旗。浙江

图10-2-7 嵊县崇仁镇石基座

图10-2-8 台州桃渚石花窗

古建筑中常见的井圈多为石构，有些做得很有特色，或题字或雕刻纹样。如杭州唐朝宰相李泌在杭州任刺史时，开凿了包括"相国井"在内的6口井，解决了杭州饮用水咸卤的问题。还有，杭州吴山的四眼井，渐渐成为城市的一道风景（图10-2-9）。

三、砖石建筑

砖石建筑留存至今的有唐代的经幢。许多唐代寺庙整体不存，或者后代整体重建。作为寺庙的重要组成部分，唐代的经幢是重要的物证。造型有简有繁，六边、八边平面皆有，一般由顶盖、幢身、基座三部分组成。简单的顶盖做成石头攒尖顶，类似亭子，幢身通常刻上铭文，基座普通须弥座。复杂的上部为相轮部分，由多重仰覆莲瓣叠加，结合腰檐；中部为幢身，通常刻铭文；下部石基座较高，重台须弥座做法。如浙江盐官镇的安国寺经幢，建于唐开元元年（图10-2-10）。

宋代、元代的塔，砖石的皆有，但更多是砖的。浙江石塔最有名的是杭州闸口白塔，建于宋代，仿木构塔的形状，平面八边形，7层檐。通体用白色的石材，分层雕刻拼接而成。檐口、斗栱、平坐、柱子等各个细部比例都非常精到。宋代浙江砖塔较多，以八边形为多，砖石心的楼阁式塔只留下砖心的较多，如杭州六和塔、湖州飞英塔、松阳延庆寺塔等。塔身包含许多仿木砖石做法，比例、做工都能体现宋代建筑特点（图10-2-11）。

图10-2-9 金华俞园宗祠抱鼓石

石桥、石牌坊较多，少量的还有石亭。石桥浙江保留的非常多，既有拱桥也有梁板桥，另有专篇论述。石牌坊在古建筑中运用普遍，在寺庙、官府、民居都常见到。通常起到空间引导的作用，有的放置位置离寺庙建筑很远，成为香道的引导；有的与照壁合用，成为山门前的引导；官府、文庙等建筑使用可以增强气势。民居中有时在村口使用，作为村落的引导；在村中建筑前使用，也是强化建筑的身份和地位。石牌坊和木牌坊一样，具有多种

图10-2-10　金华法隆寺经幢

图10-2-11　松阳延庆寺塔

图10-2-12　鄞州区庙沟后石牌坊

意义，诸如贞、孝、节、义，具有教化作用；有的是进士坊，具有褒扬功名的作用。石牌坊在做法上分牌楼式和牌坊式两种，牌楼式是指具有屋盖的形式，从两柱单楼到四柱三楼等皆有，根据建筑重要性相应增减。牌坊式则相对简单，没有楼盖，是简单的梁枋柱组合。石牌坊的基座也有相应的变化，为增加稳定性，会在柱的两边加抱鼓石。石牌坊上大都有雕刻，有的是非常华丽的圆雕和透雕。如浙江鄞州区庙沟后、横省石牌坊，都是二柱一间一楼仿木结构石坊，约建于南宋至元代，是木坊向石坊转型时期的重要实例，为研究我国明代以前此类石牌坊提供了珍贵的资料（图10-2-12）。

山地和沿海地区民居中砖石建筑较多，既有木结构承重砖石作围护结构的，也有砖石墙承重上架木檩条加屋盖的做法。从外观看就是石头建筑，如温岭石塘镇一带，沿着山地重重叠叠，非常协调统一，建筑具有很强的抗台风特点。石头建筑外观形式也是多种多样，清代建筑通常是整块石头整齐砌筑，民国开始有不规则的石块砌筑，可以说是把建筑的木结构包裹起来了，所以抗风。建筑开窗较小，有的采用砖制的花窗，与福建厦门一带的胭脂砖一样，因为是福建移民过来带过来的文化。丽水和泰顺山区普通民居的建筑常常采用河卵石、卵石来砌墙，在墙体和屋盖之间往往脱开一段距离，又是因为地形的高差关系，墙体砌得非常高，气势很大，厚重感很强。在丽水地区城镇里讲究一点的宅第多用整齐的块石砌筑（图10-2-13）。

台州一带传统民居用材最具特色的是石板墙，在宁波、绍兴也有用，但板材的高度比这里小，宁波地区主要用于内墙窗门底下，绍兴地区主要用于窄巷的外墙上，横向搁置。台州的做法是石板竖立，上下设榫，即墙基上平铺一层凿槽的石板，板下凸出的榫头插入底板槽内，板顶开燕尾榫，用木材和梁柱系

图10-2-13　泰顺交垟村石墙

统联结成整体。板的规格一般为高2000~2402毫米甚至更高，宽60~90厘米，厚6~9厘米。这种石板墙的精妙之处还在于直接在整块石板上开凿花窗，花纹种类很多，从直棂到回字纹、藤状仿木窗格都有。墙的转角处分别在两块石上、下部砍去一条，做成勾头榫，互相咬扣搭接，这种几乎是纯构造做法，凸显了石板的薄和构造上的简单。石板墙的上面一般砌筑半砖墙，当地人称为"单堵墙"，不承重，在单堵墙上开窗则立框架柱安窗框，窗框一般都用条石嵌成，微微凸出墙面。槛上一般都有凸出，和平直的墙面产生对比，具有较强的装饰性。更具特色的是那些镶嵌在上层砖墙中的石板雕刻的漏明窗，石材薄，刻工细，图案样式多，匀称流畅。虽然是石板墙，但是结合檐柱常用的石柱，展现了轻盈玲珑的石材世界，如临海的桃渚、温岭的大溪民居（图10-2-14）。

图10-2-14 临海桃渚砖石墙

第三节 建筑装饰

一、石雕

石雕在中国古代建筑装饰中占有重要地位。由于石材经久耐磨，虽然经过千百年的风雨沧桑，人们尚能看到许多优秀作品。根据考古发掘，最早的石雕是河南殷墟出土的石雕构件。在浙江同时期的良渚文化，发现了大量的玉石雕刻器件，成为文化的象征。在浙江战国和汉代的墓穴中也发现了一些石雕装饰。佛教传入后，在佛塔、经幢、石窟中，都有许多精美的石雕艺术作品，技术上也从简单的"阴纹线刻"发展到"压地隐起"。石雕就是在已定型的石件表面雕刻出各种花饰图案，常用的手法有平雕（即刻线）、浮雕（也称突雕）、圆雕（又叫混雕）、透雕。石雕艺人们根据石料的色彩、肌理、钉节等质地的不同而随类赋形，根据石材的特点展开构思，因材施艺，依色取俏，化"腐朽为神奇"，对石材原有的不同颜色的斑痕作巧妙利用，把石材的缺点转化为艺术的优点，使动物、植物、人物的形体构成也有不同色彩的变化，从而增加造型接近自然物的幻觉（图10-3-1、图10-3-2）。

图10-3-1 嵊县崇仁镇石雕

图10-3-2 嵊县长乐石雕

石雕装饰在浙江古建筑中使用较多的是在大门处，如石狮、抱鼓石等。抱鼓石是石雕艺术中的佼佼者，其石质坚硬，并被打磨得光亮如镜，使人不由得去触摸它。这是住宅主人身份地位的象征，抱鼓石越高，主人地位越显赫。讲究的鼓的正面为双狮戏球高浮雕，反面外缘为一圈雕刻入微的缠枝花卉图案，中部为一火焰熊熊的风火轮浮雕。

浙江各地的柱础，都选用当地最好的石头做，有严州石、宁波梅雨石、辉烁岩、绍兴高湖岩、花岗石等，也有用红砂岩的（如球川三十六天井）。柱础造型本身丰富多彩，构思灵巧，加上一些精致的雕刻，如卷草、花卉、几何纹、云纹、虎爪、暗八仙、龙凤等，把力的传递表现得轻松自如。如浙南永嘉苍坡李宅龙凤戏珠柱础，浙西龙游三门源龚宅的"和合如意"、"福（蝠）寿（桃）双全"花篮式柱础、浙东天台张文郁故居的龙鳞虎爪柱础等，乃柱础雕刻的上乘之作，令人称绝。

石雕装饰也有用在照壁、门楼等重点部位，斯盛居（俗称千柱屋）的正门门额用青石制作，刻着"于斯为盛"四个装帧张挂式九叠篆字，系临摹宋代大书法家米芾所书。匾字面有印章、落款，四周刻人物、花卉图案，异常精美，两侧石雕花窗为"刘海戏蟾"。斯宅还有一个特色，即外门（石库门）上都雕有一支青石的月梁，诸暨市区的西施故里一带，某些门也是这种石雕月梁装饰，为这一带的一大特色。上新屋正厅天井两侧厢房壁面上，嵌砌着大型石雕牡丹、荷花、菊花、梅花图案，代表一年四季之春夏秋冬，这些石雕和整个房子马头墙上的青砖镂雕人物，互相映衬。兰溪渡读村的章氏宗祠石雕大门，石料略带黄色，手法为浮雕、透雕，门非常高大，气势雄浑、刚毅，真乃神工鬼斧也（图10-3-3、图10-3-4）。

浙江民居中的石花窗较有特色，雕刻简单粗犷而不失精美。石雕花窗是浙东民居装饰的一大特色，如天台城关、城郊众多石雕漏窗，花样繁多，满目琳琅；宁波走马塘某宅的8扇石雕漏窗为"八仙过海"，雕得栩栩如生。浙东漏窗多是青灰色石板或浅红色梅雨石制作的。诸暨斯宅发祥居的一系列石窗则是用青石雕的，雕人物戏曲故事，有"刘海戏蟾"或文字等，斯盛居的众多青石石雕漏窗，则全用直根或回纹，线条比木雕花窗纤细挺拔，要不是亲眼所见，真不相信是一块在石板上雕出来的。更有甚者，笔峰书屋上的两扇青石直根漏窗竟是圆的（图10-3-5）。

天井有采光与排水的双重功能，多数建筑地面部分用石板做成一个浅壁矩形池，池中叠砌石板，但浙西的一些小天井却对天井池壁进行雕饰，如龙游的重德堂，四壁雕成石栏杆形式，每一部分用竹节状图案加一仰覆莲花头的望柱相分隔，下部雕刻圭角，栏板上雕有展翅欲飞的丹顶鹤、翱翔蓝天的孔雀、疾奔如飞的梅花鹿等珍禽异兽图案。龙游龚氏民居天井石上怒目圆睁的夔龙雕刻，神态动人，展现出古代艺匠们高超的石雕技艺和非凡的艺术才华。武义俞源的下裕后堂楼、金华雅畈七家厅（明代）天

图10-3-3　永嘉碧莲镇陈氏大宗柱础

图10-3-4　永嘉碧莲镇黄岗村柱础

井池壁，用青石雕琢，同样细腻生动（图10-3-6）。

二、木雕

木雕的历史非常悠久，在浙江余姚河姆渡文化遗址就有木雕鱼出土，这是我国木雕史上最早的实物。秦汉两代木雕工艺趋于成熟，绘画、雕刻技术精致完美。两宋时期木雕作品已采用组织细密的木材为载体进行制作，以有利于木雕作品的传世。许多寺庙有保存至今的木雕佛像。元、明时期由于海外贸易的加速发展，木材种类有所增加，由海外进口了许多硬质木材，木雕工艺得到长足发展。木雕可分为立体圆雕、根雕、浮雕三大类。一般选用质地细密坚韧、不易变形的树种，如楠木、紫檀、樟木、柏木、银杏、沉香、红木、龙眼等（图10-3-7）。

木雕是古建筑中最常见的，根据现存众多的建筑遗物可以看出，宋、元年代建筑木雕相对较少，主要在梁架部位和柱子上，月梁和梭柱其实就是大的木雕。明、清时期非常盛行在建筑木构件上进行雕琢。按照建筑木雕不伤整料、保持木构建筑功能的要求，因材施艺，取势造形，融木雕艺术与建筑功能为一体。无论官式建筑还是民宅，都是一样。所谓的"冬瓜梁"其雕刻手法与月梁基本一致。月梁的梁头往往浅浮雕出卷草、夔龙等图案，托梁的斗雕刻成花瓣的形状。这些雕刻讲究线条流畅、工艺精细。檩条、额枋都是装饰雕刻重点部位，通常在下部雕刻，以利于人们仰视观看（图10-3-8、图10-3-9）。

梁头的牛腿木雕，在木雕中具有点睛的作用，在民居厅堂中较为普遍，融故事性和艺术性于一体，变化繁多、题材广泛，涉及历史故事、戏曲人物、宗教神话、名胜古迹、山水花卉、几何纹饰等，较为突出的题材有：双狮抢球、双龙戏珠、龙凤呈祥、福禄寿喜以及鲤鱼跳龙门等。采用比喻、象征的手法，表达人们祈福保佑的纯朴心理愿望。几乎都不事彩绘，显露出木头的天然肌理、质感及岁月为它们涂上的色泽（图10-3-10）。

其他如门窗、栏杆都是常见雕刻之处。门窗隔扇雕刻相对较为精致，绦环板多为雕刻山水、花

图10-3-5 嵊县长乐石花窗

图10-3-6 金华俞园天井池壁

图10-3-7 金华俞园门窗木雕

图10-3-8　金华俞园窗槛木雕

图10-3-9　永康厚吴村檩条雕饰

木、飞禽、走兽、人物、博古等多种形式。格心样式繁多，以宫式格为主，中间有的穿插有"福"、"寿"字，有的饰有小花件。裙板浮雕有如意纹、回形纹等图案。大约自清代嘉庆年间，以人物故事为题材的雕刻装饰越来越多地出现在宗祠建筑上。这些题材有：《三国演义》、《岳家将》、《水浒》、《西游记》、《封神榜》、《红楼梦》、《牛郎织女》、《八仙过海》等一些广为流传的戏曲故事。这些成为清代中、晚期盛行的建筑雕刻题材。

浙江东阳木雕因其主要产于浙江东阳市而得名。东阳木雕始于唐、宋，盛于明、清。至清代乾隆年间，东阳木雕已闻名全国，当时约有400余名能工巧匠进京修缮宫殿，并且雕刻宫灯及龙床、龙椅、案几等，后来又发展到在民间雕刻花床、箱柜等家具用品。从东阳宋塔发现的木雕件看，东阳木雕造型简练大方，线条流畅，风格朴实，已经形成自己的艺术风格。东阳木雕比较讲究的窗扇是整块木头雕刻而成的，次一级的才是拼接的。其特色在于保留木料材质的自然色，不附加其他装饰材料或色彩，以多层次的浮雕形式、丰满的构图来表现生动的形象。典型案例有浙江义乌的黄山八面厅，密布于整座八面厅的木雕为三雕之最。雀替、牛腿、隔扇、挑头等都雕刻人物故事、动物和花卉图案，人物塑造讲究造型的优美、性格的刻画，动物花卉写实逼真，集线雕、浅浮雕、高浮雕、镂雕、透雕等工艺于一体（图10-3-11、图10-3-12）。

图10-3-10　永康厚吴村牛腿

图10-3-11　浙中木雕牛腿

图10-3-12　浙中木雕窗

宁波朱金木雕，因雕后上朱漆、贴金箔而得名，相似于广州金漆木雕，它随汉、唐以来建筑装饰而生，至今已有千余年的历史，主要用于建筑的梁、柱头铺作、藻井上以及建筑小木作花板上。朱金是集木雕、金漆、妆金于一体的艺术，三者中主要在于金，而不在于木雕，木雕只是上朱漆、贴金箔的形坯，又可以用"三分雕刻，七分油漆"来概括它的工艺，这是它与东阳木雕的根本区别。朱金木雕所雕之人物，多数取于京剧中的人物造型，因而可称"京班体"。构图均采用立视体，将近景、中景和远景处理在同一画面平面上，前景不挡后景，充实饱满，井然有序。与传统中国画的"丈山、尺树、寸马、分人"的比例概念相反，人马大于房屋建筑。石头长树代表山，长草代表石，有鸟有云即为天空，有景为陆地，有船为江河，颇具装饰性。典型案例有宁波天一阁中秦氏祠堂的戏台，汇雕刻、金饰、油漆于一体，流光溢彩，熠熠生辉（图10-3-13）。

三、砖雕

砖雕所用部位与石雕常常重合，但是使用更加广泛。大而言之，在许多单体建筑上，如塔、牌坊、照壁等，砖雕能发挥它的独特作用。对于一幢建筑而言，它主要用于门罩、门楼、八字墙、墙的漏窗、墙的探头、须弥座、屋脊、马头墙、隔墙、砖拱、院墙、廊心墙、洞门、砖字匾等。浙江砖雕用优质豁土或高岭土，也有人说是池塘底层泥或是腐殖酸土，有些地方称千斤泥，烧制成青砖后再进行雕刻，考究的如兰溪诸葛村甚至买苏州生产的"金砖"、"半金砖"来雕饰。砖雕手法有平雕、浮雕、透雕三类，浮雕又分浅浮雕和高浮雕，平雕是通过图案线条给人以立体感，浮雕、透雕给出立体形象，浮雕能看见部分形象，透雕能看到形象的大部分甚至全部，有些透雕甚至可以把图案雕成多层（图10-3-14，图10-3-15）。

浙江砖雕每个地方都有，但是因为各地住宅的形制、立面处理、装饰重点部位、生活习惯、文化

图10-3-13 宁波天一阁木雕

图10-3-14 兰溪诸葛砖雕照壁

图10-3-15 兰溪诸葛砖雕墙

观念不同而有差别。整体上讲,砖雕门楼多分布在杭嘉湖一带;砖雕门罩以浙中、浙西为多;浙南民居砖雕位置主要在大门和围墙的转接处,形成眉檐,还有漏墙、漏窗也十分生动;浙东砖雕最引人注目的部位是大门,宁绍一带流行大墙门、台门,宁波的大墙门凸出墙和院落,喜欢把精力放在花瓦墙头上,因此,浙东大门砖雕没有浙中、浙西那么普遍,给人印象也就没有那么强烈,但是留存下来的一些砖雕门楼却十分耀眼;绍兴市区及附近把门饰重点放在第二道门即仪门上,一般做法是在门框上做一矩形砖饰,内刻图案,这种有边框的式样可叫"画幅式"门饰,或称"架匣式"门饰,感觉简单古朴,为明代遗风,如东浦某门、吕府诸门。宁波、杭州等地也有"画幅式"门饰(图10-3-16、图10-3-17)。

浙西最有特色的是砖雕门楼门罩。这里传统住宅的大门几乎都是墙门,小户人家都做眉檐式大门,即在石库门门框上用水磨青砖砌一叠涩檐线脚装饰,顶上盖瓦,像眉毛一样,简简单单。稍好的人家则做罩式或牌楼式大门,罩式也叫贴脸式,它又分出檐式和贴墙式两种。牌楼式有柱有檐,檐高出正立面屋檐。可以说,浙西每幢住宅都要进行门面砖饰,所以现存精致的门楼也就相对多一些。浙中住宅形式以十三间居多,正立面宽,正立面上往往有3扇门,因此,正门砖饰的范围要扩大,才能在构图上取得协调,如俞源声远楼大门,采用门楼式,四柱三檐,宽度几乎达到三开间,门楼砖雕的细腻程度就不如浙西。十三间头的普遍做法是正门简单,仅为石库门,两个边门稍复杂,做成屋檐式门。浙北靠近苏州一带最有特色的是独立式砖雕门楼,这种独立式门楼是品位最高的砖雕门,主要分布在嘉兴、湖州一带,属于苏州砖雕风格,和徽州、浙西砖雕门楼比较,有如下四点不同:其一,基本结构为独立门式,进门、出门两个面都进行砖饰,以出门这个面即正对厅堂的面为重点,一道道门中以仪门(第二道门)为重点。就一个面来讲,分为上枋、下枋,中间四字匾,两边为兜肚。而浙西为墙式门,砖雕只在对外的一面,即是紧贴墙壁的,图面结构形式比较自由。其二,斗栱做法,浙北仿木构架的痕迹较重,一般都有斗栱和横垫板。其三,浙北门楼两旁都有垂莲柱,清初时的较长,清乾隆年后,其形式变短,而浙西没有垂莲柱,或仅有极小的装饰符号。第四,浙北一般都有四字匾,或隶或篆,也有一些门楼没有,以明代居多,但有匾框做出,寓意白璧无瑕。浙西一般只有字匾位置而没有题字(图10-3-18、图10-3-19)。

浙南砖雕的部位主要在门和围墙的交接处、眉檐以及漏墙、漏窗,门和眉檐的优秀作品温州市区较多,这些门饰砖雕的一个共同特点是,除了门扇进行装饰外,门两旁的院檐下要跟着做漏窗之类,并用边线框成画幅,故又叫墙檐砖饰。漏墙又叫花墙,用专门烧制的异形花砖制成,主要流行于楠溪

图10-3-16　武义郭洞砖雕门框

图10-3-17　桐乡乌镇砖雕门楼

江流域。常见种类有回纹式、十字式、菱花式，也有掺入其他装饰的，如花卉、树木、人物、动物、灯笼等图形，但上述两种主体形式不变。漏窗窗洞用薄而窄长的异形砖拼成各种各样的空透图案，朴素简洁，空灵、剔透。漏窗花式很多，有代表性的有回纹窗、六方组合窗、锦纹窗、玫瑰窗等。漏窗没有窗扇，也没有窗纱、窗纸，漏窗和漏墙这种装饰形式，和浙南民居建筑的开敞通透性质一致，是适应闷热气候条件的产物。

图10-3-18　平湖莫氏庄园砖雕门楼

注释

① 浙江省文物考古研究所. 河姆渡——新石器时代遗址考古发掘报告（上册）. 北京：文物出版社，2003.

② 王宁远. 遥远的村居——良渚文化的聚落和居住形态. 杭州：浙江摄影出版社，2007.

③ 中国建筑技术发展中心建筑历史研究所. 浙江民居. 北京：中国建筑工业出版社，1984.

④ 中国建筑技术发展中心建筑历史研究所. 中国江南古建筑装修装饰图典（上册）. 北京：中国工人出版社，1994.

⑤ 中国建筑技术发展中心建筑历史研究所. 中国江南古建筑装修装饰图典（上册）. 中国工人出版社，1994：35-39.

⑥ 刘磊. 温州民居木作初探. 中国民居建筑年鉴1998-2008：1362-1383.

⑦ 杨新平. 兰溪传统民居的构成序列. 华中建筑，1996，(4)：92-97.

图10-3-19　江山廿八都砖雕门楼

浙江古建筑地点及年代索引

名称	类型	地点	建成年代	文保等级
良渚古城遗址	古城	杭州市余杭区	新石器时代	全国重点文物保护单位
下菰城遗址	古城	湖州市吴兴区	春秋	全国重点文物保护单位
越王城遗址	古城	杭州市萧山区	春秋战国	省级文物保护单位
安吉古城遗址	古城	安吉县递铺镇	春秋－南北朝	全国重点文物保护单位
杭州古城	古城	杭州市		国家历史文化名城
绍兴古城	古城	绍兴市		国家历史文化名城
临海古城	古城	临海市		国家历史文化名城
兰溪古城	古城	兰溪市		省级历史文化名城
南浔	古镇	杭州市南浔区	明清	中国历史文化名镇
西塘	古镇	嘉善县西塘镇	明清	中国历史文化名镇
前童	古镇	宁海县前童镇	明清	中国历史文化名镇
东浦	古镇	绍兴市柯桥区	明清	中国历史文化名镇
诸葛	古镇	兰溪市诸葛镇	明清	全国重点文物保护单位
廿八都	古镇	江山市廿八都镇	清	中国历史文化名镇
俞源	古村落	武义县俞源乡	明清	全国重点文物保护单位、中国历史文化名村
芙蓉	古村落	永嘉县岩头镇	明清	全国重点文物保护单位
新叶	古村落	建德市大慈岩镇	明清	全国重点文物保护单位、中国历史文化名村
嵩溪	古村落	浦江县白马镇	明清	省级历史文化名村
河阳	古村落	缙云县新建镇	明清	全国重点文物保护单位
皤滩	古村落	仙居县皤滩乡	明清	省级历史文化名村
长乐	古村落	兰溪市诸葛镇	明清	全国重点文物保护单位
阿育王寺	佛教寺院	宁波市鄞州区	元－清	全国重点文物保护单位
天童寺	佛教寺院	宁波市鄞州区	清	全国重点文物保护单位
保国寺	佛教寺院	宁波市江北区	宋－清	全国重点文物保护单位
法雨寺	佛教寺院	舟山市普陀区	清	全国重点文物保护单位
国清寺	佛教寺院	天台县城关镇	清	全国重点文物保护单位

续表

名称	类型	地点	建成年代	文保等级
延福寺	佛教寺院	武义县桃溪镇	元－清	全国重点文物保护单位
纯阳宫	道教、伊斯兰教建筑	湖州市道场乡	清	省级文物保护单位
圣井山石殿	道教、伊斯兰教建筑	瑞安市大南乡	明清	全国重点文物保护单位
凤凰寺	道教、伊斯兰教建筑	杭州市上城区	元－清	全国重点文物保护单位
嘉兴清真寺	道教、伊斯兰教建筑	嘉兴市环城东路	明清	市级文物保护单位
宁波清真寺	道教、伊斯兰教建筑	宁波市海曙区	清	省级文物保护单位
海神庙	庙宇建筑	海宁市盐官镇	清	全国重点文物保护单位
大禹庙	庙宇建筑	绍兴市越城区	清	全国重点文物保护单位
刘基庙	庙宇建筑	文成县南田镇	明清	全国重点文物保护单位
萧王庙	庙宇建筑	奉化市萧王庙镇	清	省级文物保护单位
舜王庙	庙宇建筑	绍兴市王坛镇	清	全国重点文物保护单位
周宣灵王庙	庙宇建筑	衢州市水亭街	清	全国重点文物保护单位
孔氏南宗家庙	庙宇建筑	衢州市新桥街	南宋－清	全国重点文物保护单位
慈城孔庙	庙宇建筑	宁波市慈城镇	清	全国重点文物保护单位
诸葛丞相祠堂	宗祠建筑	兰溪市诸葛镇	明清	全国重点文物保护单位
长乐嘉会堂	宗祠建筑	兰溪市诸葛镇	明清	全国重点文物保护单位
衢江吴氏宗祠	宗祠建筑	衢州市衢江区	明清	省级文物保护单位
志棠三槐堂	宗祠建筑	龙游县志棠镇	明清	省级文物保护单位
庆元吴文简祠	宗祠建筑	庆云县榉溪乡	明清	省级文物保护单位
玉岩包氏宗祠	宗祠建筑	泰顺县	明清	全国重点文物保护单位
徐震二公祠	宗祠建筑	永康市	清	省级文物保护单位
玉山公祠	宗祠建筑	嵊州市崇仁镇	清	全国重点文物保护单位
东阳卢宅	府第住宅建筑	东阳市城区	明清	全国重点文物保护单位
吕府	府第住宅建筑	绍兴市越城区	明清	全国重点文物保护单位
黄山八面厅	府第住宅建筑	义乌市上溪镇	清	全国重点文物保护单位

续表

名称	类型	地点	建成年代	文保等级
莫氏庄园	府第住宅建筑	平湖市当湖街道	清	全国重点文物保护单位
林宅	府第住宅建筑	宁波市海曙区	清	省级文物保护单位
顺溪陈宅	府第住宅建筑	平阳县顺溪镇	清	全国重点文物保护单位
九进厅	府第住宅建筑	缙云县壶镇	清	省级文物保护单位
爱吾庐	府第住宅建筑	台州市路桥区	清	省级文物保护单位
小莲庄	园林建筑	湖州市南浔区	清	全国重点文物保护单位
绮园	园林建筑	海盐县武原镇	清	全国重点文物保护单位
兰亭	园林建筑	绍兴市兰亭镇	清	全国重点文物保护单位
郭庄	园林建筑	杭州市西湖区	清	省级文物保护单位
天宁寺塔	古塔	宁波市海曙区	唐	全国重点文物保护单位
功臣塔	古塔	临安市功臣山	五代	全国重点文物保护单位
闸口白塔	古塔	杭州市西湖区	五代	全国重点文物保护单位
延庆寺塔	古塔	松阳县西屏镇	宋	全国重点文物保护单位
六和塔	古塔	杭州市西湖区	宋－清	全国重点文物保护单位
飞英塔	古塔	湖州市吴兴区	宋	全国重点文物保护单位
普陀多宝塔	古塔	舟山市普陀区	元	全国重点文物保护单位
安洲山塔	古塔	仙居县城关镇	明	省级文物保护单位
平湖报本塔	古塔	平湖市当湖街道	清	省级文物保护单位
安国寺经幢	经幢	海宁市盐官镇	唐	全国重点文物保护单位
法隆寺经幢	经幢	金华市婺城区	唐	全国重点文物保护单位
惠力寺经幢	经幢	海宁市硖石镇	唐	全国重点文物保护单位
龙兴寺经幢	经幢	杭州市下城区	唐	全国重点文物保护单位
梵天寺经幢	经幢	杭州市上城区	五代	全国重点文物保护单位
灵隐寺经幢	经幢	杭州市西湖区	五代	全国重点文物保护单位
天一阁	藏书楼	宁波市海曙区	明清	全国重点文物保护单位
曝书亭	藏书楼	嘉兴市王店镇	清	省级文物保护单位
文澜阁	藏书楼	杭州市西湖区	清	全国重点文物保护单位
五桂楼	藏书楼	余姚市梁弄镇	清	省级文物保护单位

续表

名称	类型	地点	建成年代	文保等级
玉海楼	藏书楼	瑞安市	清	全国重点文物保护单位
嘉业堂	藏书楼	湖州市南浔区	民国	全国重点文物保护单位
独峰书院	书院	缙云县	清	省级文物保护单位
鹿门书院	书院	嵊州市贵门乡	清	省级文物保护单位
鼓山书院	书院	新昌县城关镇	清	省级文物保护单位
戴蒙书院	书院	永嘉县溪口乡	清	省级文物保护单位
仁山书院	书院	兰溪市芝堰乡	清	省级文物保护单位
鞍山书院	书院	遂昌县云峰镇	清	省级文物保护单位
甬上证人书院	书院	宁波市	清	全国重点文物保护单位
护法寺桥	石梁桥	苍南县	宋	全国重点文物保护单位
八字桥	石梁桥	绍兴市越城区	宋	全国重点文物保护单位
八卦桥	石梁桥	瑞安市	宋	全国重点文物保护单位
社桥	石梁桥	德清县武康镇	明	省级文物保护单位
新河闸桥	石梁桥	温岭市新河镇	宋-清	全国重点文物保护单位
古纤道	石梁桥	绍兴市柯桥区	清	全国重点文物保护单位
古月桥	石拱桥	义乌市	宋	全国重点文物保护单位
寿昌桥	石拱桥	德清县	宋	全国重点文物保护单位
西岙惠德桥	石拱桥	宁海县长街镇	宋	省级文物保护单位
光相桥	石拱桥	绍兴市越城区	元	全国重点文物保护单位
广宁桥	石拱桥	绍兴市越城区	明	全国重点文物保护单位
恩波桥	石拱桥	杭州市富阳区	清	省级文物保护单位
广济长桥	石拱桥	杭州市余杭区塘栖镇	清	全国重点文物保护单位
拱宸桥	石拱桥	杭州市拱墅区	清	全国重点文物保护单位
长虹桥	石拱桥	嘉兴市王江泾镇	清	全国重点文物保护单位
金清大桥	石拱桥	温岭市新河镇	清	省级文物保护单位
双林三桥	石拱桥	湖州市双林镇	清	省级文物保护单位
奉化广济桥	廊桥	奉化市	元-清	全国重点文物保护单位
如龙桥	廊桥	庆元县举水乡	明	全国重点文物保护单位

续表

名称	类型	地点	建成年代	文保等级
普济桥	廊桥	松阳县	明清	全国重点文物保护单位
北涧桥	廊桥	泰顺县	清	全国重点文物保护单位
永和桥	廊桥	龙泉市安仁镇	清	全国重点文物保护单位
通洲桥	廊桥	兰溪市	清	省级文物保护单位
西津桥	廊桥	永康市	清	省级文物保护单位
昌国卫城	卫所建筑	象山县昌国镇	明	县级文物保护单位
金乡卫城	卫所建筑	苍南县金乡镇	明	省级历史文化名镇
蒲壮所城	卫所建筑	苍南县马站镇	明	全国重点文物保护单位
桃渚所城	卫所建筑	临海市桃渚镇	明	全国重点文物保护单位
健跳所城	卫所建筑	三门县健跳镇	明	县级文物保护单位
永昌堡	堡寨建筑	温州市龙湾区	明	全国重点文物保护单位
山皇堡	堡寨建筑	瑞安市仙降街道	明	市级文物保护单位
白湾堡	堡寨建筑	苍南县马站镇	明	全国重点文物保护单位
游仙寨	堡寨建筑	象山县爵溪镇	明	省级文物保护单位
威远城	堡寨建筑	宁波市镇海区	清	全国重点文物保护单位
三塔山瞭望台	台墩建筑	宁波市北仑区	明	省级文物保护单位
公屿烽堠	台墩建筑	象山县爵溪镇	明	县级文物保护单位
金鸡山炮台	台墩建筑	象山县石浦镇	清	县级文物保护单位
镇海口炮台	台墩建筑	宁波市镇海区	清	全国重点文物保护单位
乍浦炮台	台墩建筑	平湖市乍浦镇	清	省级文物保护单位
石墩巡检司城	缘海巡检司城	宁海市黄湾镇	明	市级文物保护单位
苔山巡检司城	缘海巡检司城	玉环县清港镇	明	县级文物保护单位
太平岙巡检司城	缘海巡检司城	宁波市北仑区	明	县级文物保护单位
龟峰巡检司	缘海巡检司城	苍南县马站镇		县级文物保护单位
宁海戏台	古戏台	宁海县	清	全国重点文物保护单位
嵊州戏台	古戏台	嵊州市	清	全国重点文物保护单位、省级文物保护单位
庆安会馆戏台	古戏台	宁波市江东区		全国重点文物保护单位

续表

名称	类型	地点	建成年代	文保等级
舜王庙戏台	古戏台	绍兴市柯桥区	清	全国重点文物保护单位
塔湖庙戏台	古戏台	永嘉县岩头镇	清	县级文物保护单位
忠训庙戏台	古戏台	平阳县腾蛟镇	清	省级文物保护单位
嘉会堂戏台	古戏台	兰溪市诸葛镇	明清	全国重点文物保护单位
梁十公祠戏台	古戏台	永康市古山镇	清	市级文物保护单位
东钱湖庙沟后牌坊	牌坊	宁波市鄞州区	宋、元	全国重点文物保护单位
横省牌坊	牌坊	宁波市鄞州区	宋、元	全国重点文物保护单位
永嘉金昭牌坊	牌坊	永嘉县岩头镇	明	全国重点文物保护单位
詹宝兄弟牌坊	牌坊	松阳县西屏镇	明	省级文物保护单位
秋官里进士牌坊	牌坊	绍兴市柯桥区	明	省级文物保护单位
上虞上浦世科－绣衣牌坊	牌坊	绍兴市上虞区	明	县级文物保护单位
独山牌坊	牌坊	遂昌县王村口镇	明	省级文物保护单位
南阁牌坊群	牌坊	乐清市仙溪镇	明清	全国重点文物保护单位
郭氏节孝坊	牌坊	兰溪市灵洞乡	清	省级文物保护单位
张家堡双牌坊	牌坊	苍南县平等乡	清	省级文物保护单位
社峰毕氏牌坊	牌坊	兰溪市永昌镇	清	市级文物保护单位

参考文献

[1] 刘敦桢主编．中国古代建筑史．中国建筑工业出版社，1980．

[2] 梁思成文集．中国建筑工业出版社，1982-1986．

[3] 刘叙杰等著．中国古代建筑史（五卷本）．中国建筑工业出版社，2001-2003．

[4] 陆元鼎主编．中国民居建筑（上、中、下），华南理工大学出版社，2003．

[5] 贺业钜等著．建筑历史研究（第三辑）．中国建筑工业出版社，1992．

[6] 唐寰澄著．中国科学技术史——桥梁卷．科学出版社，2000．

[7] 张驭寰著．中国塔．山西人民出版社，2000．

[8] 刘淑芬著．灭罪与度亡——佛顶尊胜陀罗尼经经幢之研究．上海古籍出版社，2008．

[9] 李秋香主编．陈志华撰文．乡土瑰宝——宗祠，乡土瑰宝——文教建筑．生活·读书·新知三联书店，2006-2007．

[10] 薛林平著．中国传统剧场建筑．中国建筑工业出版社，2009．

[11] 浙江省地名委员会编．浙江地理简志．浙江人民出版社，1988．

[12] 浙江省文物考古所编．浙江文物简志．浙江人民出版社，1986．

[13] 佘德余著．浙江文化简史．人民出版社，2006．

[14] 国家文物局主编．中国文物地图集（浙江分册）．文物出版社，2009．

[15] 张彬主编．浙江教育史．浙江教育出版社，2006．

[16] 浙江地方史志等．

后记

古建筑，是人类历史长河中创造并遗存下来的物质载体，是文化遗产的重要组成部分。

我从事古建筑及文化遗产研究、保护三十余年，调查走访了许多古建筑，撰写发表了一些文论，虽然有一定的积累，但多数是专题性或区域性的成果。这次能够有机会并下决心对全省古建筑进行梳理、总结，首先要感谢华南理工大学教授陆元鼎先生，在陆先生的推荐和鼓励下，我承担了《浙江古建筑》的主编。其次，要感谢本书的三位合作者：宣建华教授、张书恒研究员、宋烜研究员，没有他们的支持合作也难以完成本书的研究撰写。

当几年前接下这个项目后，自己显然没有估计到能支配的研究写作时间如此有限，平日忙碌的工作、经常性的出差占去了大部分的时间，这给本书所需的系统调查和研究带来很大的困难；本书的三位合作者同样也都有各自繁忙的工作。因此，书稿虽已交付，但仍心存忐忑。书中肯定还存在许多问题和不足之处，抛砖引玉，敬希专家同行批评指正。

本书各章节的撰稿人分别为：杨新平：第一、五、九章，第三章第二节、第三节部分内容，第四章章首部分内容；宣建华：第十章，第二章章首、第一、二节，第三节部分内容，第三章章首、第一节，第四章章首部分内容、第一节部分内容、第二、三节；虞浩旭：第六章；张书恒：第七章，第二章第三节部分内容，第三章第三节部分内容，第四章章首部分内容、第一节部分内容；宋烜：第八章。

非常感谢本丛书主编陆琦教授在繁忙的工作中抽出时间为本书进行审稿。

感谢虞浩旭研究员为本书撰写了藏书楼、书院一章。

感谢为本书提供资料或照片的同仁，他们是徐培良、陈元友、倪炳章、崔太金、王荣法、章鹏华、杨思好、金亮希、应军、贾晋妍、马彭峰、钟建华、王永球等。此外，感谢其他为本书提供过帮助的同仁、好友！

最后，还要感谢中国建筑工业出版社李东禧主任、唐旭副主任、杨晓编辑，是他们鼓励、督促和辛勤工作，这本书才得以顺利出版。

杨新平
2015年12月于杭州

主编简介

杨新平，供职于浙江省文物局，从事建筑等文化遗产研究及保护三十余年。主要社会兼职有中国城市规划学会历史文化名城保护学术委员会委员，中国民族建筑研究会民居建筑专业委员会委员，国家文物局文物保护工程专家库成员，浙江省建设厅科技委委员，浙江省博物馆学会常务理事，浙江大学文博系兼职教授。

曾主持或参与仙居南峰塔、平阳宝胜寺双塔、湖州飞英塔、杭州于谦故居等建筑保护修缮工程设计。在古建筑、建筑遗产保护等领域撰写发表数十篇（部）学术文论：《江南古村——长乐》著者之一、《乡土建筑遗产的研究与保护》主编之一、《浙江民居》主编之一；"保国寺大殿建筑型制分析与探讨"、"中世纪伊斯兰教寺院建筑及其对中国清真寺建筑的影响"、"杭州凤凰寺的建筑特色"、"松阳延庆寺宋塔初步研究"、"仙居三塔及其文化内涵"、"东南阙里——衢州孔氏南宗家庙探微"、"绍兴古代古桥述论"、"浙江传统祠堂建筑文化探析"、"村落、文化与空间构成"、"宁波东钱湖庙沟后牌坊探析"、"万象我裁 空纳万境——浙江传统戏台建筑"、"重构我国文化遗产保护确认制度"、"《佛罗伦萨宪章》与历史园林保护"、"《关于乡土建筑的国际宪章》与我国历史村镇保护"、"大运河文化线路中的浙北古桥梁研究与保护"、"我国乡土建筑遗产保护及其转型"、"乡土聚落遗产整体保护的探索：生态博物馆之路"等。